马克思主义研究文丛

马克思哲学思想发展史研究

青年马克思的哲学探索

（第三卷）

张一兵 ◎ 主编

中央编译出版社

第三卷目录
CONTENTS No. 3

伦理的激情：马克思中学时代的哲学世界观解读
　　张　亮 ………………………………………… 531
关于马克思的《博士论文》
　　孙伯鍨 ………………………………………… 543
在转向唯物主义和共产主义的前夜
　　——《莱茵报》时期马克思哲学思想发展的再考察
　　张　亮 ………………………………………… 564
青年马克思的第一次思想转变与《克罗茨纳赫笔记》
　　张一兵 ………………………………………… 573
走向"历史的"唯物主义：马克思1843年间思想发展的内在逻辑
　　张　亮 ………………………………………… 582
"市民社会"与"人"：一个共时性与历时性向度中的逻辑悖结
　　——读马克思的《黑格尔法哲学批判》
　　张一兵 ………………………………………… 592
正确评价马克思《黑格尔法哲学批判》的思想史地位
　　唐正东 ………………………………………… 601
法、自我意识和国家
　　——重访马克思早期思想中的"黑格尔转向"
　　周嘉昕 ………………………………………… 614

青年马克思《巴黎笔记》的文本结构与写作语境
　　张一兵 ……………………………………………………… 629
经济学研究视域中的哲学失语
　　——青年马克思《巴黎笔记》的摘录性文本研究
　　张一兵 ……………………………………………………… 641
《巴黎手稿》中的"实践":一个"后市民"意义上的概念
　　——兼谈马克思哲学的话语言说方式
　　唐正东 ……………………………………………………… 653
经济学批判中的人本学话语
　　——青年马克思的《穆勒笔记》解读
　　张一兵 ……………………………………………………… 664
从"异化劳动"到"谋生劳动":青年马克思人本主义范式解构的开始
　　——兼与张一兵教授的《穆勒笔记》解读商榷
　　姚顺良 ……………………………………………………… 679
马克思《穆勒评注》的思想史地位
　　唐正东 ……………………………………………………… 692
《穆勒评注》中"交往异化"的准确内容及其思想史地位
　　唐正东 ……………………………………………………… 702
"异化劳动"和对黑格尔辩证法的初步批判
　　——关于马克思《1844 年经济学哲学手稿》
　　孙伯鍨 ……………………………………………………… 716
谈谈"类"与"社会"
　　孙伯鍨 ……………………………………………………… 732
马克思"劳动异化"理论形成的历史语境和内在逻辑
　　姚顺良 ……………………………………………………… 737
历史和文本中的《1844 年经济学哲学手稿》
　　周嘉昕 ……………………………………………………… 747
马克思《1844 年经济学哲学手稿》文本结构研究
　　张一兵 ……………………………………………………… 766

从精神现象学到人学现象学
——析青年马克思《1844年手稿》中对黑格尔的批判
张一兵 ······ 776

青年马克思的批判的经济哲学
——《1844年经济学哲学手稿》第二、三笔记研究
张一兵 ······ 790

青年马克思人本主义社会现象学的确立
——《1844年经济学哲学手稿》的第一笔记解读
张一兵 ······ 803

《1844年经济学哲学手稿》中的多重话语结构
张一兵 ······ 814

马克思劳动异化理论的逻辑建构与解构
张一兵 ······ 818

唯物主义、辩证法、政治经济学批判
——《1844年经济学哲学手稿》的重新发现
周嘉昕 ······ 833

马克思新唯物主义形成的理论基础新探
——经济学研读语境中的《神圣家族》
张一兵 ······ 851

自然唯物主义、人本学唯物主义与社会唯物主义
——《神圣家族》的哲学解读
张一兵 ······ 860

青年马克思的"现实人道主义"概念为什么很重要？
唐正东 ······ 869

人本主义逻辑的亚意图颠覆
——马克思《评李斯特》的文本解读
张一兵 ······ 881

伦理的激情：马克思中学时代的哲学世界观解读[①]

张 亮

1830年至1835年，马克思在特利尔中学学习，后以优良成绩毕业。正是在这一时期，马克思从自己的父辈和师长那里接受了一种进步的哲学世界观。迄今为止发现的马克思中学时代文献很少，除了三篇中学毕业作文[②]、中学毕业考试时的拉丁语、希腊语、法语翻译试卷和数学试卷外[③]，还有两首创作于1933年前后的诗作[④]，尽管这些文献的性质全都不是哲学的，但却它们基本完整地勾勒出了马克思中学时代哲学世界观的基本面貌。我们注意到，从奥伊则尔曼的《马克思主义哲学的形成》、拉宾的《马克思的青年时代》到我国学界撰写的一些关于马克思、恩格斯早期思想发展的重要论著，研究者们用于讨论马克思中学时代哲学世界观的篇幅往往非常小。研究者们这么做是有一定道理的，因为马克思本质上只是到了1837年11月才意识到哲学的重要性和必要性[⑤]，开始真正的哲学思考。但我们却不能因此忽视这一哲学世界观的真实存在及其意义，因为在马克思后来的思想发展过程中，它虽然很快就被扬弃了，可其中的一些思想质点却内化成为推动马克思的思想继续发展的理论资源。如果忽视这种资源的存在，我们就不可能正确解释：在青年黑格尔派那么多成员中，为什么

[①] 原载《学海》2005年第3期。
[②] 《马克思恩格斯全集》第40卷，人民出版社1982年版，第818—826页。
[③] *Karl Marx/Friedrich Engels Gesamtausgabe I/1（Text）*, Berlin: Dietz Verlag, 1975. S. 458—473.
[④] 《马克思恩格斯全集》第40卷，人民出版社1982年版，第3—7页。
[⑤] 《马克思恩格斯全集》第40卷，人民出版社1982年版，第811—814页。

只有马克思在成为青年黑格尔派之后又超越青年黑格尔派的意识形态地平,创立了科学世界观。

一、马克思中学时代的思想来源:一个批判的审理

梅林的《马克思传》是第一部完整的马克思传。正是在这里,人们第一次了解到了马克思中学时代的大致情况。但由于时间间隔较远、文献资料匮乏等诸多客观原因,梅林对马克思中学时代的描述不仅简单,而且也不够准确,例如他对马克思中学毕业的时间的记述就是错的。① 20世纪五六十年代,法国马克思主义学者科尔纽以自己的卓越工作有效地改变了这种状况,使人们比较清楚地看到:"卡尔·马克思最初的精神方向决定于他的生活环境,决定于他父亲的理性主义、宗教上和政治上的自由主义,决定于他的几位具有民主思想的老师的影响。"② 科尔纽的这一研究成果得到同时代其他研究者和传记作家的普遍认同。

马克思的父亲亨利希·马克思对马克思中学时代的思想发展具有相当大的影响,这一点可以从马克思对父亲的终生眷念中得到证实。③ 尽管是犹太人,但老马克思却深受法国18世纪启蒙思想的影响,喜爱读伏尔泰、卢梭和莱辛等人的著作。④ 在康德哲学的启示下,他形成了一种质朴的自然神论宗教观:"对上帝的虔诚信仰是道德的巨大动力……这种信仰迟早

---

① [德]梅林:《马克思传》,樊集译,生活·读书·新知三联书店1965年版,第10页。
② [法]科尔纽:《马克思恩格斯传》第1卷,刘丕坤、王以铸、杨静远译,生活·读书·新知三联书店1963年版,第58页。
③ 马克思非常眷恋他的父亲,不仅经常谈起他,而且总是将他的一张相片携带在身边。马克思去世后,他的家人在他贴胸的口袋里发现了这张相片以及马克思的夫人燕妮和女儿燕妮的两张相片,这些相片最后被恩格斯一起放进了他的棺材。参阅[德]爱琳娜·马克思·艾威林:《关于青年马克思的一封信》,见《摩尔和将军:回忆马克思恩格斯》,人民出版社1982年版,第142页。
④ [德]爱琳娜·马克思·艾威林:《我的父亲》,见《摩尔和将军:回忆马克思恩格斯》,人民出版社1982年版,第146页。

都会成为一个人的真正［需］要，生活中往往有这种时候，甚至一个无神论者也会［不知］不觉地拜倒在至高无上的神面前。这通常之所以会［……］，是因为每一个人［……］都有可能崇拜牛顿、洛克和莱布尼兹所信仰过的东西。"① 与这种自由主义的宗教观相适应的是老马克思温和的自由主义政治取向：他赞同代议制民主，但却忠于当时的普鲁士王国，1837年，他甚至建议马克思写一首赞美普鲁士王国和国王的诗。②

马克思中学时代的校长兼历史老师维腾巴赫是另外一个对他的哲学世界观的形成具有重要影响的人。不管是在哲学上、宗教观上还是在政治观上，维腾巴赫的取向与老马克思的取向都是一致的，所不同的是，作为康德哲学的坚定拥护者，维腾巴赫的上述观念要更加清晰、坚决和准确，因而较之于老马克思，他在马克思的哲学世界观形成过程中的思想影响可能会更直接、更具决定性。③ 这一点还可以从维腾巴赫的历史讲座对特利尔市民社会上层的广泛影响中得到佐证。④

马克思未来的岳父威斯特华伦男爵对马克思哲学世界观的形成的影响同样是不可忽视的。在《博士论文》的献词中，马克思曾以最热情洋溢的方式歌颂了男爵对他的教导。男爵对马克思的影响主要表现在两个方面：一方面，他让马克思对浪漫主义文学产生了浓厚的兴趣⑤，这种兴趣既影响了马克思中学毕业作文的表达，又预告马克思大学时代的文学创作⑥；另一方面，他让马克思对圣西门的人格和著作产生了兴趣——让马克思对

---

① 《马克思恩格斯全集》第40卷，人民出版社1982年版，第10页。
② 《马克思恩格斯全集》第40卷，人民出版社1982年版，第832页。
③ "对于马克思来说，特利尔文科中学校长、特利尔精神生活的主要代表约翰·胡果·维腾巴赫，在介绍启蒙运动思想方面起到了决定作用。而且很说明问题的是，马克思德语作文中最重要的观点都可以在维腾巴赫的文章中得到印证。马克思表述的多数思想，也见于他同学的文章。" MEGA² 第一部分第一卷前言《走向唯物主义和共产主义之路》，《马克思恩格斯研究》1989年第2期。
④ 参见［德］克利姆：《马克思文献传记》，李成毅等译，河南人民出版社1992年版，第31页。
⑤ ［德］爱琳娜·马克思·艾威林：《我的父亲》，见《摩尔和将军：回忆马克思恩格斯》，人民出版社1982年版，第146页。
⑥ ［英］麦克莱伦：《马克思主义以前的马克思》，李兴国等译，中国社会科学出版社1992年版，第38页。

圣西门的人格和著作产生兴趣的主要是后者的理想主义，即对私有制的批判、对更加合理的社会制度的构想和对人的彻底改造的期待。从马克思中学时代的文献来看，男爵对马克思哲学世界观的正面建构的作用并不是太显著，但他的影响却作为一种潜在的因素相当有力地推动了马克思中学毕业以后的思想发展。

总之，马克思中学时代的哲学世界观的确是"以伊曼努尔·康德为主要代表的德国后期启蒙运动的思想财富以及在莱茵省起过特殊作用的法国启蒙运动的思想"共同塑造的。① 但我们现在要追问的是：在马克思中学时代哲学世界观的形成过程中，除了上述思想来源之外，马克思就不可能从其他地方获得思想启示了吗？科尔纽的答案基本是否定的。而我们则以为，除了马克思能够接触到的这些进步的思想来源之外，从马克思所接受的正统的古典人文教育（主要是宗教和文学）中，他同样可能接受到反封建的启蒙精神和理性主义的熏陶，尽管这种熏陶是不自觉的，但却更直接。

首先是宗教。中学毕业的时候，马克思是一个合格的"市民"，接受了系统的宗教教育："对基督教教义和训诫认识明确，并且能加以论证；对基督教会的历史也有相当程度的了解。"② 那么，除了宗教知识和信仰之外，马克思从这种宗教教育能够得到什么呢？思想启蒙，与他从自己的父辈和师长那里得到的启蒙在理路上一致的思想启蒙！因为在当时的德国，宗教并不仅仅意味着罪孽和奴役："自从路德说出了人们必须用《圣经》本身或用理性的论据来反驳他的教义这句话以后，人类的理性才被授予解释《圣经》的权利，而且这理性在一切宗教的论争中才被认为是最高的裁判者。这样一来，德国产生了所谓精神自由或有如人们所说的思想自由。思想变成了一种权利，而理性的权能变得合法化了。"③ 正是在这种大的思想背景下，建立在卢梭道德神学和康德道德哲学基础之上的理性主义神学思想在当时的德国知识界大行其道，而马克思所在的特利尔中学原本就是

---

① 参见《走向唯物主义和共产主义之路》，载《马克思恩格斯研究》1989 年第 2 期。
② 《马克思恩格斯全集》第 40 卷，人民出版社 1982 年版，第 860—861 页。
③ [德] 海涅：《论德国》，海安等译，商务印书馆 1980 年版，第 234 页。

由信仰这种学说的两位神学家创建的，曾为他讲过课的绝大多数教师大都具有这种思想倾向①，其中包括他的神学老师②。

其次是文学。18、19世纪的德国文学总是和赫尔德、莱辛、歌德、席勒这些伟大的名字联系在一起的。过去，我们总以为他们只是文学家而忽略了他们的思想史价值。事实上，他们都是对德国的精神生活发生过重要影响的启蒙主义思想家，代表着德意志精神生活的进步方面。由于他们的思想主要是通过文学来传播的，因此影响就隐蔽一些但同时也就更持久一些。总的来说，这些思想家在政治立场上和法国启蒙主义者一致，都希望个人和社会最终能够达到完美状态；在哲学观上大多接近康德和费希特。他们的这些思想随着他们的作品的传播日益变得家喻户晓。马克思在中学时代曾系统学习了歌德、席勒等古典作家的作品③，因此，我们是很难把这些文学家的思想印迹从少年马克思的思想发展中抹去的。尤其值得一提的是，马克思后来的《1844年经济学哲学手稿》在内容和观点上，与席勒著名的《美育书简》有着极大的关联。在某种意义上，甚至可以说前者是对后者所提问题的一种回答。④

二、马克思中学时代哲学世界观的基本面貌

1835年8月，马克思中学毕业。从8月10日到15日，马克思参加了三场毕业考试，留下了三份作文试卷：8月10日的宗教问题作文《根据约翰福音第十五章第一至十四节论信徒和基督的一致，这种一致的原因和实质，它的绝对必要及其影响》、8月12日的德语自由作文《青年在选择职业时的考虑》和8月15日的拉丁语作文《奥古斯都的元首政治应不应

---

① [法]科尔纽：《马克思恩格斯传》第1卷，刘丕坤、王以铸、杨静远译，生活·读书·新知三联书店1963年版，第58页。
② [英]麦克莱伦：《马克思主义以前的马克思》，李兴国等译，中国社会科学出版社1992年版，第34页。
③ 《马克思恩格斯全集》第40卷，人民出版社1982年版，第828页。
④ 参见[德]席勒：《美育书简》，徐恒醇译，中国文联出版公司1984年版，"译者前言"。

当算是罗马国家较幸福的时代》。这三篇文献比较全面地展现了马克思此时哲学世界观的基本面貌。

理性主义道德神学是马克思中学时代哲学世界观的底色。毫无疑问，马克思后来成长为了一个唯物主义者和无神论者，他认为宗教是"颠倒了的世界观"、"被压迫生灵的叹息"和"人民的鸦片"，从而要求对宗教进行严肃的批判，因为"反宗教的斗争间接地也就是反对以宗教为精神慰藉的那个世界的斗争"。① 以马克思对宗教的这种批判立场为"依据"，传统的马克思主义哲学史研究形成了一种根深蒂固的观点，即马克思的思想发展与基督教神学无关。事实上，20 世纪 50 年代以后，社会主义阵营的研究者们大多对这一问题采取了回避态度，仿佛将马克思与基督教联系在一起会有损马克思的伟大形象似的。② 然而，就像马克思正确指出的那样："意识在任何时候都只能是被意识到了的存在，而人们的存在就是他们的实际生活过程。"③ 对于中学时代的马克思来说，宗教是其日常生活的主要内容之一，因此，他在思想上受到基督教神学的影响其实是一件再自然不过的事情。换言之，问题并不在于马克思是否受到基督教神学的影响，而在于他受到的是何种神学思想的影响。

《约翰福音》第十五章第一至十四节是《新约》中的著名章节，在这里，耶稣基督以葡萄树为喻阐发了有关他与上帝一致、信徒应当与他一致的思想，这一思想的核心是上帝的爱。然而，在马克思的宗教作文中我们却清楚地看到，马克思并非像正统教义所要求的那样从上帝的立场而是从人的立场出发来论证这种一致性："在研究基督和信徒一致的原因和实质及其影响之前，我们应当弄清，这种一致是否必要，它是否取决于人的天性，

---

① 《马克思恩格斯全集》第 1 卷，人民出版社 1956 年版，第 452—453 页。
② 20 世纪 60 年代，联邦德国"福音新教协会"著名的"西方马克思学"学者费舍尔提出了一个影响广泛的观点，即他认为恩格斯、列宁等人歪曲了马克思的宗教批判的原意，从而将马克思、马克思主义、社会主义与基督教对立起来，而实际上它们是可以共存的（Iring-Fetscher, *Marx and Marxism*, NewYork: Herderand Herder, 1971, pp. 272—273）。费舍尔的这一观点遭到苏联东欧学界的猛烈批判，于是，敌人赞成的我们就反对，马克思与基督教就此成了一个敏感的意识形态禁忌。
③ 《马克思恩格斯全集》第 3 卷，人民出版社 1960 年版，第 29 页。

人是否能够通过自己来达到上帝从无中创造出人所要达到的那个目的。"①在马克思看来，这种一致之所以绝对必要，首先因为它是人的天性和理性的需要，进而是历史经验的明证，最后才是信仰的号召，因为"我们的心、理性、历史、基督的道都响亮而令人信服地告诉我们，和基督一致是绝对必要的，没有这种一致我们就不能达到自己的目的，没有这种一致我们就会被上帝抛弃，而只有上帝才能拯救我们"②。而这种一致的原因和实质则在于信徒对基督的爱：对基督的爱"不仅使我们对基督满怀最纯洁的崇敬和爱戴，而且使我们做一个有德行的人"，这种爱同时也就是"使基督教的道德与任何别的道德区别开来并使它超越于任何别的道德之上的一条鸿沟"③。由于这种道德具有神圣的"纯洁的根源"，所以它是一种具有"真正神性的东西"，它最重要的影响就是能够使人变得"泰然"、获得一种神圣的"快乐"。④ 正如这篇作文的评阅人所指出的那样，"文中所涉及的一致的实质并不明确，一致的原因也只是从一个方面谈到，而它的必要性论述得也不够充分"⑤，唯其如此，是因为马克思在他的"生活环境"的影响下形成接受一种在当时进步的知识分子中间广泛流传的理性主义道德神学，这种道德神学的核心是人的道德选择和对人的道德力量的颂扬。

启蒙主义的人生理想是马克思中学时代哲学世界观的核心。人生的意义和价值是马克思中学时代一直思考的一个问题，这一点可以从其1833年前后创作的《人生》诗作中感受到。⑥ 那么，我们为什么应当去思考人生的意义和价值这种形而上的问题呢？马克思按照自己接受的理性主义道德神学大声说：这是神的召唤。"神也给人指定了共同的目标——使人类和他自己趋于高尚，但是，神要人自己去寻找可以达到目标的手段；神让

---

① 《马克思恩格斯全集》第40卷，人民出版社1982年版，第827—828页。
② 《马克思恩格斯全集》第40卷，人民出版社1982年版，第818页。
③ 《马克思恩格斯全集》第40卷，人民出版社1982年版，第820页。
④ 《马克思恩格斯全集》第40卷，人民出版社1982年版，第820页。
⑤ 《马克思恩格斯全集》第40卷，人民出版社1982年版，第822页。
⑥ 《人生》和《查理大帝》是从马克思的姐姐索菲娅的一个笔记本中辑录出来的两首诗。根据考证，它们应当是马克思1833年前后创作的。参见《马克思恩格斯全集》第40卷，人民出版社1982年版，第948—949页，注167。

人在社会上选择一个最适合于他、最能使他和社会得到提高的地位。"① 因此，尽管青年人在选择职业的时候要受到多种因素的制约，但最重要的是，"我们应该遵循的主要指针是人类的幸福和我们自身的完美。不应认为，这两种利益是敌对的，互相冲突的，一种利益必须消灭另一种；人类的天性本来就是这样的：人们只有为同时代人的完美、为他们的幸福而工作，才能使自己也达到完美。""如果我们选择了最能为人类福利而劳动的职业，那么，重担就不能把我们压倒，因为这是为大家而献身；那时我们所感到的就不是可怜的、有限的、自私的乐趣，我们的幸福将属于千百万人，我们的事业将默默地、但是永恒发挥作用地存在下去，而面对我们的骨灰，高尚的人们将洒下热泪。"②

以伦理道德为准绳的历史评价论是马克思中学时代哲学世界观的重要组成部分。人们通常认为题为《奥古斯都的元首政治应不应当算是罗马国家较幸福的时代？》的拉丁语作文是马克思三篇毕业作文中"无足轻重"的一篇。③ 人们之所以会形成这种看法，相当程度上是受到当年阅卷老师的评语的影响：评语仅仅为"不错"④，从而与其他试卷上的褒扬形成了明显对比。可与此形成强烈反差的是，马克思中学毕业证书上关于拉丁文部分的评语对他这篇作文的评价却非常高："他的作文显得思想丰富，和对事物有深刻的理解。"⑤ 要想解决这个疑问我们就必须回到作文的题目上去：屋大维是罗马历史上的第一位皇帝，他终结了罗马共和国创立罗马帝国，按照自由主义的一般政治原则，独裁取代共和自然是一种倒退，但屋大维时代却是罗马历史的一个盛世；拉丁文的主讲和主考老师勒尔斯是一个拥护普鲁士政府的反动教员，他于一年前的"文学俱乐部"事件后被王国教育部任命为副校长⑥，以抵制、监视以维腾巴赫为代表的自由主义力

---

① 《马克思恩格斯全集》第40卷，人民出版社1982年版，第170页。
② 《马克思恩格斯全集》第40卷，人民出版社1982年版，第3页。
③ [英]麦克莱伦：《马克思主义以前的马克思》，李兴国等译，中国社会科学出版社1992年版，第33页。
④ 《马克思恩格斯全集》第40卷，人民出版社1982年版，第7页。
⑤ 《马克思恩格斯全集》第40卷，人民出版社1982年版，第827—828页。
⑥ 参见[法]科尔纽：《马克思恩格斯传》第1卷，刘丕坤、王以铸、杨静远译，生活·读书·新知三联书店1963年版，第59—61页。

量，他选择这个考题其用意相当明白，不过是想让学生明白，独裁同样可以带来幸福。面对这一暗藏玄机的试题，马克思表现出了不同一般的理解力：在对判断历史时代幸福与否的三种方法进行描述之后，马克思最终将道德确立为了最高尺度，因为"如果一个时代的风尚、自由和优异性受到了损害或者被破坏了，同时，贪得无厌、铺张浪费和荒淫无度充斥泛滥，那么这个时代就不能称为幸福时代"①。如此一来，马克思就巧妙地将专制与幸福的关系转化为了符合道德的专制与幸福的关系，从而得出"如果百姓都柔顺亲密，讲究文明风尚，而国家的疆土日益扩大了，——那么统治者倒比自由的共和政体更好地保障了人民的自由"的结论。② 这一结论既符合作文试题的要求，却又不适用于对普鲁士现政体的评判。马克思的理解不可谓不深刻！——我们由此可以推断，拉丁文作文试卷上的评语更多地体现了勒尔斯的意见，尽管该总评语是由他和维腾巴赫共同签署的，而毕业证书上关于拉丁文作文的评价则显然代表了维腾巴赫的意见。

三、正确评价马克思中学时代的哲学世界观

关于马克思中学时代的哲学世界观，我们的总的看法是：在"他的生活环境"的影响下，中学时代的马克思和他的父辈们一样，在法德启蒙思想的激励下，形成了一种以理性主义道德神学为底色的哲学世界观；这种哲学世界观沿袭康德-费希特开辟的理路，将人基于道德观念的主体能动性确立为历史进步的主要动力，其本质是一种伦理唯心主义。从哲学史的角度看，马克思此时正好站立在德国古典哲学的起点上，而他早期思想的演进历程恰好以一种浓缩的形式再现了德国古典哲学从康德到黑格尔的逻辑进程。较之于马克思后来转向黑格尔哲学而言，马克思中学时代的哲学世界观对马克思的思想发展与马克思主义哲学的形成的意义和影响确实相对较小。但是，这并不能成为我们忽视甚至遗忘它的理由。因为在马克思

---

① 《马克思恩格斯全集》第40卷，人民出版社1982年版，第825页。
② 《马克思恩格斯全集》第40卷，人民出版社1982年版，第826页。

此时这种尚看不出任何伟大之处的哲学世界观中真实地包含着一些重要而可贵的思想质点，在马克思中学时代的哲学世界观很快被扬弃后，这些思想质点内化成为推动马克思的思想继续发展的理论资源。如果我们忽视这种资源的存在，我们就不可能正确解释：在青年黑格尔派那么多成员中，为什么只有马克思在成为青年黑格尔派之后又超越青年黑格尔派的意识形态地平，创立了科学世界观。

质点一是马克思思想中明确的现实主义因素，即对外部环境、现实的重视。《青年在选择职业时的考虑》一文中有一段话："我们并不总是能够选择我们自认为适合的职业；我们在社会上的关系，还在我们有能力对它们起决定性影响以前就已经在某种程度上开始确立了。"① 这虽然不像梅林所说，是历史唯物主义的第一次闪光②，但却真实地展现了"马克思受到法国启蒙学者关于人依赖于周围环境的学说的影响，以及显示了一个求知青年采取了与他的年龄不相当的极其现实主义的态度和他对周围现实所作的总的评价"③。在马克思当时崇尚人的道德选择的哲学世界观背景下，这一思想质点显得尤其重要，它正可以解释为什么后来在察觉现实与应有的对立后，马克思能痛苦地服从现实的权威，放弃自己现有的哲学世界观转向自己原本厌恶的黑格尔哲学，并表示要"向现实本身去寻求思想"④。——在解释马克思为什么转向黑格尔哲学的时候，研究者们经常引用恩格斯《费尔巴哈论》中的一句话："正是在1830年到1840年这个时期，'黑格尔主义'的统治达到了顶点，它甚至或多或少地感染了自己的敌人；正是在这个时期，黑格尔的观点自觉地不自觉地大量浸入了各种科学，甚至渗透了通俗读物和日报。"⑤ 他们引证这一句话不过是想说明两点：第一，黑格尔哲学是那个时代哲学主流；第二，马克思不可避免地会从康德费希特哲学转向黑格尔哲学。姑且不说黑格尔哲学从来就没有一统

---

① 《马克思恩格斯全集》第40卷，人民出版社1982年版，第5页。
② ［德］梅林：《马克思传》，樊集译，生活·读书·新知三联书店1965年版，第10页。
③ ［苏］纳尔斯基等：《十九世纪的马克思主义哲学》，金顺福等译，中国社会科学出版社1984年版，第29页。
④ 《马克思恩格斯全集》第40卷，人民出版社1982年版，第15页。
⑤ 《马克思恩格斯全集》第21卷，人民出版社1965年版，第311页。

天下①，更重要的是，尽管黑格尔哲学是德国古典哲学的逻辑终点，但这并不意味着黑格尔哲学是每一个康德哲学信徒的必然归宿。否则我们就无法理解，为什么在实现向黑格尔哲学转向的时候，马克思会那么痛苦，感觉"我最神圣的东西已经毁了"②。——从对黑格尔法哲学的批判到评李斯特手稿，我们看到，在马克思主义哲学的形成过程，但凡遇到理论与现实发生冲突的情况，马克思最终都会义无反顾地服从现实逻辑的权威。马克思的这一鲜明思想特点显然是应当追溯到其中学时代的哲学世界观这里来的。

质点二是马克思思想中的全人类意识。在《青年在选择职业时的考虑》一文，马克思明确地表达了一种为全人类福利而工作的高尚情怀。一方面，我们不能将这种高尚情怀认定为是共产主义的理论起源，因为马克思是站在自己的理性主义道德神学立场上得出这一结论的③，如果我们将它与共产主义混淆起来，那么就会走到伦理共产主义这一错误立场上④。但另一方面，我们也必须看到，马克思此时的全人类意识具有一种民粹主义和浪漫主义的色彩，充满了对贫苦人们日益恶化的生活状况的同情和对资本主义丑恶现实的自发批判，尽管我们无法从文献上确证马克思的这种思想与圣西门主义的关系⑤，但它与圣西门主义的可能关联却是非常引人注目的，因为"并不需要多大的聪明就可以看出，关于人性本善和人们智力平等，关于经验、习惯、教育的万能，关于外部环境对人的影响，关于工业的重大意义，关于享乐的合理性等等的唯物主义学说，同社会主义和

---

① 事实上，在柏林成为普鲁士官方哲学的黑格尔哲学从没有一统天下：东普鲁士的哥尼斯堡承袭的依旧是康德的血统；南德的慕尼黑是他的老对手谢林的地盘；相对发达的莱茵地区则是康德费希特谢林的领地，在这里黑格尔哲学因其表面维护现存封建政权的法哲学而受到敌视；在马克思后来获得博士学位的耶拿大学，黑格尔哲学也缺乏自己的代言人；柏林是黑格尔学派活动的大本营，即使在这里，黑格尔也曾受到叔本华和贝内克的挑战。
② 《马克思恩格斯全集》第40卷，人民出版社1982年版，第14页。
③ [德] 门德：《马克思从革命民主主义者到共产主义者的发展》，成没译，生活·读书·新知三联书店1957年版，第11页。
④ 参见 [苏俄] 奥伊则尔曼：《马克思主义哲学的形成》，潘培新等译，生活·读书·新知三联书店1964年版，第32页，注2。
⑤ [日] 城塚登：《青年马克思的思想：社会主义思想的创立》，尚晶晶等译，求实出版社1988年版，第17—18页。

共产主义之间有着必然的联系"①。马克思此时思想中的全人类意识,与其未来的青年黑格尔派同伴从法国启蒙思想那里直接获得的全人类意识显然是有一定间隙的,它正可以说明为什么马克思后来能够比较快地超越青年黑格尔派的狭隘视界,接受空想社会主义和空想共产主义的思想影响,进而转变为共产主义者的。总之,形成于法德启蒙思想的熏陶,在平常中具有不平常的思想质点,这就是我们对马克思中学时代的哲学世界观的基本评价。

---

① 《马克思恩格斯全集》第 2 卷,人民出版社 1957 年版,第 166 页。

关于马克思的《博士论文》[①]

孙伯鍨

马克思早期的哲学思想最初是在青年黑格尔运动的影响下形成的。不是纯哲学的兴趣,而是不断尖锐化的思想和政治斗争的现实,把他引上哲学批判活动的道路。在青年黑格尔时期,马克思的哲学思想完整地表现在他的《博士论文》中。

一、论题的选定

马克思关于《博士论文》的准备工作是从1839年初开始的,论文的撰写约始于1840年下半年,至1841年3月底结束。论文题目确定为《德谟克利特的自然哲学与伊壁鸠鲁的自然哲学的差别》。根据他在序言中所说,他的研究计划并不限于伊壁鸠鲁哲学,而是包括了伊壁鸠鲁派、斯多葛派、怀疑论派在内的希腊后期的整个哲学思潮。马克思所以选定这一时期的希腊哲学作为自己的研究方向,并且首先把伊壁鸠鲁哲学确定为《博士论文》的题目,是有其深刻的考虑的。他进行这项研究的理论目的,是要借助于对希腊哲学历史的批判考察,探索和确定黑格尔以后哲学发展的方向。马克思认为,希腊哲学在亚里士多德以后的发展和黑格尔以后的青年黑格尔运动有着某种历史的类似。根据黑格尔在《哲学史》中所阐明的哲

[①] 原载《马克思主义哲学史论文集》,生活·读书·新知三联书店1982年版。

学发展和历史发展的内在联系的观点，马克思把伊壁鸠鲁主义、斯多葛主义和怀疑主义看作希腊精神移植到罗马去的形态，是"罗马精神的原型"。正如罗马历史是希腊历史的一个必然的发展一样，上述哲学也是希腊哲学的一个必然的发展。从这个观点出发，马克思一反传统的看法，认为不能把亚里士多德以后的各学派看作希腊哲学的"暗淡的结局"，似乎希腊哲学在亚里士多德那里达到了鼎盛时期，以后就走向衰落。他不同意用"发生、繁荣和衰亡"的空泛观念来解释整个希腊哲学的历史，认为对于它们（希腊后期哲学）需要在"一定的特殊性中予以考察"。他说："英雄的死亡与太阳的西落相似，而不像青蛙鼓胀了肚皮因而破裂致死那样。"[①] 在马克思看来，亚里士多德以后的这些体系是希腊哲学发展的完成，因而"是理解希腊哲学的真正历史的钥匙"。对于这些体系的一般特征，黑格尔虽然在他的《哲学史》中作了大体正确的规定，但由于他的"思辨的观点"，毕竟未能看到它们对于希腊哲学以及一般希腊精神的重大意义。

马克思为什么如此强调伊壁鸠鲁派、斯多葛派和怀疑论派的历史重要性呢？这是因为它们都是黑格尔所谓的"自我意识哲学"。从马克思当时的观点来看，独立自由的自我意识是时代精神的真正体现。他把自我意识看作体现哲学发展的"精神负荷者"。这一观点是"博士俱乐部"的成员们所共同具有的。1838年鲍威尔开始从自我意识的观点批判基督教，1840年科本在《弗里德里希大帝和他的敌人》一书中借助希腊自我意识哲学来论证自由思想。马克思曾谈到他对上述希腊诸体系的重视是直接受到了科本著作的较深刻的影响的。他说："人们将理解伊壁鸠鲁派、斯多葛派和怀疑论派的体系的时代现在才到来。它们都是自我意识的哲学。"在马克思看来，亚里士多德和黑格尔以后的哲学发展的这种类似表现了一种共同的历史必然性：它们都是时代精神（自由思想）的体现。如果说，在粗暴践踏一切高尚、美好、代表着精神个性的东西的罗马社会中，自我意识哲学的出现意味着人们被迫逃往自己的内心，企图在主体思想中寻求自由与安宁，那么在基督教和封建专制主义统治下的德国，面临着为自由

---

① 参见马克思：《博士论文》（单行本），贺麟译，人民出版社1961年版，第2页。

而斗争的类似情况。所不同的是人们将不会只是在自己的内心中去寻找自由和避难所，而是力图通过以哲学为武器的批判和斗争来改造外部现实，获得真正的自由与解放。马克思认为，希腊自我意识哲学的产生有其历史的必然性和独特的形式。他指出，在伊壁鸠鲁派、斯多葛派和怀疑论派那里，自我意识的一切环节（即普遍性、个别性和否定性）都得到了充分的表述，不过每个环节都被表述为一个特殊的存在，只有把它们合在一起才能形成自我意识的完备结构。① 正因如此，对上述三派哲学的研究对于探索黑格尔以后哲学发展的道路具有重大的意义。马克思说："在我看来，如果那些较早的体系在希腊哲学的内容方面是较有意义、较有兴趣的话，那末亚里士多德以后的哲学体系，主要是伊壁鸠鲁、斯多葛派、怀疑论派这一组的诸学派则在主观的形式，或其性质方面较有意义、较有兴趣。但是直到现在由于其形而上学的规定而几乎完全被忘记了的正是这些哲学体系的主观形式、精神上的负荷者。"② 至于马克思的《博士论文》正好挑选了伊壁鸠鲁的自然哲学和德谟克利特的自然哲学的区别来考察，依照他自己的说法，这只是作为一个例证，通过揭示它们之间的本质差别，来纠正人们曲解和轻视伊壁鸠鲁主义等希腊后期哲学的根深蒂固的成见。

二、对黑格尔哲学及其以后各学派的批评

和青年黑格尔派一样，马克思对黑格尔哲学的基本态度也是把它的辩证方法和保守体系区别开来。他认为在黑格尔哲学中，那个为保守的体系所隐蔽着的辩证发展观有着更本质的意义。他责备老年黑格尔派的无知，因为他们天真地、无批判地对待黑格尔的体系，以至于"竟会斥责他们老师的见解后面的一个隐蔽的意向，他们的老师认为科学并不是现成的，而是一个在形成中的东西"③。这就是说，黑格尔哲学并非"哲学理念的绝

---

① 参见马克思：《博士论文》（单行本），贺麟译，人民出版社1961年版，第3页。
② 马克思：《博士论文》（单行本），贺麟译，人民出版社1961年版，第3页。
③ 马克思：《博士论文》（单行本），贺麟译，人民出版社1961年版，第63页。

对现实性",它必须获得进一步的改造与发展。马克思指出,黑格尔所以从自己的哲学中作出保守的结论,其根源在于他的辩证法的不彻底性,作为他的学生就应该彻底阐发他的哲学的内在本质即辩证法,而把它的保守的结论当作一种外在的形式加以说明。

然而,马克思企图冲破黑格尔哲学体系的最初尝试仍旧是在唯心主义的基础上进行的。他企图用个别自我意识的原则来改造黑格尔的绝对唯心主义体系。在黑格尔哲学中包含着斯宾诺莎的实体、费希特的自我意识,以及作为二者之统一的绝对精神。所谓实体和自我意识不过是在思辨意义上的自然界和人,它们是绝对精神发展过程中起中介作用的两个环节,作为人的象征的自我意识始终充当着绝对精神发展的不自觉的工具。这种思辨的观点,使黑格尔哲学极度忽视人(自我意识)在历史中的使命和作用,也没有给个人的独立性和自由留下充分的余地。正是这个原因,使黑格尔对希腊后期的自我意识哲学抱十分轻视的态度,看不到它们对希腊精神发展的重大意义。为了把哲学变成反对专制制度和争取自由解放的武器,就必须提高作为人的自由和独立象征的个别自我意识在整个体系中的地位。事实上,黑格尔哲学中的绝对精神不过是神的别名,承认绝对精神对自我意识的主宰地位,是和争取自由的事业相抵触的。马克思引用普罗米修斯的话说:"说句真话,我痛恨所有的神灵。"然后他作出了自己的解释:"因为这些神灵不承认人的自我意识具有最高的神性。不应该有任何神灵同人的自我意识并列。"

马克思主张,哲学应当成为改造现实的武器,成为行动的哲学。但是,黑格尔哲学却没有提供实现其自身的能动的原则。黑格尔虽然把绝对精神的发展描述为某种能动的过程,但这只是一种脱离主体的抽象思维的能动性,这种抽象的能动性仅仅对于体系本身的构造才是有用的。当问题涉及哲学对于非哲学世界的作用时,绝对精神的抽象能动性便需要打破思辨体系的束缚,转化为意志,即转化为个别自我意识这种体现哲学精神的主观形式。这时,个别自我意识便成为体现哲学发展的"精神负荷者",即作为意志而进入实践的领域。用马克思的话说就是:"哲学的客观普遍性变成了表现哲学生命的个别自我意识的主观形式。"不过这里所说的实践是指以哲学为武器的理论批判。

由于哲学转化为意志，转化为个别自我意识而与其余世界相对立，黑格尔哲学的包罗一切的体系就被打破了，哲学似乎被降低为它的一个方面，而与别的方面相对立，但这并不意味着哲学本身的衰落，毋宁说是它的直接的实现，是哲学的世界化。马克思指出：当哲学作为意志转而反对现象世界的时候，"体系本身的内在满足及其圆融性便被打破了。那本来是内在的光的东西就成为转向外面的燃烧着的火焰"①。所以，世界的哲学化同时就是哲学的世界化。哲学的世界化意味着它冲破体系的迷宫而走向现实的政治斗争中去，这既是哲学的实现，同时也是它的损失。马克思说："个别自我意识把世界从非哲学里面解放出来，同时就是把它自己从哲学里解放出来，即从作为一定的体系束缚它们的哲学体系中解放出来。"②

但是，这种个别自我意识只是作为意志，作为行动的力量而与旧体系相对立，而在理论观点方面却并未超出旧体系（黑格尔哲学）的范围。在马克思看来，以鲍威尔等人为代表的青年黑格尔派只觉得同黑格尔哲学的矛盾，却不充分了解它的整个努力只是为了实现黑格尔哲学的个别环节。马克思是这样阐述自我意识哲学同黑格尔哲学的一般关系的。他说："这些个别自我意识只有在行动中和发展过程的直接力量中才能把握住自身，因而在理论观点方面，它们还没有超出那种体系的范围：它们只是感觉到同体系的有伸缩性的自我等同性的矛盾，而不知道当它们转而反对那个体系时，它们只是实现了那个体系的个别环节。"③

虽说马克思和青年黑格尔派的其他成员一样，都是从黑格尔出发而转向自我意识哲学，但他们之间却有着深刻的分歧。因为鲍威尔等人在摆脱了黑格尔的体系之后，只是简单地恢复了费希特的主观唯心主义，把精神同现实对立起来并赋予自我意识以无限的创造力。而马克思则不同，他始终珍惜黑格尔哲学的积极内容，这就是把世界（思维和存在）看作一个有

---

① 马克思：《博士论文》（单行本），贺麟译，人民出版社1961年版，第65页。
② 马克思：《博士论文》（单行本），贺麟译，人民出版社1961年版，第65页。
③ 马克思：《博士论文》（单行本），贺麟译，人民出版社1961年版，第65—66页。

机联系的具体整体的辩证发展观。在马克思看来，从黑格尔哲学向自我意识哲学的转变，绝不是要抛弃它的理性的和辩证的内容，而是要赋予它主观的形式借以同现实发生关系。因此，在马克思那里，个别自我意识并不具有纯主观精神的意义，它只是世界理性（客观精神）所采取的主观形式。

由于马克思把个别自我意识了解为客观精神的主观形式，因而自我意识也必须具有精神所固有的一切环节，即普遍性、个别性和否定性。这些环节虽然在希腊自我意识哲学中曾得到了充分的表述，但是在那里每一个环节都是被表述为其中一个体系的原则，因而未能形成一个自我意识哲学的完备结构。因此，马克思认为，黑格尔以后的哲学发展不是要回到上述希腊哲学中的哪一种，而是要发展出集各个环节于一身的自我意识的完备结构。不过在这些体系中，马克思较为推崇伊壁鸠鲁哲学而否定斯多葛主义，因为伊壁鸠鲁哲学把自我意识的个别性当作自己的原则，因而强调了个人的完全独立和自由。虽然它把个别性当作"绝对原则"会导致对真正和现实知识的否定，导致对任何必然性的否定，但这种消极的否定却也包含着一种积极的结果，即一切信仰和迷信的对象也都从人们的面前消失了。而斯多葛主义把抽象的普遍性提高为自我意识的"绝对原理"，就会为迷信和神秘主义敞开大门。因此，只有伊壁鸠鲁才是"最伟大的希腊启蒙思想家"。他说："如果抽象的、个别的自我意识被设定为绝对原则，就个别性不在事物的本性中居于统治地位来说，那末一切真正的和现实的知识当然就被取消了。可是一切超越于人的意识的东西，即是说一切属于想象的理智范围以内的东西，也就全部解体了。反之，如果把那只在普遍性的形式下表现其自身的自我意识提高为绝对原理，那末就会为那迷信的和不自由的神秘主义大开方便之门。关于这种情况的历史证明可以在斯多葛派哲学中找到。"[①] 这是马克思对希腊自我意识哲学所作的简短评语。这个评语之所以重要，是因为它不仅集中反映了马克思对希腊三派哲学研究的成果，而且说明了他对青年黑格尔运动的基本态度。马克思认为，黑格尔

[①] 马克思：《博士论文》（单行本），贺麟译，人民出版社1961年版，第47—48页。

以后德国哲学的发展虽然和亚里士多德以后的希腊哲学有着一定的历史共同性，但前者不应完全重复后者的道路，而应该以希腊哲学为借鉴，发展出自己更完备的结构与特点。他研究希腊自我意识哲学的目的就在于此。

三、德谟克利特的自然哲学和伊壁鸠鲁的自然哲学是不同的时代精神的表现

马克思证明：虽然德谟克利特的自然哲学和伊壁鸠鲁的自然哲学有着相同的出发点——原子和虚空，但是在认识论上他们却每一步都处于相反的地位："一个是怀疑论者，一个是独断论者。一个认感性世界为主观的假象，一个认感性世界为客观的现象。那认感性世界为主观假象的人注意经验的自然科学和实证的知识，表现了不断实验的、到处学习的、在广阔的世界中漫无边际地观察的不安心情。那另一个认现象世界为真实的人则轻视经验，体现了那本身满足了的思维的宁静和那从内在原则汲取知识的独立性。"[①] 不仅如此，作为怀疑论者和经验论者，德谟克利特是从必然性的观点考察自然，力求解释并领会事物的真实基础；而承认感性现象的真实性的伊壁鸠鲁，却是从偶然性的观点考察自然，他对现象的解释趋向于否定自然的一切客观实在性。"在这种对立里面仿佛存在着一种颠倒的情况。"

马克思认为，德谟克利特和伊壁鸠鲁在认识论上的这些重大差别，是由于他们的哲学具有不同的性质，并且归根到底是不同历史条件下的时代精神的表现。德谟克利特的自然哲学是自由的希腊精神的体现，它充分肯定世界发展的合理性，怀着对知识的无限渴望，永远不满足于已经获得的认识，把对新知识的不断追求当作最大的享受与乐趣。所以德谟克利特说："我发现一个新的因果联系比我获得波斯国的王位还更喜欢！"而伊壁鸠鲁的自然哲学则是马其顿统治时期的产物，马其顿统治的严酷现实扼杀

[①] 马克思：《博士论文》（单行本），贺麟译，人民出版社1961年版，第15页。

了一切代表精神个性的东西，人们被迫逃往自己的内心生活，以便从中寻求安宁与满足。这时候时代的精神，即"自身充实的、在各方面都完满形成了的精神原子不能承认在它之外形成的现实"①。在这种历史条件下，自满自足的个别自我意识似乎成了世界的中心，而世界的合理发展和对外界知识的热情追求，都一概被否定了。马克思在谈到希腊自我意识哲学的时代特征时，形象地说："飞蛾在普照万物的太阳西下以后，就这样去寻找人们各自为自己点燃的灯火。"②

因此，两种哲学表现了两种对现实的态度。德谟克利特哲学以自然为中心，把人放在从属于自然必然性的地位上，面对着无尽的自然界，他像掉进了无底的知识深渊里。而伊壁鸠鲁哲学则渴望确立人的自由和独立，它把个别自我意识当作世界的中心，把原子变成了包含着独立性和自由的个别自我意识的象征。德谟克利特强调的是人对自然必然性的服从和追求，伊壁鸠鲁强调的则是人对现实世界的独立与自由，他把意识对自然的能动关系确定为绝对原则。马克思认为："伊壁鸠鲁正是把直接的意识形式，即自为的存在，变成自然界的形式。"③

有鉴于此，马克思在比较德谟克利特的自然哲学和伊壁鸠鲁的自然哲学时，并非一味地贬低前者而赞扬后者。对于伊壁鸠鲁哲学，马克思充分肯定的是它克服了德谟克利特的机械决定论而阐发了人对现实世界的能动原则，在探索意识对存在的关系问题上建立了哲学的新起点。但是，伊壁鸠鲁否定了自然界的独立存在及其发展的合理性，从而把哲学的兴趣完全引向主体自身，遁入内心生活，脱离外部世界，这又是被马克思一再批评的。他认为这是从普照万物的太阳转向了为自己照明的灯火。

德谟克利特的认识论未能把本质世界（原子）和现象世界（事物）统一起来，一方面他把感性现象看作主观的假象，把感性的质仅仅认作主体的意见；另一方面，被他视为真理和原则的原子本身却没有现实性和存

---

① 《马克思恩格斯早期著作选》，1956年俄文版，第197页。
② 《马克思恩格斯早期著作选》，1956年俄文版，第197页。
③ ［法］科尔纽：《马克思恩格斯传》第1卷，刘丕坤、王以铸、杨静远译，生活·读书·新知三联书店1963年版，第243页。

在，始终停留在纯粹抽象的范畴里。在他看来，存在着的东西没有真理性，而真理的东西又没有存在。作为实证知识的不倦的追求者，他不能不抓住唯一存在着的东西（感性现象），然而这个存在着的东西又是易逝的、变化的，因而不能直接当作真理。所以在德谟克利特的认识论中，原子的概念（本质）和感性的直观（现象）是相互对立和并列着的。在德谟克利特那里，原子世界代表着对自然研究的一种极限，是经验认识所不断追求而又无法实现的假想目的，它隐蔽在感性现象的无底深渊里，为经验的认识所不及。反之，在伊壁鸠鲁那里，原子乃是个别自我意识的象征，原子世界是作为他的伦理原则的永恒的自然基础而被设定的。这就是说，伊壁鸠鲁的原子论不是作为对自然的经验认识的原理，而是作为社会伦理的原理而被设定的，它是一种伦理学说的基础和推动原则。因此，伊壁鸠鲁认为，本质世界与现象世界，正如原则和结论一样，是必须互相一致而不能彼此矛盾的，凡是作为原子（原则）而规定的东西，都必然体现在现象世界（经验生活）中。他不把感性世界看作主观的假象，而认作客观的现象，坚持以感性知觉为真理的标准，认为"一切感官都是真理的报道者"。由此可见，德谟克利特和伊壁鸠鲁虽然都从原子论出发，但一个重在对自然的认识，一个重在伦理的行为，故而在认识论上得出了完全相反的结论。马克思在总结德谟克利特的原子论和伊壁鸠鲁的原子论的不同性质时说道："因此，在伊壁鸠鲁那里，原子论及其所有诸矛盾，作为自我意识的自然科学是已经实现和完成了，——而这自我意识在抽象的个别性的形式下是绝对原则，而推到最后的结论，它是抽象个别性的消融（指从抽象的个别自我意识过渡到感性和经验的个别自我意识，即从抽象的原子世界转变为现实的经验生活——本文作者注），并且是和普遍性有意识地对立的。反之，对于德谟克利特，原子只是一般经验的自然的研究的普遍客观的表现。因此在他那里原子仍然是纯粹的和抽象的范畴，是由于经验的结果所得来的一种假设，而不是经验的推动原则，这假设因此仍然没有得到实现，正如真正的自然研究并没有进一步受到它的规定那样。"[①]

[①] 马克思：《博士论文》（单行本），贺麟译，人民出版社1961年版，第48页。

由于同样的原因,德谟克利特注重必然性,伊壁鸠鲁则注重偶然性。德谟克利特否认偶然性,因为偶然性是变幻莫测的,是认识所不能捉摸的,因而是假象,它同强有力的思维发生对抗,因为思维不满足于对偶然性的认识。而伊壁鸠鲁则反对必然性,认为必然性是人所不能驾驭的命运,是对人的自由的限制和否定。他说:"即使信从关于神灵的神话,也比做物理学家所谓命运的奴隶要好些。"① 伊壁鸠鲁并没有探讨对象的真实根据的兴趣,他所关心的事情只在于使那作出解释的主体得到安慰,而对于个别物理现象的解释表现着一种非常冷淡的态度。他只承认偶然性,而偶然性只是一种具有可能性价值的现实性。在伊壁鸠鲁看来,只要不与感性知觉相矛盾,对现实的任何可能的解释都是可以接受的,因为他认为解释的目的只在于求自我意识的宁静,而不在于求自然知识本身。马克思认为,对于伊壁鸠鲁哲学,"凡是抽象地可能的东西、凡是可以设想的东西,就是不妨碍那思维的主体的东西,对于它就不是界限,不是障碍物。至于这个可能性是否也是现实的,它是漠不关心的,因为它的兴趣并不关涉到对象本身"②。

无论德谟克利特还是伊壁鸠鲁都没有正确解决必然性和偶然性的关系问题,他们对这一问题的态度都未能使马克思满意。马克思虽然同意伊壁鸠鲁对德谟克利特的机械论的否定,但根据黑格尔哲学对自由与必然问题的辩证理解,他显然不能同意伊壁鸠鲁把自由绝对化的抽象观点。他认为,个别自我意识的自由不是和自然界的合理性相对立,而是和它相一致的。他说:"只要我们承认自然界是合理的,我们对自然界的依赖就终止了……只有当自然界被认为是不受自觉理性(自我意识——本文作者注)的约束而完全自由的,而自然界本身被看成是理性时,自然界才成为理性的完全的所有物。"③ 对伊壁鸠鲁哲学的这种批评,也表明了马克思不同意鲍威尔等人把自我意识绝对化的主观唯心主义观点。

---

① 马克思:《博士论文》(单行本),贺麟译,人民出版社1961年版,第12页。
② 马克思:《博士论文》(单行本),贺麟译,人民出版社1961年版,第14页。
③ [法]科尔纽:《马克思恩格斯传》第1卷,刘丕坤、王以铸、杨静远译,生活·读书·新知三联书店1963年版,第243页。

四、德谟克利特和伊壁鸠鲁在物理学上的差别表现了机械论和辩证法的对立

马克思通过深入细致的分析证明：德谟克利特和伊壁鸠鲁在物理学上的每一个细微差别，都表现了他们不同的哲学倾向，即机械论和辩证法的对立。为了论证这一点，他首先阐发了伊壁鸠鲁关于"原子脱离直线而偏斜"的思想。

伊壁鸠鲁认为原子在虚空中有三种运动：第一种是直线式的下降，第二种是脱离直线而偏斜，第三种是众多原子的冲击。第一种运动和第三种运动是德谟克利特和伊壁鸠鲁所共同的，第二种运动则是伊壁鸠鲁对德谟克利特所作的重大修正，这一修正使伊壁鸠鲁的原子论本质上不同于德谟克利特的原子论。

根据马克思的理解，伊壁鸠鲁的原子乃是个别自我意识的原型。因此，他的原子概念不仅是指空间中的一个点，只具有空间的规定性，像德谟克利特所理解的那样，而且包含着独立性和自由、个体性和自身完备性。马克思认为，德谟克利特的原子仅仅是纯粹的质料，缺乏自身的形式规定性，它的存在与运动是被动的、强迫的，没有达到自为的存在。马克思根据亚里士多德的观点，把质料仅仅看作是被动的物质，而把能动的原因归于形式，同时又把形式解释为观念的东西。这种解释方式符合于他当时的客观唯心主义立场。在马克思看来，由于德谟克利特没有赋予原子以概念的、形式的规定性，因而原子本身缺乏能动的原则，他把原子运动变成了一种强迫的运动，一种盲目的必然性。他引证亚里士多德的话证明：原子不能只有被动的、强迫的运动，而且还必须有自己的、自然的运动。亚里士多德说："对于断言那原始物体永远在虚空中和在无限中运动的留基波和德谟克利特，应该说是哪一种运动和哪一种运动适合于这些物体的本性。因为如果每一个元素都是被强迫而为另一个元素所推动，那么必然的，每一个元素除了有一个强迫的运动之外，还有一种自然的运动；而这

个最初的运动必定不是强迫的,而是自然的运动。不然,就会发生永无止境的递进。"① 只有伊壁鸠鲁才在原子概念中把质料和形式、强迫的运动和自然的运动结合起来。他用来实现这一点的方法是赋予原子以脱离直线的偏斜运动。

一个仅仅依直线下降的原子,不过是在空间中运动着的一个点,不能表现它的个体性和独立性。为了表现原子的个体性和独立性,表现它的自满自足的完备性,它们就不能只具有空间的相互外在性,而必须包含内在的差别性即否定性于其自身中。如果直线运动表现了原子的空间规定性、外在制约性和物质性,那么为了表现原子的个体性、独立性和观念性,则必须赋予原子运动以否定的原则,为直线式的下降运动设置对立面,这样就得到了脱离直线的偏斜运动。因此,直线运动和偏斜运动是伊壁鸠鲁的原子概念中所包含的内在矛盾。这种内在矛盾原子的独立和自由的灵魂,是它的自我规定和自己运动的能动原则。德谟克利特没有达到这种内在矛盾的认识,因而他的原子学说是机械论的,他用盲目的必然性来解释原子的运动。伊壁鸠鲁用否定原则打破了德谟克利特的原子理论的片面性,同时也就打破了他的机械的必然性。

根据马克思的理解,伊壁鸠鲁并不是认为原子同时兼作两种运动,或者一些原子作直线运动,另一些原子作偏斜运动,而是认为原子运动内在地包含着两种相反的规定。他用直线运动表述原子的物质性、被制约性,用脱离直线的偏斜运动表述原子的形式(概念)规定性和能动性。伊壁鸠鲁之所以用两种直接相反的运动来表示原子的两种相反的规定,是因为他总是在感性意识的范围内进行思考,常把抽象的规定表述为感性的存在。因此,马克思认为对偏斜运动不应当在一种特殊的意义上去理解,而应该在一般的意义上去理解。他说:"原子脱离直线的偏斜运动并不是什么特殊的、在伊壁鸠鲁物理学中偶然出现的规定性。反之,偏斜运动所表现的规律贯穿了整个伊壁鸠鲁哲学……"② "正像原子从直线抽象出来,脱离了直线而倾斜,从而将其自身从它的相反存在、从直线中解放出来那样,

---

① 马克思:《博士论文》(单行本),贺麟译,人民出版社1961年版,第21页。
② 马克思:《博士论文》(单行本),贺麟译,人民出版社1961年版,第21页。

整个伊壁鸠鲁哲学到处都脱离了具有局限性的定在。"① 这就是说,伊壁鸠鲁把承认内在差别性和否定性当作他的哲学的基本原则。

伊壁鸠鲁赋予原子以偏斜运动,便改变了原子世界的整个内部结构。首先是原子本身具有了斥力,它使原子"可以和外力作斗争并和它对抗"。由于原子具有斥力,一方面使它打破了盲目必然性的摆布,从和它的个别性和独立性相抵触的片面规定和外在制约性中抽象出来;另一方面又使众多原子的冲击和遇合成为可能。因为,"如果原子不偏斜,就不会有原子的反击,也不会有原子的遇合,并且将永远也不会有世界创造出来。"② 原子的冲击是偏斜运动的必然结果,并非原子同时兼有三种运动:直线运动、偏斜运动和众多原子的冲击,而是原子在其生命过程中必然具有这三个辩证的环节。如果直线运动表现原子的直线性即肯定,那么偏斜运动则是它的否定,而经过否定的否定(诸多原子的冲击),原子便按照它的概念实现了。就是说,它从本质世界过渡到了现象世界,从而一个感性的世界就被创造出来了。可见,对于伊壁鸠鲁的原子学说,马克思是根据黑格尔的唯心辩证法的结构加以理解和阐发的。

在偏斜运动一章中研究的主要是原子的质料和形式之间的矛盾,而在"原子的质"(第二章)中,则主要讨论本质与存在之间的矛盾。原子属于本质世界,而特质属于现象世界,说原子有特质这是和原子的永恒不变的本质相矛盾的,因为任何特质都不是永恒的,而是易逝的、变化的。但是,承认原子有特质又是一个必然的结论,不然就不能解释:互相排斥的诸多原子若无质的差别何以能在空间中彼此分离开来。由于原子具有质,就获得了和它的概念相矛盾的存在,于是原子的本质便外在化而变为原子的存在。作为本质的原子不应该具有特质,而作为存在的原子又必须具有特质。这个矛盾就成为伊壁鸠鲁在研究"原子的质"时所注意的中心。他解决这个问题的方法是一方面他作出某些规定,肯定原子具有质;另一方面又作出与此相反的规定,否定原子具有质。他和德谟克利特的区别就在于他是从矛盾的观点来把握原子的质。正如马克思所指出的:"他是这样

---

① 马克思:《博士论文》(单行本),贺麟译,人民出版社1961年版,第21页。
② 马克思:《博士论文》(单行本),贺麟译,人民出版社1961年版,第23页。

规定一切特质的，即认特质本身是自相矛盾的。反之德谟克利特再也没有从原子本身来考察其特质，也没有把那包含在原子的概念和存在之间的矛盾客观化。而他的整个兴趣乃在于根据那必然是由质构成的具体自然来说明质。"①

德谟克利特认为原子有两种质：形状和体积。其中最基本的质是形状，因为原子形状的差别已经包含了体积的不同。伊壁鸠鲁认为原子除了有形状和体积的差别以外，还把重量当作原子的本质特性。

关于原子的体积伊壁鸠鲁是这样规定的：一方面他肯定原子具有不同的体积，另一方面他又否定原子具有任何体积。因为原子的体积既不能大到可以看得见的程度，也不能小到最小限度，而只能是那表现矛盾的无限小。这样一来，由于原子的数目是无限多，因而它们在体积上的差异必然是无限小的。这就等于否定了原子具有体积上的差异。

关于形状，由于这一特质也和原子的概念相矛盾，因而它的对立面也必须建立起来，就是说，原子既具有形状的差异，也不具有形状的差异。如果每一个原子都有一个特殊的形状，那无限多的原子便会有无限多的形状，结果就会有无限大的原子了。所以原子虽有形状的差别，但区别原子形状的数目只能是确定的和有限的。这样一来，形状的规定性也被否定了。因为无限多的原子有有限数的形状，以致使一些原子不再具有形状的差异。

伊壁鸠鲁把重量作为原子的第三种特质，因为在他看来，具有个体性和独立性的原子不能不有自己的重心，因而必是有重量的。但是重量的规定又是和原子的概念相矛盾的，因为不同的重表示着原子对自身以外的某个重心所具有的差别性，而伊壁鸠鲁却不承认任何居于原子之外的重心（原子之外只有虚空），因而也不承认原子有不同的重，他认为原子本身就是实体性的重心。据此，他曾作出一个极有意义的推断，他认为："尽管原子在质量和形式上是那样的不同，然而它们却以同样的速度在虚空的空间中运动。"并且断言："只有原子的聚集，而不是原子的本身才有

---

① 马克思：《博士论文》（单行本），贺麟译，人民出版社1961年版，第26页。

重量。"①

由于伊壁鸠鲁把矛盾引进并运用于他的原子学说，使他建立起完全不同于德谟克利特的辩证的原子论。马克思指出："对于原子的特质的考察，正如对原子偏斜运动的考察一样，都使我们得出同样的结果，即伊壁鸠鲁曾经客观化了原子概念中本质与存在之间的矛盾，因而就提供给我们以原子论的科学，而在德谟克利特那里，原子本身却没有得到实现，反之却只坚持了物质的一面，并提出了一些经验上需要的假设。"②

在"始基的原子和元素的原子"一章中，马克思进一步研究了伊壁鸠鲁原子概念中的内在矛盾。德谟克利特由于把原子仅仅理解为构成物体的元素和物质基质，因而不能解释从本质世界到现象世界、从原子到具体自然的过渡，不能解释由永恒不变的原子构成的现象世界何以会有永不停息的生灭变化的道理。这是因为他未能把握原子的内在矛盾性，未能赋予原子以能动的、创造的原则。仅仅作为元素和物质基质的原子只是构成物体的质料，仅仅具有空间的存在而已，它自身并不包含能动性和创造性。伊壁鸠鲁的原子学说克服了这种机械论的片面性，他不仅把原子理解为元素和物质基质，而且理解为万物创造的原理和宇宙形成的始基。这就是说，原子不仅是构成万物的纯粹质料，而且是宇宙的推动和创造力量的源泉。马克思认为："把作为始基（应改作基础）和元素的原子同作为原理和基础（应改作始基）的原子区别开，这乃是伊壁鸠鲁的贡献。"③

不过在伊壁鸠鲁那里，作为元素的原子和作为始基的原子并不是两类不同的原子而是同一原子的不同的规定性。元素的原子是就原子之作为存在与质料而言，始基的原子是就原子之作为本质与形式而言。在本质世界里，原子是"绝对的形式"，而在现象（存在）世界里，它便降为"绝对的质料"或"基质"了。由于伊壁鸠鲁作了这样的划分，那"在原子的概念中所包含的存在与本质、质料与形式之间的矛盾，便被设定在个别的

---

① 马克思：《博士论文》（单行本），贺麟译，人民出版社1961年版，第30页。
② 马克思：《博士论文》（单行本），贺麟译，人民出版社1961年版，第30页。
③ 马克思：《博士论文》（单行本），贺麟译，人民出版社1961年版，第34页。

原子本身内了"①。马克思说道："伊壁鸠鲁和德谟克利特在哲学上的区别，即在于伊壁鸠鲁在它的如此高度尖锐中把握住了矛盾，并把这种矛盾加以客观化，因而作出这样的区别，即把作为现象的基础的原子认作元素的原子，而把存在于虚空中的原子认作始基的原子，而德谟克利特仅仅客观化其中的一个环节。"②

我们已经知道，德谟克利特不重视原子的质和规定，他只承认原子有一种最基本的质即形状，而伊壁鸠鲁则认为原子同时具有三种质，即形状、体积和重量。由于原子有了质，它便和它的概念（本质）相矛盾，因为它已不复是抽象的个别性，而获得了感性的规定，进入到存在（现象）的领域。但是，也正因为原子有了质，作为始基的原子才能实现其概念，即作为具体自然的创造原则而过渡到现象世界。这是因为只有当原子有了质（形状与重量等的差异），原子的排斥和从而引起的聚集才是可能的，而由于原子的排斥和聚集，才产生出具体的现象世界。没有质的差异的原子不仅不能成为具有多样性规定的具体自然界的"元素"，而且也不能进到原子之间的排斥和冲击。正是这种原子的冲击乃是德谟克利特和伊壁鸠鲁用以解释现象世界之发生的共同依据。

原子固然是自然的实体，是构成自然万物的元素，但若仅仅就这一点来看，始终处于世界底层的原子不能被用来解释现象世界永恒不息的生灭变化，不能说明事物在分解为原子之后如何又有新的事物在形成。若是把原子当作纯粹的本质来思维，则它的存在就只是虚空的空间的一个点，只是一种抽象的个别性和一成不变的东西，这就意味着自然界的毁灭和死亡。"所以自然界的死亡就成为原子的不死的实体。"③ 由于伊壁鸠鲁给原子规定了质，他就辩证地把作为始基的原子和元素的原子、把本质世界和现象世界统一起来了。

在讨论时间的一章中，马克思又回到德谟克利特和伊壁鸠鲁在认识论上的差别。我们已经知道，德谟克利特认为现象是主观的，感性知觉是不

---

① 马克思：《博士论文》（单行本），贺麟译，人民出版社1961年版，第34页。
② 马克思：《博士论文》（单行本），贺麟译，人民出版社1961年版，第35页。
③ 马克思：《博士论文》（单行本），贺麟译，人民出版社1961年版，第35页。

可靠的，因为它们变化无常。而伊壁鸠鲁则承认现象的客观性，视感性知觉为真理的唯一准则。这原因究竟何在？马克思在时间问题上找到了这种对立的根源。

在原子世界里，由于原子本身的永恒性和独立性，因而不存在时间。在这一点上伊壁鸠鲁和德谟克利特是一致的。但是在现象世界，他们的观点就不同了。德谟克利特把时间看作纯主观的东西，只承认现象的空间规定（组合）是客观的。伊壁鸠鲁则不然，他把时间看作"现象的绝对形式"，是显现着的自然界所固有的。

现象世界即具体自然界有两种形式：空间与时间。现象的空间形式表现为组合，而它的时间形式表现为变化。德谟克利特把组合看作自然界的唯一形式，因而不理解现象自身何以有变化，他把变化归于主体的意识。而在伊壁鸠鲁看来，组合（空间规定）作为具体自然界的形式只是被动的，现象的主动的形式乃是时间。时间作为事物自身变化的反映，之所以表明现象之为现象，并且把现象从本质分离出来，是因为抽象同一、永恒不变的东西决不是现象。从现象世界、具体自然界中抽去了时间就意味着取消了一切生灭变化，取消了现象世界本身。因此，时间乃是现象世界的本质规定，绝对的和主动的形式。

如果说，在本质世界里基本的矛盾是质料和形式之间的矛盾，在现象世界里便表现为空间和时间之间的矛盾，即现象的被动形式和它的主动形式之间的矛盾。德谟克利特未能把握这一矛盾，因而他一方面把现象的存在和本质的存在混为一谈，只看到现象乃是原子的组合；另一方面又把现象和本质完全分离开来，不是把现象看作"本质的自然，即原子的映象"，而是降为主观的假象。伊壁鸠鲁由于把握了时间与空间、主动形式与被动形式的矛盾，因而把时间看作现象的自身反映，把现象世界看作原子世界的映现，把在感性知觉中感知的自然界的变化看作客观的，"当作具体自然的真实标准"。时间的客观性证实着感性知觉的客观性。

既然时间是通过特质、偶性、变异和变换这些感性的质而表现其存在的，因此当感官感知物体的特质和偶性时也就是感知到时间，"因此人的感性（感知到的质）就是形体化了的时间，就是感性世界（具体自然界）

之存在的反映"。所以在伊壁鸠鲁那里，偶性（特质）之在感性知觉里的反映，以及偶性自身的反映（时间）被认为是同一种东西。因为感性知觉不是别的，而是显现着的自然界自身的反映，是它的形体化了的时间。这样，本质世界（原子）、现象世界（具体自然）和感性知觉之间的统一就建立起来了。因此在认识论上，伊壁鸠鲁既不是把抽象的普遍性，也不是把理智的直观，而是把感性知觉当作真理的准则；也因此，他不是把抽象的个别自我意识，而是把感性的个别自我意识，当作他的哲学的最高原则。这是伊壁鸠鲁体系的最大特色，也是马克思所以特别重视伊壁鸠鲁哲学的基本原因。马克思说："因此正如原子不外是抽象的、个别的自我意识的自然形式；同样感性的自然只是对象化了的、经验的、个别的自我意识，而这就是感性的自我意识。所以感官就是在具体自然中的惟一标准，正如抽象的理性在原子世界中那样。"① 我们知道，这个感性的、对象化了的、经验的个别自我意识已经接近于费尔巴哈的"人"了。这里是一个明显的迹象，说明马克思的思想发展怎样不同于其他青年黑格尔分子，并且不久便转向了费尔巴哈的唯物主义。

"星辰"一章突出地说明了伊壁鸠鲁哲学的反神学的革命性质，它也是马克思根据黑格尔的唯心辩证法解释伊壁鸠鲁哲学的典型例证。

伊壁鸠鲁的星辰学是他关于天体和与天体相联系的过程的学说。自古以来，天体以及天体的运行过程就是人们迷信与崇拜的对象。人们对天的崇拜是和对神的迷信联系在一起的：一方面认为神居住在天上；另一方面又认为天体和天体的运行是由神意支配的，是神的意志与智慧的直接体现。这种对天的迷信连希腊哲学史上最伟大的哲学家也不例外。伊壁鸠鲁作为最伟大的希腊启蒙思想家，在他的星辰学说中力图破除对天的崇拜与迷信。在伊壁鸠鲁看来，天之所以引起人心的迷信与慌乱，在于人们认为天体及其运行的法则是永恒的、一成不变的。于是他作出推论说："因为天体的永恒性会扰乱自我意识的宁静，一个必然的、不可避免的结论，就是它们并不是永恒的。"②

---

① 马克思：《博士论文》（单行本），贺麟译，人民出版社1961年版，第39页。
② 马克思：《博士论文》（单行本），贺麟译，人民出版社1961年版，第44页。

为了反对对天体及其过程作出永恒性的解释，伊壁鸠鲁在星辰学中抛弃了他在伦理学和自然哲学中应用的原子论的研究方法。在伦理学和自然哲学中，他是把原子世界当作具体自然界和感性世界的永恒基础，抽象个别的、不可分的原子是现象世界的唯一的、不变的本质。但在星辰学中却不能追求这种永恒的、统一的解释，因为永恒性正是产生迷信与慌乱的根源。所以，在伦理学和自然哲学中，"只有一个唯一的解释和现象相符合。而在星辰方面却并不是这样。星辰的产生没有一个简单的原因，星辰有一个以上的和现象相符合的本质范畴"①。这就是说，对星辰现象的解释不能作出统一的和绝对的结论。只有对那些常常出人意料的、使人感到惊异的天象作出各种各样可能的、非神话的解释，才不仅使自我意识得到安宁，消除引起恐惧的原因，而且还足以否定支配着天体本身的永恒的和一成不变的规律。十分明显，伊壁鸠鲁从彻底无神论的观点出发得出了这样一个思想：只有在不可见的自然的深处才具有那永恒的、不可破灭的东西——原子世界，而在可见的天体里却不能具有任何永恒性，把可见的东西永恒化是产生迷信与拜物教的根源。这个思想无疑是深刻的：永恒与不朽的是自然的本质，而不是它的某一方面或某一部分。因此，伊壁鸠鲁猛烈反驳那些对天体坚持一种解释方式而拒绝别种解释的人，反对那些在天体里承认某种唯一的、永恒的、神圣东西的人，说他们陷于占星术者的虚妄解释和投入神话的怀抱，不知道由于他们赋予天体以永恒性而使精神的宁静遭遇着危险。

但是难解的是，伊壁鸠鲁出于什么考虑要把在星辰学中应用的方法和其余的物理学的方法相区别？反对斯多葛派和占星术的迷信，反对天体的永恒性，并不是作出这种区别的根本原因。因为，如果仍然应用原子论的方法，把天体说成原子的偶然的复合，把天体过程说成原子的偶然的运动，那么斯多葛派的迷信以及天体的永恒性也都可以驳倒。所以对于原子论者，为了否定天体的永恒性用不着什么新方法。那么根本的原因是什么呢？马克思作了如下解释：伊壁鸠鲁的原子学说乃是他的伦理学说的自然

---

① 马克思：《博士论文》（单行本），贺麟译，人民出版社1961年版，第43页。

的不朽的基础，是他的体系的出发点，他把原子的抽象个别性看作个别自我意识的原型和象征。他的伦理学说的原则与理想，就是具有独立性和自由的感性的个别自我意识，这是他的体系的最高峰和终结点。因此，在伊壁鸠鲁的体系里，独立自由、自满自足的个别自我意识被当作世界的中心，他不承认自我意识以外的任何现实具有永恒性和绝对合理性，因为那样会破坏和否定个别自我意识的绝对地位。可是，在天体中，伊壁鸠鲁却看到了他赋予原子即个别自我意识的一切必要的规定都得到了完全的实现。原子的独立性和个体形式，它的重量的特质，它的永恒性和不变性，它的脱离直线的偏斜运动以及它从自身中创造出时间作为自己显现的形式等，这一切都在天体中得到了实现。"因此天体就是成为现实的原子"。"在天体中一切由于原子发展而形成的形式和质料（物质）之间、概念和存在之间的矛盾都解除了，在天体中一切必要的规定性都实现了。"[1] 伊壁鸠鲁看到了他的原理的最高实现，他的体系的最高峰和终结点，竟是存在于那和个别自我意识相对立的天体里，这就使他感到他的整个体系在这里破产了，他的哲学遇到了最大的矛盾，于是不得不在星辰学中改变他原来的原子论的方法，以便把独立的、不可破灭的天体"拉下到地上事物的变化消逝之中"，从而肯定自我意识的绝对的、世界中心的地位。

如前所述，整个伊壁鸠鲁的自然哲学贯穿着本质和存在、形式和质料之间的矛盾，这类矛盾表示着观念和物质、个别自我意识和外部现实之间的对立和斗争，正是在这类矛盾中，抽象的个别自我意识不断克服那抽象的纯粹物质而使自己的本性（独立性和自由）对象化，从而获得实现和肯定。但是在天体中，这类矛盾和斗争却被取消了，仿佛质料（物质）在自身中就具有形式（个体性和独立性），因而那最终获得实现和肯定的不是形式，即象征自我意识的个体性和独立性，而是抽象的纯粹质料。在天体中，质料仿佛不再是抽象的个别性，而已经变成了现实的、具体的个别性了。这种在天体中获得了实现和存在的具体个别性，乃是个别自我意识的外化表现，是它的对立物、它的死敌。正如在黑格尔那里回到自己出生地

---

[1] 马克思：《博士论文》（单行本），贺麟译，人民出版社1961年版，第45页。

的精神（自我意识）把自然界看成自己的死敌一样。这时，个别自我意识要做的事情便是"从它的茧（物质外壳）中解放出来，并宣称它自己是真实的原理，而敌视那独立了的自然（天体）"①。

十分明显，马克思对于伊壁鸠鲁在观念和物质的关系上的观点所作的这种解释，仍然是以黑格尔的唯心主义辩证法为依据的。在马克思看来，正如黑格尔把实现了的绝对精神当作他的体系的终结点一样，伊壁鸠鲁也把独立自为自我意识当作他的体系的最高峰。

---

① 马克思：《博士论文》（单行本），贺麟译，人民出版社1961年版，第46页。

在转向唯物主义和共产主义的前夜
——《莱茵报》时期马克思哲学思想发展的再考察[①]

张 亮

《莱茵报》时期是马克思思想发展过程中的一个重要阶段。在评论马克思发表在《莱茵报》上的文章时，列宁指出：从这些文章中可以看出马克思已从唯心主义转向唯物主义，从革命民主主义转向共产主义了[②]。正因为有了列宁的这个意见，所以传统的马克思主义哲学史研究比较重视对这一段思想史的发掘整理工作。然而，由于传统研究不仅预先设定马克思必然会实现"两个转向"，而且始终把"两个转向"作为评价马克思这一时期思想演进的标尺，所以，马克思这一时期思想发展的真实逻辑进程反倒被大多数人遗忘了。要完整、准确地理解《莱茵报》时期马克思哲学思想的发展以及"两个转向"的真实进程，我们就必须能够解答这两个对传统研究来说似乎不成其为问题的问题。

一、告别鲍威尔：实质与过程

鲍威尔无疑是大学时代对马克思思想影响最大的一个同时代人。但在很长一段时间里，传统马克思主义哲学史研究都没有认真对待这种关系。正如波兰学者罗森所说，形成这种局面的最重要原因在于，在1843年彻

[①] 原载《华中科技大学学报》（社会科学版）2006年第4期。
[②] 《列宁全集》第26卷，人民出版社1988年版，第83页。

底分裂之后，马克思先在《论犹太人问题》中，随后又在《神圣家族》和《德意志意识形态》中对鲍威尔进行了从政治到哲学的彻底批判，加之鲍威尔本人的政治历史有不光彩的一面，鲍威尔最终被驱逐出思想史的视野①。因此，在涉及马克思为什么会告别鲍威尔这个问题的时候，传统马克思主义哲学史研究往往像梅林那样②，运用回溯法，根据马克思后来的革命民主主义政治立场及其后来文章的批判结论来反证这一点③。这种简单化的做法不仅遮蔽了历史的真相，而且为后人诟病马克思留下了余地：当罗森系统研究了鲍威尔的哲学与政治思想后，他立刻同情地认为，马克思从鲍威尔那里获得了比人们想象的要多得多的思想资源，但马克思对鲍威尔的批判不仅尖刻，而且存在断章取义行为。从历史上看，由紧密追随到形同陌路，导致马克思与鲍威尔发生分裂的并不是什么具体哲学理论上的分歧或对立，而是两个人在哲学的使命这种元问题上的本质差异。

马克思在中学时代就已经确立了启蒙主义的人生理想，希望能够为"人类的幸福"而工作④。马克思的心灵深处是渴望从事实际地干预生活、造福人类的工作的，但之所以马克思后来会改变子承父业的打算，并准备献身自己中学时代并不是特别看中的哲学事业，其原因大致在于：首先，普鲁士的律师制度和老马克思的去世，使大学时代就已经订婚的马克思不得不考虑就业和生活的压力，在这种情况下，鲍威尔的极力邀请使他看到了一种光明的前景；其次，也是更重要的一点，马克思在《博士论文》中确证哲学本身是一种"实践的力量"："一个本身自由的理论精神变成实践的力量，并且作为一种意志走出阿门塞斯的阴影王国，转而面向那存在于理论精神之外的世俗世界——这是一条心理学的规律。"⑤ 在看似与鲍威

---

① ［波］罗森：《布鲁诺·鲍威尔和卡尔·马克思》，王谨译，中国人民大学出版社1984年版，第1—18页。
② ［德］梅林：《马克思传》，樊集译，生活·读书·新知三联书店1965年版，第48页。
③ ［苏］拉宾：《马克思的青年时代》，南京大学外文系俄罗斯语言文学教研室翻译组译，生活·读书·新知三联书店1982年版，第53页。
④ 参见张亮：《伦理的激情：马克思中学时代的哲学世界观解读》，载《学海》2005年第3期。
⑤ 《马克思恩格斯全集》第40卷，人民出版社1982年版，第258页。

尔雷同的表述中，马克思已经含蓄地表达或者包含了对鲍威尔自我意识哲学的某种批评①，而这种内在的差异正是马克思在大学毕业之后很快就与鲍威尔疏远乃至决裂、进而从哲学转向政治斗争的根由所在。

1841年3、4月间，也就是即将大学毕业之时，马克思再一次听从了鲍威尔的意见，并于同年7月初迁居波恩。大约在1841年11月，马克思开始和鲍威尔一起准备写作一本研究黑格尔宗教哲学的著作，这应当是鲍威尔《对黑格尔、无神论者和反基督教者的末日的宣告》（以下简称《末日的宣告》）一书的续篇②，同时和鲍威尔一起筹办《无神论文库》。但就在此后，马克思和鲍威尔的合作关系即开始出现冷却的迹象：马克思以各种理由迟迟不将自己为《末日的宣告》第二部撰写的东西交给鲍威尔。在《末日的宣告》中，鲍威尔的宗教批判较之从前前进了一大步，同时，他在主观唯心主义的道路上也走得更远了：决定世界发展的主要东西已不再是客观的精神，而是自我意识，自我意识是在和周围环境、实体的不断的矛盾中发展的。这样，辩证法就从客观领域被转移到了主观领域，同现实发展相分离了。"辩证的运动就成了没有内容的、形式的运动……而批判则最后蜕化成为自我目的、空洞的游戏。"③ 一方面，这已经同马克思在《博士论文》中的立场有很明显的差别；另一方面，也已经落后于思想的发展了，因为此时青年黑格尔派的批判已经开始转向法哲学和政治。1842年3月，马克思打算将《论基督教的艺术》交给卢格在《德国现代哲学和政论轶文集》中另行发表④，不过马克思又很快改变了主意，因为他认为自己的旧作有着太多的《末日的宣告》的笔调，而这种叙述方式是应当被取代的⑤。马克思所写的这篇文献没有流传下来，但它却很值得人们关注，

---

① ［法］科尔纽：《马克思恩格斯传》第1卷，刘丕坤、王以铸、杨静远译生活·读书·新知三联书店1963年版，第244页。
② ［德］陶贝尔特：《马克思在1841年3月至1843年3月间世界观的发展问题》，见熊子云、张向东：《马克思早期思想研究译文集》，重庆出版社1982年版，第95—96页。
③ ［法］科尔纽：《马克思恩格斯传》第1卷，刘丕坤、王以铸、杨静远译，生活·读书·新知三联书店1963年版，第297页。
④ ［德］陶贝尔特：《马克思在1841年3月至1843年3月间世界观的发展问题》，见熊子云、张向东：《马克思早期思想研究译文集》，重庆出版社1982年版，第95—96页。
⑤ 《马克思恩格斯全集》第27卷，人民出版社1972年版，第423—424页。

因为其中明显包含着同费尔巴哈刚刚出版的《基督教的本质》一书的争论。从具体的观点上看，在宗教问题上，马克思此时和鲍威尔有着更大的共同性，比费尔巴哈要更辩证一些、历史主义一些，他没有接受后者用唯物的观点对黑格尔所作的批判[①]；但从马克思就此放弃了宗教批判转而进行政治批判来看，这篇文献同时也体现了马克思对鲍威尔的疏离，同费尔巴哈和卢格的接近。

1842年3月，鲍威尔由于宣传无神论和自由主义的反对派言论而被国王主持的最高法庭裁定撤职。青年黑格尔派也因此失去了在大学任教的可能性。这促使马克思重新实行自己的理念，投身实践生涯，让世界重新哲学化，《莱茵报》被历史地选定为其实现理想的场所。1842年10月底到11月初，马克思为鲍威尔写了一篇辩护性的短文[②]，这在很大程度上是一种敷衍之作，可就在这篇短文发表后不久，马克思就在《莱茵报》上发表文章严厉批判了追随鲍威尔的"自由人"小团体[③]，尽管对"自由人"的批判不是直接针对鲍威尔的[④]，但马克思与鲍威尔之间的分裂已无可挽回地形成了。

二、马克思的理性主义国家观与精神自由观

以1842年10月15日正式加入《莱茵报》为界，我们大致可以将马克思这一时期的思想发展分为两个阶段：之前，马克思实际因循黑格尔的国家观，存在一个建立超阶级的、代表一切人利益的、保障全民自由的理性国家的幻想；之后，残酷的政治实际已经极大地动摇了他的原有观念，使之处于对黑格尔国家观的怀疑、亚意识的反动了。

正如恩格斯所说，在当时的德国，宗教和政治是紧密交织在一起的，

---

① [德]陶贝尔特:《马克思在1841年3月至1843年3月间世界观的发展问题》，见熊子真、张向东:《马克思早期思想研究译文集》，重庆出版社1982年版，第95—96页。
② 《马克思恩格斯全集》第40卷，人民出版社1982年版，第292—296页。
③ 《马克思恩格斯全集》第40卷，人民出版社1982年版，第323页。
④ [英]麦克莱伦:《青年黑格尔派与马克思》，夏威仪译，商务印书馆1982年版，第75—76页。

因此，青年黑格尔派必然会追求与他们的宗教观点相一致的政治观点。但我们注意到，直到1841年，青年黑格尔派都没有批判黑格尔的政治哲学。他们认为黑格尔的政治观点和宗教观点显然是不同的，并因此而实际遵循着这种政治观念。① 认为德国的当务之急就是把国家从宗教的束缚中解放出来，这是哲学的任务。因此，当1840年威廉四世继位对自由和民主作了伪善的表态后，青年黑格尔派中的激进成员普遍持一种乐观情绪，马克思当时也很振奋，就在他延缓了与鲍威尔在宗教批判上的合作时，却迅速地为卢格的《德国年鉴》撰写了一篇题为《评普鲁士最近的书报检查令》的文章。虽然马克思认为"治疗书报检查制度的真正而根本的办法，就是废除书报检查制度"，但由于此时他还与黑格尔一样，相信国家是理性的体现，相信"凡是政府的命令都是真理……政府的理智是国家的惟一理性"②，因此，马克思实际上是把改革国家的任务重新交还给了国家本身。差别只是在于国家的性质，即是"一个真正的宗教国家"如拜占庭，或是一个基督教国家如普鲁士，还是一个符合国家概念的理性国家。"不实现理性自由的国家"固然"就是坏的国家"③，由于国家是建立在理性基础之上的，因此，马克思实际是相信普鲁士这个基督教国家是可以转化为一个理性国家的。总之，在黑格尔的理性主义国家观中，马克思"寄托了他对社会改造的理想与希望。他从黑格尔的观点出发，把国家看作道德理性的最高实现，是调节社会发展决定力量。他深信社会问题的解决归根到底有赖于对国家和法律所实行的改革"④。

马克思抨击了普鲁士政府法律，并分析了法与自由的关系。他继承启蒙思想家以及康德法哲学的思想，认为自由是人的天性。马克思认为，检查制度体现的只是"特殊的自由"，出版自由才是"普遍的自由"。"自由的出版物是人民精神的慧眼，是人民自我信任的体现，是把个人同国家和整个世界联系起来的有声的纽带"⑤，"出版物在任何情况下都是人类自由

---

① [英]麦克莱伦：《青年黑格尔派与马克思》，夏威仪译，商务印书馆1982年版，第23—24页。
② [德]黑格尔：《法哲学原理》，范扬、张企泰译，商务印书馆1961年版，第9页。
③ [德]黑格尔：《法哲学原理》，范扬、张企泰译，商务印书馆1961年版，第127页。
④ 孙伯鍨：《探索者道路的探索》，安徽人民出版社1985年版，第96页。
⑤ 《马克思恩格斯全集》第1卷，人民出版社1956年版，第74页。

的体现。因此，哪里有出版物，哪里也就有出版自由"①。马克思由此得出结论：真正的法是自由的体现，是自由的无意识的自然规则转变成有意识的国家法律，是以法令的形式存在的自由，"法律是肯定的、明确的、普遍的规范，在这些规范中自由具有普遍的、理论的、不取决于个别人的任性的性质。法典就是人民自由的圣经"。按照《博士论文》中取得的成果，马克思进而指出，作为"时代精神的精华"，哲学在现时代陷入了和现实的实际对立之中；两者的矛盾已经达到这样的程度，以致"哲学终于不得不打破自己的沉默，变成报纸的撰稿人"，以促进世界的哲学化。②

马克思对莱茵省议会关于出版自由的辩论所作的分析，促使他不断地从观念下降到现实，在对议会的等级代表制的考察中实际触及了社会结构这样一个重大问题。马克思发现，等级从属状态对于政治的利益代表机构，对政治态度和政治信念有直接的影响，诸侯等级和贵族等级所享有的政治和社会特权是他们反对出版自由的根源。弄清楚社会地位和政治代表制度之间的联系，对于马克思革命的民主主义思想的进一步发展的确是具有非常重要的意义的。

三、共产主义问题、物质利益难题与马克思思想的转变

尽管马克思到 1842 年 10 月才正式主持《莱茵报》，但他对报纸的重要影响却很早就有了。从 1842 年 4 月到 8 月，马克思就在《莱茵报》上发表了 10 篇政论文章，旗帜鲜明地表达了自己的"真正的自由主义"的政治立场。1842 年 10 月 11 日，与《莱茵报》具有竞争关系的、反动的奥格斯堡《总汇报》恶意攻击《莱茵报》向共产主义"卖弄风情和暗送秋波"，以期用这样的方式来降低《莱茵报》日渐上升的政治影响力。

面对《总汇报》的进攻，马克思随即于 10 月 15 日发表《共产主义和

---

① 《马克思恩格斯全集》第 1 卷，人民出版社 1956 年版，第 62 页。
② 《马克思恩格斯全集》第 1 卷，人民出版社 1956 年版，第 121—123 页。

奥格斯堡〈总汇报〉》一文给予回击。作为一个革命民主主义者，当时的马克思并不赞同流行的社会主义和共产主义，因为各种共产主义思想在其德国化的过程中实际上都沦为了非现实的理论，"《莱茵报》甚至在理论上都不承认现有形式的共产主义思想的现实性，因此，就更不会期望在实际上实现它，甚至都不认为这种实现是可能的"①。与《总汇报》的论战在多大程度上影响了马克思的思想发展，这是一个比较难以确定的问题，因为在十多年后的回忆中，马克思自己并没有对此给予明确的回答②。不过，我们可以肯定的是：第一，共产主义者所关注的无产阶级的贫困化问题引起了马克思的高度重视，促使他在今后的报纸编辑工作中开始关注"政治上和社会上一无所有的贫苦群众的利益"问题③；第二，共产主义者的高尚情操激发了马克思的全人类意识，并使其中原本就存在的关注大多数穷人的倾向得到了强化，从而为马克思后来转向共产主义提供了契机。

与《总汇报》论战的效应很快就显现出来了：为了捍卫穷人的习惯权利，半个月后，马克思拍案而起，反对普鲁士政府为了进一步保护林木占有者的权利而制定的《林木盗窃法》草案。马克思认为，枯木与林木所有者没有任何有机的或人为的联系，这就是枯木的"事物的法的本质"，因此他认为枯木并不是林木所有者的财产，捡枯木是一种合法的占有，不能算作是盗窃。马克思愤慨地看到，从私权的观点来看，实际上存在占有者的私权和非占有者的私权两种私权，但是在任何情况下，"任何立法都没有取消过国家对所有权的特权，而只是去掉这些特权的偶然性质，并赋予它们以民事的性质"④。

《关于林木盗窃法的辩论》使马克思被迫开始对物质利益问题发表意见，而这一问题是马克思以前从来没有遇到过的"一件难事"。对马克思来说，对物质利益问题发表意见究竟有什么为难的呢？这是因为当一向尊重现实的权威的马克思遭遇物质利益问题时，他已经隐约感觉到了现实的

---

① 《马克思恩格斯全集》第1卷，人民出版社1956年版，第133页。
② 《马克思恩格斯全集》第1卷，人民出版社1956年版，第74页。
③ 《马克思恩格斯全集》第1卷，人民出版社1956年版，第142页。
④ [德]克利姆：《马克思文献传记》，李成毅等译，河南人民出版社1992年版，第85—95页。

答案对其既有哲学信念和政治信念的彻底颠覆，而这是马克思所难以接受和承认的。因为在此时的马克思看来，"真正的自由主义，今后应该努力做的，不是维护1833年的宪法，更不是恢复1819年的宪法。它应该争取一种符合更深刻、更发达和更自由的人民意识的全新的国家形式"①。对于封建等级制度这一"旧时代的瓦解过程强加给我们时代的原料"②，马克思认为，是用来保护封建地产的特权的，应当予以彻底的废除，而代之以"人民代表制"。这一新的政治思想表现了马克思对黑格尔的某种突破或亚意识反动："国家的任何一个部分都不应是物质的、无生气的、不独立的、无保护的。不应当把代表权看作某种并非人民本身的特殊事物的代表权，而是应看作人民自身的代表权，看作这样一种国务活动，即它不是人民唯一的、独特的国务活动，跟人民的国家生活的其他表现不同的只是它的内容的普遍性。"③那么，为什么特权会变成法律呢？作为一个黑格尔分子，马克思看到的是理念的原因，即竭力把世界变为理智的片面性。但是，已经接触到现实的马克思也察觉到了特权变为权利的社会经济根源。他特别强调了私人利益的作用。国家作为普遍理性的体现应当能够克服私人利益以维护普遍利益；立法者应当站在国家，即理性和法的立场上，而不应站在私人利益的立场上。但是现实的国家制度和行政机构却都沦为私人利益的工具，立法者"就是要保证林木占有者的利益，即便因此毁灭了法和自由的世界也在所不惜"④。由此可见，马克思开始是站在黑格尔理性主义的立场上来批判普鲁士国家的非理性现实的。但残酷的现实改变了马克思的看法。作为历史的本质和发展动力的理性根本不能使自己得到实现，这不能不使马克思对自己原先所信仰的理性主义国家观产生怀疑。

过去有一种观点认为，马克思在《莱茵报》时期的文章表明他已经转到了唯物主义的立场上。这是相当不准确的。马克思这时只是在社会历史领域内构成了对黑格尔唯心主义的怀疑与亚意识反动，开始走向而不是走

---

① 《马克思恩格斯全集》第40卷，人民出版社1982年版，第300页。
② 《马克思恩格斯全集》第40卷，人民出版社1982年版，第334页。
③ 《马克思恩格斯全集》第40卷，人民出版社1982年版，第223页。
④ 《马克思恩格斯全集》第1卷，人民出版社1956年版，第173页。

到了唯物主义。只不过随着马克思对现实问题研究的深入进行，他原先具有的那种现实感与现实主义的研究方法更加强烈和明确罢了。在《关于林木盗窃法的辩论》中，我们已经看到，马克思出于这种方法论的要求，不是分析等级、国家的概念，而是力求通过对事实的分析，以达成对社会生活各种现象的真正本质的洞察。马克思的这种现实主义的而还不能说是唯物主义的方法论在《摩塞尔记者的辩护》一文中表达得最为明白：

"……我们想把我们的全部叙述都建立在事实的基础上，并竭力做到只是概括地表明这些事实……"①

在马克思的领导下，《莱茵报》的革命民主主义倾向愈来愈明确，社会影响力越来越大，对政府的"倾向越来越放肆，越来越抱有敌意"，这使普鲁士政府深为惊恐。② 1843年1月21日，普鲁士内阁通过了查封《莱茵报》的决定。3月17日，马克思声明退出《莱茵报》编辑部，带着巨大的思想困惑与危机开始了他新的思想转变历程。转向唯物主义和共产主义这个激动人心的过程就此拉开了序幕。

---

① 《马克思恩格斯全集》第40卷，人民出版社1982年版，第249页。
② ［德］克利姆：《马克思文献传记》，李成毅等译，河南人民出版社1992年版，第85—95页。

青年马克思的第一次思想转变与《克罗茨纳赫笔记》①

张一兵

众所周知,青年马克思的理论起步是法哲学。开始是康德、费希特的"应有"与"现有"矛盾张力中的主体能动性,然后是青年黑格尔派的突现个性的自我意识(《博士论文》)。1841年青年的哲学博士马克思走进社会时,是一位地道的唯心主义哲学家。他脑海里居统治地位的这种反映资产阶级民主主义政治的理性观念论,只是在接触到现实社会问题(《莱茵报》时期对经济利益关系的评判)时才开始出现裂痕。当马克思意识到必须真实地面对社会历史时,这就有了以法国大革命为中心阅读线索的历史研究摘录——《克罗茨纳赫笔记》②。正是在研究历史现实的过程中,马克思实现了自己思想中的第一次伟大转变(《黑格尔法哲学批判》和《〈黑格尔法哲学批判〉导言》)。也是这种新的思想基础,成为他进一步研究经济学的主要理论前提。1843年以前,作为青年黑格尔派的马克思,虽然关注了经由鲍威尔"油炸"过的自我意识的能动性(《博士论文》),但他并没有更深入地理解黑格尔历史辩证法,更谈不上从历史发展的客观总体角度去面对现实的人类社会。1843年"德法年鉴"时期,在青年马克思的哲学思想中发生了第一次(不是转向马克思主义)重要理论转变:从青年黑格尔学派自我意识的唯心主义转向费尔巴哈式的自然唯物主义,从

---

① 原载《求是学刊》1999年第3期。
② 《克罗茨纳赫笔记》,马克思写于1843年5—10月,共五册。《马克思恩格斯全集》第二版(以下简称 MEGA²),柏林,第4部分第2卷。

民主主义转向抽象的共产主义①。过去我们知道，马克思思想上的这次转变，很大程度上是由于他在《莱茵报》时期对现实问题发表意见遇到的挫折引起的。一方面，在他的思想深处，实际上存在着一种急于了解现实生活的冲动，这一点，开始表现为他对历史特别是法国大革命的历史事变的关注，后来在赫斯与青年恩格斯的影响下才进一步实现为他对政治经济学和现实生活的关注。另一方面，马克思的这种思想转变的学理上的原因主要被指认为费尔巴哈的外在影响。仿佛是马克思读了费尔巴哈的论著，一下子就成了"费尔巴哈派"了。实际上，情况没有这么简单。

呈现这第一个转变过程的直接文本群，主要就是马克思写于1843年7—10月的《克罗茨纳赫笔记》和未完成的《黑格尔法哲学批判》手稿。笔者发现，在《克罗茨纳赫笔记》中，马克思通过研究以法国大革命为主线的历史学资料，这是他自己独立走向社会历史本体的极重要的一个方面。也是在这一研究中，他在现实生活真实层面上确认了费尔巴哈唯物主义哲学的革命意义，这集中表现为对黑格尔哲学的主谓语再颠倒的肯定。令人遗憾的是，这一重要的理论研究和思想演进过程始终没有得到很好的关注。这是与《克罗茨纳赫笔记》文本研究的不理想状况相关联的。

《克罗茨纳赫笔记》直接可以确定的有五册。这些笔记有255页之多，马克思的字写得较密，所以竟容下了近24本论著和其他文章的摘要内容，其时间跨度长达近2500年（公元前600年到19世纪30年代）的人类社会历史。这五本笔记标有马克思自己的编号（1—5），第一册与第三册上写有"历史—政治笔记"的字样，第二本笔记上注有"法国史笔记"，第四与第五册笔记没有标题，但内容上与前三本完全一样。除去第五册外，第一与第三册注有"克罗茨纳赫，1843年7月"，第二与第四册上则注有"克罗茨纳赫，1843年7月、8月"。显然，这说明这些笔记不是一本写完后再开始另一本的顺序，而是几本笔记同时展开，这也是马克思读书笔记的一个特点。马克思还写下了一个经过内容压缩的"主题索引"，这说明马克思曾经专门对笔记进行过思考和整理。在这些笔记中，马克思自己独

---

① 参见孙伯鍨：《探索者道路的探索》，安徽人民出版社1985年版，第3章；参见张一兵：《马克思历史辩证法的主体向度》，河南人民出版社1995年版，第1章。

立的意见和评论很少,除去标题和索引,只是在第四册中有过一些简短的评述。

关于《克罗茨纳赫笔记》时期马克思的理论方法,苏联学者拉宾认为,"马克思已经开始自觉地运用唯物主义,把它作为研究历史进程的方法"①。笔者以为这是绝对无根据的。实际上,青年马克思在进入历史学领域时,他那种刚刚在《莱茵报》经受了现实打击的哲学话语——唯心主义观念论还没有全面崩溃,但在新的历史事实面前一开始就完全退缩在文本摘录和评述之外。笔者将这种情况称为马克思在进入新的历史学研究领域时,原有哲学理论话语的失语状态。在青年马克思以往的理论作风中,这是一种十分少见的情况。这种严重的失语状况只是在笔记的最后才发生改变:这恰恰是以唯心主义观念决定论的彻底解构为基础的格式塔转变。此外更重要的是,如果说在《莱茵报》时期,他的理论逻辑中的支援背景是资产阶级自由理性和法国大革命建立的新型资产阶级现实王国(所以马克思那里的斗争矛头直指封建专制),而在这里,他的理论目标却是不断游离的。因为,他发现在资产阶级革命之后"第三等级"中上升为统治阶级的资产阶级仍然在维护私有财产。可是,马克思这种政治立场的最终转移也是在笔记的后期才逐步发生的。笔者将证明,马克思第一次思想变革的双重支点转换都是他自己在独立历史学研究中自主发生和出现的。

从《克罗茨纳赫笔记》本文的总体来看,马克思在全部笔记中的焦点意识明显是欧洲国家封建社会的历史。这包括法、英、瑞典、波兰和威尼斯的封建政治史,这些内容占去了笔记的相当大的部分。本来,马克思是想着力弄清楚政治在历史中的作用,而他却无意识地不断体认到实际上围绕财产的所有制才是社会历史结构的真正基础。《克罗茨纳赫笔记》第一册的开始,马克思在格·亨利希的《法国史》中主要关注了法国 16 世纪末以前社会政治结构中议会的形成,其中,马克思摘要出军事制度与财产制度的关系,可是他却看到封建主义"欧洲的衰落,由航海业、贸易和工

---

① [苏]拉宾:《马克思的青年时代》,南京大学外文系俄罗斯语言文学教研室翻译组译,生活·读书·新知三联书店 1982 年版,第 171 页。

业促进"，以及市民阶层的兴起造成。① 这一线索实际上应该是近代资产阶级发生的经济与社会进程，但是这里并没有任何激活马克思深入思考的迹象。第二册开始的路德维希《最近五十年的历史》摘录中，马克思意外地发现，法国大革命前后，第三等级组成的国民议会仍然在维护私有财产，因为他们虽然没收教会财产，但又在保护个人私有财产。马克思批注道："其中包括重大矛盾，一方面宣布私有财产不受侵犯，另一方面又牺牲私有财产"②。这自然会使马克思原来的民主主义理想开始动摇。因为，马克思反对专制并不是为了重新确立一种新的私有制。他开始意识到第三等级"自由主义的空谈"！这是不是对自己《莱茵报》时期那自由理性旗帜的反省呢？在第二册对卢梭《社会契约论》的摘要中，马克思注意到封建制度是基础牢固的等级制，而"在这里财产统治人，在现代社会里人控制着财产"③。马克思这一概括固然并不准确，但他不得不承认新旧两种社会中，人们始终是围绕财产关系的。如果说，前不久在《莱茵报》时期无奈地发现："物质利益总是占上风的"，而在此，他开始面对财产是整个历史（私有制社会）的基础这个历史事实。这对马克思头脑中已经开始动摇的唯心主义理性原则是进一步的现实否定。

在第二册末尾马克思的第一个笔记"索引"中，我们看到他的两条主要思考线索：一是封建社会与资产阶级社会的政治结构，二是所有制和财产关系。虽然此时前一条线索仍然是马克思的主要关注点，他毕竟在"所有制及其结果"和"财产"这两个索引中，标注了有产者与社会、所有者与财产、占有与财产、平等与财产的政治与经济之间的重要关系。特别是马克思开始意识到了，在新的资产阶级社会中，"财产作为选举权和被选举权的条件"的意义。也由此出发，在第三册中，马克思在罗素的近代英国史中进一步看到，18世纪末，当时英国84个市镇的所有者把157位代

---

① 马克思：《克罗茨纳赫笔记》，中译文参见《马恩列斯研究资料汇编（1981）》，书目文献出版社1985年版，第8页。
② 马克思：《克罗茨纳赫笔记》，中译文参见《马恩列斯研究资料汇编（1981）》，书目文献出版社1985年版，第9页。
③ 马克思：《克罗茨纳赫笔记》，中译文参见《马恩列斯研究资料汇编（1981）》，书目文献出版社1985年版，第9页。

表送进了议会,可资产阶级的"议会的成员不是人民的代表,大部分是他们自己利益的代表"①。并且,当人民与政府的意见不一致时,"下院"总是"更多地"倾向"政府一边,而不是人民一边"!这证明,"代议制基于两重幻想:统一的公民权利的幻想和代表大会是全民代表的幻想。特别是等级选举法表现出人民主权的骗局"②。马克思发现,这种所谓民主的政体绝不是人民主权的表现,而只是资产阶级经济和政治利益的表现。并且,这种新的"现代私有制的体系是长期发展的产物"③。在马克思的面前,他原来所倾向的政治力量的真实面目逐渐清楚起来了。资产阶级民主主义的丧钟就要敲响了。

最重要的哲学理论变化发生在笔记第四册的后半部分。当马克思在对兰克主编的《历史政治杂志》第一卷中发表,也是兰克自己撰写的《论法国的复辟时期》进行摘录中(该书第41页第28—32行间),马克思写下了全部《克罗茨纳赫笔记》中最长的非常性评论。也在这里,我们看到了一种哲学话语的突现。但这已经明显不是青年黑格尔式的自我意识的理性原则,而是在社会现实中对这种唯心主义原则的否定。革命是在这里突现出来的。马克思在兰克对波旁王朝的历史分析中,原来注意的是新旧法国交替中的复杂政治转变机制。旧法国的基础是王权与贵族,新法国的现实起点已经是革命后确立的新的所有权。一般的历史现实是,国家与法的基础是财产关系。所以在这一注释的开始,马克思写道:"在路易十八4朝代,宪法是国王的恩赐(钦赐宪法),在路易·菲利浦5时代,国王是宪法的恩赐(钦赐王权)。一般说来,我们可以发现,主语变为谓语,谓语变为主语,被决定者代替决定者,这些变化总是促成新的一次革命,而且不单是由革命者发动的。"这本来是在说明历史变革中的一种具体关系。可是马克思可能开始是无意识使用了黑格尔哲学术语主谓语关系。所以他

---

① 马克思:《克罗茨纳赫笔记》,中译文参见《马恩列斯研究资料汇编(1981)》,书目文献出版社1985年版,第11页。
② 马克思:《克罗茨纳赫笔记》,中译文参见《马恩列斯研究资料汇编(1981)》,书目文献出版社1985年版,第13页。
③ 马克思:《克罗茨纳赫笔记》,中译文参见《马恩列斯研究资料汇编(1981)》,书目文献出版社1985年版,第12页。

接下去仍然说,"国王创立法律(旧君主制),法律创立国王(新君主制)"。可是,这突然让他顿悟到一个重要的哲学根本问题:"因此,当黑格尔把国家观念的因素变成主语,而把国家存在的旧形式变成谓语时——可是,在历史真实中,情况恰恰相反:国家观念总是国家存在的形式的谓语——他实际上只是道出了时代的共同精神,道出了时代的政治神学。"很显然,马克思的思想一下子从历史中的新旧时代的变化研究,跳跃式地游移到哲学基本问题的指认上。他实际上确认了在社会历史发展中始终出现的现象:所有制决定政治与法,现实决定观念!这样,黑格尔的错误就十分明显了:"这里被当成决定性因素的在宗教方面是理性,在国家方面则是国家观念。这种形而上学是反动势力的形而上学的反映,对于反动势力来说,旧世界就是新世界观的真理。"①

显然,从我们对这一文本的研究看来,马克思并不是传统理解中那样简单地外在地受到费尔巴哈的影响,而是在真实的社会历史研究中自觉地确认一般唯物主义的前提的。应该说明的是,马克思一转到唯物主义立场,就不仅仅是费尔巴哈那种自然唯物主义,即直接的物质(自然)与意识的主宾颠倒,而是特指人的社会现实存在(所有制)决定观念。这一社会现实,实际上类似法国唯物主义已经提出的那种在社会生活中能"感到的东西"。这也是《黑格尔法哲学批判》一书唯物主义批判逻辑的真实原发地。另外,也是在这一文本中,我们能看到马克思是在真实的历史发展中逐步看清了资产阶级的面目,从而为在当时的德法社会主义者的影响下,进一步转到无产阶级的政治立场(《黑格尔法哲学批判》导言)打下了重要的思想基础。确认这一点,对于我们正确理解青年马克思思想的第一次重大转变中的哲学前提层面的转换是极其重要的。

在接下去的摘录中,马克思的这一重要的观念变革又不断地得到历史事实的支持。在列·兰克的《1775年的议会》笔记中,马克思注意到,

---

① 马克思:《克罗茨纳赫笔记》,中译文参见《马克思恩格斯全集》第40卷,人民出版社1982年版,第368—369页。

在法国"农业地区僧侣的影响取决于他们的地产"①。在浦菲斯特的《德国史》里,马克思发现在上古史中,"土地所有制总是德国制度的基础",在 G. 朱诺弗的《继承权的原则和法国与英国的贵族》一书中,马克思注意到"英国的代议制建立在地产的基础之上。地产的巩固是君主立宪制的基础"②。这大大加强了马克思刚刚获得的社会唯物主义观念。而在笔记的第五册中,马克思在默瑟尔的《爱国主义的幻想》一书中看到,"在上古时期的制度里只保障人身自由,这就是说,自由只同人本身相联系,后来国家为了有利于物质的自由而限制人身的自由,物质自由是同土地相联系"。由此马克思直接引出如下一个观点:"自由是一个相对的概念"!为什么?因为在真实历史中不同的制度下自由观念的内容是完全不同的。这已经是一个相当深刻的观点。我们注意到,马克思自己原有的民主主义和自由主义政治立场开始了根本的动摇。

以《克罗茨纳赫笔记》历史学确证为本,马克思才开始对黑格尔哲学唯心主义的第一次清算。这就是《黑格尔法哲学批判》的主要内容。显然,马克思不是简单地受了费尔巴哈的影响就发生了思想转变,一是现实问题的困窘,二是自己在历史研究的确证后,他才超越性地肯定了费尔巴哈的唯物主义立场,但这又是从社会历史现实的角度被理解的。依笔者之见,对马克思这一文本不应估计过高,更不能说马克思在这里已经是马克思主义发展的思想进程。因为,比之于同期的其他也转到唯物主义立场的青年黑格尔派先锋分子来说,此时马克思的观点并非是最深刻的。马克思第一次思想变革中的政治立场层面的转换也并非是轻易实现的。因为只是在后来的《黑格尔法哲学批判》导言中,马克思才从民主主义彻底转到无产阶级立场。

笔者已经在《马克思历史辩证法的主体向度》第一章中说明过,马克思在《黑格尔法哲学批判》的社会历史的结构性分析中,已经确立了在社

---

① 马克思:《克罗茨纳赫笔记》,中译文参见《马恩列斯研究资料汇编(1981)》,书目文献出版社 1985 年版,第 16 页。
② 马克思:《克罗茨纳赫笔记》,中译文参见《马恩列斯研究资料汇编(1981)》,书目文献出版社 1985 年版,第 18—19 页。

会历史研究中的一般唯物主义前提，即市民社会决定国家与法；而在对资本主义现实所作的过程性批判中，却仍然是费尔巴哈式的人本主义异化史观。我们知道，费尔巴哈哲学中存在着两条思路：一是自然决定论的唯物主义直观描述逻辑；二是人的类本质异化的人本学价值批判逻辑。费尔巴哈批判黑格尔，指认出他的绝对理念辩证法是神正论的另一种精致理论确认：《现象学》是他的出世说，《逻辑学》是造物主（体）的创世原点，真实的自然与社会历史倒成了异化主体在现世物役赎救的历程（必然王国），终而在思辨的"绝对精神"觉醒中扬弃异化重新回到绝对观念的"上帝之城"（自由王国）。必须指出，费尔巴哈的确正确地重新颠倒了黑格尔，自然物质是基础，人成为主体，但他没有看到黑格尔哲学的一个最重要的现实历史基础，这就是欧洲资产阶级革命和资本主义经济现实。在黑格尔哲学中，一个极为重要但长期为我们忽略的理论参照系就是资产阶级古典经济学。笔者认为，黑格尔的哲学本质主要是唯心主义地抽象了的人类的总体认知结构及其历史辩证演进，但是，其中除去丰富的思想史线索，还内含着两种重大现实历史主题，一是法国大革命，二是英国的工业革命。如果说拿破仑是"马背上的绝对精神"，那斯密的"看不见的手"则内化为现实中绝对观念的隐性支配，即现代历史发展背后的"理性的狡计"。黑格尔的绝对观念最后是以资本主义现实经济走向普遍的世界历史的。费尔巴哈反对黑格尔的唯心主义的"从抽象到具体"，这是正确的，但却是肤浅的。因为自然唯物主义的简单直观性，使他无法真正透视黑格尔更深的社会历史辩证法。

青年马克思在走向一般唯物主义"感性具体"的进程中，也同样反对了黑格尔抽象的思辨逻辑（马克思在很久之后才内省到这一点，并重新在一种新的科学基础上再一次"从抽象到具体"）！所以，马克思对黑格尔唯心主义的第一次批判，的确是他哲学思想的第一个重大转变。但是，由于马克思此时尚没有开始系统研究经济学，所以他还无法理解黑格尔在《法哲学》中对古典经济学的批判。于是，一个很深的问题自然不能成为马克思视域中的焦点，即剥离去唯心主义前提，黑格尔为什么用国家与法来否定性地制约客观的市民社会？实际上，在前文我们对黑格尔的总体逻辑的分析中，斯密、李嘉图等人的那种以孤立个人为基底的商品经济的市场"自然秩序"，实际上只是绝对观念（主体）处于社会历史经济物化中的异化状态，它是一种盲目自发的"看不见的手"操纵着市场。而黑格尔认为，在更高的一个阶段上，绝对观念会以国家与法的自觉调节，使"看不见的手"直接呈现出来。这也是从必然王国的最后阶段走向自由王国的飞跃。1843年，马克思在《黑格尔法哲学批判》中将这一关系式唯物主义地颠倒过来的时候，他是正确的，可一定意义上又是不够深刻的。当然，这种"不深刻"只是在1845年马克思主义哲学革命的制高点才可能呈现其对比参数。这是我们从经济学研究的意义上对青年马克思哲学第一次重要思想转变的重新认识。

走向"历史的"唯物主义：
马克思1843年间思想发展的内在逻辑[①]

张 亮

1843年的《黑格尔法哲学批判》（以下简称《法哲学批判》）标志着马克思开始从唯心主义转向唯物主义，这是学术界所公认的。但是，这个转变是如何发生的呢？国际学术界存在着三种不同的意见：以科尔纽、舒芬豪埃尔、奥伊则尔曼、拉宾等为代表的苏东学者认为，费尔巴哈的唯物主义是这一过程中的决定性因素[②]；以赖歇尔特为代表的一部分资产阶级马克思学者尽管也承认费尔巴哈在这一过程中的作用，但他们只不过是确认了费尔巴哈的宗教批判对马克思的间接影响，在他们看来，《法哲学批判》只不过是马克思对黑格尔法哲学中的现实性成分的平庸的唯物主义翻版[③]；以沃登、莫洛索夫等为代表的一批欧洲马克思主义历史学家则基本否定了费尔巴哈在这一过程中的作用，认为马克思在克罗茨纳赫时期的世界史研究是历史唯物主义形成的来源之一[④]。

[①] 原载《甘肃社会科学》1999年第6期。
[②] 具体可以参见［法］科尔纽:《马克思恩格斯传》第1卷，刘丕坤、王以铸、杨静远译，生活·读书·新知三联书店1963年版；［德］舒芬豪埃尔:《费尔巴哈和青年马克思》，柏林1972年版；［苏］奥伊则尔曼:《马克思主义哲学的形成》，潘培新等译，生活·读书·新知三联书店1964年版；［苏］拉宾:《马克思的青年时代》，南京大学外文系俄罗斯语言文学教研室翻译组译，生活·读书·新知三联书店1982年版等书的有关章节。
[③] 参阅［德］赖歇尔特:《马克思恩格斯早期著作中的国家学说》，见《马克思和恩格斯。国家学说。关于重现马克思主义国家学说的资料》，法兰克福1974年版。
[④] 参见［苏］莫洛索夫:《1843—1844年马克思对世界史的研究是唯物史观形成的来源之一》的正文及其相关注释，见《马列著作编译资料》第15辑，人民出版社1980年版。

我们以为，以上三种意见都是不能令人满意的（其中第二种意见充满了意识形态的偏见自不必说了）。第一种意见虽然拥有大量的文本依据，但它却有着一个致命的弊病：众所周知，在社会历史领域，费尔巴哈是一个唯心主义者，那么他怎么会给马克思以唯物主义的影响呢？第三种意见正是以此为驳论依据的。同样，第三种意见本身也有难以解决的问题：马克思研究历史只是一个"果"，什么是它的"因"呢？而这个问题离开了费尔巴哈唯物主义似乎又无法解决。

在1843年间，马克思究竟以什么样的方式转向了唯物主义，并且，在这个过程中，费尔巴哈唯物主义和现实的历史研究又各自扮演了怎样的角色呢？依我们之见，只有将这个问题还原到马克思当时的思想情景和思想历程中去，才可能得到真实的解答。

1841年下半年，马克思开始参与《莱茵报》的工作，1842年10月起任主编。这一时期之初，马克思在黑格尔的理性主义国家观中寄托了他对社会改造的理想和希望，但是，普鲁士日益反动的政治现实很快就使他的理性主义国家观碰得头破血流。马克思沮丧地发现，与黑格尔所说的恰恰相反，在现实生活中"物质利益总是占上风"，为此他陷入了深深的苦闷之中。——马克思在这一时期里不是无所收获的，其中最重要的收获即在于明确地树立了一种实事求是的现实主义方法论。马克思这种具有唯物主义倾向的方法论在《摩塞尔记者的辩护》一文中表达得最为明白："……我们想把我们全部的叙述都建立在事实的基础上，并竭力做到只是概括地表明这些事实……"① 为了解决使自己苦恼的疑问，他重新回到书房，开始新的理论探索。"我写的第一部著作是对黑格尔法哲学的批判性的分析"。②

根据马克思的通信，我们知道，马克思在1841年11月至1842年9月曾撰写了一篇也叫《黑格尔法哲学批判》的文章，但它并没有流传下来。现存的1843年的《法哲学批判》是否部分保留或者参考了1841—1842年同名批判文章，史料上已无法确定了。在前一篇批判文章中，马克思是站

---

① 《马克思恩格斯全集》第1卷，人民出版社1956年版，第223页。
② 《马克思恩格斯全集》第13卷，人民出版社1962年版，第8页。

在鲍威尔自我意识哲学的立场上，同黑格尔的自然法"这个彻头彻尾自相矛盾和自我毁灭的混合物作斗争"①的，而在1843年的批判中，我们则明确地看到了费尔巴哈《关于哲学改造的临时纲要》的影响②。因此，我们同苏东学者一样，也相信马克思是在费尔巴哈的影响下转向唯物主义立场上来的，只不过我们认为，这种影响是以马克思对费尔巴哈唯物主义极富个性色彩的理解和发挥为条件的，尽管这些理解和发挥在相当程度上是费尔巴哈哲学所无法容纳和允许的。——1843年的《法哲学批判》是对黑格尔法哲学的主要段落（内部的国家法第二百六十一节至第三百一十三节）所作的批判分析。根据《马克思恩格斯全集》国际版新版的考定，该手稿大约是在3月至9月底完成的；在手稿的第二十三印张，即第三零二节评注和第三零三节评注之间，马克思的创作存在明显的中断。国际版虽然不能确定该中断发生的时间和原因，但是它基本倾向于认为：这一中断约发生在7月至8月，在此期间，马克思作了内容丰富的《克罗茨纳赫笔记》③。实际上，这一创造性的见解是由苏联学者拉宾作出的。在其专著《马克思的青年时代》（1976年）中，拉宾正是依据这一思路，解读了马克思在费尔巴哈唯物主义的影响下，思想不断深化的进程。④但是，由于受到传统解读模式的束缚，拉宾没有能够提出并解决费尔巴哈唯物主义何以能在社会历史领域对马克思产生重大影响这一极为重要的命题。从某种意义上讲，解决这一问题就是本文的创作意图。

晚年恩格斯在回忆往事的时候曾认为，是费尔巴哈的《基督教的本质》给予了马克思以唯物主义的影响⑤，经过梅林、麦克莱伦等学者的努力，现在我们已经充分意识到，是费尔巴哈的《关于哲学改造的临时纲

---

① 《马克思恩格斯全集》第27卷，人民出版社1972年版，第421页。
② 在这个问题上，有两种不同的意见。兹维·罗森认为该批判是在鲍威尔的影响下写成的。参见［波］兹维·罗森：《布鲁诺·鲍威尔和卡尔·马克思》，王谨译，中国人民大学出版社1984年版，第二部分，第6章。
③ 该部分内容参考了《马克思恩格斯全集》国际版新版的编译说明，参见《马克思恩格斯研究》1990年第3期，第3—19页。
④ 参见［苏］拉宾：《马克思的青年时代》，南京大学外文系俄罗斯语言文学教研室翻译组译，生活·读书·新知三联书店1982年版，第130—189页。
⑤ 参见《马克思恩格斯选集》第4卷，人民出版社1972年版，第218页。

要》给予了马克思以最直接的唯物主义影响①。正像马克思在《对黑格尔的辩证法和整个哲学的批判》所总结的那样,费尔巴哈进行了三重理论建构:首先是继承《黑格尔哲学的批判》(1839年)中的唯物主义精神,唯物主义地回答了哲学基本问题,指出"思维与存在的真正关系只是这样的:存在是主体,思维是宾词。思维是从存在而来的,然而存在并不来自思维"②;其次是接着《基督教的本质》往下说,揭露了黑格尔哲学的神学本质,指出"神学的秘密是人本学,思辨哲学的秘密则是神学——思辨神学"③;最后则是以人、你与我的关系取代了绝对精神,作为哲学研究的对象和社会科学的基本原则。对于费尔巴哈的唯物主义我们必须加以几点说明:费尔巴哈从来都是在物质实体、自然存在的意义上来理解唯物主义的"物"的;他对黑格尔的批判是在一般唯物主义的水平,即在物质决定思维的意义上展开的;并且他的哲学批判是其宗教批判的直接延续,是其主宾倒置批判法在自然领域的又一次实践;尤其重要的是,他对黑格尔唯心主义思辨的批判本质地要求一种唯物主义的研究方法,——在《基督教的本质》(1843年第二版)的序言中,费尔巴哈极其明白地指出:"本书中的思想,仅仅是由下面这样的前提所得出的结论,而这个前提,并不又是抽象的,而是客观的、活生生的或历史的事实……为了进行思维,我需要感官,首先就是眼睛,我把我的思想建筑在只有借感官活动才能经常不断地获得的材料上面,我并不是由思想产生对象,正相反,是由对象产生出思想;只是,这里的对象,专指在人脑以外存在着的东西。"④——而这一点往往为绝大多数研究者所忽略。

作为黑格尔的学生,费尔巴哈实际上在1839年几乎毫无反响的《黑格尔哲学的批判》中就确立了自己唯物主义者的形象,与之相比,1843

---

① 参见[德]梅林:《马克思传》,樊集译,人民出版社1973年版,第69—70页;[英]麦克莱伦:《青年黑格尔派与马克思》,夏威仪译,商务印书馆1982年版,第96页。
② [德]路德维希·费尔巴哈:《费尔巴哈哲学著作选集》上卷,荣震华等译,生活·读书·新知三联书店1959年版,第115页。
③ [德]路德维希·费尔巴哈:《费尔巴哈哲学著作选集》上卷,荣震华等译,生活·读书·新知三联书店1959年版,第101页。
④ [德]路德维希·费尔巴哈:《费尔巴哈哲学著作选集》下卷,荣震华等译,生活·读书·新知三联书店1962年版,第12页。

年的《关于哲学改造的临时纲要》在理论上并没有什么实质性的变化，只不过表述得更为明确罢了。它之所以能够在当时的德国哲学界取得巨大的影响完全在于它出现的时机。1843年3月《莱茵报》的查封，不仅标志着黑格尔理性主义国家观的破产，而且也标志着青年黑格尔派哲学—政治运动的瓦解。此时，费尔巴哈以黑格尔哲学的革命者的姿态出现了，他的理论自然对处在权力话语真空状态的青年黑格尔派的激进左派产生了巨大的吸引力。

费尔巴哈哲学成为了激进青年黑格尔派的理论旗帜。作为《关于哲学改造的临时纲要》的编辑，卢格最先看到这一著作。卢格是一个实践的思想家，对于该著作，他较早地发现了其中可直接用于政治分析的系统的论点，但对于其中的唯物主义哲学本质及方法论内涵，他根本没有认识到。赫斯对费尔巴哈的这一著作的理解较为深刻。他直觉地把握住了其中的社会批判方法，将主宾倒置的异化批判从宗教领域推进到经济领域，创造性地提出了"金钱异化"的概念。但是，赫斯同样未能理解费尔巴哈异化方法的唯物主义方法论本质内涵。

马克思大约在1843年3月看到了《关于哲学改造的临时纲要》。这给正处在精神危机之中的马克思以极大的触动，他兴奋地告诉卢格："费尔巴哈的警句只有一点不能使我满意，这就是：他过多地强调自然界而过少地强调政治。然而，这一联盟是现代哲学能够借以成为真理的唯一联盟。"① 就在这差不多同时期，马克思开始了《法哲学批判》第一部分的创作。从《关于哲学改造的临时纲要》中马克思究竟能得到些什么呢？——既然黑格尔哲学本身就是颠倒的，那么它的法哲学也就必然是颠倒的！这正好是与马克思在《莱茵报》时期的实践中得出的结论是完全一致的。因此，像费尔巴哈一样，在法哲学领域揭露黑格尔哲学的颠倒本质可能就是马克思最初的创作目的。与此相对应的是，费尔巴哈在自然领域批判了黑格尔之后并无意将批判推进到社会历史领域，在他看来，未来哲学应当就是"爱"的哲学。在这个意义上，倒是曾被马克思批判过的"真

---

① 《马克思恩格斯全集》第27卷，人民出版社1972年版，第2—3页。

正社会主义"者是费尔巴哈的忠实信徒。

黑格尔的"逻辑的泛神论的神秘主义"是第一部分的批判主题。按照黑格尔的观点，国家精神把自己分为家庭和市民社会两个有限的领域，目的就在于使自己超越这两个领域的有限性或理想性，而成为自己的无限的现实的精神。于是，"这种精神便把自己这种有限的现实性的材料分配给上述两个领域，把所有的个人当作整体来分配，这样，对于个人来说，这种分配就是以情势、任性和本身使命选择为中介的。"① 马克思根据自己的政治实践，把黑格尔的神秘咒语译成了"普通的话"："国家的理性对国家材料在家庭和市民社会中间的分配没有任何关系。国家是从家庭和市民社会之中无意识地偶然地产生出来的。家庭和市民社会仿佛是黑暗的天然的基础，从这一基础上燃起国家的火炬。"② 为什么黑格尔得出与自己现在的看法完全相反的结论？马克思认为，黑格尔把家庭和市民社会看作国家的概念领域，即把它们看作国家的有限性的领域，看作国家的有限性。这一国家把自己分为这些领域，并以它们为前提，它这样做的目的是要超出这两个领域的理想性而成为自为的无限的现实精神。"所谓'现实的理念'（即无限的现实的精神）被描述成似乎是按照一定的原则和抱着一定的目的而行动的。它把自己划分为有限的领域；它这样做是为了返还于自身，成为自为的，同时，它这样做，是要使结果恰恰成为现实中存在的那样。"③ 这就是"逻辑的泛神论的神秘主义"。

接下去，马克思又对市民社会与国家的关系进行了一段论述，从而对两者的关系首次有了唯物主义的看法。他指出，在黑格尔那里，国家"理念变成了独立的主体，而家庭和市民社会对国家的现实的关系变成了理念所具有的内部活动。实际上，家庭和市民社会是国家的前提，它们才是真正的活动者；而思辨的思维却把这一切头足倒置"④ 了，不是国家的理念产生出家庭和市民社会，恰恰相反，"政治国家没有家庭的天然基础和市

---

① ［德］黑格尔：《法哲学原理》，范扬、张企泰译，商务印书馆1961年版，第263—264页。
② 《马克思恩格斯全集》第1卷，人民出版社1956年版，第249页。
③ 《马克思恩格斯全集》第1卷，人民出版社1956年版，第250页。
④ 《马克思恩格斯全集》第1卷，人民出版社1956年版，第250—251页。

民社会的人为基础就不可能存在"①,家庭和市民社会才是现实的主体和原动力。在这里我们不难发现费尔巴哈的影响,但他的影响无疑仅仅是形式的和方法的,因为他总是"过多地强调自然界而过少地强调政治"和历史。马克思这时主要是借用了费尔巴哈的主宾倒置方法,表达了自己在《莱茵报》时期积累的具有自发唯物主义倾向的政治感受。

总的来说,在第一部分中,马克思受到费尔巴哈批判黑格尔哲学的鼓舞,力图在其主宾倒置法的引导下去批判黑格尔的法哲学,以表达自己的不满情绪。对于费尔巴哈哲学,马克思这时候仅仅发现了其中的主宾倒置法,并且在对异化的主宾倒置方法的理解上,他仍旧和赫斯一样,停留在社会政治批判这一外在的层面上,而尚未体察到它的唯物主义本质。

尤其需要指出的是,《法哲学批判》第一部分中的唯物主义思想还只是马克思在批判黑格尔"逻辑的泛神论的神秘主义"时附带取得的,但这并不是要否定其思想价值,而是要提醒读者注意:由于马克思此时还没有对市民社会内部客观存在的关系进行应有的研究,还没有在生产力发展水平的基础上去理解市民社会与国家的分离,因此,他这时对市民社会与国家的唯物主义看法尚具有很大的抽象性和猜测性。但是到了第二部分即第二十四印张,情况则发生了重大的变化。

在第二十四印张的开头,马克思连续摘录了《法哲学原理》的第三百零四至三百零七节,并初步展开了对它们的研究。不过马克思很快就中断了对这几节的分析,重新回到对第三百零三节市民社会的分裂的研究。然后马克思又逐字逐句地分析了第三百零四至三百零六节。在这里,马克思的论点并没有超出先前的朴素唯物主义,但是他的分析出现了大量以前所没有的新的论据。这些新的经验材料是从哪里来的呢?更令我们关注的是,从这时起,马克思对市民社会及其内部结构越来越有兴趣,并打算在批判完黑格尔的国家学说之后一定要"批判黑格尔对市民社会的看法"②,马克思的这一新的构想是从哪里来的呢?我们深信,如果不研究新的文献,马克思是不可能产生新的思想的。因此,我们赞同拉宾等苏东学者的

---

① 《马克思恩格斯全集》第1卷,人民出版社1956年版,第252页。
② 《马克思恩格斯全集》第1卷,人民出版社1956年版,第346页。

意见，把《克罗茨纳赫笔记》放到这里来研究。

对于《克罗茨纳赫笔记》，历史学家们往往过分强调了"历史的研究在马克思思想转变中的作用"，因为社会历史领域是"费尔巴哈哲学中唯物主义最少、唯心主义最多的领域"，而力图否定费尔巴哈对这一文献的重大影响。我们同那些历史学家们一样，肯定历史的研究对马克思思想转变的巨大影响，但是问题在于：马克思为什么会在此时重新产生了研究历史的欲望呢？国际学界对此没有产生什么有价值的见解，我们则倾向于认为：没有费尔巴哈唯物主义对黑格尔的批判这个"因"，就不会有马克思此时研究历史这个"果"。

马克思对历史的兴趣可以追溯到大学时代，甚至可以追溯到他的父亲和中学老师。但我们以为，马克思这时的历史研究，与其对黑格尔唯心主义自发的唯物主义批判及自觉的现实主义的方法论要求是密切相关的。既然黑格尔把主语和谓语的位置颠倒了，并把现实的历史过程神秘化了，那么，为什么不在现实的历史过程中去寻找直接的正确的答案呢？在这个意义上，很可能是费尔巴哈的唯物主义方法论激活了马克思业已产生的自发的方法论的唯物主义的要求，从而促使马克思再一次研究历史问题，在现实中寻找法哲学问题的真正解决。

1843年7月到8月，马克思在克罗茨纳赫再一次对历史进行了研究，留下五个笔记本。从马克思自己制定的《克罗茨纳赫笔记》的主题索引中我们发现，所有制问题是他当时关注的中心。这包括：所有制的产生及其在人类历史不同时期的发展，所有制的各种形式，所有制同政治关系的联系，以及这些关系对国家和整个社会制度的影响，等等。大量经验材料的聚集决定性地影响到了马克思对问题的进一步理解和对黑格尔"政治神学"的批判。在《克罗茨纳赫笔记》第四册中我们看到，马克思显然已经形成了对黑格尔法哲学的哲学和政治性质的明确判定，并自觉形成了"现实"决定"观念"、"事物"决定"逻辑"的唯物主义思想。在阅读了兰克发表在《历史政治杂志》上的《论法国的复辟时期》一文后，马克思借用费尔巴哈的术语表达了自己的观点："在路易十八时代，宪法是国王的恩赐（钦赐宪章），在路易·菲利浦时代，国王是宪法的恩赐（钦赐国王)",从形式上看,"国王创立法律(旧君主制),法律创立国王",似乎主语和谓语是可以相互颠倒的,因此"黑格尔把国家的观念因素变成主语,而把国家存在旧形式变成谓语"似乎也是合理的;"可是,在历史真实中,情况恰恰相反,国家观念总是国家存在的(旧)形式的谓语。他只是道出了时代的共同精神,道出了时代的政治神学。这种形而上学是反动势力的形而上学的表现,因而对于反动势力来说旧世界就是新世界的真理。"① 另外,通过摘录马克思已经逐步形成了所有制决定政治设施、所有制决定社会历史发展的"历史的"唯物主义观点。在对兰齐措勒的文章的摘录中,马克思强调了这样一段话:"私人关系和国家关系的这种差别和对立,既不是根源于事物的本性……也不是根源于神的启示。"那么,应当如何理解政治国家的发展与变革呢?在接下来的摘录中,马克思发现了经济利益在此过程中的重大作用:在英国,"国家制度的许多变革,(其起源)与其说归功于开明的政策,不如说归功于自私自利的打算",在瑞典,"由于财产状况而具有影响的一切东西……在债主、封建者、承租者、企业头头身上变成了中间的权力,政府依赖它并不比臣民差",特别是当政府的法令"涉及有权势的封建所有者或富有股东时,这些诰谕就根本不会起作用"。② 总之,历史研究使马克思获得了大量的经验材料,从而使他有可能自觉地认识到市民社会与国家的现实的关系。

正是有了这种明确的"历史的"唯物主义观念,在《法哲学批判》的第二部分里,马克思才能对市民社会(私有制)与国家制度的相互关系问题作出较之第一部分显为深刻和精确的回答:"政治国家对私有财产的支配权究竟是什么呢?是私有财产已经实现的本质。和这种本质相对立的政治国家还留下些什么呢?留下一种错觉:似乎政治国家是规定者,其实它却是被规定者。"③ 表面上国家的权力和私人的权力相分离、相对立;但实际上,这里的私有财产恰恰是政治制度的保证。"这样一来,国家制度在

---

① 《马克思恩格斯全集》第4卷,人民出版社1961年版,第368—369页。
② 以上引文参见《马列主义编译资料》第12辑,人民出版社1980年版,第50、65页。
③ 《马克思恩格斯全集》第1卷,人民出版社1956年版,第369—370页。

这里就成了私有财产的国家制度。"① 也就是说，马克思通过自主的历史学研究，只是在第二部分而并不是在被经常性引用的第一部分里，方才第一次自觉地获得了关于社会历史的唯物主义看法。——并且，马克思此时所实际理解的唯物主义已经与费尔巴哈所理解的唯物主义有了很大的差别：马克思主要将（唯物主义的）"物"理解为私有制，即一种社会经济关系，而决不再是物质实体了。这也是费尔巴哈实体论唯物主义无法达到的一个理论高点了。

通过以上的论述我们便不难发现：传统解读模式笼统地认为马克思是在费尔巴哈的影响下转向唯物主义的，这是多么的不准确。费尔巴哈哲学作为一个整体，它只在自然领域才是唯物主义的；实际上，马克思只是创造性（也可说是实用主义）地将费尔巴哈的主宾倒置批判法从自然领域移植到了社会历史领域，并自觉遵循唯物主义方法论的要求，主要是通过自己实证的历史研究，方才在《法哲学批判》的第二部分里自主地得出了关于社会历史的唯物主义结论。同时，对于马克思此时的唯物主义思想，我们也决不能作过高的评价：马克思虽然在该领域已经大大地超过了费尔巴哈，但他依旧受到了费尔巴哈人本主义——一种隐性唯心主义的内在制约；当马克思此时说是"市民社会决定国家"时，他实际要说是"人的本质决定国家"，因为在当时的马克思看来，市民社会就是"人的本质的实现"或"人的本质的客体化"。② 因此，马克思当时只是走向了"历史的"唯物主义而绝非历史唯物主义；只有当马克思通过经济学研究、发现生产方式在社会历史发展中的决定作用时，他才有可能彻底摆脱费尔巴哈隐性唯心主义的束缚，真正走向"历史唯物主义"。

---

① 《马克思恩格斯全集》第1卷，人民出版社1956年版，第380页。
② 《马克思恩格斯全集》第1卷，人民出版社1956年版，第293页。

"市民社会"与"人":一个共时性与历时性向度中的逻辑悖结
——读马克思的《黑格尔法哲学批判》

张一兵

1842年以后,马克思已经开始受到费尔巴哈人本主义的影响。可是,起初马克思只是轻描淡写地提到费尔巴哈,而后来,他越来越感到自己那种强调黑格尔式的精神理性和平等自由的"崇高"口号,在现实面前是那样的软弱无力,竟没有办法去扬弃那些"精神异化物"时,他才真正在火热的社会生活和斗争中意识到,只有费尔巴哈的唯物主义才可能是走向真理的唯一通道。于是,原来在马克思头脑中居统摄地位的那种青年黑格尔式的唯心主义,就开始被敲响了丧钟。可是我发现,也由此使马克思的哲学思想陷入一种深刻的理论逻辑矛盾之中。这就是他思想中关于社会历史的基础因素与主导因素的分立。在批判黑格尔唯心主义历史观的共时性视角中,马克思坚持了从"市民社会"出发的唯物主义的现实逻辑;而在他站在带有费尔巴哈人本主义色彩的历时性视角里我们却看到了从"人"出发的异化史观。这是一个很深的逻辑悖结。

首先,是马克思在一个新的立场上对社会历史基础的唯物主义确定。1843年夏天到1844年初,马克思写了《黑格尔法哲学批判》,并在《德法年鉴》上发表了《论犹太人问题》和《〈黑格尔法哲学批判〉导言》。至此,在对黑格尔唯心主义的批判中,才完全地转到了费尔巴哈的唯物主

---

① 原载《江汉论坛》1994年第5期。

义立场上来（马克思从来没有成为一个费尔巴哈主义者）。这是青年马克思哲学思想进程中的第一次重要的逻辑框架转变。他已经在对社会历史的认识中，回归到了社会存在的真实客观基础。

我们看到，从1843年的《克罗茨纳赫笔记》开始，马克思就已经抛弃了1843年以前那种从"理性规律"出发的基点了。马克思以费尔巴哈的唯物主义为武器，批判被黑格尔颠倒了的精神与物质的"主谓关系"（即法、国家与市民社会的关系），并揭露了黑格尔思辨哲学的神秘主义本质。马克思指出，在黑格尔的哲学中，"黑格尔把谓语、客体变成某种独立的东西，但是这样一来，他就把它们同它们真正的独立性、同它们的主体割裂开来。随后真正的主体即作为结果而出现，实则正应当从现实的主体出发，并把它的客体化作自己的研究对象。因此，神秘的实体成了现实的主体，而实在的主体则成了某种其他的东西，成了神秘的实体的一个环节"①，这就是黑格尔哲学唯心主义的秘密。马克思要打倒唯心主义，同时也是要自我清算在他头脑中存在着的这种颠倒的世界观。更重要的是，马克思开始以一种全新的唯物主义哲学逻辑来观察社会历史的发展。

马克思发现，黑格尔的哲学历史观也是一种十足的颠倒。因为在黑格尔那里，由于社会历史现实是理念产生的，那么国家就"不是它们自己的生存过程的结果；相反地，是理念在自己的生存过程中从自身中把它分离出来"②。这样，黑格尔就"把理念当做主体，而把真正的现实的主体，例如政治情绪就当成了谓语"③。马克思认为，"他倒因为果，倒果为因，把决定性的因素变为被决定的因素，把被决定的因素变为决定性的因素"④。"理念变成了独立的主体，而家庭和市民社会对国家的现实关系变成了理念所具有想象的内部活动。实际上，家庭和市民社会是国家的前提，它们才是真正的活动者，而思辨的思维却把这一切头足倒置"⑤。

在这里，我们的确看到了在马克思对社会历史观察中的一条新的理论

---

① 《马克思恩格斯全集》第1卷，人民出版社1956年版，第273页。
② 《马克思恩格斯全集》第1卷，人民出版社1956年版，第251—252页。
③ 《马克思恩格斯全集》第1卷，人民出版社1956年版，第255页。
④ 《马克思恩格斯全集》第1卷，人民出版社1956年版，第369页。
⑤ 《马克思恩格斯全集》第1卷，人民出版社1956年版，第250—251页。

逻辑线索，这就是从社会历史实际出发的唯物主义客观描述视角！这绝不是费尔巴哈的自然唯物主义或传统的一般哲学唯物主义，马克思拥有了哲学唯物主义基本内核，并以此在社会历史领域中第一次找到了基于社会物质条件的唯物主义立足点。特别请大家注意的，这倒是马克思不久前还不赞成的"下流的唯物主义"的存在逻辑①。先前，马克思是不自觉地发现它在现实生活中总是"占上风"，而现在，马克思已经是在哲学立场上肯定这一点了。这当然是一种重要的逻辑反转！在这一点上，马克思是远远超越于费尔巴哈之上的。显然，我们可以说马克思这里的思路与法国18世纪唯物主义哲学家和圣西门的历史哲学是接近的，但他进而把社会历史的基础放到了经济的"市民社会"和家庭上了。我以为，这恰恰是未来新的历史观革命在旧框架中的以一种总体否定性的形式在萌生出来。但此时这一合理的观察点并没有上升到总体历史观的高度，而只是停留在说明社会历史的一般基础的理论层面上。马克思现在认为，不是理念决定社会现实，不是法和国家的政治观念产生社会，而是现实的"市民社会"和家庭产生观念。并且，"对现代国家制度的真正哲学的批判，不仅要揭露这种制度中实际存在的矛盾，而且要解释这些矛盾，真正哲学的批判要理解这些矛盾的根源和必然性，从它们的特殊意义上来把握它们"②。这当然是一个新的理论逻辑基点，这可以被看作是马克思后来实现的历史观变革的最初逻辑生长点。

还要请读者注意的是，在马克思此时的理论逻辑中，上述对社会历史进行客观描述的观点主要是出现在对社会存在的共时性（结构性）分析中。即我们前面所说的，马克思在探索社会历史存在的现实基础视角上形成的思路。记住这一点，对于我们下面的研讨是十分重要的。并且我以为，这不是马克思此时哲学思路中起支配作用的框架。

其次，是马克思在寻求社会历史主导因素中的人本主义异化史观。即马克思这时所肯定的"人是世界之本"的口号。我已经提出过，马克思批判黑格尔哲学主要受到了费尔巴哈的启发。费尔巴哈那种把整个世界复归

---

① 《马克思恩格斯全集》第1卷，人民出版社1956年版，第180页。
② 《马克思恩格斯全集》第1卷，人民出版社1956年版，第359页。

于人类主体的观点自然是深深触动了马克思,因为费尔巴哈的那种要求人的本真存在状态(应该具有的类本质)人本主义逻辑,与青年马克思原来对人类主体地位的关注在理论深层恰恰是可以整合的。所以,在马克思这时的社会历史认识中,特别是他对社会历史过程作历时性(过程性)动态观察,确定社会历史的主导方面的时候,我们又能实现一种从人出发的理论逻辑线索(我们后面将看到,这一逻辑框架在实质上还是唯心史观的,并且我认为,这是马克思这一时期哲学的起支配作用的逻辑框架)。这也就是说,虽然此时马克思已经从黑格尔的唯心主义转变到了费尔巴哈的自然唯物主义,但他并没有放弃自己的主体辩证法,不过是从自我意识的观念主体辩证法转到了以人的抽象本质为核心的人本主义主体辩证法。现在,观念的主体变成了"类人"的主体,以往的观念统制和超越现实的目的论逻辑变成了"人"要求批判非人的现实的目的论逻辑。新的主体"应该"仍然是与异化了的"是"对立的。在此,与前一个共时性视角相比,我发现一种人学的价值论被强烈地凸显出来了。

还是在对黑格尔唯心主义的批判中,马克思写道:在黑格尔的哲学起点上,"真实的相互关系弄颠倒了。在这里,最简单的东西被描绘成最复杂的东西,而最复杂的东西又被描绘成最简单的东西。应当成为出发点的东西变成了神秘的结果,而应当成为合理结果的东西却成了神秘的出发点"[①]。那么,什么是马克思此时确认的出发点呢?这就是"人"!我们发现,马克思在这里总是在从"人"出发。当然,更重要的方面是马克思在此已经大大超出了费尔巴哈,他从来也没有"淹死"在费尔巴哈哲学逻辑中。在此时马克思眼中的人,已不仅仅是费尔巴哈那种在自然意义上的人,马克思已经在结合了家庭、财产和"市民社会"等具体的社会关系来考察人的本质了。他形象而风趣地写道:"'特殊的人格'的本质不是人的胡子、血液、抽象的肉体的本性,而是人的社会特质。"[②] 这是一个很重要的理论区别点。

我们看到,在这里马克思总是尽可能地将黑格尔的神学语言"译成人

[①] 《马克思恩格斯全集》第 1 卷,人民出版社 1956 年版,第 294 页。
[②] 《马克思恩格斯全集》第 1 卷,人民出版社 1956 年版,第 270 页。

的话"①。我们发现，马克思从来没有放弃他的那种不懈的努力，即他还是在强调主体性。但这不再是黑格尔那种抽象的理性，而是"人"的应该了。费尔巴哈要消除黑格尔的主客体颠倒，消除宗教的自我异化（坏的"是"），把神还原和复归于本来应该具有的人；而马克思则认为，要打倒唯心主义，要纠正宗教的颠倒，关键是真正认清现实中人的颠倒（一个新的意义上的坏的"是"！）。这里，我们看到马克思理论逻辑深层存在着内在的冲突！

在马克思对黑格尔所肯定的专制国家和社会异化的批判中，他这样写道："人就是人的关系，就是国家、社会，国家、社会产生了等级即颠倒的世界观，因为它的本身就是颠倒的世界。"② 这里最重要的是人"自己在本质上的二重化"③。在现实中就是表现为人在政治生活中和现实生活中的某种深刻的不一致。即"国家"与"市民社会"的分离。"历史的发展使政治等级变成了社会等级，在他们的政治世界的天国是平等的，而人世的存在中，在他们的社会生活中却不平等"④。"在政治国家真正发达的地方，人不仅在思想中，在意识中，而且在现实中，在生活中，都过着双重生活——天国的生活与尘世的生活。前一种是政治共同体中的生活，在这个共同体中，人把自己看做社会存在物；后一种是市民社会中的生活，在这个社会中，人作为私人进行活动，把别人看做工具，把自己也降低为工具，成为外力随意摆布的玩物"⑤，这是一种新的异化。

我发现，马克思在这里提出了一个十分重要的问题，即政治解放与人类解放的关系。马克思认为，人类社会从专制制度中摆脱出来的"政治解放本身还不是人类解放"！"政治解放当然是一大进步，尽管它还不是一般人类解放的最后形式，但在迄今为止的世界制度的范围内，它是人类解放的最后形式。不言而喻，我们这里指的是实在的、实际的解放"⑥。可是，

---

① 《马克思恩格斯全集》第1卷，人民出版社1956年版，第261页。
② 《马克思恩格斯全集》第1卷，人民出版社1956年版，第451页。
③ 《马克思恩格斯全集》第1卷，人民出版社1956年版，第340页。
④ 《马克思恩格斯全集》第1卷，人民出版社1956年版，第344页。
⑤ 《马克思恩格斯全集》第1卷，人民出版社1956年版，第428页。
⑥ 《马克思恩格斯全集》第1卷，人民出版社1956年版，第429页。

政治解放还没有使人"真正摆脱某种限制",政治解放并不是没有矛盾的人类解放的方法。因为它仍然维系着一种新的社会异化。这种异化"使人脱离自己的普遍本质,把人变成直接受本身的规定性所摆布的动物"①。在专制制度里,人不能成为人本身,人是动物,"中世纪是人类史上的动物时期,是人类动物学"②。这是因为"在这种体系中,自然界就象生出眼睛和鼻子一样直接生出王孙贵族"③,"怪不得贵族要这样夸耀自己的血统自己的家世,一句话,夸耀自己肉体的来源……贵族的秘密就是动物学"④。而在今天这个社会中,"我们的时代即文明时代,却犯了一个相反的错误。它使人的实物本质,即某种仅仅是外在的、物质的东西脱离了人,它不认为人的内容是人的真正现实"⑤。"人作为私人进行活动,把别人看作工具,成为外力随意摆布的玩物。"⑥ 这种人是"被我们整个社会组织败坏了的人,失掉自身的人,自我排斥的人,被非人的关系和势力控制了的人,一句话,还不是真正的类存在物"⑦。如果说在中世纪,是来自自然的限定,人被自然(以及自身自然的规定)剥夺了主体地位,在这时人的非主体化则是一种人造的非人力量支配的!注意这一点十分重要,马克思首次发现了这种人被人自己创造出来的物支配和奴役!

我们不难看出,在这时支配青年马克思哲学思想的内在逻辑构架仍然是一种主体与客体的异化关系为主要支点的人学主体辩证法。这也就是说,黑格尔的那种异化理论还在起着一种重要的理论逻辑内趋力的作用。但与前面相比,这当然已经不是精神主体的异化,而是人的本质之异化了。这是唯物主义的费尔巴哈式的人本学异化史观。马克思清楚地看到,费尔巴哈要打倒上帝,从神(人的本质之异化)复归于人,从神圣的天国回到世俗的人间。在费尔巴哈那里,确立"人"和他的生活世界就已经是

---

① 《马克思恩格斯全集》第 1 卷,人民出版社 1956 年版,第 346 页。
② 《马克思恩格斯全集》第 1 卷,人民出版社 1956 年版,第 346 页。
③ 《马克思恩格斯全集》第 1 卷,人民出版社 1956 年版,第 377 页。
④ 《马克思恩格斯全集》第 1 卷,人民出版社 1956 年版,第 377 页。
⑤ 《马克思恩格斯全集》第 1 卷,人民出版社 1956 年版,第 346 页。
⑥ 《马克思恩格斯全集》第 1 卷,人民出版社 1956 年版,第 428 页。
⑦ 《马克思恩格斯全集》第 1 卷,人民出版社 1956 年版,第 434 页。

异化的扬弃了。而马克思在这里又大大地向前走了一大步：他发现，人在自己的现实世界中仍然是被异化的，这是一种来自于现存政治制度的一个更深刻更隐蔽的人性异化。将此置于人本主义的哲学逻辑中去确定，则是说，费尔巴哈异化理论所要求的人的人类本质复归的"应该"，一旦回落到现实土地上来立刻就再一次成为一个坏的"是"。因为，在现实的资本主义社会生活中，虽然人不再受到神灵的奴役，却受到自己生活的奴役！在这一点上，马克思把资产阶级自己的人学理论批判的矛头反过来直接指向了资产阶级！很显然，马克思又有了更高一个理论逻辑层面的内趋力，或者说一种新的价值论上的"应该"！我要指出，此时马克思的政治立场变了。在探寻社会历史主导因素这一尺度上，从青年马克思的主体辩证法中突现出一种指向资本主义的具体否定性和批判力量。

我们看到，在后来的《黑格尔法哲学批判导言》中，马克思站在人本主义的总体逻辑上说："所谓彻底，就是抓住事物的根本。但是人的根本就是人本身"[1]。"人是人的最高本质"！"任何一种解放都是把人的世界和人的关系还给人自己"[2]。而资产阶级所完成的"政治解放一方面把人变成市民社会的成员，变成利己的、独立的个人，另一方面把人变成公民，变成法人"[3]。这是在更深层的一面，造成了人与人自身的分裂和异化。马克思要求人类主体解放的彻底性，即"必须推翻那些使人成为受屈辱、被奴役、被遗弃和被蔑视的东西的一切关系"[4]。在马克思看来，资产阶级的理想王国仍然"表现了人的完全丧失，并因而只有通过人的完全恢复才能恢复自己"[5]。马克思想象着，"只有当现实的个人同时也是抽象的公民，并且作为个人，在自己的经验生活、自己的个人劳动、自己的个人关系中间，成为类存在物的时候，只有当人认识到自己的'原有力量'并把这种力量组织成为社会力量因而不再把社会力量当做政治力量跟自己分开的时

---

[1] 《马克思恩格斯全集》第1卷，人民出版社1956年版，第460页。
[2] 《马克思恩格斯全集》第1卷，人民出版社1956年版，第443页。
[3] 《马克思恩格斯全集》第1卷，人民出版社1956年版，第443页。
[4] 《马克思恩格斯全集》第1卷，人民出版社1956年版，第461页。
[5] 《马克思恩格斯全集》第1卷，人民出版社1956年版，第466页。

候，只有到那个时候，人类解放才能完成"①。

因此，资本主义社会这种人被异化的状态是必定要消除的，人的解放将由资产阶级的否定面——无产阶级去最终实现。马克思最后指出，人的解放"它是一个若不从其他一切社会领域解放出来并同时解放其他一切领域，就不能解放自己的领域，总之是这样一个领域，它本身表现了人的完全丧失，并因而只有通过人的完全恢复才能恢复自己。这个社会解体的结果，作为一个特殊等级来说，就是无产阶级"②。现在我们看清马克思此时的政治立场走向了：即从民主主义转到了无产阶级立场，从批判封建专制转到了对资本主义的直接批判。这也就是说，马克思这时人学理论的"应该"，是无产阶级应该成为人，资本主义应该被打倒！马克思主体辩证法逻辑中的人不再是资产阶级意识形态的一般"人"，而是特指无产阶级。这实际上也意味着，马克思开始接受共产主义思想，虽然这还不是科学社会主义。这也是马克思哲学思想第一次总体转变的另一个政治理论层面上的相应变化。

最后我还要特别提出一点的是，固然马克思在这里已经在认真地思考无产阶级革命，在关注资本主义社会中劳动者的命运，但是马克思这时在这一尺度上所运用的主要哲学批判武器，即那种费尔巴哈式的人学异化逻辑在实质上仍然是唯心主义的！并且这种人学的主体辩证法和价值论实际上也是马克思此时哲学思想中的主导理论框架。相反，在这里马克思恰恰没有从他在确定社会历史存在基础的那种唯物主义的思路出发。为什么？原因很简单，马克思在这里还不能从资本主义社会历史的实际状况中得出他所需要的革命依据，即对资本主义的批判性和否定性的结论。从而，他也不可能从社会的经济现实去观察人的发展，而是在以抽象的"人"（实际上是"市民社会中的个人"）为引起批判的逻辑起点。说到底，历史的真谛是某种先验的人性和"应该"实现的理想本质，现代资本主义社会的不合理只是因为它违反了人性，而不是社会历史运动的客观必然性。这一思路当然不可能是科学的历史观。同时我们也能够直接体会到，马克思这

---

① 《马克思恩格斯全集》第1卷，人民出版社1956年版，第443页。
② 《马克思恩格斯全集》第1卷，人民出版社1956年版，第466页。

里的人学主体辩证法框架与他长期以来一直关注的人类主体能动性思路是潜在地历史吻合的。固然这种人学理论此时尚不是完整的和系统的。

我以为，在青年马克思这里的哲学理论逻辑中存在着两条思路，两个不同层面的二元分立。在确定社会历史一般结构性基础的层面上，他在否定黑格尔唯心主义历史观的特定意义上几乎走近了历史观的唯物主义原则；而在寻求社会历史发展进程的主导因素的层面上，他却为了无产阶级革命坚持了人本主义异化史观和价值批判。应该说，这两种不同的理论层面所依据的内在理论原则是相互矛盾的，但是马克思并没有十分清楚地意识到这一点。这也是由于，前一个理论层面只是一种理论原则，而后者却是此时马克思全身心贯注的实践活动，所以后者必然是他这时的主要理论框架。并且，这一框架不久在新的经济异化理论中得到了进一步的强化和系统化，获得了空前的统摄地位。①

---

① 参见张一兵：《青年马克思劳动异化逻辑框架的建构与结构》，载《南京社会科学》1994年第1期。

正确评价马克思《黑格尔法哲学批判》的思想史地位

唐正东

如何评价《黑格尔法哲学批判》的思想史地位，实际上是与如何准确理解马克思哲学的本质这一问题直接相关的。如果马克思的历史唯物主义哲学仅仅被理解为对经验性历史事实的实证分析，那么，《黑格尔法哲学批判》就可能被界定为马克思转向历史唯物主义哲学的开端，他此后的思想发展就只是在这一理论平台上的平面布展。但这样一来，无疑会遭遇如下的理论问题：经验性的历史事实是否会自动生成人类解放的意义？而如果把马克思历史唯物主义哲学的本质界定为对经验性历史事实之内在矛盾本质的挖掘，并进而在这种本质性的内在矛盾运动之基础上来理解人类历史走向自由王国的必然性，那么，仅仅把研究对象转向市民社会但尚未对之展开深入研究的《黑格尔法哲学批判》就只能是马克思转向一般唯物主义，而不是历史唯物主义的标志。马克思哲学的逻辑演变必须在此基础上再次经历一个向历史唯物主义转变的历程。这个历程实际上就是用历史唯物主义的方法来研究市民社会这一唯物主义的研究对象的过程，并且，历史唯物主义也因此而在研究对象的维度上，又加上了一个方法论的维度，从而真正实现了世界观与方法论在历史唯物主义基础上的彻底统一。

---

① 原载《河北学刊》2012 年第 1 期。

一

写作《黑格尔法哲学批判》时期的马克思有着与写作《法哲学原理》时的黑格尔完全不同的思维语境。对于柏林时期的黑格尔来说,政治批判的理论维度似乎并没有相应的现实背景,正如卢格所说:"黑格尔的时代对政治来说并不是很有利,它完全缺乏时事评论和公众生活。"① 当然,严格地说,黑格尔也不是一点儿都未遭遇到革命的气息,法国大革命作为一个"事件",事实上正在发挥着越来越大的政治和思想影响。但囿于其基督教—人文主义的思想背景,黑格尔似乎有意忽略了这种影响以及由此而产生的哲学效应。他坚持在哲学上走向对现实的和解及对现实之意义的挖掘,而不是走向对现实的批判与革命。正因为如此,在他看来,"哲学的任务在于理解存在的东西,因为存在的东西就是理性……妄想一种哲学可以超出它那个时代,这与妄想个人可以跳出他的时代,跳出罗陀斯岛,是同样愚蠢的。如果它的理论确实超越时代,而建设一个如其所应然的世界,那么这种世界诚然是存在的,但只存在于他的私见中,私见是一种不结实的要素,在其中人们可以随意想象任何东西"②。那么,黑格尔是如何"理解"存在的东西的?其办法是把它们看作是绝对理性或客观精神发展过程中的要素。而在黑格尔那里,国家又是客观精神的显现,因此,当他说"现实的理念,即精神,把自己分为自己概念的两个理想性领域,分为家庭和市民社会,即分为自己的有限性的两个领域,目的是要超出这两个领域的理想性而成为自为的无限的现实精神"③ 时,这在他的理论框架中是能够自圆其说的。

当然,一旦现实背景发生变化,黑格尔这种观点的神秘主义特性就会

---

① [德]卡尔·洛维特:《从黑格尔到尼采》,李秋零译,生活·读书·新知三联书店2006年版,第117—118页。
② [德]黑格尔:《法哲学原理》,范扬、张企泰译,商务印书馆1961年版,序言。
③ [德]黑格尔:《法哲学原理》,范扬、张企泰译,商务印书馆1961年版,第263页。

显露出来。写作《黑格尔法哲学批判》时的马克思所处的就是一种完全不同的现实背景。马克思当时所关注的是革命，而不是对当下现实之意义的理解，"我们必须彻底揭露旧世界，并积极建立新世界"①。这种曾被黑格尔视为"私见"的观点，在马克思所处的时代却具有了最彻底的公共价值。于是，对于马克思来说，现实的意义并不是由某种外在的因素所赋予的，而是其自身就有意义，尽管此时的他只是从被超越性的角度来理解现实本身的意义。对于作为一个革命者的马克思来说，需要批判的当然不是作为理念的国家及其分有形式，而是现实存在的国家、市民社会等。在这样的思路指导下，马克思在《黑格尔法哲学批判》中一针见血地指出，在黑格尔那里，"现实性没有被说成是这种现实性本身，而被说成是某种其他的现实性……观念变成了主体，而家庭和市民社会对国家的现实的关系被理解为观念的内在想象活动。家庭和市民社会都是国家的前提，它们才是真正活动着的；而在思辨的思维中这一切都是颠倒的"②。

马克思对黑格尔法哲学的这种批判无疑标志着他在哲学方法论上转向了一般唯物主义的层面。这种转变是十分重要的，没有它，就不可能有马克思在客观现实性层面上对人类自由与解放道路的探寻。这一转变也把他与青年黑格尔派区分开来。布鲁诺·鲍威尔等青年黑格尔派成员也想扛起革命的大旗，但他们在其哲学思想发展的过程中，没有经历这么一个向一般唯物主义层面的转变，即没有经历一个关注市民社会及其与国家之间的关系的理论阶段，而是直接去关注具有自由的自我意识的"人"的获得路径了。在缺乏对人的现实性内涵的解读的前提下去关注"人"的获得问题，其成果只能是把自我意识的自由等问题当作哲学的核心内容，从而使其哲学停留在主观唯心主义的层面。在这一意义上，我们可以说，马克思对黑格尔法哲学的批判为其走出唯心主义的哲学平台提供了可能（这当然与他在《克罗茨纳赫笔记》中对相关历史—政治问题的研读是分不开的）。

然而，同时也应看到的是，马克思仅仅得出家庭和市民社会决定国家的结论，对于其哲学思想走向历史唯物主义的层面来说，还是远远不够

---

① 《马克思恩格斯全集》第47卷，人民出版社2004年版，第63页。
② 《马克思恩格斯全集》第3卷，人民出版社2002年版，第10页。

的。也就是说，我们不能过分夸大这一文本在马克思思想发展中的作用。马克思得出上述结论固然重要，但同样重要的是，我们还须研究马克思是在什么样的思维层面上得出这一结论的。笔者认为，在我们以往对马克思这一文本的解读中，或许存在着对马克思上述观点的内涵作了过度诠释的嫌疑。我们实际上是用马克思后来的经济基础决定上层建筑的观点来追溯他此处的思想了。但马克思此处的"国家"难道等同于后来的"上层建筑"吗？如果是这样的话，那么，"家庭"无论如何都不可能是"经济基础"，它又是如何决定"国家"的？另外，黑格尔在《法哲学原理》第三章第二百五十八节中，十分明确地把自己的观点与从经验现象的角度来解读国家之内涵的思路区别开来，并把后者视为一种"无思想性"的观点①。也就是说，黑格尔是有意不从现实性本身的角度来理解现实性的。既然如此，马克思为什么只批判了黑格尔的观点，而未批判黑格尔产生上述观点的学术思路？更为重要的是，黑格尔《法哲学原理》的第三章即"国家章"明明是从第二百五十七节开始的，而且在第二百五十七至二百五十九节中，黑格尔对他从客观唯心主义的角度来解读国家的基本思路作了较为详细的说明，因此，这三节的内容在整个第三章中显然是非常重要的。但马克思在撰写《黑格尔法哲学批判》时却偏偏直接从第二百六十节开始②。这又是为什么？

笔者认为，导致上述现象的根本原因在于，马克思此时还不具备全面批判黑格尔客观唯心主义思路的学术能力，而只能借鉴费尔巴哈的观点来展开对黑格尔法哲学之观点本身的批判。对于黑格尔来说，国家就是客观精神，是不可能从市民社会中产生的，因为，如果是那样的话，那么，单个人本身的利益就成了国家中的人们相互结合的最后目的。而在作为客观精神的国家中，"结合本身是真实的内容和目的，而人是被规定着过普遍生活的"③。因此，家庭和市民社会只是国家的历史发展中的环节，而不可能是国家的实体。而且，只是因为家庭和市民社会被放置在了国家发展的环节之中，它们才是有本质意义的。也就是说，是国家赋予它们以意义。

---

① [德] 黑格尔：《法哲学原理》，范扬、张企泰译，商务印书馆1961年版，第255—256页。
② 《马克思恩格斯全集》第3卷，人民出版社2002年版，第650页。
③ [德] 黑格尔：《法哲学原理》，范扬、张企泰译，商务印书馆1961年版，第254页。

马克思如果真的要批判黑格尔的上述学术思路，就应说明立足于市民社会这一现实性本身，是如何可能实现自由的新世界这一最终目标的。也就是说，应说明现实性本身为何不仅具有经验事实层面的意义，而且具有实现人类自由之层面的意义。因为，如果马克思在此只是为了陈述一下家庭和市民社会是国家的现实的构成部分这一事实本身，那么，与阐述伦理精神之实现路径的黑格尔相比，其理论思路似乎要简单得多了。

当然，此时的马克思事实上是无法彻底厘清这些问题的。此时他尚未形成自己独特的哲学方法论，还只是借鉴了费尔巴哈在《关于哲学改造的临时纲要》中所运用的直观唯物主义的哲学方法论。费尔巴哈在这一文本中指出："思辨哲学一向从抽象到具体、从理想到实在的进程，是一种颠倒的进程。从这样的道路，永远不能达到真实的、客观的实在，永远只能做到将自己的抽象概念现实化，正因为如此，也永远不能认识精神的真正自由；因为只有对于客观实际的本质和事实的直观，才能使人不受一切成见的束缚。"① 在这一观点中，有以下两点是值得注意的：（1）他所讲的对客观实际的本质和事实的直观，并不是经验性的表象直观，而是直接的感性直观，这在他1843年的《未来哲学原理》一书中有很好的阐述。在他看来，上述两种直观是不同的："人们最初所看见的事物，只是事物对人的表现，而不是事物的本来面目，并不是在事物中看见事物本身，而只是看到人们对于事物的想象，人们只将自己的本质放进事物之中，并没有区别对象与对象的表象。"② 因此，此时的马克思如果要借鉴他的方法论的话，就不仅要指出市民社会的现实性，而且要说明什么是对市民社会的表象直观，以及什么是对市民社会的感性直观。考虑到马克思在1843年3月13日给卢格的信中曾表达过对费尔巴哈"强调自然过多而强调政治太少"③ 的理论特征的不满，我们姑且承认马克思不认同费尔巴哈的感性直观的方法论，那么，他至少也应考虑到如何走出对市民社会这一现实性的

---

① ［德］路德维希·费尔巴哈：《费尔巴哈哲学著作选集》上卷，荣震华等译，生活·读书·新知三联书店1959年版，第108页。
② ［德］路德维希·费尔巴哈：《费尔巴哈哲学著作选集》上卷，荣震华等译，生活·读书·新知三联书店1959年版，第174页。
③ 《马克思恩格斯全集》第47卷，人民出版社2004年版，第53页。

表象直观。但客观地说，马克思此时尚未做到这一点。(2) 费尔巴哈通过直观唯物主义的方法论所要达到的目的，是摆脱思辨哲学及一切成见的束缚，实现精神的真正自由。按照卡尔·洛维特的说法，这种观点只不过反映了作为单纯享受者或消费者的市民私人人格的存在①。而马克思此时的理论目的是要推翻旧世界并建立新世界，二者明显存在着不一致的地方。因此，马克思在借鉴费尔巴哈的哲学方法论时，理应注意到这种不同。但客观地说，他没有做到这一点。

此时的马克思努力把黑格尔法哲学中的主宾关系颠倒过来，但他只是从客观事实性的层面论证了家庭和市民社会对国家的现实的关系。在马克思看来，"国家是从作为家庭的成员和市民社会的成员而存在的群体中产生的"②，因此，家庭和市民社会是国家的前提与构成部分，或者说，家庭和市民社会使其自身成为国家。仔细辨析不难发现，马克思此时对市民社会与国家的理解是不深刻的。在对市民社会的理解中，他事实上还没有达到黑格尔在《法哲学原理》中的理解水平（这当然与马克思尚未来得及对《法哲学原理》的第三篇第二章即"市民社会章"进行阅读与批判有关）。黑格尔事实上已经把"市民社会"理解为一个当代的概念，即已经从英国式市民社会的层面来把握这一概念的内涵。他较为深刻地指出："市民社会是在现代世界中形成的，现代世界第一次使理念的一切规定各得其所……在市民社会中，每个人都以自身为目的，其他一切在他看来都是虚无。但是，如果他不同别人发生关系，他就不能达到他的全部目的，因此，其他人便成为特殊的人达到目的的手段。但是特殊目的通过同他人的关系就取得了普遍性的形式，并且在满足他们福利的同时，满足自己。"③尽管黑格尔的这种市民社会依然要受到客观精神之发展逻辑的支配，但这只是说明了他在市民社会发展问题上的思想局限，而不能据此证明他对市民社会本身的理解是有局限的。而此时的马克思显然还只是从德语中"市

---

① ［德］卡尔·洛维特：《从黑格尔到尼采》，李秋零译，生活·读书·新知三联书店2006年版，第127页。
② 《马克思恩格斯全集》第3卷，人民出版社2002年版，第12页。
③ ［德］黑格尔：《法哲学原理》，范扬、张企泰译，商务印书馆1961年版，第197页。

民"概念的内涵的角度,来对市民社会这一概念作字面上的理解。"德语中的'市民'(Bürger)按其字面意思是'城市'——其原型在中世纪是'城堡'(Burg)——里的居民,这些人不单单是居住者,还是拥有'市民权'的居民。"① 正因为如此,"市民社会"在马克思的脑海中所显现出来的,重点不是英国式的"社会",即以交换为基础的社会关系,而是德国式的"市民",即拥有特殊政治权利的个人。正是从这样的个人出发,马克思才会说国家是从家庭成员和市民社会成员这样的群体中产生的。但这样一来,要想了解经济与政治之间的关系就很难了。马克思事实上是在到了法国巴黎之后,才逐步认识到现代意义上的市民社会所具有的理论地位,并在其后的理论探索中逐步认识到这种经济基础与政治等上层建筑因素之间的辩证关系的。

二

如果说马克思上述对黑格尔逻辑神秘主义的批判涉及的是唯物主义的线索,那么,此处对黑格尔有关市民社会与国家相分离的观点的批判所涉及的就是历史的线索。在黑格尔那里,关于市民社会与政治国家相分离的观点,其实应该从下面两个层次加以解读:在第一个层次,即经验性的政治国家的层面上,黑格尔并不认为两者是相分离的。他把这种国家称为"外部的国家,即需要和理智的国家",有时也称为"作为社会正当防卫调节器的国家"②。就这种国家而言,黑格尔明确承认市民社会中的每一个人都是国家的成员,但他同时明确指出,这是一种只抓住了抽象概念的"肤浅的思维"③。而在第二个层次,即作为客观精神之显现的国家的层面上,黑格尔的确是承认国家和市民社会之间的分离的。但必须看到,这完

---

① [德] 路德维希·费尔巴哈:《费尔巴哈哲学著作选集》上卷,荣震华等译,生活·读书·新知三联书店1959年版,第13页。
② [德] 黑格尔:《法哲学原理》,范扬、张企泰译,商务印书馆1961年版,第198、200页。
③ [德] 黑格尔:《法哲学原理》,范扬、张企泰译,商务印书馆1961年版,第326页。

全是建立在他的客观唯心主义的学术逻辑基础之上的。对于黑格尔来说，"国家是绝对自在自为的理性东西，因为它是实体性意志的现实，它在被提升到普遍性的特殊自我意识中具有这种现实性。这个实体性的统一是绝对的不受推动的自身目的，在这个自身目的中自由达到它的最高权利，正如这个最终目的对单个人具有最高权利一样，成为国家成员是单个人的最高义务"①。因此，相对于这个作为"自在自为的理性东西"的国家来说，以单个人本身的利益为目的的市民社会，显然要肤浅得多。这就是黑格尔之所以在其理论体系中把市民社会与政治国家分离开来的原因。

再进一步，对于黑格尔来说，尽管市民社会与上述第二个层次的政治国家是相分离的，但需要注意的是，在作为客观精神之显现的国家中，市民生活与政治生活却不是相分离的。这应该是黑格尔思想颇具理论深度的地方。因为对于黑格尔来说，国家是在被提升到普遍性的特殊自我意识中具有现实性的（而不是在抽象普遍性中具有现实性的），因此，他的国家是"具体的国家"，在其中，"国家的成员是私人，而作为能思想的人，他又是普遍物的意识和意志。但是这种意识和意志只有在充满了特殊性（而这种特殊性就是特殊的等级及其规定）的时候，才不是空虚的，而是充实的和真正有生气的。换句话说，个人是类，但是他只有作为最近的类才具有自己内在的普遍的现实性"②。也就是说，在黑格尔的国家中，个人过着与政治生活结合在一起的市民生活，而不是建立在市民社会基础之上的市民生活。正因为如此，他在《法哲学原理》第三百零三节中还批判了在"最高的具体的普遍性领域"把市民生活与政治生活彼此分割开来的观点③。

黑格尔法哲学的长处在于，他关注到了经济关系与政治关系之间的相互关系，尽管他事实上并未正确地把握这种关系，因为他把体现客观精神的国家理解成了决定市民社会发展方向的决定性力量，还明显缺乏从现实客观矛盾运动的角度思考市民社会发展路径的能力。可以说，他在这一问题上，只是用客观唯心主义哲学来注解了国家的生成这一"法"的问题。

---

① ［德］黑格尔：《法哲学原理》，范扬、张企泰译，商务印书馆1961年版，第253页。
② ［德］黑格尔：《法哲学原理》，范扬、张企泰译，商务印书馆1961年版，第326页。
③ ［德］黑格尔：《法哲学原理》，范扬、张企泰译，商务印书馆1961年版，第323页。

但必须看到的是，他的确注意到了市民社会的发展问题以及绝对精神这一普遍物在这种发展中的作用。相比较而言，费尔巴哈虽然把大写的人作为哲学的基础，但他对人的世界却没有多少研究，譬如对人的世界中的经济关系、政治关系等问题就没有研究。因此，受费尔巴哈观点影响的青年马克思，在面对黑格尔的客观唯心主义法哲学时，势必会既对之强烈不满，又尚无足够的学术能力来对其进行全面的批判。

事实也是如此。在《黑格尔法哲学批判》中，马克思站在与现实的人同步发展的层面上来理解市民社会与国家的分离以及国家的发展问题。此处颇为重要的是现实的人的"发展"环节。在此时马克思的思路中，也有一条发展的线索，只不过是与黑格尔客观唯心主义的发展线索不同的另外一条发展线索。在他看来，当下的国家实际上只是"物质国家"，而不是"政治国家"，国家的内容是处在这些物质国家之外的。只有那些在人民与国家之间存在着实体性统一的国家，才算是真正的政治国家，而这两种国家之间的区别，"不在于国家制度的各个不同环节发展到特殊现实性——像黑格尔所愿望的那样，而在于国家制度本身发展到同现实的人民生活并行不悖的特殊现实性，在于政治国家成了国家其他一切方面的制度"①。显然，马克思与黑格尔在如下这一点上是一致的，即当下的国家只有经过一个重要的发展过程，才能成为真正的国家。但同样清楚的是，他们对这种重要的发展过程的理解是完全不同的。黑格尔把这种发展理解为国家精神的发展，而马克思则将其理解为现实的人的发展。在马克思看来，支撑黑格尔思路中的上述发展过程的，是"同自由相对立的自然必然性"②，而支撑马克思的上述发展过程的，是基于个人的社会特质的"自然行动"③。

三

首先应该肯定的是，马克思对黑格尔法哲学的这种超越，在其哲学发

---

① 《马克思恩格斯全集》第3卷，人民出版社2002年版，第43页。
② 《马克思恩格斯全集》第3卷，人民出版社2002年版，第72页。
③ 《马克思恩格斯全集》第3卷，人民出版社2002年版，第29页。

展史上显然是具有重要意义的。如果没有这种超越，马克思就不可能站在唯物主义的平台上推进其对历史发展的内涵及其意义的思考，即不可能最后达到历史唯物主义的新哲学。目前，这一唯物主义的理论平台尽管还显得有点粗糙，但它毕竟已是一个崭新的理论平台。如果马克思囿于黑格尔法哲学的理论框架，那么，他至多只能提出一种新的客观唯心主义的哲学线索。因此，我们应该看到，对于马克思的这一向一般唯物主义理论平台的转变的意义是不应低估的。

当然，我们同时也应看到，此时的马克思还只处在一般唯物主义的理论水平上，且距离历史唯物主义的理论视域还有较长的一段距离。马克思尽管意识到了应该从现实的人的发展的角度来理解国家的发展历程，但他对于什么是现实的人，以及什么是现实的人的发展等问题，尚未获得清晰的认识。因为此时他是受到费尔巴哈人本学唯物主义思想的影响的，而费尔巴哈在其哲学中尽管强调了实践哲学的重要性，"从理想到实在的过渡，只有在实践哲学中才有它的地位"①，但支撑其哲学思想的一个重要观点是"在思维领域把神学转变为人类学——这等于在实践和生活领域中把君主政体转变为共和国"②。因此，费尔巴哈实际上并未研究现实的实践过程以及人在实践活动中的关系，而只是在思维领域中强调了抽象人性的重要性。这种理论思路对此时的马克思无疑是有影响的。马克思头脑中的唯物主义思路其实就是尚不完善的经验的现实的人，通过发展而实现自身即成为"人"的过程。这一过程对于马克思来说，在本质上是向人的现实基础的回归过程。但马克思没有注意到的是，尽管费尔巴哈在思维领域中可以成功地坚守其抽象人本主义的理论平台，但当马克思把这种理论思路转向现实的人的发展这一唯物主义的理论视域时，就一定会出现现实的人何以必然会以向人的现实基础回归的方式来进行发展的问题。而要回答这一问题，当然需要对现实的人的具体内涵进行分析。此时的马克思显然还做不

---

① ［德］路德维希·费尔巴哈：《费尔巴哈哲学著作选集》上卷，荣震华等译，生活·读书·新知三联书店1959年版，第108页。
② ［德］路德维希·费尔巴哈：《费尔巴哈哲学著作选集》上卷，荣震华等译，生活·读书·新知三联书店1959年版，第598页。

到这一点。

其实，黑格尔在一定程度上做到了这一点。他敏锐地看到了市民社会中的现实的人是处于交换关系中的个人，并因此而认定由这种个人所组成的国家只是外部的国家，而不是真正的国家。黑格尔希望通过对法哲学原理的阐述来表达如下的意思：在人类的发展过程中，以纯粹经济关系为基础的实体性统一的混沌状态必然会被具有自我意识的、人类自为存在的阶段所取代。黑格尔不仅关注到了人的世界中的经济关系，而且关注到了经济关系与政治关系之间的关系。当然，客观唯心主义的线索注定了他是不可能在上述这些问题上得出科学的结论的。譬如，他还不可能理解个人交换关系背后的阶级关系的本质，也不可能理解经济关系的发展对政治关系的发展的决定性作用。马克思此时如果真的想要彻底地批判黑格尔的法哲学，就必须通过对现实的人身上所负载的现实社会关系之内在矛盾运动过程的研究，以另一种方式来阐明人类自为存在状态（即他后来所说的自由王国）的实现路径。而此时的马克思显然还无法达到这一点。

此时的马克思事实上尚未开始对政治经济学或市民社会本身的研究，再加上他在撰写《黑格尔法哲学批判》时尚未对黑格尔《法哲学原理》中的"市民社会章"进行解读，因此，他此时关于市民社会的理解应当说还是相当苍白的。通过借鉴费尔巴哈抽象的"人"的概念，他获得了关于抽象的社会共同体的观念。而德国历史上的"市民"社会所具有的与英国式市民社会的那种同权市民观念相异的特权市民的内涵，又使马克思在思考被黑格尔所提出来的那种与国家相异的市民社会时，必然特别注重政治生活与经济生活在其中是否同一的问题。马克思此时得出的结论是，上述两者是相分离的。于是，在批判黑格尔的法哲学时，马克思头脑中所反映出来的"市民社会"必然只是纯粹私人或个人的社会，用他的话来说，就是"现代的市民社会是实现了的个人主义原则；个人的存在是最终目的；活动、劳动、内容等等都只是手段"[①]。可见，马克思是从他头脑中所具有的抽象的社会共同体的角度，来理解黑格尔所说的那种亚当·斯密意义上

[①] 《马克思恩格斯全集》第3卷，人民出版社2002年版，第101页。

的市民社会的内涵的。他并不了解这种市民社会的核心内涵其实是个人与个人之间的交换关系（黑格尔已理解到这一层次），而不仅仅是纯粹的个人享受。当然，他更不可能理解这种交换关系背后所蕴含的以内在矛盾为特征的生产关系（这是马克思后来才理解到的）。于是，此时的马克思把现代市民社会理解成为"以任意为原则的流动的不固定的集团。金钱和教育是这里的主要标准……市民社会的等级既不以需要即自然因素为其原则，也不以政治为其原则。这里是划分开来的群众，他们是仓促形成的，他们的形成本身是任意的而且不是组织的"①。

应当指出，马克思的这种理解显然是不准确的，现代市民社会中的等级（或阶级）的形成并不是任意的，当然也不是人为组织而成的，而是私有制社会内在矛盾之历史发展的必然结果。我们应该看到，马克思此时尽管指出了历史的发展使政治等级变成了社会等级，完成了政治生活与市民生活的分离，但他所讲的这种历史的发展，其实只是历史学意义上的历史发展，而不是内在矛盾之历史发生学意义上的历史发展。因此，当他说国家公民是同作为市民社会成员的市民彼此分离的，"市民社会的成员在自己的政治意义上脱离了自己的等级，脱离了自己真正的私人地位。只有在这里，这个成员才获得人的意义，或者说，只有在这里，他作为国家成员、作为社会存在物的规定，才表现为他的人的规定"②的时候，他显然没有意识到，在现代市民社会中，个人在政治国家中以"人的规定"的形式表现出来，其实也只是一种意识形态的幻象。现实的政治国家在内涵上其实也是由市民社会中的阶级关系的特性所决定的，这当然是马克思后来才得出的经济基础决定上层建筑的观点。此时的马克思由于不了解市民社会的真实内涵，因而必然不可能了解政治国家的真实内涵。

再进一步讲，当马克思在这一问题上把解读思路推进到政治国家与市民社会之间的关系的层面，并得出市民社会决定政治国家，而不是国家决定市民社会③的结论时，我们也不应把这一观点的理论水平抬得太高。而

---

① 《马克思恩格斯全集》第3卷，人民出版社2002年版，第100页。
② 《马克思恩格斯全集》第3卷，人民出版社2002年版，第101页。
③ 《马克思恩格斯全集》第3卷，人民出版社2002年版，第113页。

且，马克思只是在批判黑格尔从同业公会及不同的等级中引出政治上的等级要素的观点时才说出上述观点的。在他看来，不同的等级会各自组成立法的等级会议，也就是说，市民社会内部的差别实际上也是政治的规定。因此，我们不可能有国家整体的立法权，而只可能有不同等级、同业公会和阶级的立法权，"市民社会的各等级虽然没有得到任何政治规定，但它们毕竟还是规定了政治国家"[①]。客观地说，马克思此处的思路还是比较简单的，市民社会之所以决定政治国家，不是因为现实市民社会中的社会关系的特性决定了政治国家等上层建筑的特性，而是因为市民社会中的不同等级会直接拥有不同的立法权，因而不存在一种国家整体的立法权。也就是说，市民社会中有多少不同的等级、同业公会或阶级，就有多少种不同的立法权。这就是马克思此时所理解的市民社会决定政治国家的含义。这与马克思在批判黑格尔法哲学的逻辑神秘主义特性时所说的，因为家庭和市民社会的成员就是国家的成员，因而国家不可能是一种独立的主体的观点相类似。客观地说，马克思的这种观点尽管充分体现了他在哲学思路上的唯物主义特性，但这只是一种一般唯物主义，还远不是历史唯物主义。因为，此时的马克思只是看到了不同的等级或阶级的存在，但尚未注意到阶级关系的存在及其意义；只看到了不同的等级或阶级直接拥有立法权的事实，但尚未看到市民社会中阶级关系的属性对包括立法权在内的整个上层建筑的特性的决定性作用。马克思此时只是用对经验事实和历史事实的认定来对抗和批判黑格尔的法哲学。而我们知道，用经验论实际上是无法真正驳倒黑格尔以历史唯心主义为基础的法哲学的。马克思还需要做的是，通过对现实市民社会及政治经济学的研究，找出一条深刻解读私有制社会内在矛盾发展的思路，并以此来构建能同时回答历史过程的本质及意义这两个问题的历史观。这是他在《黑格尔法哲学批判》之后一步一步完成的艰巨的理论工作。

---

① 《马克思恩格斯全集》第3卷，人民出版社2002年版，第113页。

法、自我意识和国家
——重访马克思早期思想中的"黑格尔转向"①

周嘉昕

在著名的《政治经济学批判。第一分册》《序言》中，马克思对自己1842年之前的理论经历一笔带过。这一时期的若干文献，在恩格斯去世之后，才由梅林等学者加以整理出版。例如，《致亨利希·马克思（1837年11月10—11日）》作为唯一一封保存下来的马克思学生时期的书信，到了1897年才第一次发表在《新时代》第16年卷第1卷上。马克思的《博士论文》则是在梅林主编的《马克思恩格斯和拉萨尔遗著》（1902）中才第一次公开问世。结合19世纪末20世纪初马克思主义理论研究的进展以及马克思青年时期著作和思想研究的特定语境，我们发现：对于1842年之前的马克思早期思想发展，主要是在同1843—1844年马克思转向唯物主义和无产阶级立场相对照的意义上来加以分析和定位的。然而，日后马克思对辩证法态度的转变，特别是马克思在1846年至1857年间对黑格尔辩证法的"沉默"，以及《莱茵报》时期所持有的"理性主义国家观"与《博士论文》中"自由的自我意识"观念在政治倾向上的"冲突"，提示我们：对于马克思1842年之前的"哲学"探索，需要我们回到马克思青年时期的理论文本和思想语境中去，重新加以思考。考虑到包括黑格尔在内，19世纪上半叶德意志"意识形态"的争论本身就是在哲学、神学、法学等多重语境中展开的，马克思早期思想的发展或可以在"法"和"国家"问题上获得新的阐释。

---

① 原载《现代哲学》2017年第4期。

一、"把我诱入敌人的怀抱"

既有的研究提及马克思 1837 年 11 月给父亲的信时，主要意在论述马克思从康德—费希特式的主观唯心主义或者法的形而上学，转向黑格尔"在现实中发现理性"的客观唯心主义或辩证法。这一理解不仅符合马克思 1842 年之前的思想发展历程，而且在很大程度上契合了该文献遗稿公开问世时期的德国思想语境。换言之，这封"唯一保存下来的马克思学生时期的书信"的公开问世，适逢马克思主义同新康德主义的理论竞争。马克思对康德、费希特的批判，对于第二国际马克思主义者强调历史唯物主义，反对新康德主义具有重要的理论和政治意义。在苏联马克思主义哲学形成史的理论逻辑中，1837 年秋之前是马克思思想发展的最初时期，在极短的时间内马克思由康德和费希特向前发展到了他那个时代的哲学高峰——黑格尔学说。在这一时期，马克思评价一切哲学理论的标准已经形成：重要的不仅是它的逻辑的严密性，在更大的程度上是它为深入理解现实充当方法论基础的能力。① 上述判断在一般的意义上是准确的。然而，结合马克思青年时期的微观历程，我们却可以发现：他在这一时期对黑格尔的理解仍然十分有限。在 1843 年至 1844 年间，马克思曾经借助于费尔巴哈和古典政治经济学对黑格尔哲学进行过批判和重新发现；到了《资本论》的创作过程中，马克思才真正发现黑格尔辩证法中的合理要素。换言之，在我们分析定位马克思最初理论探索时，需要结合特定的思想史语境，对其特定的理论表态加以审慎的分析。尤其是对于《致亨利希·马克思（1837 年 10 月 10—11 日）》这一文献"孤证"来说②，更加需要我们

---

① ［苏］纳尔斯基等：《十九世纪的马克思主义哲学》上，金顺福、贾泽林等译，中国社会科学出版社 1984 年版，第 31 页。
② 令人遗憾的是，马克思自己在信中所提到的"法学"手稿并没有保存下来，而今天我们所能看到的亨利希·马克思对自己儿子的回信中，也没有太多对这封信中所提内容的直接回应。在这个意义上，我们有理由将马克思的这封信看作是其早期发展，特别是从主观唯心主义转向客观唯心主义的一个"文献孤证"。

回到19世纪上半叶德国的法学和哲学争论中去深入理解。

近年来，随着德国古典哲学研究的推进和拓展，康德、费希特、黑格尔等德国古典哲学家的法哲学或道德哲学思想，得到了学界越来越多的关注。有关德国古典哲学与法哲学关系的探讨，已经形成了许多重要成果。在此过程中，康德有关"法的形而上学"（"道德形而上学"的第二部分）的探讨，费希特"自然法权基础"对康德法哲学的推进及其与德国现实的关联，黑格尔"法哲学"中的辩证法以及现代"市民社会"（古典政治经济学）理解，日益全面地呈现在马克思主义理论研究的视域之中。与之相关，德国浪漫主义和历史主义对以康德为代表的"形而上学"法学体系的批判，不仅构成了黑格尔建构自身理论体系的重要资源和参照，而且直接构成了马克思青年时期法学研究的学术语境。其中，法学研究中的历史学派，最重要的代表人物就是马克思在书信中曾经提到的萨维尼，以及后来专门在《莱茵报》时期批判过的胡果。

与康德相反，在以《占有权·民法研究》（1803）为代表的萨维尼法学学说中，法律并不能从绝对的伦理命令中派生出来，法律的规范性力量受到习俗与有机形成的预期所影响，它的基础只有通过具有历史主动性的人类意志才能得以维持与建构，特别是那些拥有财产的人。在此基础上，历史主义论证国家的合法性与其组成部分的历史统一性是紧密相连的。启蒙时期的合法性理论力图解决的法律与自由之间的二律背反，至少对萨维尼来说，事实上是根本不存在的。他表明法律与权力通常总是切实地统一于历史传统的共同基础中，权力合法性的问题只是理论自身的问题。① 沿着历史主义开启的反启蒙路向，以斯塔尔为代表的实证哲学运用宗教神学进一步强化了"君主专制国家"的观念。与黑格尔的理性主义国家观相左，斯塔尔论证了，人格化的上帝是人类生活与人类政治的统一基础，上帝的绝对意识而不是上帝的理性才是合法的与持续的政治秩序的来源。国家的等级制直接建立在基督教义的人格主义原则之上：只有当国家代表了上帝的绝对人格时，只有当这种人格作为生活在这个国家中的臣民的自由

---

① 参见［英］克里斯·桑希尔：《德国政治哲学：法的形而上学》，陈江进译，商务印书馆2009年版，第228、230页。

的原因或最初推动者而行动时,这个国家才具有最大的合法性。① 这样一种极端保守的哲学,受到了包括鲍威尔、卢格和费尔巴哈在内的青年黑格尔派的尖锐批判。而对于"法"和"国家"问题的探讨,直接构成了马克思走向青年黑格尔主义的理论动因。

基于马克思在1837年给父亲的信中的表述,此时马克思的主要不满集中在两个方面:一是康德—费希特的"法的形而上学基本体系";二是萨维尼法的历史主义在形式和实体问题上的错误。相关研究已经证明:马克思求学时期在法学问题上的思考,主要受到甘斯及其对萨维尼历史主义批评的影响。受黑格尔影响的甘斯特别强烈地反对萨维尼,认为萨维尼对法律基础所做的实证主义和意志主义分析忽视了人类法律契约中的道德维度。② 在这个意义上可以说:马克思之所以走向黑格尔,在19世纪30年代末的理论环境中,主要意图并非仅是批判康德和费希特,而是在辩证法的基础上捍卫完善"法的形而上学"中包含的启蒙理性。马克思的主要理论对手是以萨维尼为思想资源、以斯塔尔为代表的保守的"实证哲学"。这样,我们就不难理解马克思随后在《博士论文》中从"自我意识"到强调哲学与世界关系的"辩证法"的重心转移,以及《莱茵报》时期所折射出来的"理性主义国家"观念。

针对康德—费希特式的"法的形而上学"或者说"理想主义"(唯心主义),马克思的批评是:现有之物和应有之物的对立,这种对立是理想主义所固有的,是随后产生的无可救药的错误的划分的根源。最初我搞的是我慨然称之为法的形而上学的东西,也就是脱离了任何实际的法和法的任何实际形式的原则、思维、定义,这一切都是按费希特的那一套,只不过我的东西比他的更现代,内容更空洞而已……在法、国家、自然、全部哲学方面……我们必须从对象的发展上细心研究对象本身,而决不允许任意划分;事物本身的理性在这里应当作为一种自身矛盾的东西展开,并且

---

① [英]克里斯·桑希尔:《德国政治哲学:法的形而上学》,陈江进译,商务印书馆2009年版,第267页。
② [英]克里斯·桑希尔:《德国政治哲学:法的形而上学》,陈江进译,商务印书馆2009年版,第300页。

在自身中求得自己的统一。①

针对萨维尼和法的历史学派,马克思也提出了批评。一方面,正如有的学者指出的那样,这表明马克思受甘斯影响已经介入了甘斯和法的历史学派之间的争论;另一方面,马克思在批评萨维尼的同时,也承认了自己以前的不足。在形式和实体的关系问题上,马克思认为,这也就是我后来在冯·萨维尼先生关于占有权的学术著作中发现的那种我也和他犯的同样的错误,区别只是萨维尼认为概念的形式规定在于"找到某学说在(虚构的)罗马体系中所占的地位",而实体规定是"罗马人赋予这样确定的概念的成文内容的学说",我则认为形式是概念形成的必要结构,而实体是概念形成的必要品质。错误就在于,我认为实体与形式可以而且必须互不相干地发展,结果我所得到的不是实在的形式,而是一个带抽屉的书桌,而抽屉后来又被我装上了沙子。② 在"用哲学来说明法时",马克思再次明白"没有哲学就无法深入"。

> 于是我就可以心安理得地重新投入哲学的怀抱,并写了一个新的形而上学基本体系,但在该体系的结尾处我又一次不得不认识到它和我以前的全部努力都是错误的……我从理想主义——顺便提一下,我曾拿它同康德和费希特的理想主义作比较,并从中吸取营养——转而向现实本身去寻求观念……我最后的命题是黑格尔体系的开端,而为了写这部著作我对自然科学、谢林、历史有了某种程度的了解,它令我费尽了脑筋,结果写得条理井然(因为它本该是一部新逻辑学),连我自己现在都很难再产生那样的思路了;这个在月光下抚养长大的我最可爱的孩子,就像狡猾的海妖,把我诱入敌人的怀抱。③

概而言之,在马克思的大学求学过程中,的确经历了一个从康德和费希特的理想主义(唯心主义)向黑格尔辩证法的转变。然而,对这一转变

---

① 《马克思恩格斯全集》第47卷,人民出版社2004年版,第7—8页。
② 《马克思恩格斯全集》第47卷,人民出版社2004年版,第8—9页。
③ 《马克思恩格斯全集》第47卷,人民出版社2004年版,第11—13页。

的理解存在两个重要的边界：第一，马克思对康德和费希特的不满，并不意味着他接受了二者在法哲学领域中的直接对手——历史主义和浪漫主义。受甘斯的影响，马克思恰恰主要是在批判萨维尼的意义上，通过批评康德和费希特来捍卫二者所提倡的启蒙理性。因此，问题不在于"现实"和"观念"（理念）的对立，也不是要用"现实"来说明"观念"，而是在"现实"中发现"观念"。第二，与前者相关，虽然马克思被诱入了黑格尔的怀抱，但是正如他在同一封信中所提到的那样，这样一个黑格尔主要是博士俱乐部所秉持的"青年黑格尔"，而非从历史主义和浪漫主义的角度出发的"老年黑格尔"或"实证哲学"。因此，正如有研究已经敏锐指出的那样，即便马克思强调了黑格尔同康德、费希特的区别，但他对黑格尔的理解仍然带有强烈的费希特或主观唯心主义色彩[1]；相应的，马克思在政治倾向上更加接近于康德和费希特，而非黑格尔[2]。但无论如何，在法学研究中的这一自我反思开启了马克思理论研究漫长征程。在这一征程的最初阶段，"法"和"国家"问题构成了马克思的问题意识，辩证法或者说"形式"与"实体"的辩证发展则构成了马克思的理论动力。

二、"自我意识"与辩证法

依照马克思自己的说法，在柏林期间，马克思接触并加入了青年黑格尔派的博士俱乐部。在这一时期，青年黑格尔派正着手对黑格尔哲学进行激进改造，主要方式是创立自我意识哲学。以鲍威尔、施特劳斯和费尔巴哈为代表，他们对黑格尔的辩证法进行重新诠释，使其具有解放作用，并以之为基础攻击宗教与政治中的绝对人格主义。他们认为，把宗教中的形而上学做批判性的转换正是政治生活中人类自由的基本前提。也就是说，青年黑格尔派的主要论域是宗教哲学，反对作为普鲁士封建王权辩护士的

---

[1] ［美］沃伦·布雷克曼：《废黜自我：马克思、青年黑格尔派及激进社会理论的起源》，李佃来译，北京师范大学出版社2013年版，第296页。
[2] 吴晓明：《马克思早期思想的逻辑发展》，上海人民出版社2016年版，第96页。

实证哲学和宗教人格主义，主张转向哲学人类学（人本主义）。其结论是：人类人格的理性自由才是宗教分析的核心，而不是形而上学人格的绝对意志，人类自由是上帝自由唯一可能的内容。① 根据既有研究，尽管马克思转向青年黑格尔派时，黑格尔主义已经濒临解体，同时青年黑格尔内部也在形成不同的理论观点。但是就其《博士论文》《论德谟克利特自然哲学与伊壁鸠鲁自然哲学之间的差别》的写作来说，马克思主要受到了鲍威尔自我意识哲学的影响。这也就不难理解：马克思在这篇《博士论文》的写作中，通过对古希腊特别是伊壁鸠鲁原子论的考察，将解除黑格尔主义体系的束缚并建构新的"自由派"哲学的理论诉求同当时德国的思想政治环境，以及通过宗教哲学批判干预现实的政治诉求结合起来了。

在此过程中，有三个方面的问题值得玩味：一是马克思在《博士论文》的准备过程中，通过哲学史的考察确立了用亚里士多德之后和黑格尔之后哲学体系解体的类比来论证"青年黑格尔派"的合法性，这是马克思独特的理论贡献②；二是即便是在《博士论文》的写作中，马克思已经着重强调了自我意识观念背后的辩证法，从而区别于鲍威尔等人思想中存在的"独断论"倾向；三是费尔巴哈对马克思的思想影响，在《博士论文》中已经存在，这一点往往为既有研究所忽视。

根据博士俱乐部内部可能存在的哲学分工，马克思受鲍威尔鼓励，选择了研究黑格尔《哲学史讲演录》中的有关思想作为方向③。从1839年到1840年初，马克思留下了以《关于伊壁鸠鲁哲学的笔记》为题的七册摘录笔记。最初，马克思并没有"关于伊壁鸠鲁派、斯多葛派和怀疑论派哲学的全部概况，以及它们与早期和晚期希腊哲学思想的整个关系"这样一个庞大的计划。受《黑格尔哲学史讲演录》，特别是黑格尔"通过思维获得自我意识的自由"这一评论的启发，以及鲍威尔《旧约全书的宗教及其原则在历史上的发展》（1838）、科本《弗里德里希大帝和他的反对者》

---

① ［英］克里斯·桑希尔：《德国政治哲学：法的形而上学》，陈江进译，商务印书馆2009年版，第271、272页。
② 张一兵主编：《马克思哲学的历史原像》，人民出版社2009年版，第86页。
③ ［苏］马利宁等：《黑格尔左派批判分析》，曾盛林译，社会科学文献出版社1987年版，第30页。

（1840）的影响，马克思先是将注意力集中在伊壁鸠鲁的哲学体系上。在摘录卢克莱修《物性论》的过程中，马克思意识到在伊壁鸠鲁哲学中，其决定性作用的不是原子，而是原子的偏斜运动。而这恰恰是伊壁鸠鲁和德谟克利特哲学的本质区别，正如马克思所说："原子偏离直线"是原子的规律，是原子的脉动，是原子的特殊的质，正因为如此，德谟克利特的学说才具有完全不同的性质，才不像伊壁鸠鲁哲学那样只是某一时期的哲学……这种偏斜不是在空间一定的地点、一定的时间发生的，它不是感性的质，它是原子的灵魂。[1]

在第七册笔记本中，基于原子偏斜运动和"自我意识"的理解，马克思把注意力集中在了古代的"自我意识哲学"体系上。用他的话说："在伊壁鸠鲁派、斯多葛派和怀疑论派那里自我意识的一切环节都得到充分表述，不过每个环节都被表述为一个特殊的存在。"[2] 这样，青年黑格尔式的"自我意识哲学"就通过伊壁鸠鲁的原子论，在古希腊哲学的体系中得到阐明。用亚里士多德之后的三个自我意识哲学体系来佐证黑格尔主义解体之后青年黑格尔派的合法性，可以算作马克思对青年黑格尔派的特殊理论功绩。然而，尽管在《关于伊壁鸠鲁的哲学笔记》中已经确立了三个流派之间关系这一写作计划，但《博士论文》最终仍然只是讨论了伊壁鸠鲁哲学，甚至可以说是伊壁鸠鲁哲学中的自然哲学部分，并且这一探讨也主要是在同德谟克利特相对照的意义上进行的。

在德国古典哲学的进程中，"自我意识"概念的确立是在康德和费希特哲学中。受鲍威尔的影响，马克思在《博士论文》中以伊壁鸠鲁原子的偏斜运动为主题，探讨"自我意识"哲学，很容易给人形成这样一种印象：包括马克思在内的青年黑格尔派，在黑格尔体系解体之后，虽然仍然讨论黑格尔哲学，但却退回了费希特哲学。然而，马克思十分反对原封不动地照搬黑格尔体系，他要求根据时代的精神来阐发这一哲学的内容，从而使之真正成为理论批判活动的武器。此外，马克思法学研究中对黑格尔辩证思想的深刻领悟使他永远保持着对周围事物的现实感，他始终能根据

---

[1] 《马克思恩格斯全集》第40卷，人民出版社1982年版，第120、122页。
[2] 《马克思恩格斯全集》第40卷，人民出版社1982年版，第195页。

发展的观点来考察历史的演变和哲学的任务，即使在强调哲学作为"自我意识"的批判作用时，也从未陷入独断主义的空想。① 在同其他青年黑格尔派的理论分歧，也就是强调"自我意识"哲学背后的辩证法意蕴问题上，马克思《博士论文》中的独特理论观点主要体现在原子偏斜运动是"定在中的自由"和"哲学与现实的辩证关系"两个方面。

马克思认为，原子偏斜运动中所体现出来的自由是一种"定在中的自由"，自我意识哲学是一个包括个别性、普遍性和否定性组成的完整结构。他不满足于抽象地把握自我意识的个别性，而是更为重视感性和经验的个别性。正如马克思所说：如果抽象的、个别的自我意识被设定为绝对的原则，那么一切真正的和现实的科学，由于个别性在事物本性中不居统治地位，当然就被取消了……如果把那只在抽象的普遍性形式下表现其自身的自我意识提升为绝对原理，那么就会为迷信的和不自由的神秘主义大开方便之门。②

同时，马克思在自我意识哲学的探讨中还专门强调"世界的哲学化同时也就是哲学的世界化"的观点。尽管马克思也高举自我意识哲学的旗帜，突出自我意识在发展中的能动与变革作用，但他并没有像鲍威尔等人那样陷入片面的独立化，把自我意识夸大为绝对的原则。因为将自我意识绝对化就意味着向超自然的世界观的妥协让步。哲学的任务就是要反对世界的非理性化，通过努力使现实世界重新理性化。在这样一种辩证法的理解基础上，《博士论文》的第二部分用四章篇幅，通过对"原子脱离直线而偏离"、"原子的质"、"不可分的本原和不可分的元素"、"时间"等问题的论述，证明本质世界必然要向现象世界过渡。③ 马克思说：世界的哲学化同时也就是哲学的世界化，哲学的实现同时也就是它的丧失，哲学在其外部所反对的东西就是它自己内在的缺陷，正是在斗争中它本身陷入了它所反对的错误，而且只有当它陷入这些错误时，它才消除掉这些错误。④

---

① 参见孙伯鍨：《探索者道路的探索》，南京大学出版社2002年版，第59—60页。
② 《马克思恩格斯全集》第40卷，人民出版社1982年版，第242页。
③ 参见张一兵主编：《马克思哲学的历史原像》，人民出版社2009年版，第89页。
④ 《马克思恩格斯全集》第40卷，人民出版社1982年版，第258页。

马克思之所以重视哲学向现实的转化,既有他在法学研究中的总结和反思,又有切什考夫斯基和卢格发挥的重要作用。在青年黑格尔派内部,切什考夫斯基和卢格分别从理论和行动上诠释了青年黑格尔派"行动哲学"的要求,成为青年黑格尔运动从哲学宗教自由主义转向政治自由主义的代表。

"行动哲学"是切什考夫斯基从黑格尔哲学中推衍出来的,强调"实践"的重要性,"实践哲学"与马克思的《博士论文》中对辩证法的关注在逻辑上是一致的,都是强调现实对于精神的重要性。但是值得注意的是,这里的"实践"仍然是在黑格尔的意义上使用的,指的是精神实现自身的外化过程,与马克思主义哲学语境中的"实践"概念存在巨大差别。后者是马克思经过复杂的哲学政治思考和政治经济学探索才获得的。这也就从另外一个角度展现了马克思青年时期,特别是《博士论文》写作过程中所面对的复杂社会现实背景和理论思想语境。例如,既有研究往往关注的1843年之后费尔巴哈对马克思的影响,也可以在《博士论文》中找到早期线索。

根据布雷克曼的考证,费尔巴哈对马克思的影响可能比我们知道的还要早些。其一,马克思的《博士论文》中涉及了大量费尔巴哈对17世纪原子论者伽桑迪的分析内容。这些内容体现在费尔巴哈的《近代哲学史》(1833)中。其二,在马克思对普鲁塔克的分析中,与"定在中的自由"分析相关,与费尔巴哈在其《死亡与不朽》中提出的观念相类似,马克思推断思维与存在的分离(抽象的自我意识作为绝对原则)形成了原子论与超自然有神论间的一种神秘联系,这种分离使得二者将现实交给了非理性、随意性与"无前提性"。其三,在"主谓颠倒"问题上,有理由推测马克思在写作《博士论文》期间已经受到了费尔巴哈《实证哲学批判》(1838)的影响。与费尔巴哈相类似,马克思在普鲁塔克评论的结束部分提到"所有哲学家都用谓语做主体"。[①] 基于这样一种"主谓颠倒",虽然马克思尚没有明确提出人本主义和唯物主义的诉求,但他将这一观点运用

[①] 参见[美]沃伦·布雷克曼:《废黜自我:马克思、青年黑格尔派及激进社会理论的起源》,李佃来译,北京师范大学出版社2013年版,第290—293页。

于对"实证哲学",如谢林、斯塔尔和老年黑格尔派的批判之中。

凡是在绝对的东西占据着一方,被分隔开来的实证的现实占据着另一方,而同时实证的东西又必须保留下来的地方,在这样的地方,实证的现实就成为一种介质,绝对之光透过介质,在神奇的五光十色中折射,有限的实证的东西表示出一种与本身不同的别的东西;在有限的、实证的东西本身中有灵魂,对灵魂来说,这种蛹化是神奇的;整个世界变成神话世界。每个形象都是谜。由于受类似的规律所制约,这种现象在近代还一再发生。①

综合上述分析,马克思在其《博士论文》中以哲学史研究的方式提供了一种有关当时普鲁士现实的哲学分析。他依从青年黑格尔派的理论兴趣和研究规划,选择了伊壁鸠鲁原子论作为切入点,从原子的偏斜运动出发来论证自我意识的哲学原则,进而为"德意志意识形态"争论中的理性主义和自由主义摇旗呐喊。就这一理论任务来说,青年马克思无疑是完成了,并且得到了青年黑格尔派内部的高度认可。正如赫斯在1841年9月2日致奥尔巴赫的信中所提到的那样,马克思是"一位伟大的、也许是唯一现在还活着的真正的哲学家","他将给中世纪的宗教和政治以最后的打击。他把最机敏的才智与最深刻的哲学严肃性结合起来","卢梭、伏尔泰、霍尔巴赫、莱辛、海涅和黑格尔在一个人身上结合起来了"。② 然而,这一过程也蕴含着青年马克思新的理论发展动向。日后他对鲍威尔的不满与批判便可以从"哲学与现实的辩证关系"思考中发现端倪③。

三、自我意识与国家:
重述马克思早期思想发展的另一种可能

回顾马克思主义哲学的研究史,"青年马克思"无疑是一个重要的理

---

① 《马克思恩格斯全集》第40卷,人民出版社1982年版,第144页。
② [德]莫泽斯·赫斯:《一位真正的哲学家》,见《回忆马克思》,人民出版社2005年版,第270—271页。
③ 参见周嘉昕、张一兵:《自我意识旗帜背后的辩证法光辉——重读马克思博士论文》,载《理论探讨》2005年第4期。

论问题。"青年马克思"问题之所以重要,固然有西方马克思主义和西方"马克思学"借助《1844年经济学哲学手稿》引发人本主义"青年马克思"或"两个马克思"争论的原因。更重要的是,在人本主义"青年马克思"讨论已经渐趋退潮的情况下,马克思早期思想发展的理论意义在马克思主义哲学研究的当代演进中得到新的凸显。走出传统苏联马克思主义哲学研究模式,直面当代资本主义发展的现实,对话国外马克思主义研究以及国外哲学社会科学其他领域的最新发展,马克思早期思想历程的思考同有关马克思主义哲学的方法论本质及其当代价值的探索更为紧密地关联在一起。与前文讨论直接相关的一个关键问题就是马克思黑格尔的关系问题。虽然马克思黑格尔关系是一个经典问题,并且获得"唯物主义颠倒"这一经典解答,但在今天的学术语境中这一问题和解答获得了新的含义。随着马克思主义哲学研究的持续推进,政治经济学批判或《资本论》中的哲学方法问题成为学界关注的热点。依照马克思自己的说法,在写作《资本论》的过程中,马克思重新发现了黑格尔辩证法的合理之处。但是对于"辩证法的合理形态"究竟为何,学界仍有不同观点。正是在这个意义上,回到马克思早期思想发展的最初阶段,重访青年马克思的"黑格尔转向",也就具有了特殊重要的意义。

对于这一问题的回答,首先涉及"唯物主义"的理解和费尔巴哈的作用问题。一般的理解是:马克思在《莱茵报》时期遭遇了对物质利益发表意见的难事,并借助于费尔巴哈主谓颠倒,在《黑格尔法哲学批判》中得出"不是国家决定市民社会,而是市民社会决定国家"的结论,这标志着马克思从唯心主义转向唯物主义。但是这一解释框架遭遇的问题是:《1844年经济学哲学手稿》的研究已经表明,马克思在这部手稿的写作过程中仍然持有一种唯心主义的历史观。因而,对于马克思的这一思想转变,不得不通过为唯物主义增加修饰语的方式来描述,如"一般唯物主义"、"哲学唯物主义"、"法权唯物主义"等。同时,细究马克思的相关表述。青年马克思求助于费尔巴哈的是一种"主谓颠倒"的方法。而在《资本论》及其手稿的表述中,马克思强调的是一种唯心主义辩证法的"头足倒置"。这就提示我们,青年马克思借助费尔巴哈对黑格尔的主谓颠倒，或许因其特有的思想语境，与《资本论》中所重新发现的黑格尔有着根本的不同。换言之，马克思在其1837年至1842年间早期思想发展中所转向的"黑格尔"与其1858年至1867年间写作《资本论》时所发现的"黑格尔"是两个不同的黑格尔。

对于青年马克思"黑格尔转向"中所发现的黑格尔，我们认为，马克思最为直接或集中的问题意识是"理性主义国家观"的合法性问题。如前所述，马克思在大学期间因康德—费希特式的"形而上学法学体系"破产转而投入黑格尔客观唯心主义的怀抱，其理论诉求是"将理性和现实结合起来"、"在现实中发现理性"。这是用黑格尔的思辨辩证法来强化启蒙的理性主义原则，批判历史主义和实证主义法哲学或国家学说中的神秘主义、人格主义。青年马克思在《博士论文》对自我意识哲学的论证，就是要强调自我意识背后的辩证法原则。或者用马克思的话说，黑格尔理性主义国家的自由原则。换言之，1842年之前的马克思，主要的理论方法是用青年黑格尔派特别是鲍威尔的自我意识来替代黑格尔的绝对精神，并在强调"理性和现实"的辩证关系中坚持变革普鲁士国家的政治诉求。借用赫斯的话说，这是一个康德—费希特启蒙主义、基督教市民社会和黑格尔思辨哲学的"结合（而不是混合）"。

这一结合发生的关键点是黑格尔的"国家学说"或者说法哲学。正如既有的"青年黑格尔"研究及黑格尔政治哲学研究所揭示的那样，经过以《关于自然法的科学探讨方式》和《伦理体系》为代表的耶拿实在哲学研究，黑格尔的"理性国家"观绝不是对普鲁士封建国家的庸俗辩护，而是直面现代"市民社会"的兴起及其内在困境，所提供的一种"伦理综合"，意在证明"凡是现实的都是合理的，凡是合理的都是现实的"。或者用马克思的话说，"国家应该是政治的和法的理性的实现"①。对于涉世未深的青年马克思来说，这样一种"理性国家"显然是值得追求的对象。这既是青年马克思在《莱茵报》时期用以批判普鲁士现实的理论支撑点，也是他"对物质利益的难事"发表意见时产生"苦恼的疑问"的直接原

---

① 《马克思恩格斯全集》第1卷，人民出版社1956年版，第14页。

因。因为在这个时期"转向黑格尔"的马克思看来，在真正的国家中是没有任何地产、工业和物质领域作为这一类粗陋的物质成分同国家协议的；在这种国家中只有精神力量；自然力只有在自己的国家复活中，在自己的政治再生中，才能获得在国家中的发言权。国家用一些精神的线索贯穿整个自然，并在每一点上都必然表现出，占主导地位的不是物质，而是形式，不是没有国家的自然，而是国家的自然，不是没有自由的对象，而是自由的人。① 正是从这样一种理性主义国家观在现实政治实践中遭遇到"对物质利益发表意见的难事"，或者说私有财产基础上现实政治国家对思辨理性国家的背离出发，青年马克思能够敏锐地发现费尔巴哈人本主义的革命意义。当马克思 1843 年读到费尔巴哈的《关于哲学改造的临时纲要》和《未来哲学原理》等文章后，立即写信给他在黑格尔国家学说批判道路上的新同志卢格。马克思说费尔巴哈"只有一点不能使我满意，这就是：他强调自然过多而强调政治太少。然而这是现代哲学能够借以成为真理的惟一联盟"②。

严格来说，按照费尔巴哈对自己的界定，他的哲学应当被称作"哲学人类学"或"人本主义"。根据《神圣家族》，"唯物主义"在当时主要指的是"法国唯物主义"，是"对思辨形而上学和一切形而上学的进攻"。在 1844 年下半年的马克思看来，与"法国唯物主义"一样，费尔巴哈"以清醒的哲学来对抗醉醺醺的思辨"（黑格尔），是一场反对现存宗教和神学、反对现存政治制度的斗争③。因此，青年马克思对费尔巴哈的推崇首先是在"强调政治"的意义上解决自己在黑格尔"理性主义国家观"中所遭遇的现实物质利益难题。"主谓颠倒"原则的第一诉求，是揭示黑格尔国家法学说中存在的思辨的神秘主义和含混的折中主义，从作为感性存在的"人"出发批判"理性国家"的虚假本质及其基础——私有财产。只不过，在 1845 年春马克思很快发现，这一理解中的"人的本质"是"市民社会"基础上的"单个人所固有的抽象物"，自己必须在"市民社

---

① 《马克思恩格斯全集》第 40 卷，人民出版社 1982 年版，第 344—345 页。
② 《马克思恩格斯全集》第 47 卷，人民出版社 1979 年版，第 53 页。
③ 参见《马克思恩格斯全集》第 2 卷，人民出版社 1957 年版，第 159 页。

会的解剖"即政治经济学研究中去发现构成现实的"人"的本质的"社会关系"。

作为结论，我们认为：1843—1844年间，青年马克思借助于费尔巴哈所实现的唯物主义转变，在直接的意义上是一种人本学唯物主义；其现实的思想语境是对黑格尔"理性国家"观的批判，就揭露其中的思辨神秘主义而言，这一转向与马克思1837—1842年间从"法的形而上学"转向"在现实中发现理性"，拥护"自我意识哲学"亦具有逻辑上的延续性；但是，在此过程中所遭遇的"物质利益"和"私有财产"问题却为马克思进一步的方法论变革，特别是在政治经济学批判研究中发现"唯物史观"开启了新的理论空间。或许，这也可以解释马克思在《政治经济学批判。第一分册》序言（1859）中，专门强调"手稿交给老鼠牙齿去批判"的《德意志意识形态》，而未谈及《神圣家族》和《巴黎笔记》中那三个笔记本的缘由了。

青年马克思《巴黎笔记》的文本结构与写作语境[①]

张一兵

马克思经济学研究中的哲学思想转换问题是一个极为重要的新课题。而马克思最早的经济学研究文本就是1844年前后在巴黎写下的《巴黎笔记》和《1844年经济学哲学手稿》(以下简称《1844年手稿》)。这两者共属一个同体创作过程。以我的研究结果,《巴黎笔记》的经济学研究正是后者哲学话语的重要理论原发地。可是,在目前马克思哲学文本研究中,《巴黎笔记》的真实语境尚是一个巨大的也是不应该出现的理论空白。这种状况也必然导致了对《1844年手稿》的重大误读。所以,马克思最早的这一摘录性笔记文本就成为我们要攻克的理论难题。

一、《巴黎笔记》的文本结构

《巴黎笔记》是马克思第一次研究经济学的真实记录[②]。写作时间大约为1843年10月到1845年1月。从广义上说,《巴黎笔记》共有10个笔记本,其中主要作为经济学摘录的有7个笔记本,而还有3个笔记本上马克思集中写出了一些初步的心得手稿,这个没有完成的手稿是与这7个笔记本交织在一起同期完成的。严格地说,这10个笔记本是无法分割开的。

[①] 原载《求是学刊》1999年第3期。
[②] [德] 马克思:《巴黎笔记》,见《马克思恩格斯全集》(MEGA²)第四部分,第2卷。

不过，从此时青年马克思的写作语境上看，我们也可以将青年马克思初涉政治经济学的7本对象性摘录笔记狭义地称为《巴黎笔记》，而把此间逐步形成的对资产阶级政治经济学进行哲学批判的3本心得笔记本称为《1844年手稿》（具体地说，这一手稿是在1844年8月第6个笔记本写作之前完成的）。根据荷兰阿姆斯特丹马克思手稿专家和苏东学者的20世纪80年代初的最新成果，青年马克思的真实写作情况说明，根本不存在所谓独立的《1844年手稿》[①]。所以，离开《巴黎笔记》孤立地对待《1844年手稿》是一种非法指认。在这里，我们先对青年马克思的《巴黎笔记》进行一些初步的文本结构研究。

青年马克思在巴黎的一年多时间内，阅读了大量经济学论著，并写下了整整7册读书笔记。这一笔记约有30个印张，最早由苏联马恩列斯研究院在1932年出版的《马克思恩格斯全集》国际版（Marx \ Engels Gesamtauagabe，简称 $MEGA^1$ 版）第3卷第一次发表，标题为"经济研究摘要"["Oconomische Studien（Exzerpte）"]，开始确定笔记为9册。而1981年出版的《马克思恩格斯全集》文献第二版（简称 $MEGA^2$）第四部分第2卷则重新确认为7册。这是因为在其中两册笔记上发现了有"1845布鲁塞尔"的字样，这才又区分出马克思的《布鲁塞尔笔记》的前期内容。

由于该笔记既没有写作时间也没有写作地点的标注，并且没有先后次序的编号，所以，笔记的写作次序是无法精确认证的。在这一点上，新老MEGA版的编者对笔记的处理是不一样的。

老版：

第一册：二折本，马克思写了12张，共24页。没有封面，马克思分左右两栏书写，其中第5页到第24页右栏为空白，第一部分为萨伊的《论政治经济学》摘录（1817年巴黎第3版，2卷），共21页。第二部分为斯卡尔培克的《社会财富的理论》摘录（1829年巴黎版，2卷），共二又四分之一页。最后又是萨伊的《实用政治经济学教程》摘录（1837年布鲁塞尔第3版），只有四分之一页。

[①] 参见《马列主义研究资料》1984年第2期。

第二册：八折本，马克思写了 12 张共 24 页。最后一页是数学演算。没有封面，第 1 页上是马克思加注的标题"亚当·斯密的《国富论》，热·加尔涅译，1802 年"。内容全部是斯密的《国富论》摘录（1802 年巴黎版，第 1 卷）。

第三册：二折本，马克思写了 9 张共 17 页，其中第 6 页只写了 6 行，第 18 页只有一个标题。没有封面，马克思分两栏书写。第一部分为勒奈·勒瓦瑟尔的《前国民议会议员"回忆录"》（1828—1831 年巴黎版，4 卷），共 5 页。然后是亚当·斯密《国富论》的结尾部分，共 11 页。

第四册：二折本，马克思写了 18 张共 35 页，没有封面，一部分为两栏，另一部分为三栏书写。第一部分为色诺芬的《雅典的色芬尼著作选》第四部论著，只有一又二分之一页。第二部分是大卫·李嘉图的《政治经济学和赋税原理》（1835 年巴黎第 2 版，2 卷），共 17 页，最后是詹姆斯·穆勒的《政治经济学原理》（1832 年巴黎版），也有 17 页。

第五册：四折本，马克思写了 10 张共 18 页。马克思做有封面，下面标题为"Gibbons，1844 年。1. 麦克库洛赫。2. 普雷沃论穆勒。3. 德斯杜特·德·特拉西。4. 穆勒。西斯蒙第：说明等（这一部分被删掉了）。5. 边沁《惩罚和奖赏的理论》，厄杜蒙编，1826 年巴黎第 3 版第 2 卷。"这一标题显然是马克思后来加上去的，实际摘录内容与目录有一定距离。第一部分是麦克库洛赫的《论政治经济学的起源、发展、特殊对象和重要性》（1825 年日内瓦—巴黎版，含译者普雷沃作为附录的《评李嘉图体系》一文），共 9 页。第二部分为特拉西的《意识形态原理》（1526 年巴黎版，第 4—5 卷）摘录，共 3 页。以及穆勒《政治经济学原理》的结尾部分，占 6 页。还有恩格斯《国民经济学批判大纲》的摘录（一张插页）。

第六册：罗德戴尔的《论公共财富的性质与起源》。这一册后来被确认为《布鲁塞尔笔记》。

第七册：二折本，写了 12 张，共 23 页。分两栏书写。内容为卡·沃·克·舒兹的《政治经济学原理》（1843 年杜宾根版），只有 1 页。弗·李斯特的《政治经济学的国民体系。第 1 卷：国际贸易、贸易政策和德国关税同盟》（1841年斯图亚特和杜宾根版），共17页。亨·弗·欧西安德尔的《公众对商业、工业和农业利益的失望，或对李斯特博士工业力哲学的阐释》（1842年杜宾根版），占3页。欧西安德尔的《论各国的贸易》（1840年斯图亚特版，第1—2卷），只有1页。最后又是李嘉图《政治经济学与赋税原理》一书的结尾部分，占1页。

第八册：布阿吉贝尔的《法国详情》等3本书和约翰·罗的《论货币和贸易》。此册后来也被确认为《布鲁塞尔笔记》。

第九册：八折本，写了12张共24页，第1页上有马克思的标题："欧仁·毕莱《英国和法国工人阶级的贫困》"（1840年巴黎版，第1—2卷）。

在新版的 $MEGA^2$ 中，原来的第6册和第8册被确认为《布鲁塞尔笔记》，还剩下原来的6册之秩序重新被打乱，原来的第3册现在成了第1册，然后再按原序列重新排成第2至第7册。并且，还确认了写在一大张纸上的黑格尔《精神现象学》的摘录。

以往的文本研究根据基本有二：一是马克思文稿的笔迹、墨水和纸张情况，二是假定的马克思当时的经济学研究思路。可是人们都没有注意到，这时青年马克思思想深处的实际理论中轴是哲学。以我的新的逻辑，马克思这7册笔记的写作顺序可能是这样的：以老版的原有序号为第1册、第2册、第3册、第5册、第7册、第4册、第9册，然后是黑格尔《精神现象学》摘录。为什么？我们可作一简要分析。

我发现，这里被列为《巴黎笔记》中的"勒瓦瑟尔笔记"和"色诺芬笔记"并不属于这里的经济学研究内容，而是政治、法学与历史研究，可能性比较大的是这两本笔记是《克罗茨纳赫笔记》的内容，马克思只是利用了这些笔记本的空白部分。第1本原来只用了5页，而后一本只使用了一页半。马克思这里经常将一个笔记的未完部分记在另一笔记本的空白处，这是新老MEGA版编者都没有注意的问题。

依我的推测，马克思首先写下的是萨伊笔记，然后是斯密笔记，斯密笔记的后半部分又记在了原属于《克罗茨纳赫笔记》的勒瓦瑟尔笔记的后半部分。然后是麦克库洛赫笔记、特拉西笔记。接着，马克思又写下了舒兹笔记、李斯特笔记和欧西安德尔笔记。马克思经济学笔记的最后是李嘉图和《穆勒笔记》，它们是马克思这一时期经济学最重要的内容，马克思将其写在原属于《克罗茨纳赫笔记》的色诺芬笔记的后面。其中，《穆勒笔记》是全部经济学笔记的最高点。这两个笔记的结尾部分分别补记在特拉西笔记和欧西安德尔笔记之后。最后，马克思离开资产阶级政治经济学，先重新摘录了青年恩格斯的《国民经济学批判大纲》，然后记下了社会主义者欧仁·毕莱的笔记和黑格尔《精神现象学》摘录。

二、马克思读书的一般背景意识

我已经指认，《巴黎笔记》是青年马克思1843—1845年第一次研究政治经济学最初的学习心路轨迹。首先要说明的有两点：一是马克思这时对经济学的问题并没有足够的了解，基本上没有什么专业发言权，所以笔记的绝大部分仅仅是马克思的摘录，几乎没有评论，这是哲学家在一个新的语境中的"失语"。这一状况只是在最后的《穆勒笔记》中才被改变。二是马克思只是对经济学进行了一些初步的研究与分析，可是他并没有一种完整的历史性认识。他既没有对斯密以前的学说即从重商主义到重农主义进行了解，也无法正确区分古典经济学与庸俗经济学的不同。青年马克思1844年前后并没有具备经济学的知识，用恩格斯后来的话来说，叫"一无所知"。1892年，针对一些人提出唯物史观首先是由德国法学的历史学派发现的（如在这一学派的代表人物拉维涅·佩吉朗1838年发表的论文中写道，经济形态是整个社会组织和国家组织的基础，"生产、产品分配、文化、文化传播、国家立法和国家形式，都只能从经济形态中得出它们的内容和发展来"），梅林写信给恩格斯，询问他和马克思当时是否熟悉法学的历史学派的观点？恩格斯在回信中写道："马克思当时是黑格尔派……对政治经济学，他还一无所知，因而'经济形态'一词对他根本没有任何意义。所以上述地方，即使他有所闻，也一定是一个耳朵进，一个耳朵出，不会在记忆里留下什么明显的痕迹。"[①]

---

① 《马克思恩格斯全集》第38卷，人民出版社1972年版，第480页。

可能也是出于这种原因,我发现无论在前苏东还是我国马克思主义政治经济学说史的研究中,学者们大多回避这一笔记的具体经济学内容,或对《巴黎笔记》理论价值保持某种共同意味的沉默。主要原因是,人们似乎不能肯定青年马克思这里对经济学最初形成的极不成熟的看法。依我之见,最关键的问题在于马克思此时基本上没有理解古典经济学的科学价值,这主要是指古典经济学的历史本质特别是它重要的劳动价值论。造成这种状况的原因是马克思此时并不具备科学的认识方法,因此他也无法形成科学的经济学观点。第一方面的问题在1845年春天以后得到解决,第二方面的难点一直到1857—1858年才真正突破。这正好是马克思后来的两个伟大发现。

在青年马克思此时的一般背景中还有一个十分重要的问题,就是他当时已经读过,但没有留下笔记的文献。这有几种可能:一是马克思自己拥有这些论著,因此他没有立刻写下笔记(见马克思《1844—1847年记事笔记本》的藏书目录);二是对一些论著做过笔记,但笔记被遗失了;最后是马克思比较熟悉的学者和论著,他觉得不需要做笔记。具体来说,这第三方面起码又有三种类型,第一是马克思比较熟知的青年黑格尔派的哲学文献,如费尔巴哈、卢格、赫斯等人的论著;第二是当时英法社会主义的文献,1842—1843年,马克思已经了解了傅立叶、圣西门、勒鲁、孔西德朗、蒲鲁东、安凡丹、魏特林、卡贝和德萨米等人的论著;第三是马克思此时认真关注但没有在《巴黎笔记》中出现的经济学文献[①]。

这第三方面的文献对于我们的研究是极其重要的。首先是西斯蒙第的《政治经济学新原理》。从马克思自己写下的《1844—1847年记事笔记本》来看,马克思是写有《西斯蒙第笔记》,但后来遗失了[②]。

还有马克思在《1844年手稿》中直接引用的康·贝魁尔的《社会经济和政治经济的新理论,或关于社会组织的探讨》(1842年巴黎版)、

[①] [苏俄]巴加图利亚:《〈关于费尔巴哈的提纲〉和〈德意志意识形态〉》,载《马列主义研究资料》1984年第1期。

[②] 《〈经济学哲学手稿〉的产生和保存情况》,载《马列主义研究资料》1984年第2期,第35—36页。

查·劳顿的《人口和生计问题的解决办法》(1842年巴黎版)和舒尔茨的《生产运动。为国家和社会奠定新的科学基础的历史和统计方面的论文》(1843年苏黎世和温特图尔版)等书,特别是舒尔茨的这本重要的论著①。因为马克思在《1844年手稿》第一笔记本的第一部分中三次大量引述这一论著(第57—59页;第70—71页;第73—74页)。

我们这里以舒尔茨1843年出版的《生产运动》中的主要观点为例,进行一些必要的理论探讨。舒尔茨的研究主要集中在以生产的历史来说明社会的发展。并且,他已经提出不同历史时期是根据人的需要的发展和满足需要的制度来划分的,这种不同需要的发展必然导致经济关系和社会关系的不断改变。一方面,依据这种原则,农业、工业和商业中的生产力得到了更加全面的发展,资本的积累更加迅速,可另一方面,这又造成资产阶级和无产阶级贫富的分化和对立。

舒尔茨认为,这种阶级对立是资本主义社会的主要特征。他是批判资本主义经济制度的。在这本重要的论著中,舒尔茨描述了资本主义经济制度下工人的贫困状况:这种制度迫使工人"用损害身体、摧残人的精神和智力的紧张工作"来获得低下的工资。贫富差距的加大必然使无产阶级与资产阶级对立日益加剧,并且导致社会革命。值得注意的是,舒尔茨在这里就同时直接批评了资产阶级政治经济学、青年黑格尔派和当时的"粗陋的"社会主义和共产主义。他认为资产阶级政治经济学家只研究物的世界,而"不研究人性本身内部的生产本质",他们不是将人看作是研究的出发点和目的,可青年黑格尔派则是停留在抽象的概念争论,从而无法"找到从虚无缥缈的普遍性领域进入生活的道路"。"粗陋的"社会主义和共产主义仅仅看到生产和消费的物质方面,而忽视了人的精神活动及其社会条件②。

---

① 威廉·舒尔茨(1797—1860),德国民主主义政治学家。1840年还著有《劳动结构的变化及其对社会状况的影响:物质生产劳动的结构》一文,载《德意志季刊》1840年第2期。对舒尔茨思想的注意是由科尔纽首先在《马克思恩格斯传》中提出的。依科尔纽的说法,又是受到明科《历史唯物主义前史研究》的手稿的启发。

② [法]科尔纽:《马克思恩格斯传》第2卷,樊集译,生活·读书·新知三联书店1965年版,第140—144页。

舒尔茨的思想是十分重要的。他实际上在马克思以前已经比较自觉地从生产出发，将社会经济发展视为从原始时代开始的人类社会历史的基础。甚至他也提出，国家是社会生产比较发达的阶段上才产生的。这一点是古典经济学社会唯物主义的重要理论提升。可是，此时的青年马克思恰恰没有注意到这一点。马克思在《1844年经济学哲学手稿》第一笔记本中，对舒尔茨的论著进行了大量的摘录，但是有意思的是，他恰恰没有注意这一文本中的社会唯物主义思想，而马克思后来在《资本论》中再一次肯定过舒尔茨①。

三、《巴黎笔记》的具体阅读语境与内在逻辑线索

我们知道，在1843年末和1844年初，青年马克思还处于他不久前刚刚发生的第一次思想变革之中，即从青年黑格尔的自我意识范式向一般唯物主义，从民主主义向一般共产主义的转变。因此他仍忙于出版《德法年鉴》和修改《黑格尔法哲学批判》手稿。本来，在《〈黑格尔法哲学批判〉导言》发表之后，应该在以后几期《德法年鉴》上刊登该书的正文部分。但1844年2—5月间，马克思却再次埋头于前一年7—8月在克罗茨纳赫开始的对法国革命的研究，特别是1792年以后共和国产生时期的法国革命史（即国民公会史）。直到5—6月，马克思又中断了国民公会史的写作，转入对资产阶级政治经济学的研究。

青年马克思从《莱茵报》时期的民主主义立场走向历史研究《克罗茨纳赫笔记》，再在一般唯物主义新视域中对社会政治与法权进行研究，使《黑格尔法哲学批判》和《国民公会史》的写作成为必然。但他突然中断这一研究转向经济学，其原因是需要探究的。

青年马克思经济学读书的冲动是哪里来的？第一当然还是社会现实的

---

① 马克思：《资本论》第1卷，人民出版社1953年版，第447页，注88。

冲击。这又可以分为当下社会现实与历史学研究中的大量史实两个方面。前者是马克思直接遭遇的经济利益关系之矛盾，后者则已经凸显出经济关系和经济力量在社会生活中的重要地位。第二是黑格尔《法哲学原理》中的提示。如上所述，在《法哲学原理》的第三篇第二章"市民社会"中，黑格尔直接谈到了政治经济学的问题。"政治经济学就是从上述需要和劳动的观点出发，然后按照群众关系和群众运动的质与量的规定性以及它们的复杂性来阐明这些关系和运动的一门科学"①。并且，黑格尔还明确指出这一思想出自斯密、萨伊和李嘉图，列出他们的主要论著。第三就是蒲鲁东的社会主义和赫斯与青年黑格斯在进入经济学研究之后的思想。

马克思与赫斯、恩格斯和蒲鲁东的交往是他研究经济学最直接的导因。这主要是我们曾经专门分析过的青年恩格斯、赫斯和蒲鲁东社会主义观念所产生的影响。从当时的情况来看，赫斯与青年恩格斯的思想主要都是在并不深入的经济学研讨之上的哲学政治批判。但二人又有一定区别，赫斯的人本主义哲学逻辑占主导，而青年恩格斯的思路却是从经济学现实逻辑出发的。在政治立场上，他们都是"哲学共产主义"，即法国的社会主义加上德国古典哲学（主要是黑格尔的总体性观点）。因此，青年恩格斯当时断言共产主义是德国哲学的必然结果②。如前所述，蒲鲁东对资本主义的批判已经站在肯定劳动价值论的基础上了（《什么是所有制》）。相比之下，蒲鲁东的法学社会主义由于肯定劳动价值论而有一定深度。马克思在1844年7月以后，与蒲鲁东直接交往，常常通宵达旦地争论。在这时，由于马克思的思想更接近赫斯和青年恩格斯，所以这种争论常常表现为哲学共产主义与经济学（法学）社会主义之间的辩论。

我将马克思这时阅读语境中的认知结构区分为焦点意识和支援意识。焦点意识即马克思直接有意图的前台理论目的。在这里主要是否定资产阶级经济学家肯定的东西。在马克思《巴黎笔记》的读书进程中，他的直接目的是颠覆资产阶级经济学家承认为合理事实的东西，这是一种简单的颠倒阅读法。支援意识是指在亚意图层面上支持马克思完成认知过程的后台

---

① ［德］黑格尔：《法哲学原理》，范扬、张企泰译，商务印书馆1961年版，第204页。
② 《马克思恩格斯全集》第1卷，人民出版社1956年版，第575页。

性语境。这主要有两个层面：第一个层面是直接性的参考背景，这主要是赫斯、青年恩格斯和蒲鲁东对国民经济学的批判和社会主义（青年恩格斯与赫斯是共产主义，而蒲鲁东则是西斯蒙第式的小资产阶级的社会主义）。从笔记的前期摘录内容上看，主要是受恩格斯的影响。卢森贝是苏联最早研究马克思这一笔记的马克思主义经济学家。他正确地指出了恩格斯《国民经济学批判大纲》对马克思的影响。他写道："马克思大部分对摘录的意见，是追随恩格斯的，有时甚至是逐字都追随着恩格斯。"[①] 第二个层面是更深一层的费尔巴哈和黑格尔的哲学逻辑，而且主要是费尔巴哈的哲学人本主义（不仅仅是自然唯物主义）。我已经指出过，此时马克思哲学思想中的权力话语是费尔巴哈的人本异化史观逻辑。但在这一阅读的主要进程中，哲学话语却基本处于沉默状态。

我还注意到，在马克思摘录和评述经济学观点的时候，主要的摄入视角是政治立场评判，而并不是经济学的理论内容本身。这就使马克思在这种选择性阅读意向中，有意无意地忽视一些重要的东西。首先，是在古典政治经济学的方法论中暗含的社会唯物主义前提。我发现，马克思此时没有注意到古典经济学的方法论前提主要是培根—洛克式的经验论唯物主义在社会生活中的运作，这种经验论的唯物主义方法已经发生了某种理论改变（不完全同质于启蒙思想一直到费尔巴哈的自然唯物主义）。在古典经济学发生发展的现实理论运作中，经济学家总是力图从自然物质之上的社会生活中的经验现实出发，并且，在一些优秀的经济学家那里，已经抽象出非实体的"劳动活动"和"价值"、"交换"等社会物质存在（魁奈、斯密和李嘉图）。这就是我已经指认的在社会经济生活中从社会物质存在出发的社会唯物主义第一、第二层级。更进一步，作为资产阶级古典经济学操作语境的必然前提，是在斯密的现实社会经济结构和规律研究以及李嘉图对大工业物质生产的分析中，从客观经济现实出发的社会唯物主义第三层级。而且马克思同样没有关注西斯蒙第对工业文明的批判和李斯特为拒绝老牌资本主义经济入侵而对德国经济的个性分析，我们从这中间还可

---

① ［苏］卢森贝：《十九世纪四十年代马克思恩格斯的经济学说发展概论》，方钢、杨慧廉、郭从周译，生活·读书·新知三联书店1958年版，第54页。

以看到一种更加具体的现实历史分析（当然，由于资产阶级意识形态的本质，他们不可能真正发现科学的历史唯物主义和历史辩证法）。相反，这时青年马克思的思路虽然已经是坚定的无产阶级立场，但其深层语境却仍然是抽象的人本主义价值伦理悬设与批判，这样，我们这里说明的经济学的社会唯物主义方法论与客观逻辑正好也是被马克思无意识拒斥的。这是一个十分有意思的现象。

其次，另一个在马克思经济学学习中被忽视的重要的方面，就是最有可能直接生发出科学的社会主义理论基础的劳动价值论。显然，马克思此时深层哲学构架中正处于立足费尔巴哈的自然唯物主义的"感性"具体，以反对黑格尔式的唯心主义"抽象"。所以，他也同样反对经济学研究中非现实的"抽象"：资产阶级经济学的本质恰恰在于"否定了生活的一切意义"，这是一种"无耻"抽象的顶点。生活有什么意义？马克思认为，生活的意义应该是人（马克思没有意识到，他这里的"人"在更深层次的历史观中，同样也是抽象的，这一点只是在1845年春天以后的哲学革命中才正确地指认出来）。他批评斯密等人的价值论没有考虑到竞争与市场的现实因素，所以必然是抽象的。马克思这时还无法理解这种对社会生活本质进行客观抽象的科学性和必然性（这一点是在后来的《1857—1858年经济学哲学手稿》的"劳动一般"和"资本一般"概念的制定中才完成的）。在此，他赞同了恩格斯，拒绝承认劳动价值论。从哲学认识逻辑上看，这是用一种自然唯物主义现象论否定比较深刻的社会唯物主义本质论；而从经济学上看，马克思则失去了从劳动价值论翻转过来现实地否定资本主义的科学方向。卢森贝认为，在这里，马克思与恩格斯都有意识地反对了李嘉图式的社会主义和蒲鲁东关于价值理论的观点，即在劳动价值论的基础之上，以"劳动货币"来发行资本主义交换体制使劳动价值实现出来的观点。① 这是一种误解。因为马克思（包括恩格斯）这时还根本不可能意识到这一点。具体来说，马克思是在1845年的《曼彻斯特笔记》（1845年7—8月，9册，《马克思恩格斯全集》MEGA²，第四部分第4、5

---

① ［苏］卢森贝：《十九世纪四十年代马克思恩格斯的经济学说发展概论》，方钢、杨慧廉、郭从周译，生活·读书·新知三联书店1958年版，第60页。

卷）中才发现了这一从经济学研究本身否定资本主义思路的意义，即他后来所说的可以以"独特的方式"从李嘉图的经济学来认证社会主义的结论。

也由于这时马克思的主导性思路是人本主义的哲学反思，所以当他第一次面对经济学的"科学研究"（这是马克思在以后对李嘉图研究的称谓），马克思只是简单地颠倒过来理解，即以人性的尺度来坚决地反对和否定私有制。不过在这里，马克思的这种批判还是不系统的，超越于蒲鲁东和赫斯之上的劳动异化逻辑尚没有形成。这一新的哲学理论建构是在最后的《穆勒笔记》中实现的。《穆勒笔记》是《巴黎笔记》中一次重大认识飞跃，其实质就是人本主义哲学话语在政治经济学研究中的确立。马克思在这里实现了一种话语的转换，即从经济学学习的跟读语境转换到哲学话语的统摄性运作。于是这就发生了一个《巴黎笔记》中最重要的事件：马克思突然摆脱了前面的失语状态，立刻重新获得了对经济学文本的批判性支配权。这一次，马克思不再跟着斯密、李嘉图被动地向前走，而真正找到了一个逻辑入口。表面上看，这似乎是从恩格斯的思路向赫斯的思路的转换，即以人本学的异化判定代替了客观的经济对立和分裂！但是，马克思由此得到了第一个从整体上批判资产阶级经济学的构架，这就是经过赫斯改造过的人本主义哲学的经济异化批判逻辑。我们看到，马克思这里的理论评述与《巴黎笔记》前面的评议有了很大的异质性。马克思开始变得自由和自信起来。

这是我们对《巴黎笔记》的一个总体评价。以后，我们还会以文本解读本身来确证这一点。

经济学研究视域中的哲学失语
——青年马克思《巴黎笔记》的摘录性文本研究[①]

张一兵

一、一个沉默的开端：从萨伊到斯密

《巴黎笔记》是从法国经济学家萨伊开始的。马克思为什么从萨伊开始？恩格斯在《国民经济学批判大纲》（以下简称《大纲》）中对萨伊的评价很少，这不会是直接的原因。倒是蒲鲁东在《什么是所有权》一书中大量以萨伊为论争对象。还有一个较大的可能，因之于萨伊被视为斯密体系的体系化的代表，加之他又是法国当时比较入时的经济学家。

马克思阅读萨伊的《论政治经济学》一书，从第一卷到第二卷结束，共摘录200余段，但几乎没有什么批注和心得。这比较真实地反映了初涉经济学的马克思的思想状况。在第3页上，马克思摘录了萨伊关于物之有用性和价值对人的效用规定。在这里，他根本还无法知道萨伊的效用价值论是对斯密的庸俗化理解。第78页上，马克思摘录了商品（用于转卖）与物品（用于消费）的差别。这两处摘录边上马克思加注了一条竖线。在第90到91页的摘录中，马克思注意到资本不是由物构成，而是由价值构成这样的观点，并且加了双线。在以后的大量摘录中，马克思仍然没有什

[①] 原载《理论探讨》1998年第5期。

么正式的评注，有两处加了几个简单的字词。第二卷中边上加线的摘录为资本价值和地租问题。

这种沉默状态一直持续到了全书结束后的那篇概要，马克思突然在萨伊概说第一部分（财富性质与流通原理）关于所有权和财富的两段摘录右边，写下了《巴黎笔记》中第一段重要评注。我们发现，马克思写的这第一段批注的激活因素并不是在经济学之中发生的，而正是在赫斯（《金钱的本质》）和青年恩格斯（《大纲》）那里可以看到的批判性观点：第一，"私有制是国民经济学不予论证的一个事实，但这个事实却形成国民经济学的基础"，同时，"没有私有制便没有财富；国民经济学按其实质来说是致富的科学"。显然，这是从西斯蒙第开始的从主体出发的政治经济学批判思路。第二，马克思注意到资产阶级经济学研究中的财富规定的特殊性：即以人们用来交换的物的价值比决定的。"'交换'一开始就是财富的根本因素"①。对于萨伊这种以交换规定财富的错误（比之于斯密和李嘉图），马克思倒没有批评。接下去，马克思又摘录了萨伊关于交换价值与效用、生产费用，以及生产要素和消费几段文字。很显然，马克思这里还无法弄清萨伊在资产阶级政治经济学史思想逻辑中的地位，特别是由萨伊首开的庸俗经济学的理论意向。

我首先要指出的是，实际上存在于萨伊著作中一些重要的社会历史论点此时并没有引起马克思的注意。在《政治经济学概论》一书绪论中萨伊提到柏拉图和亚里士多德如下一个观点："在生产的各种方式和由它们所产生的结果之间，存在着一定的必然联系"②。如在评论政治经济学的学科性质时，萨伊说"这门科学不是建立在假设上面，而是建立在观察结果和经验上面"③。在第一卷第三、四章中，有大量关于生产力的论述；第五章

---

① ［法］马克思：《萨伊〈政治经济学概论〉一书摘要》（以下简称《萨伊笔记》），见《巴黎笔记》，MEGA² 第2卷，中译文参见《〈资本论〉研究资料和动态》第6辑，江苏人民出版社1985年版，第10、13页。
② ［法］萨伊：《政治经济学概论：财富的生产、分配和消费》，陈福生、陈振骅译，商务印书馆1982年版，第28页。
③ ［法］萨伊：《政治经济学概论：财富的生产、分配和消费》，陈福生、陈振骅译，商务印书馆1982年版，第49页。

是劳动、资本和自然力的协同的生产方式；第八章是分工，在这一章的最后，萨伊明确提出了分工在一定程度上会导致工人的能力的退化，使之成为片面生产的附属品。① 还有第十九章关于殖民地问题的探讨。这些东西，都是萨伊从斯密那里袭承来的经验论的实证科学方法论以及一定限度内的第一层级的社会唯物主义观点。② 而这时，这些东西都是在马克思的注意视点之外。这也是恩格斯后来所说的，那时候经济决定社会发展的观点对于马克思来说，只能是"一个耳朵进一个耳朵出"。

马克思在读萨伊的《政治经济学概论》一书中，已经确证了赫斯与青年恩格斯的判断。读完萨伊，他已经知道萨伊是在解说斯密。斯密成为第二个阅读对象是顺理成章的。马克思面前的《国富论》是译成法文的五卷本，马克思只是对四卷正文中的前三卷进行了摘录，这些摘录有170余段。并且，这些摘录的后半部分没有严格按照原书的次序。第一卷开头，马克思摘录了分工问题的论述，可是他却没有注意斯密说分工促进劳动生产力的观点，却在挑剔第二章斯密分工与交换的关系中的"循环论证"。而在《国富论》最重要的第三章到第六章中，马克思虽然摘录了斯密关于使用价值和交换价值、自然价格和市场价格的论述，甚至还记下了斯密一段有关财产是他人劳动或一切劳动产品的支配权的论述，却恰恰没有注意"劳动是衡量一切商品交换价值的尺度"这一关键性表述，很显然，此时的青年马克思与恩格斯一样，并不理解斯密的劳动价值论之要义，特别是他要打倒这个资本主义制度的结论将意味着什么。并且，他在这种理论背景之中也不可能发现斯密学说的内在矛盾。在以后的第二卷到第三卷的摘录中，我们始终没有发现马克思面对这位经济学巨匠的经典文本有更多的议论和评说。同样，由斯密开创的古典经济学的经验科学方法和社会唯物主义的第二层级的许多重要的哲学观点也没有真正影响青年马克思。

本文对青年马克思初涉经济学时所写下的《巴黎笔记》，进行了哲学

---

① ［法］萨伊：《政治经济学概论：财富的生产、分配和消费》，陈福生、陈振骅译，商务印书馆1982年版，第101—102页。
② 关于早期资产阶级政治经济学中的社会唯物主义三个层级的思想，参见张一兵：《被遮蔽的线索：早期政治经济学的隐性哲学构架》，载《南京社会科学》1998年第4期和第6期。

层面的探索。我认为，初次面对经济学的哲学家青年马克思，在《巴黎笔记》中处于一种严重的失语状态，这种状态直至笔记最后才被改变，哲学逻辑开始否定性地统摄经济学。

《巴黎笔记》是青年马克思第一次研究经济学的真实记录。时间大约为1843年10月到1845年1月。马克思在一年的时间内，阅读了大量经济学论著。并且写下了整整7册读书笔记。[①]《巴黎笔记》的基本线索是从恩格斯的《大纲》和蒲鲁东《什么是所有权》所涉及的主要经济学家中来的。这也是马克思当时在巴黎能收集到的法文版的经济学论著，大约有18位学者近20余部（篇）论著（其中含恩格斯的《大纲》）。由于马克思当时法文基础较好，而英文并不熟练，所以，他没有直接阅读英国古典经济学的原版本，却只有选取这些论著的法文译本。其中也有少数德文论著，如李斯特、舒兹和欧西安德尔等德国经济学家的著作。我们发现，初次面对经济学的哲学家青年马克思却在《巴黎笔记》的全程摘录和思考中，处于一种严重的失语状态。这种情境，只是到笔记的最后才被改变。哲学逻辑开始否定性地统摄经济学。并由此，马克思才走向《1844年经济学哲学手稿》。

二、政治经济学理论逻辑的初识

马克思接下去摘录的是麦克库洛赫的《政治经济学的起源、发展、特殊对象和重要性》一书。其中，包括吉·普雷沃译自英文的该书正文和作为附录的一篇普雷沃自己评述李嘉图的文章。马克思这里显然是想通过这

[①] 这一约有30印张的笔记，最早由苏联马恩列斯研究院在1932年出版的国际版（Marx Engels Gesam tauagabe，简称MEGA^1）第3卷第一次发表标题为"经济研究（摘要）"（"O conomische Studien Exzerpte"）。开始确定笔记为9册。而1981年出版的MEGA第二版（简称MEGA^2）第四部分第2卷则重新确认为7册。这是因为在其中两册笔记上发现注有"1845年布鲁塞尔"的字样，这才又区分出马克思《布鲁塞尔笔记》的前期内容。由于该笔记既没有写作时间也没有写作地点的标注，并且没有先后次序的编号。所以，笔记的写作次序是无法精确论证的。在这一点上，新老MEGA版的编者对笔记的处理是不一样的。

本教科书式的论著了解一下政治经济学的基本概况。这一笔记，马克思大约做了40段摘录。但是马克思对该书的正文的摘录十分少。第1页上，马克思注意到麦克库洛赫对经济学目的的定义，即以财富为中心的生产、分配和消费。而从第57页到第132页，马克思分别记录了麦克库洛赫对魁奈、斯密、马尔萨斯和李嘉图的评论，特别是对他们的批评性意见。该书正文的最后一段摘录中，马克思对麦克库洛赫将政治经济学称之为科学大为恼怒，认为麦克库洛赫引用培根关于科学研究一个比喻是"厚颜无耻"。这也是马克思此时支援意识语境中的一个重要构件：资产阶级还能科学？

实际上，马克思此时的态度是值得我们认真推敲的。其实这有一种对比性的认识。在资产阶级政治经济学社会唯物主义的第一层级中，麦克库洛赫将政治经济学称之为科学，因为它是"建立在事实与实验之上的"，这是因为，"生产和财富积累以及文化的进步等所依据的原理，都不是由法律所制定的。"这些"原理"以及它们的作用，"和机械原理一样可借助观察与分析来探讨"①。虽然说，麦克库洛赫在解说斯密、李嘉图时，在经济学学理上已经是庸俗的消解，但他所指认的"科学"在社会唯物主义层面上却是可以站立起来的。马克思这里解读的文本不是麦克库洛赫那本主要的代表作《政治经济学要义》，而这里的小册子与那本书无论是在基本方法还是观点上都十分接近。并且，在一些历史性描述、基本方法说明以及政治经济学的诸多定义上，特别是第一层级的社会唯物主义的原则表述上，倒是更加清晰一些的。我自己以为，这也是早期政治经济学史方面写得比较客观比较透彻的一部文本。可是马克思此时面对这一切，却没有评论！为什么？这同样值得我们深入思考。

依我之见，马克思这时在基本哲学结构性前提中，已经明确提出市民社会决定国家与法。这是他在历史研究中对费尔巴哈一般唯物主义在社会生活中的正确认同。但是，这种唯物主义的社会观点还没有在经济学的更深层面得以确立。更谈不上在对古典经济学的社会唯物主义的三个理论层

---

① ［英］约·雷·麦克库洛赫：《政治经济学要义》，郭家麟译，商务印书馆1983年版，第10页。

级的全面超越之后，创立全新的历史唯物主义科学视域。这一点，在苏东哲学和经济学专家（包括 MEGA² 的编者）那里是无法被意识到的。也是西方马克思主义哲学家们完全忽视的。

接下去看到的奇怪现象是，马克思对普雷沃根据穆勒来解释李嘉图的附录文章发生了很大的兴趣。也是在这里，我们看到了《巴黎笔记》中马克思第一次较大的思想活动。为什么会出现这种情况？我推测，面对具体的经济学描述，马克思一时还很难深入，而对于对经济学思想的一般理论概述，马克思则能有较大的理论思考空间。在刚写下标题后，马克思读书不久就注意到普雷沃（穆勒）的观点是在"把斯密与李嘉图区分开来的学说"。第一部分，马克思摘录了七个论点。其中，当摘录到第二个论点，即普雷沃称赞李嘉图学派是深邃的经济学家，"就在于把科学的东西归结为十分简单的东西，以平均数为基础，这样可以撇开可能妨碍它们一般化的一切偶然情况"时，马克思又气愤地发问道："这些平均数说明了什么呢？它证明：人愈来愈被抽象掉，现实生活也愈来愈被抛在一边，而考察物质的、非人的财产的抽象运动这些平均数是对各个现实的个人的真正侮辱（诽谤）"。① 马克思显然再也坐不住了，他无法容忍资产阶级经济学的这种无视劳动者死活的"价值中立性"（韦伯语），他终于不得不用人本主义哲学与社会主义政治来对抗经济学。这是前面那种理论沉默的打破。马克思认为："李嘉图学派只是通过平均计算，即把现实抽象掉"来实现经济学论证的。当然，马克思这里所讲的"现实"是指资本主义制度下，资本家对工人的不平等不人道的现实关系。这并不错。可更重要的是马克思此时没有意识到，李嘉图所描述的"非人财产的运动"和"平均化"却恰恰是资本主义的客观经济现实的本质，这种抽象本身就是资本主义社会的客观产物。这一点他在1847年以后才真正理解了。马克思这里反对抽象与他受到费尔巴哈的影响，反对黑格尔抽象思辨哲学有关，虽正确但并非在科学上是深刻的。

马克思接下去在第六点摘录中写道："在我们看来，李嘉图学派极力

---

① 马克思：《麦克库洛赫〈论政治经济学的起源、发展、特殊对象和重要性〉一书摘要》，见《〈资本论〉研究资料和动态》第6辑，江苏人民出版社1985年版，第48页。

主张以积累劳动代替资本——这种说法在斯密那里已经出现——只有这种意义：国民经济学愈是承认劳动是财富的惟一原理，工人就愈是被贬低、就愈是贫困，劳动本身就愈是成为商品。——这是国民经济学这门科学中的必然的理论公理，正象是现在社会生活中的真理一样"[1]。这已经是来自一种哲学人本主义和社会主义立场的伦理批判。紧接着的一段评说是值得我们注意的："'积累劳动'这种说法除去表示资本的起源外，也同样有这样的意义：劳动愈来愈成为物、成为商品，与其理解为人的活动，不如理解为资本的形态"。这段话，倒是与马克思后来的经济学科学研究更近一些，因为马克思1857—1858年才理解，正因为分工与交换中一般社会劳动的物化和抽象化，价值实体才独立为货币，当货币（物化劳动）在资本主义生产过程中重新充当活动的手段时，资本才真实地发生了。资本以物化形式所颠倒的人与人的社会关系却真的是客观现实。但马克思此时并没有在这一重要思路上深入下去。马克思这里的简单颠倒式的政治否定性解读构架使他与劳动价值论擦身而过。

在第七点摘录中，马克思写下了《巴黎笔记》中第一段较长的议论。马克思批评李嘉图仅仅研究所谓"一般规律"，而在这种资本主义的一般规律中，"怎样实现，千百人是否因此破产"则在他们的视野之外。这显然是西斯蒙第式的提问。马克思发现，国民经济学原理之要害是"只有一个人的利益同其他人的利益、社会的利益和个别人的利益相一致的时候，一般说来，只有在个别人的利益或生产社会化的时候，才有实际意义，才是可感知的真理"。从这里，如果在经济学的内在逻辑上，实际可以走向古典经济学的资本主义社会劳动，或者说走向社会必要劳动等问题。可马克思此时却认为，这种观点是私有制条件下敌对的利益下"把人抽象掉的意义"，"平衡不过是撇开资本家和人的抽象的资本和劳动的平衡，正如社会仅仅是某种平均数那样"。"在现代制度中，理性的规律只有通过把现存的关系的特殊性质抽象掉才能保持，或者说，规律仅仅以抽象的形式进行

---

[1] 马克思：《麦克库洛赫〈论政治经济学的起源、发展、特殊对象和重要性〉一书摘要》，见《〈资本论〉研究资料和动态》第6辑，江苏人民出版社1985年版，第49页。

统治。"① 马克思说，这是一种无耻的诡辩！

在第二部分的摘录中，马克思的两段摘录没有什么具体的评说。接下去是对特拉西《意识形态原理》第四、五卷（经济学内容）近30段的摘录，马克思没有加任何评论。

下一个笔记本中，马克思开始摘录部分德国经济学家的论著，其中包括舒兹、李斯特和欧西安德尔的四本书。在对舒兹和欧西安德尔的摘录中，马克思没有发表任何议论。而在对李斯特的书摘中，马克思只有一处评论。马克思写道："李斯特先生的全部根据都是适合于私有制的。他在一国范围内部接受现行的理论。他只是在对外贸易方面才同这种理论有所区别"。并且，马克思批评李斯特重视分工与生产力的各种细节，"却不把工人与雇主加以区别，而在雇主之间加以区别"②。其实客观地说，李斯特的经济学还是有他的独特之处。这就是李斯特站在德国资产阶级的立场上，以一种维护本国私有者利益的"国家经济学"来对抗古典经济学的所谓"世界主义经济学"。李斯特批评从魁奈开始并由斯密和萨伊所坚持的普遍自由贸易的观点的虚假性，他则抓住了经济发展的特殊性，即一个国家的生产力发展水平不同，也就不能在国与国之间真正发生"放任的"自由贸易与交换。因为如果在落后的德国与发达的英国之间真进行经济运作，真正获利的只会是英国（资产者），所以经济研究的本质只能是具体的国家，它应关注"某一国家，处于世界目前形势以及它自己特有国际关系下，怎样维持并改进它的经济状况"③。而自由贸易式的世界主义只能在多数国家在工业文化等各方面都达到相近程度时，才很可能实现。

总之，李斯特经济学中实际上是包含了一些重要历史观要点的，但马克思在第一次文本遭遇中，他什么也没有读出来。理论被遮蔽了。而在1845年3月的《评李斯特》一文中对这位德国经济学家的批判性思考中，

---

① 马克思：《麦克库洛赫〈论政治经济学的起源、发展、特殊对象和重要性〉一书摘要》，见《〈资本论〉研究资料和动态》第6辑，江苏人民出版社1985年版，第51页。
② 马克思：《李斯特〈政治经济学的国民体系〉一书摘要》，见《〈资本论〉研究资料和动态》第6辑，江苏人民出版社1985年版，第58页。
③ ［德］弗里德里希·李斯特：《政治经济学的国民体系》，陈万煦译，蔡受百校，商务印书馆1961年版，第109页。

却开启了马克思哲学逻辑的第二次重大转变的非常性激变①。

三、李嘉图：话语转换前的一种思想激活

以我的理解思路，马克思是在最后开始阅读李嘉图和穆勒的（这一观点，与] MEGA² 的前苏东学者的意见并不一致）。读到李嘉图，马克思的思想发生了明显的变化，他的议论和批注开始多起来了。在《政治经济学和赋税原理》摘录中，马克思大约摘录了 80 段文字。

第一卷的摘录是以章为概括要点的。第一章的一开始，马克思就发现了李嘉图与萨伊（萨伊正是这个法文版的注释者）在价值问题上的区别，并且他开始能够对经济学的一些问题发表自己的挺"专业"的看法了。我们能感到，马克思似乎已经觉察到相对于斯密和萨伊，李嘉图的经济学观点更彻底和露骨。马克思在对第 15 页和第 16 页的摘录中，无意识地使用了"卓越"和"出色"的字样。这是 1847 年《哲学的贫困》一书那种科学认识的先导。当马克思在第 17 页上，看到了熟悉的一句话，"资本也是劳动"时，他直接在前引述了蒲鲁东对私有制的批判。我们看到，在下面的几乎所有摘录中，马克思都已经开始能对经济学的内容进行批注，甚至有不少极出色的思想发挥。马克思在如此之短的时段中就进入到一个全新的专业学科视域，这是极其罕见的。当然我也要说，此时的马克思手中还没有科学的方法。那么，马克思是以什么来面对李嘉图的呢？

在第二章关于地租问题的摘录中，在对萨伊附录中的一个注释中（原书第 84 页），马克思发表了一个对经济学问题的看法。他提出，斯密认为自然价格是由工资、地租和利润组成的，可马克思赞成蒲鲁东的意见："一切物品的价格都太贵了"（实际上蒲鲁东并不正确）。所以，"工资、地租和利润的自然率完全取决于习惯或垄断，归根到底取决于竞争，而不

---

① 参见张一兵：《人本学逻辑的亚意图颠覆》，载《江苏社会科学》1995 年第 6 期。

是由土地、资本和劳动的性质中发展而来的。因此，生产费用本身是由竞争而不是由生产决定的"①。很遗憾，马克思大错了，正因为他没有理解斯密的劳动价值论，因而他此时也无法真正弄懂这里的经济学问题（在后来的《哲学的贫困》中马克思才在古典经济学的立场上批判了蒲鲁东经济学理论上的混乱和非科学）。因为，资本主义的竞争恰恰是实现商品价值的手段。在下面的第四章的评论中，马克思遇到了一个很接近的问题。这里，他同时批评斯密和李嘉图所使用的自然价格概念，因为，"国民经济学所涉及的仅仅是市场价格。所以这些物品便不再联系它们的生产费用来考察，生产费用便不再联系人来考察，而是整个生产联系买卖来考察"②。这样，在资本主义经济过程中，竞争成了归根到底的决定方面。这还是错误的。

我们注意到，在马克思这里摘录和评述经济学观点的时候，重要的是政治立场，而不是经济的科学内容本身。在第五章的工资问题研究中，马克思还从外在的方面攻击国民经济学的资产阶级立场："精神自由是目的，因此大多数人处于愚钝的奴役状态。肉体需要不是唯一的目的，因此它是大多数人的唯一的目的。或者相反，婚姻是目的，因此大多数人卖淫。财产是目的，因此大多数人没有财产"③。这种对仗式的文笔，是哲学的超越性反思。也是这一点，通过后来的《穆勒笔记》，成为《1844年经济学哲学手稿》的主要批判人本主义文体。

进入第二卷的摘录，马克思明显地已经逐步理解政治经济学的一些基本原理，甚至常常深入到评论的细节中去。第十三章中，马克思再一次注意到价值问题，他开始承认萨伊引述"自然财富"与"社会财富"的差别，并指出"后者是以私有制为前提的财富"。这接近于马克思将使用价值与交换价值区分开来的观点。第十四章中的一段评述是十分重要的：他

---

① 马克思：《李嘉图〈政治经济学和赋税原理〉一书摘要》，见《〈资本论〉研究资料和动态》第6辑，江苏人民出版社1985年版，第31页。
② 马克思：《李嘉图〈政治经济学和赋税原理〉一书摘要》，见《〈资本论〉研究资料和动态》第6辑，江苏人民出版社1985年版，第32页。
③ 马克思：《李嘉图〈政治经济学和赋税原理〉一书摘要》，见《〈资本论〉研究资料和动态》第6辑，江苏人民出版社1985年版，第33页。

在分别评说李嘉图和斯密关于资本在竞争中的多重矛盾后指出:"国民经济学不仅碰到生产过剩和过度贫困的怪事,而且也碰到一方面是资本及其使用方式的扩大以及由于这种扩大而缺少生产机会的怪事"①。我请读者注意,这是一种真实面对资本主义生产方式客观矛盾的思路,因为马克思在此已经通过经济学视野看到了现实生产过程中的对抗性。如果按照这一思路向下走,必然会接触到经济发展的客观规律。可是,这一思路只有在马克思真实而冷静地接近经济学事实时才能面对,而在马克思的自觉意识中,他的主导逻辑思考与这一逻辑思路此时并不是重合的。这也是后来在《1844年经济学哲学手稿》中,那第二条从现实出发的隐性逻辑思路的基础。卢森贝认为,在这里马克思与恩格斯都有意识地反对了李嘉图式的社会主义和蒲鲁东关于价值理论的观点,即在劳动价值论的基础之上,以"劳动货币"来发现资本主义交换体制使劳动价值实现出来的观点。② 这是一种误解,因为马克思(包括恩格斯)这时还根本不可能意识到这一点。具体说,马克思是在后来的《曼彻斯特笔记》(1846年)中才发现了这一从经济学研究本身否定资本主义思路的意义。

这时马克思的主导性思路(或用一个时髦的词,即权力话语)是人本主义的价值哲学反思。面对经济学的"科学研究"(这是马克思在以后对李嘉图研究的称谓),马克思只是颠倒过来理解,以人性的主体尺度来坚决地反对和否定私有制。不过在这里,马克思的这种批判还是不系统的,超越于蒲鲁东和赫斯之上的劳动异化逻辑尚没有形成,这一步是在下一部《穆勒笔记》中才初步确立的。我们可以看到,在十八章中,马克思在分析了李嘉图和国民经济学对总收入的观点之后写下很长一段评论,他认为资产阶级经济学的本质恰恰在于"否定了生活的一切意义",这是一种"无耻"抽象的顶点。生活的什么意义?在这里,生活的意义是人马克思没有意识到,他这里的"人"在更深层次的历史观中,同样也是抽象的,

---

① 马克思:《李嘉图〈政治经济学和赋税原理〉一书摘要》,见《〈资本论〉研究资料和动态》第6辑,江苏人民出版社1985年版,第36页。
② [苏]卢森贝:《十九世纪四十年代马克思恩格斯经济学说发展概论》,方钢、杨慧廉、郭从周译,生活·读书·新知三联书店1958年版,第60页。

这一点只是在1845年春天以后的哲学革命中才正确地指认出来。所以马克思此时自然会这样进行人本学的哲学反思：第一，资产阶级经济学的目的是财富（物），而"不在于人"；第二，"人的生活本身没有什么价值"；第三，工人阶级只是产生这些财富的"劳动机器"①。但是马克思第一次发现，如果在资产阶级经济学的立场上，"李嘉图的命题是真实的和一贯的"。而西斯蒙第和萨伊为了同非人的结论进行斗争，就不得不从国民经济学中跳出来。而这恰恰证明，资产阶级经济学并不关心人，"人性在国民经济学之外，非人性在国民经济学之中"。马克思没有区分小资产阶级社会主义者西斯蒙第与庸俗经济学家萨伊反对亚当·斯密、李嘉图的异质性。并且，他十分明确地站在西斯蒙第一边。

马克思的这一立场决定了一个重要理论事件出现的必然性：在无产阶级的政治立场上，以人本主义的哲学来全面批判资产阶级政治经济学。这是一种新的话语突现。以我的观点，这也是青年马克思第一次开始独创地拥有一种理论逻辑。这一事件发生在紧接其后写下的《穆勒笔记》中②。

---

① 马克思：《李嘉图〈政治经济学和赋税原理〉一书摘要》，见《〈资本论〉研究资料和动态》第6辑，江苏人民出版社1985年版，第40页。
② 参见张一兵：《经济学批判中的人本学话语之突现》，载《马克思主义与现实》1998年第3期。

《巴黎手稿》中的"实践"：
一个"后市民"意义上的概念
——兼谈马克思哲学的话语言说方式[①]

唐正东

从不同的角度来审视马克思的《1844年经济学哲学手稿》（以下简称《手稿》），在什么是《手稿》的核心概念问题上就会得出不同的结论。如果立足于只有在马克思谈到譬如人性、异化等哲学概念的地方才有他的哲学思想的观点，那么，整个《手稿》的核心概念就显然是"异化"。由此，马克思在《手稿》中的整体哲学思路就是与费尔巴哈的观点处于同一理论层面的抽象人本主义，只是在对"人本"的含义的理解上马克思与费尔巴哈不同而已。我以为，这种解释模式尽管与马克思在《手稿》中多次提到了对费尔巴哈的理论成就的赞美的话相一致，但却是建立在这样一个理论假设基础上的：马克思当时对自己的哲学思想的定位是准确和全面的。而我们知道，早年的马克思是简单地延续着德国古典哲学关于哲学含义的理解来定位哲学的，后来的成熟时期的马克思哲学恰恰是建立在对这样一种关于哲学的理解的超越之上的。这样，我们沿着早年马克思对自己哲学思想的说明的线索来解读马克思哲学的成长过程，自然就会有较大的局限性。如果借用马克思在《1857—1858年经济学手稿》"导言"中的话，那么，这样的分析方法也是不符合人体解剖是猴体解剖的一把钥匙的方法论原则的。现在，让我们换一个角度来看《手稿》。马克思《手稿》

[①] 原载《南京社会科学》2001年第8期。

中的哲学思想应该包括经验历史主义与抽象人本主义的双重线索，它是一种复调式的哲学思想格局。立足于这一视点，我们就可以看到，《手稿》的核心概念恰恰是"实践"而不是"异化"。马克思只是在"第一笔记本"中，在谈完了对工资、资本的利润和地租的经验实证式的分析之后，才分析了异化劳动的四种具体表现形式。而从"第二笔记本"开始，正像马克思在"第一笔记本"的结尾处所提到的，他主要是在研究人是怎么使自己的劳动异化的，这种异化又是怎么以人的发展的本质为根据的。也就是说，在后两个笔记本中，马克思展开的主要是以历史性话语为基础的"异化"的生成过程。"第二笔记本"是从经济学的角度研究这种异化的生成过程的。在"第三笔记本"中，马克思通过把经济学的观点提升到哲学的话语层面，实际上又得出了这样的思想：人恰恰是在对象化劳动，即实践的过程中不断经历并扬弃异化，从而达成自己的类本质的。从"第二笔记本"开始，马克思论述的重点不在于人的类本质的具体内容以及以此为基础的现实资本主义劳动关系的异化特征，而是人通过对象化劳动的实践经历并扬弃劳动异化关系的过程。因此，从整个《手稿》的完整内容来看，马克思"异化"的逻辑只是其中的一个子内容，而主导的内容则是建立在"实践"的逻辑的基础上扬弃"异化"的理论思路。

我以为，"第一笔记本"在马克思整个《手稿》的理论思路中只是一个前奏，它是隶属于由后两个笔记本所阐发出的"实践"性的扬弃异化的理论思路的。理解了这一点后，我们就可以发现，当马克思在"第一笔记本"中使用实践概念时，他更多的是站在与异化劳动相并列，或者说不交叉的思想层面上的。在"异化劳动和私有财产"一节中，他首先从"实践"的角度论述了人的对象化劳动的本真内容，"从实践领域来说，这些东西（指植物、动物、石头、空气等自然界中的客观存在物——本文作者注）也是人的生活和人的活动的一部分。人在肉体上只有靠这些自然产品才能生活，不管这些产品是以食物、燃料、衣着的形式还是以住房等等的形式表现出来。在实践上，人的普遍性正是表现为这样的普遍性，它把整个自然界——首先作为人的直接的生活资料，其次作为人的生命活动的对象（材料）和工具——变成人的无机的身体。"① 在此基础上，马克思揭示了现实资本主义社会中这种"实践"遭到异化后的状态，这就是他对异化劳动四种表现形式的说明。在这一笔记本中，尽管马克思谈到像"在实践的、现实的世界中，自我异化只有通过对他人的实践的、现实的关系才能表现出来。异化借以实现的手段本身就是实践的"② 这样的话，但需要注意的是，马克思在这句话中说的是人通过对他人的实践活动产生出自我异化的关系。这跟后面所讲的人正是在对象化劳动的实践活动中扬弃自我异化的关系还是两码事，它基本上还是处在对象化劳动与异化劳动两者并列的理论线索之中。仅把实践理解为异化借以实现的手段还不够，还要认识到实践是异化借以扬弃的途径。我以为，这是区别《手稿》"第一笔记本"和后两个笔记本的重要理论质点。

在"第二笔记本"从经济学的角度对从地产到"本身自为地构成的工业"的发展历程作了梳理之后，在"第三笔记本"中，马克思对实践概念的运用显然有了明显的不同。尽管此时的"实践"依然不是处于现实社会关系中的客观性社会实践，依然是单方面地处在人与自然界关系的线索上的对象化劳动的含义，但它却已经包含了人在这种实践中不断扬弃异化、不断获得自身之本质内涵的意思。在"私有财产和共产主义"一节中，马克思尽管对已经扬弃私有财产的条件下人的类本质的内涵作了不少阐述，但从这一小节的整个内容的前后联系来看，主导的线索是人通过"历史的全部运动"达到"共产主义"的过程。他说，"历史的全部运动，既是它的现实的产生活动——它的经验存在的诞生活动，——同时，对它的思维着的意识来说，又是它的被理解和被认识到的生成运动。"③ 这段极具黑格尔哲学"味道"的话所表达的实际上跟黑格尔所说的绝对精神的自我发展史同时是它的自我认识史的观点是相类似的。马克思的意思是说，人的对象化劳动过程，即实践的过程，既是它作为经验存在的生成过程，又是它意识到自己的真实本质的过程。这跟在这段话之前马克思所说的"共产主

---

① 马克思：《1844 年经济学哲学手稿》，人民出版社 2000 年版，第 56 页。
② 马克思：《1844 年经济学哲学手稿》，人民出版社 2000 年版，第 60 页。
③ 马克思：《1844 年经济学哲学手稿》，人民出版社 2000 年版，第 81 页。

义是私有财产即人的自我异化的积极的扬弃，因而是通过人并且为了人而对人的本质的真正占有"的观点是一致的。"共产主义"正是建立在人通过对象化劳动而扬弃自我异化的基础之上的。为了强调这种"过程性"，马克思还强调指出，"不难看到，整个革命运动必然在私有财产的运动中，即在经济的运动中，为自己既找到经验的基础，也找到理论的基础。"① 马克思这里所说的在"经济的运动"中为共产主义运动找到经验基础和理论基础当然不是指共产主义的实现是建立在社会经济生活的现实矛盾运动的基础上的，他此时还没有达到这样的历史唯物主义的理论水平。他是从异化劳动的运动的角度来理解私有财产的运动的。他在这里所表达的意思是，人的对象化的实践活动必然不断剥离和扬弃自我异化的关系，并进而达到"共产主义"的状态。

正是从这一思路出发，马克思才说，"我们看到，主观主义和客观主义，唯灵主义和唯物主义，活动和受动，只是在社会状态中才失去它们彼此间的对立……理论的对立本身的解决，只有通过实践方式，只有借助于人的实践力量，才是可能的；因此，这种对立的解决绝对不只是认识的任务，而是现实生活的任务，而哲学未能解决这个任务，正是因为哲学把这仅仅看作理论的任务。"② 作为最终的结束状态，理论的对立的确只有在符合人的类本质的"社会状态"中才可能消失，但马克思指出的是，这是必须要建立在"实践"的基础之上的。这种"实践"就是贯穿《手稿》的"对象化劳动"。很显然，马克思这里已经不再把对象化劳动和异化劳动当作两条并列的线索，而是把它们交合在了一起，把异化劳动的扬弃放在了对象化劳动即实践的线索之上。我以为，正是由于这种思维格局的改变，马克思在"第三笔记本"中才对"工业的历史"和"自然科学"通过工业日益在"实践上"进入人的生活的问题付诸了较大的理论注意力。马克思是想说明，工业将通过自己的运动剥离在自身发展中存在的异化劳动现象。

在"第三笔记本"中，马克思的核心概念事实上已经牢固地确立在

---

① 马克思：《1844年经济学哲学手稿》，人民出版社2000年版，第82页。
② 马克思：《1844年经济学哲学手稿》，人民出版社2000年版，第88页。

"实践"之上,这种思路实际上跟费尔巴哈的立足于人性的异化式批判思路是有区别的。因而,仔细分析这一笔记本的内容,不难发现,马克思在"处理"费尔巴哈的问题上是有矛盾的。他一方面把费尔巴哈的感性存在原则抬得很高,说他"创立了真正的唯物主义和实在的科学",并说"他把基于自身并且积极地以自身为根据的肯定的东西同自称是绝对肯定的东西的那个否定的否定对立起来"是一项"伟大功绩",但另一方面,在他自己的理论思路中却经常把人通过"实践"达到感性存在状态的过程当作论述的重点。譬如,在"私有财产和共产主义"一节中,马克思说,"感性(见费尔巴哈)必须是一切科学的基础。科学只有从感性意识和感性需要这两种形式的感性出发,因而,科学只有从自然界出发,才是现实的科学。可见,全部历史是为了使'人'成为感性意识的对象和使'人作为人'的需要成为需要而作准备的历史(发展的历史)。"① 这句话中的"可见"一词实际上是有问题的。马克思前面一段话说的是科学必须从感性存在出发,可后面一段话说的是历史是使人这种感性存在得以实现的发展的过程。这是两个思维层面的东西。一个强调感性存在,一个强调感性活动和感性过程。再譬如,在"对黑格尔的辩证法和整个哲学的批判"一节中,马克思一方面强调费尔巴哈从自身出发的实证性方法的科学性,可另一方面却又说黑格尔建立在否定之否定的方法基础上的把人的自我产生看作一个过程,把对象性的人、现实的因而是真正的人理解为他自己的劳动的结果的观点是"伟大"的。我以为,马克思在这里其实并没有意识到自己的思路与费尔巴哈的思路实际上已经产生了区别,没有意识到费尔巴哈的感性存在的思路在他的整个思路中实际上只是一个子内容,而不是一个主导的内容。立足于对"第三笔记本"的文本学分析,我们还可以发现,在"第三笔记本"写作的后期,马克思实际上已经开始意识到自己的"实践"的思路与费尔巴哈的感性存在的思路之间的不同。在一个没有标题的小节(新版的《手稿》编辑者以"增补"作为该节的标题)中,马克思说,"从拜物教就可看出,理论之谜的解答在何种程度上是实践的任务并

---

① 马克思:《1844年经济学哲学手稿》,人民出版社2000年版,第89—90页。

以实践为中介，真正的实践在何种程度上是现实的和实证的理论的条件。"①"实践"成了"现实的和实证理论的条件"。我们知道，马克思一向是把费尔巴哈的以感性存在为基础的哲学当作"实证的"和"实在的"理论来看待的，这样，上述这段话实际上表明了马克思已经认识到自己在基本哲学思路上对费尔巴哈的超越。

立足于上述分析，我们可以得出这样的结论：马克思《手稿》中的实践概念的问题并不在于它只是停留在人已经实现自己的类本质的前提下的自我运动的理论层面，而在于它在面对人的现实实践发展过程时，不能准确地概括这种现实实践过程。从现实生活的角度来看，任何对象化劳动，即实践活动都是"浸透"在现实社会关系之中的。没有游离于现实社会关系之外的抽象的实践活动。因此，要想理解人通过实践而获得发展的过程，就必须深刻地把握现实社会关系的发展过程。如果套用《手稿》中的话语的话，那么，在"共产主义"实现之前的私有制社会阶段，任何对象化劳动都是"浸透"在异化的劳动关系之中的，要想理解人通过劳动而获得发展的过程，就必须要研究异化的劳动关系的内在矛盾及其建立在这种内在矛盾基础上的自身发展过程。而马克思在《手稿》中显然还没有做到这一点。他过分地依赖对象化劳动，即脱离了具体社会关系内容的人对自然界的实践改造活动，因而，走向了对实践概念的抽象化理解。

马克思的这种"实践"观本质上是一种"后市民"意义上的实践观点。"后市民"当然是相对于"市民"而言的，那么，什么是"市民"意义上的实践观点？我以为，由近代英、法资产阶级启蒙思想家所阐明的主体性实践就是市民意义上的实践。在中世纪的封建专制社会中，人的实践在社会的主导文化中是缺失的，理性是从无主体的角度来理解的异在性理性。英、法资产阶级启蒙运动的一个最大贡献就在于把社会理性与主体的实践层面联系了起来。理性成了主体的实践理性。但需要指出的是，在这些启蒙思想家那里，主体是既定的、已经客观存在着的主体，因而主体的实践也是直接隶属于这种主体的既定的实践活动。在这种实践观中，不存

---

① 马克思：《1844年经济学哲学手稿》，人民出版社2000年版，第127页。

在一个主体在实践过程中不断认识自己和展现自己的思路。在具体的社会生活中，这种主体性实践实际上就是英国市民社会中的工业资本家的实践，即工业资本家剥削工人剩余价值的生产实践，在法国则体现为"第三等级"的政治性实践。我们以英国的市民实践为例来继续对这一问题的说明。以普遍性的主体解放为宗旨的英国启蒙运动最后却走向了对市民这一独特主体的实践的维护，这不能不说是启蒙运动的一个悲剧性结果。在主体方面从普遍主体向独特的市民主体的转变，也带来了在实践方面从人的解放实践向人对外部自然的统治实践的转变。因为，对于资本主义社会中的市民主体来说，其实践的全部内容就在于通过征服自然界来获得更多的物质财富。主体的解放成了主体的物化。面对先发的资本主义社会中市民实践的内在困境，后发资本主义国家中的思想家便提出了对启蒙运动进行启蒙的问题。德国古典哲学家就是其中的代表。在康德看来，社会主体根本不是一个既定的主体，就当下的情况而言，市民主体是处在懒惰、怯懦的危险之中的，他们缺乏道德力量，缺乏运用自己的理智的能力。只有通过道德的呼唤，提醒他们把潜在的各种力量都释放出来，他们才能从"未成年状态"的主体转变成"成年状态"的主体。黑格尔从历史性生成的角度对康德的这种思想作了进一步的发展。在黑格尔看来，主体的实践根本不是已经成熟的、已经处于成年状态的主体的一种实践活动，而是主体把自身生成出来的实践活动，即主体的诞生活动。同时，主体也不是物化的市民主体，而是扬弃了物化性的国家主体。从一定意义上说，黑格尔的这种主体实践观点的确克服了英、法资产阶级启蒙思想家实践观中的经验实证性的理论局限，但需要注意的是，黑格尔其实并没有真正找到导致英、法市民实践的困惑的真正原因。这种原因事实上是根植于资本主义的社会关系之中的。黑格尔不明白这一点，他在撇开现实社会关系线索的前提下，用另一个抽象的主体，即抽象的国家主体来代替了英、法市民实践理论中的抽象的市民主体。尽管他揭示了国家主体通过对象化的活动自我展现自己、自我认识自己的历史辩证法思想，但由于他不从作为国家之基础的社会生产关系出发来理解国家的本质，不从内在矛盾关系的角度来理解国家，因而，他只能依靠神秘的逻辑力量来使国家主体完成自己的运动过程。黑格尔的这种实践观就是一种"后市民"意义上的实践观点。之所以把它称为"后市民"的实践观，是因为黑格尔尽管想克服"市民"实践的局限性，但他事实上是站在与"市民"实践同样抽象的一条理论线索上来克服"市民"实践的。他没有跳出"市民"实践的抽象理论平台，只是用抽象的国家取代了抽象的市民而已。在这一意义上，我们把他的这种实践观称为"后市民"意义上的实践观。

从本质上说，马克思《手稿》中的实践概念也具有这种"后市民"的性质。马克思此时尽管已经明确地把自己的理论面向工人阶级的利益，但他事实上并没有从工人之所以为工人的社会生产关系的角度来对社会实践的本质内容作出说明，而是简单地沿用了抽象的人的对象化劳动的线索。这样一来，马克思走的实际上是跟黑格尔同样的道路，尽管他用"人"代替了黑格尔的"国家精神"。从《手稿》的完整内容来看，马克思一开始就把经验实证性的资产阶级政治经济学当作自己的批判对象。尽管他没有明确地指出资产阶级经济学家的实践观点，但他对资产阶级经济学中物化性劳动观点的批判其实就是对他们的主体实践观的批判。在马克思看来，现实经验主体的实践，不管是工人的实践，还是资本家的实践，都是异化的实践，要想消除这种异化，就必须经历一个在对象化劳动过程中不断消解异化劳动关系的过程。人只有在经历了这种发展过程之后才可能真正成为社会的主体。因此，真正的实践应该是这种对象化劳动的过程。马克思这里在消除英、法资产阶级启蒙思想中"市民"实践的内在困境时，同样也是采用了一条抽象的理论线索，即抽象人性的线索。他的这条线索实际上并不跟他的面向工人阶级利益的理论目标直接相一致，因为，如果换了一个思想家的话，那么，他从这条线索中同样可以得出有利于资本家的结论，事实上，当初英、法资产阶级正是从这种抽象人性的线索来得出与资产阶级利益相一致的"市民"实践的结论的。因此，马克思实际上是站在与他的批判对象的理论线索一脉相承的一条线索上来进行理论批判活动的。他想批判"市民"实践，可又不知道导致资本主义市民实践困境的真实原因，即现实社会关系原因，因而，只能站在与"市民"实践的理论线索同样抽象的逻辑线索上来展开理论批判。在这一意义上，我们把《手稿》中马克思的"实践"看作一个"后市民"意义上的概念。

　　自西方近代的学科分工之后，哲学话语大多是直接被置放在哲学的思想平台上来加以解读的。毋庸置疑，哲学的这种言说方式对张扬和凸显西方近代市民社会的文化观念和意识形态来说是极其有用的。但与此同时，我以为需要特别指出的是，对哲学的这种阅读方式无形中受到了这种哲学所用语言的束缚，在某种意义上可把这称之为哲学的"语言"病[①]。具体地说就是，由于"语言"的本性就在于用概念的一般性来指称此概念所涵盖的丰富具体性，譬如"人"这一概念，它就能涵盖现实生活中各种各样的人；"社会"这一概念，它能涵盖各种各样具体的社会形态，因此，如果不能清楚地意识到自学科分工以来的哲学概念的这一特点，一味地站在这种概念的直接层面上来进行哲学之"思"，那么，作为"思"之主体的语言使用者的思考过程就必然会被他所使用的语言的"枷锁"套牢，以至于无法使"思"者真实地面向现实生活过程。这种多少带有抽象性的哲学言说方式不仅使它即使是在意识到自己的学理困境的时候也无法真正走出他自己所设下的"思"之"枷锁"，而且也使它无法真正读懂那些从对真实社会过程的分析出发的新哲学思路之内涵。对它来说，这些新哲学只不过是另类哲学，它不属于所谓的西方近现代主流哲学。如果它硬要挤进来，那就必须经过以西方近现代哲学"语言"为基础的解释学加工。于是，所有的哲学又回归到了同一种"语言"的言说方式之中，所不同的只在于用这种"语言"所说的话的内容之不尽相同。如果把这种分析思路拉到对马克思哲学的解读中去，那么，一个很清楚的事实是，马克思哲学中的任何概念其实都是与丰富的现实社会历史内容相联结的，从严格的意义上说，它并不是从一般性的概念，而是从这些概念所蕴含的现实社会内容出发来构建其自身的内容的。也就是说，真正的马克思哲学本来就是超越于西方近代哲学的语言束缚的。因此，如果我们简单地把它置放在西方近代哲学的思维平台上来加以理解，那么，它本身所具有的那些真正代表其

[①] 汪丁丁先生在批判西方主流经济学时也曾用过这个词，参见汪丁丁：《走向边缘：经济学家的人文意识》，生活·读书·新知三联书店2000年版，第151页。

独特理论品格的东西就很容易被忽略。譬如，立足于一般性的人的概念，我们怎能领略马克思建构在由现实的、历史性的人所体现出来的具体社会关系基础之上的哲学理论？法国著名哲学家巴什拉尔有一句名言："人们不从数学上去理解数学是无法谈数学的。"① 对于马克思哲学，我们也可以说，人们不从马克思的哲学语言入手去理解马克思哲学是无法真正把握它的。而即使是从表面上看，我们也可以发现，马克思的哲学语言是其他西方近代哲学家所不曾使用过的一些独特语言，如生产力、生产关系等。马克思事实上是用这些语言来凸显一种与西方近代资产阶级主流哲学不同的新唯物主义的哲学言说方式的。这种言说方式由于所依托的是与近代市民社会的文化观念不同的、以面向"市民"的对立面即无产阶级的利益为宗旨的一种以分析市民社会的内在本质矛盾为基本内容的新的文化观念，因此，当西方资产阶级主流哲学以一般性的概念，如"人"、"社会"、"自由"等为理论的主导概念时，马克思哲学把自己的理论立足点置放在被这些一般性的概念所遮蔽的丰富的社会历史内容之上。马克思哲学一点也不怀疑"人道"、"自由"是人类发展所追求的目标，但由于它把自己的理论关注点投放在达到这些理想目标的现实社会历史途径上，而不是一味地建构一种所谓的人的本体论或生存论状态，或者一味地致力于对客观现实的外在批判，因而，它并没有因此成为一种人道主义或自由主义。相反，它走向的是一种历史唯物主义。再进一步，由于对现实社会历史关系的分析不可能离开经济学的理论视域，因为，人们的经济活动无疑是其社会历史活动的基础和本质，因此，我以为，我们在解读马克思哲学时，应该把解读思路推进到这样的层次：尽管马克思早期的哲学思想的确是从西方近代主流哲学，尤其是德国古典哲学中承继而来的，但真正代表他成熟时期的观点的，或者说，那些真正属于他自己的哲学思想其实是从分析以经济关系为主的社会历史关系中得出的。也就是说，成熟的马克思的哲学思想，从基本的方面来说，其实就是他研究经济问题时的哲学思想。当然，无须多言，这里的"经济"是马克思意义上的经济，是社会历史性思维背

---

① 转引自［法］安德列·巴利诺：《巴什拉传》，顾嘉琛等译，东方出版中心2000年版，第441页。

景中的经济,而不是资产阶级政治经济学意义上的经济。既然如此,我们就没有理由不意识到,马克思的哲学话语应该从经济学的视域中来加以阅读和解析。

经济学批判中的人本学话语

——青年马克思的《穆勒笔记》解读①

张一兵

詹姆斯·穆勒（1773—1836）是19世纪英国经济学家。青年马克思在1843—1844年写下的《巴黎笔记》的最后部分，阅读了他的成名之作，即1821年发表的《政治经济学要义》，并写下《詹姆斯·穆勒〈政治经济学原理〉一书摘要》（以下简称《穆勒笔记》）。② 穆勒的这本书后来也被西方经济学家称之为"第一本用英文写出的经济学教科书"。马克思在19世纪60年代的《剩余价值理论》第三卷中说："穆勒是第一个系统地阐述李嘉图理论的人，虽然他的阐述只是一个相当抽象的轮廓。他力求做到的，是形式上的逻辑一贯性。"③ 我认为，在青年马克思最初的经济学研究中，《穆勒笔记》是一部极为重要的文本，因为它真正呈现了青年马克思以哲学家的身份面对古典经济学时的某种逻辑突变，即从哲学人本主义的构架去批判资产阶级经济学的努力。这也是我们追问《1844年经济学哲学手稿》深层意义的一条新道路。

---

① 原载《马克思主义与现实》1998年第3期。
② 《巴黎笔记》是青年马克思第一次系统研究经济学的最初笔记。经《马克思恩格斯全集》文献第2版（MEGA²）确认为由七个笔记本组成（MEGA¹为九个笔记，后来其中两个笔记本被确认为《布鲁塞尔笔记》的内容）。这一文本的全文在MEGA²第四部分第2卷发表，目前并没有完整的中译本。
③ 《马克思恩格斯全集》第26卷第3册，人民出版社1974年版，第87页。

一

众所周知，马克思异化理论的原生思想母体说到底是黑格尔的观念主体异化论。在他接受异化观念的初始，只是在青年黑格尔派凸显的自我意识片断性规定上持有主体的外化和复归的先生性逻辑（马克思的《博士论文》）。进而，在马克思转到费尔巴哈的人本主义立场上时，他才拥有了较完整的人学异化史观之话语。当然，他是在超越了费尔巴哈的自然人本主义之后，特别是为无产阶级寻求革命根据的内在冲动驱使下，提出了以批判资本主义社会为主旨的社会政治异化观念（《黑格尔法哲学批判》和《德法年鉴》时期）。但是我发现，就是在这里马克思也并没有在哲学逻辑上独立形成自己的异化理论的逻辑框架。马克思自己独特的经济（劳动）异化理论恰恰是在他转向对资本主义社会生活的经济学研究时，才逐步建构出来的。这是他新世界观形成过程中一个极关键的过渡性环节。

关于经济异化的思想，马克思一开始受到了当时德国哲学家赫斯的影响（赫斯在《来自瑞士的二十一印张》中的"论金钱的本质"）。在马克思在1843年写下的《论犹太人问题》等文中，这种新的异化理论就有所显露。马克思写道，在经济生活中，金钱是一种在人类主体之外的物，但它又是人类主体本质外在化的表现。金钱明明是人创造的东西，可是现在它却以"一切事物的普遍价值"的身份剥夺了主体自身和整个世界的价值，更重要的是异化了的主体又不得不跪倒在这个人造物面前。在这里，马克思不像在《莱茵报》工作时仅仅贬斥人的这种追逐物质利益的现象（"下流的唯物主义"），而是从理论上将其视为资本主义经济生活（"市民社会"）的一个重要方面来关注了。马克思不自觉地在引发一种思考，即经济生活中的异化是人社会政治异化的基础。从经济关系来透视人的社会关系，这是一种进步。

1843年下半年以后，马克思开始认真地转向经济（比政治更加"现实"的存在）的研究。但是，这时他对经济理论的关注还是从哲学逻辑的视角进行投射的。他原来打算出版两卷本的《政治和国民经济学批判》，但并没有完成这一论著。可是马克思却为我们留下了作为这一时期研究心得的《巴黎笔记》和《1844年经济学哲学手稿》。也正是在马克思这一时期的研究中，我们看到了他经济异化理论在逻辑上的进一步发展。我们知道，1843年10月到1845年1月这一年多的时间，是青年马克思研究经济学的第一个阶段，也是初始时期。我们今天能够看到的是七册本的《巴黎笔记》（《马克思恩格斯全集》MEGA^2，第四部分第二卷）和三册本的《1844年经济学哲学手稿》。《巴黎笔记》是青年马克思首次正式接触和学习经济学的记录，也是他一次极重要的哲学逻辑新建构与异域游历。马克思这时对经济学的问题并没有足够的了解，所以笔记的绝大部分仅仅是马克思的摘录，几乎没有评论。

我已经说明，由于这时马克思的主导性思路是人本主义的哲学反思，所以当他第一次面对经济学的"科学研究"（这是马克思在以后对李嘉图研究的称谓）时，马克思只是简单地颠倒过来理解，即以人性的尺度来反对和否定私有制。在这里，马克思的批判还是不系统的，超越于蒲鲁东和赫斯之上的劳动异化逻辑尚没有形成。这一新的哲学理论建构是在读《穆勒笔记》中形成的。《穆勒笔记》是《巴黎笔记》中一次重大的认识飞跃，其实质就是人本主义哲学话语在政治经济学研究中的确立。马克思在这里实现了一种话语的转换，即从经济学学习的跟读语境转换到哲学话语的统摄性运作。实际上，这是他走向《1844年经济学哲学手稿》的真实逻辑中介。以《马克思恩格斯全集》文献第二版（以下简称MEGA^2）编译者的考证，《穆勒笔记》写在《巴黎笔记》七个笔记本的第四笔记本的第18—34页，共17页。还有一个结尾部分（6页）补记在另一本笔记本（第五笔记本）上，中文版《马克思恩格斯全集》第42卷发表的主要是前一部分，这也是主体和最重要的内容。我们这里的解读主要也是这个主体部分。我在《马克思历史辩证法的主体向度》（河南人民出版社1995年版）一书中，已经对这一笔记作了初步的研究，但由于这种研究仍然停留在单纯以哲学观念来直接提取马克思的理论质点的解读办法中，所以虽然我也正确地判断该笔记是马克思经济异化逻辑的真正发源地，并第一次标注出青年马克思最早的经济异化构架，但却失落了马克思此时与经济学研究相同体的许多极端重要的内容。在这里，我将进行必要的重新解读和补救。以我现在的思路，青年马克思第一个人本主义经济异化逻辑构架的建构，是通过在《穆勒笔记》中依次实现的三次重要的理论提升实现的：这就是对经济学理论的哲学评判、人的真正的社会关系颠倒之经济—哲学反思和劳动异化理论的哲学建构这三个递升层面所达及的。

二

第一个理论建构是十分关键的。这标志着马克思开始在《巴黎笔记》中第一次完整地从总体上驾驭经济学，这种理论统摄是由哲学逻辑投射的，是整个《巴黎笔记》的一个重大理论飞跃。下面我们来仔细地从文本中考察这一过程。

我们看到，马克思在读《穆勒笔记》的过程中，实际上按穆勒原书的基本结构，即生产、分配、交换和消费四个部分对该书进行摘录。从阅读开始一直到书的第137页（第三部分的第八节），他始终没有写下一个自己的评注。马克思理论思考的第一个逻辑激活点是在这一部分的第六节出现的。第六节是什么？货币。马克思在这一节开始加了"媒介"两个字作为插入的标题，以引起注意（这个媒介我们应当读作关系）。当读到穆勒认为货币与金属价值的关系由生产的费用决定时，马克思突然中断了摘录，写下了大段独立的议论，也由此出现了在马克思《巴黎笔记》全部文本中少见的"个人的议论占了相当大部分"的情况。①

在这一议论的开始，马克思首先批评了穆勒与资产阶级古典经济学所犯的相同错误，即将某种经济规律凝固化的非历史态度。马克思说明在资本主义生产过程中，生产费用与价值的决定关系、需求与供给之间经常处于波动之中的现实运动，其实是十分复杂的矛盾运动，在资产阶级经济学

---

① 《马克思恩格斯全集》第42卷，人民出版社1979年版，第485页。

家用抽象的公式去表述这一现实时，都只能是现实运动的偶然和片面的方面。这倒使马克思提出了一个重要的结论："在国民经济学中，规律由它的对立面，由无规律来决定。国民经济学的真正规律是偶然性。"① 很显然，这一解读仍然是恩格斯《国民经济学批判大纲》那一思路的延续。必须指出的是，马克思这里的评论是正确的但并非是深刻的。这是由于，马克思在以费尔巴哈哲学的感性具体反对古典经济学已经在社会现实（工业）实现的"科学抽象"（这一问题马克思是在后来的《1857—1858年经济学手稿》中解决的）。

我注意到，这段评述是针对第八节中穆勒的具体观点的。并且这一观点倒真的属于经济学内容。马克思在这一议论之后画了一条横线。然后，他的思路一下子发生了一个重大的变化。他一下子跳出第八节的内容回到了在第六节中引起他注意的一个论点，即穆勒将货币称为"交换的媒介"的观点，他肯定地说，这是"非常成功地用一个概念表达了事情的本质"。我们发现马克思在这里突然肯定起穆勒的观点了。他不再跟着斯密、李嘉图被动地向前走，而真正找到了一个逻辑入口。直接地说，这似乎是从恩格斯的思路（《国民经济学批判大纲》）向赫斯的思路（《金钱的本质》）的转换，人的异化代替了经济现实中的客观对立和分裂。马克思由此得到了第一个整体批判资产阶级经济学的构架，这就是经过赫斯改造过的人本主义哲学的经济异化批判逻辑。我们看到，马克思这里的理论评述与《巴黎笔记》前面所有的评议有了根本的异质性。他不再直接处于经济学语境之中，而翻转为哲学话语。马克思开始变得自由和自信起来。

马克思说，货币作为一个媒介（关系）看起来成为人们之间交换的环节，但人们在这个媒介中却失去了主体自己，因为这个媒介把人的本质异己化了，货币获得了对人（主体）的支配"权力"，它成了人"真正的上帝"。马克思在此以基督教的基督是人与上帝的媒介作比喻，说明货币的本质是人的本质之异化和颠倒。我同时发现，这是一种连接，即是赫斯那条货币（金钱）是人的本质异化思考逻辑（《论犹太人问题》）的延续。

---

① 《马克思恩格斯全集》第42卷，人民出版社1979年版，第18页。

不过这不是一个简单的连接了，马克思的理论建构有了逻辑上的深化和升华：马克思说，钱——货币的本质实际上首先不是在于财产通过它转让，而在于人的产品赖以互相补充的中介活动或是中介运动，"人的、社会的行动异化了并成为在人之外的物质东西的属性"，在这里，"人使这种中介活动本身外化，他在这里只能作为丧失了自身的人、失去了人性的人而活动；物的相互关系本身、人用物进行的活动变成某种在人之外的、在人之上的本质所进行的活动。由于这种异己的媒介——并非人本身是人的媒介，——人把自己的愿望、活动以及同他人的关系看作是一种不依赖于他和他人的力量。这样，他的奴隶地位就达到极端"。马克思在这里深刻地发现，对这个媒介的崇拜"成为自我目的"。他注意到："这个媒介是私有财产的丧失了自身的、异化的本质，是在自身之外的、外化的私有财产，在人的生产与人的生产之间起外化的中介作用，是人的外化的类活动。"① 马克思在这里真正地延伸了费尔巴哈。费尔巴哈把宗教神学视为人的类本质的外化与异化，赫斯已经看到了在资本主义经济过程中，人的自由活动（社会的类本质）外化和异化为金钱，而马克思则进一步说明了这种经济异化的本质。

马克思接下去分析到，为什么私有财产必然发展到货币呢？"这是因为人作为喜爱交往的存在物必然发展到交换，因为交换——在存在着私有财产的前提下——必然发展到价值。"② 苏联学者卢森贝认为，马克思这时已经区别了"自然经济私有制和商品货币私有制中的差别"，并说由此"奠定了真正科学的经济学说史的基础，把辩证唯物主义的原理推广到这一知识领域"。③ 我认为这种评价是过高了，也是没有根据的。且不说这个时候还谈不上辩证唯物主义，马克思也没有真正历史地研究经济学史（这一研究实际上是从一年之后的《曼彻斯特笔记》开始的）。马克思只注意到，"进行交换活动的人的中介运动，不是社会的、人的运动，不是人的

---

① 《马克思恩格斯全集》第42卷，人民出版社1979年版，第18—19页。
② 《马克思恩格斯全集》第42卷，人民出版社1979年版，第19—20页。
③ [苏]卢森贝：《十九世纪四十年代马克思恩格斯经济学说发展概论》，方钢、杨慧廉、郭从周译，生活·读书·新知三联书店1958年版，第75页。

关系，它是私有财产对私有财产的抽象的关系，而这种抽象的关系是价值。货币才是作为价值的价值的现实存在。"① 很显然，这是赫斯—费尔巴哈式的语言。在费尔巴哈对宗教神学的批判中，人的类本质是人类共同的感性活动和人与人的交往的真实关系，但是在宗教中它却采取了异化的颠倒的抽象形式，人的类本质颠倒地表现为人之上的上帝，而"基督是外化的上帝和外化的人"的媒介。异化的主体是关系，而不是某种抽象实体。这是费尔巴哈异化史观中深刻的地方。马克思将费尔巴哈的自然人与人与人的自然关系进一步确定为社会的人与人与人的社会关系，赫斯的金钱异化观点被系统化为一种关于人的类本质（关系）在社会经济运动异化的理论：人与人的类关系被异化和抽象为价值，这个价值即是私有制下经济关系中的上帝，而货币则是代表了价值的价值即耶稣基督这种媒介式的、再一次被异化了的、无个性的、抽象的私有财产。

马克思指出，货币主义（重商主义）与国民经济学（资产阶级古典政治经济学）在这一问题上的差异，不过是后者"用精致的盲目信仰代替粗糙的盲目信仰"，并没有改变这种经济异化的实质。特别是国民经济学所认可的资本主义信用业仍然是一个骗局。因为这里运作的东西甚至"不再是商品、金属、纸币，而是道德的存在、社会的存在、人自己的内在生命，更可恶的是，在人对人的信任的假象下面隐藏着极端的不信任和完全的异化"。马克思一针见血地指出，资产阶级的信用只是对富人的信任，对货币拥有者的道德认同。看起来交换的媒介似乎从物的形态回到了人，而实际上这种人不过是人格化的资本。马克思说："在信贷关系中，不是货币被人取消，而是人本身变成货币，或者是货币和人并为一体。人的个性本身、人的道德本身既成了买卖的物品，又成了货币存在于其中的物质。""虚伪制度内的一切进步和不一贯全都是最大的倒退和始终一贯的卑鄙。"②

在马克思此时的眼里，资本主义信用业是人自我异化的极端表现，但这种人的颠倒却得到了资产阶级国民经济学的肯定，并且在一种"对人给

---

① 《马克思恩格斯全集》第42卷，人民出版社1979年版，第20页。
② 《马克思恩格斯全集》第42卷，人民出版社1979年版，第21—23页。

予高度承认的假象"下得到证实：第一，信贷这种人格的信任和肯定只是提供给已经富裕的资本家，所以作为穷人的工人只是这种人格的对立面被否定；第二，工人不仅不会作为人得到经济上的信用和积累的实际机会，而且"还在道德上判决他不配得到信任，不配得到承认，因而是社会的贱民、坏人"；第三，由于货币在信用业中仅仅是观念的存在，所以异化就开始发生在非实在的人格中，"人不得不把自己变成赝币，以狡诈、谎言等手段来骗取信用"；第四，信用业在银行业中的完成，这也是货币的完成，它不过说明了资产阶级国家的本质是"商人的玩物"。

我们应该能发现，此时青年马克思已经开始很深地介入经济学，可是，马克思并没有打算真的从经济学的规范面对这个他的枪口指着的资本主义世界。这支枪，是哲学人本主义。在这第一个理论建构中，马克思是从哲学来评论经济学的。

三

第二个理论建构，是马克思在第一层思考的基础上的另一种探讨，我将其称之为哲学与经济学内容的理论结合。这一次，马克思的人本主义哲学成了强有力的权力话语和逻辑推进的理论中轴。在这里，马克思是从经济学（货币—交换）走向哲学批判（类本质—异化劳动），经济学的现实变成了形而上的哲学思考（而在十余年后的《1857—1858年经济学手稿》中，马克思却在同一个接触点上从哲学批判重新走向经济学）。

马克思说：在资本主义经济过程中，"不论是生产本身中人的活动的交换，还是人的产品的交换，其意义都相当于类活动和类精神——它们的真实的、有意识的、真正的存在是社会的活动和社会的享受。因为人的本质是人的真正的社会联系，所以人在积极实现自己本质的过程中创造、生产人的社会联系、社会本质，而社会本质不是一种同单个人相对立的抽象的一般的力量，而是每一个单个人的本质，是他自己的活动，他自己的生活，他自己的享受，他自己的财富"①。

我请读者注意这一引文：两个"交换"相当于"类活动"，以及接下去的两个"社会的"定语。马克思在自觉地进行一种经济学与哲学的连接："交换"实际上是原来应该存在的人的类活动和类精神。交换是经济学，而类活动与类精神是哲学。前者是国民经济学，后者是费尔巴哈—赫斯式的人本主义话语，而第三位语境则是马克思自己独特的理论规定，即人的本真存在中的社会的活动与享受。在此时的马克思看来，人的本质不是费尔巴哈所说的人的自然存在与关系，而是人的真正的社会本质和社会联系，并且这不是一种与个人相对立的抽象的东西，而恰恰是每一个个人真实存在的本质。这种人的本质不是从黑格尔唯心主义的那种思辨的反思中产生的，而由个人的需要和利己主义，即个人在积极实现自己的存在时产生的。但是，在资本主义社会生活中，这种人的社会本质关系却表现为外在的物的交换关系。这就是在资本主义经济现实中发生的人的类本质关系的异化。

必须指出的是，马克思这里的人的本质（关系）虽然加上了"社会的"定语，但这却真是一种抽象的规定性。与不久之后写下的《1844年经济学哲学手稿》中的劳动本质相比，可以说同样是抽象人本主义的东西。因为，这种所谓的真正的社会关系并不是现实存在的东西，而是一种理论化的价值悬设。这与后来马克思在1846年所指认的那种基于物质生产条件的现实的解放可能性是根本不同的。也因此，马克思这时还无法看清资本主义经济现实中这一复杂的客观颠倒了的社会关系。经济现实中客观颠倒的社会关系被理论地指认为异化："有没有这种社会联系，是不以人为转移的；但是，只要人不承认自己是人，因而不按照人的样子来组织世界，这种社会联系就以异化的形式出现。"马克思说，再往深处看，社会联系的主体是人，这个人不是抽象概念，而是"现实的、活生生的、特殊的个人"，在资本主义社会中，人是"自身异化的存在物"。而由于"这些个人是怎样的，这种社会联系本身就是怎样的"②，异化的人必然导

---

① 《马克思恩格斯全集》第42卷，人民出版社1979年版，第24页。
② 《马克思恩格斯全集》第42卷，人民出版社1979年版，第24—25页。

致社会关系的异化。在这里，人的存在决定社会关系，而不是社会关系决定个人。与《德意志意识形态》中的理论尺度相比，这正好是一种颠倒。真正分析解决这一资本主义社会生产关系的颠倒问题，是《1857—1858年经济学手稿》才可能完成的任务。

显然，马克思从原来对经济研究中的一个具体问题的哲学论说开始进行一种总体理论逻辑的跳跃，从货币的异化现象升华为对交换这一整个资本主义经济关系异化的研究。这样，正如我指出过的，马克思这里理论研究的意义不同了，他开始有意识地建构自己的经济异化理论的完整逻辑框架。潜在的话语在与自觉的理论原则重合！我们注意到，马克思在这里紧紧抓住了一个极重要也是他不久前已经觉察到的问题，即人在现代社会的发展中，从自然的奴隶变成了自己创造物的奴隶。这与那种早期人受自然支配的现象有一种共同的特色，即人被外物所奴役，人类主体仍然不是他自己命运的主人。显而易见，在马克思当时人本主义历史观的框架中，这种思想带有极强的伦理主义和浪漫主义色彩。

并且在这里，我们又能感到费尔巴哈人本主义哲学逻辑的某种背景支援。在费尔巴哈对宗教的批判中，上帝是人的本质之颠倒，人创造了无所不能的神，却使人类主体自身变得空无，这个无能的空心人只得跪倒在自己创造出来的万能的创造物前。而在此时马克思的哲学逻辑中，他显然比费尔巴哈站得更高一些，他已经从自然的人性和本质走向了人的社会本质之理论确证，而且也要比他不久前的理论逻辑思路更清楚一些：这是马克思第一次人的本质的设定，即人类主体没有被异化时所应该拥有的先验本真状态——真正的人的社会关系。这比之于前面我们提到的马克思的政治异化观点，显然有更加具体的逻辑所指了。当马克思用这样一个人应该具有的本真尺度去衡量当下的资本主义经济生活时，他立即发现，人类主体（劳动者）的本质像在费尔巴哈那种宗教异化过程中一样，在他的经济生活中被彻底异化了。

依马克思之见，资产阶级国民经济学是"以交换和贸易的形式来探讨人们的社会联系或他们的积极实现着的人的本质，探讨他们在类生活中、在真正的人的生活中的相互补充"，即"把社会交往的异化形式作为本质的和最初的形式、作为同人的本性相适应的形式确定下来了"。① "交换或物物交换是社会的、类的行为,社会的联系,社会的交往和人在私有权范围内的联合,因而是外部的、外化的、类的行为。正因为这样,它才表现为物物交换。因此,它同时也是同社会的关系的对立。"②

显然,马克思从对社会政治分立(异化)的关注中走到对社会经济领域的异化现象的关心,再从对金钱异化的具体批判中走到了一种对经济关系异化的总体逻辑的哲学批判。

四

第三个重要的理论提升是劳动异化理论的初步形成。马克思从社会关系异化直接提出人的本质异化之根源是劳动活动的畸变,这是马克思人本主义异化史观的最初建立。用马克思此时的话来说,就是"交换关系的前提是劳动成为直接谋生的劳动"③。这是青年马克思探讨的劳动异化的经济学本质。

在马克思此时看来,劳动一方面是人的生活来源,但它的目的本来应该是劳动者的"个人存在的积极实现",是他个人的"自我享受",以及劳动者本人的"天然禀赋和精神目的的实现"。这是劳动者本人的一种生命的总体需要。可是现在情况在交换关系中发生了某种畸变:一是这里的劳动本身和劳动产品都"同工人的需要、同他的劳动使命没有任何直接的关系",这倒成了外在的某种客观"社会组合";二是购买产品的人自己不生产,只是换取别人生产的东西。由于劳动产品"是作为价值,作为交换价值,作为等价物来生产的,不再是为了它同生产者直接的个人关系而生产的"。所以对于劳动者来说,社会的需要是多方面的,可是劳动本身却变得越来越"单方面",劳动"陷入谋生的劳动的范畴,直到最后他的

---

① 《马克思恩格斯全集》第42卷,人民出版社1979年版,第25页。
② 《马克思恩格斯全集》第42卷,人民出版社1979年版,第27页。
③ 《马克思恩格斯全集》第42卷,人民出版社1979年版,第28页。

劳动的意义仅仅归于谋生的劳动并成为完全偶然的和非本质的!"①

马克思这时是从主体需要这个规定来定位劳动本真意义的,这与后来《1844年经济学哲学手稿》第一笔记本中从对象化生产去定位劳动有着重要的异质性。马克思这里是从谋生劳动引出劳动异化。这包括了四层异化关系:第一,"劳动对劳动主体的异化和偶然联系";第二,"劳动对劳动对象的异化和偶然联系";第三,外在的社会需要成为劳动者异己性的强制;第四,劳动者的生命活动异化为手段性谋生活动。② 很显然,与《1844年经济学哲学手稿》第一笔记本中劳动异化的四重逻辑层面相比,这种分析还十分粗糙和不精确。但这毕竟是一种更深的开始。

以马克思此时的认识,劳动异化的发生是由于所有制条件下的分工造成的。他认为:"同人的活动的产品的相互交换表现为物物交换,表现为做买卖一样,活动本身的相互补充和相互交换表现为分工,这种分工使人成为高度抽象的存在物,成为旋床等等,直至变成精神上和肉体上畸形的人。"因为在分工的前提下,产品和私有制下的财富获得了等价物的意义,人交换的已不是他的劳动余额,而对他来说是"完全无关紧要的物",这就是作为谋生劳动的直接结果的交换媒介——货币。而正是在这个货币中,"在不论对材料的性质即所有财产的特殊物质还是对私有者的个性都完全无关紧要的货币中,表现出异化的物对人的全面统治"。在这里,"社会的本质只在它自己的对立物的形式中、在异化的形式中获得存在"。③

马克思对人本主义经济异化理论的总体逻辑建构在他第一段"议论"中已经得到了非常重要的实现。接下去,马克思对第三部分后半截一直到第四部分(《论消费》)的第三节进行了大段摘录。在马克思这种人本主义已经凸显出来的情况下,经济学的东西总是被遮蔽的。其实在穆勒的第四部分中,穆勒谈到了生产性劳动和非生产性劳动,也分析了消费是只随着生产的扩大而扩大的。这些观点都是斯密理论的复述,可是马克思此时是无法理解这些经济学命题和重要概念的。所以,马克思再一次回到以交

---

① 《马克思恩格斯全集》第42卷,人民出版社1979年版,第28页。
② 《马克思恩格斯全集》第42卷,人民出版社1979年版,第28—29页。
③ 《马克思恩格斯全集》第42卷,人民出版社1979年版,第29页。

换为视轴的经济异化理论的主题上，直接论述了资本主义私有制与经济异化的内在关联，并且进而确证了他经济异化理论的完整哲学逻辑构架。

他指出，在现实的私有制的基础上，人的生产目的总是自私的物化式的占有。在交换出现以前，人的生产不多于他自己的直接需要，所以"他需要的界限也是他生产的界限"。是需要限定了生产。而"一旦有了交换，就有了超过占有的直接界限的剩余产品"①。需要限定生产，交换决定产品，这两个观点都不是正确的命题。这要到1845年以后，马克思才能解决。所以，这时马克思看到的是，在生产与交换中，人与人的交换关系（本来是人的类本质）就不再是人的真实关系，人的生产产品也不再是"我们彼此为对方进行生产的纽带"，"我同你的社会关系，我为你的需要所进行的劳动只不过是假象，我们相互的补充，也只是一种以相互掠夺为基础的假象"②。如前所述，这里马克思所标注出的"社会"这个规定性，都是费尔巴哈式的真正的没有被异化了的那种人与人的类关系。

由于在交换条件下，人与人的"社会的"关系即将我们联结起来的那个类本质，已经颠倒地成为一种不以人的意志为转移的利己的、物化的东西，所以在现实的资本主义经济生活中，"我们彼此同人的本质相异化已经到了这种程度，以致这种本质的直接语言在我们看来成了对人类尊严的侮辱，相反，物的价值的异化语言倒成了完全符合于理所当然的、自信的和自我认可的人类尊严的东西"③。这突出表现在两个方面：第一，生活在资本主义经济过程中的每个人实际上把自己变成了他人心目中的东西；人为了占有他的物品，实际上把自己变成了手段、工具、某种物品的生产者。第二，一个人自己的物品对其他人来说，仅仅表现为"物品的感性的外壳，潜在的形式，因为你的生产意味着并表明想谋取我的物品的意图。这样，你为了你自己而在事实上成了你的物品的手段、工具，你的愿望则是你的物品的奴隶"④。

---

① 《马克思恩格斯全集》第42卷，人民出版社1979年版，第33页。
② 《马克思恩格斯全集》第42卷，人民出版社1979年版，第35页。
③ 《马克思恩格斯全集》第42卷，人民出版社1979年版，第36页。
④ 《马克思恩格斯全集》第42卷，人民出版社1979年版，第37页。

对这样一种人的本质之异化状态和人类主体颠倒为物的现象，马克思自然是予以否定。按照他这时的理解，这种异化的主体正是处于资产阶级统治下的无产阶级。如上所述，此时已经站在无产阶级立场上的马克思，正在寻求被压迫阶级起来革命的根据，他要求以"武器的批判"去扬弃这种不合理的社会历史现象，要求回归到人类主体应该处于的正常状态。可是，由于人的革命此时还是"从哲学家的头脑开始"的，所以异化的消除和人类主体的解放仍然是一种人本主义价值哲学的逻辑推论结果。这也是马克思完整经济异化理论的最后一个逻辑构件。即异化的扬弃以及人类主体从异化状态向自己本质的复归。

在这里的文本中，马克思并没有明确说明这种主体的复归就是共产主义。也只是从"人"的应该具有的类本质要求对此作了这样一个理想化的描述："假定我们作为人进行生产。在这种情况下，我们每个人在自己的生产过程中就双重地肯定了自己和另一个人：（1）我在我的生产中物化了我的个性和我的个性的特点，因此我既在活动时享受了个人的生命表现，又在对产品的直观中由于认识到我的个性是物质的、可以直观地感知的因而是毫无疑问的权力而感受到个人的乐趣。（2）在你享受或使用我的产品时，我直接享受到的是：既意识到我的劳动满足了人的需要，从而物化了人的本质，又创造了与另一个人的本质的需要相符合的物品。（3）对你来说，我是你与类的中介人，你自己意识到和感觉到我是你自己本质的补充，是你自己不可分割的一部分，从而我认识到我自己被你的思想和你的爱所证实。（4）在我个人的生命表现中，我直接创造了你的生命表现，因而在我的个人的活动中，我直接证实和实现了我的真正的本质，即我的人的本质，我的社会的本质。"①

紧接着，马克思又进行了一种人类主体在异化与非异化不同状态下的对比性逻辑分析：其一，在非异化的主体状态下，人的劳动"是自由的生命表现，因此是生活的乐趣。在私有制的前提下，它是生命的外化，因为我劳动是为了生存，为了得到生活资料。我的劳动不是我的生命"。其二，

---

① 《马克思恩格斯全集》第42卷，人民出版社1979年版，第37页。

在主体状态中,"我在劳动中肯定了自己的个人生命,从而也就肯定了我的个性的特点。劳动是我真正的、活动的财产"。① 在私有制的前提下,劳动变成一种"被迫的活动",对人来说是一种痛苦,在主体自己的活动中人的个性反而同人疏远了。这也就是接近了这样一种观点,劳动是人类主体的本质,通过扬弃劳动的异化复归于人的真实本质就是人类解放的根本了。当然,马克思在这里没有进一步说明这一新的具体的理论观点。

这之后,马克思重新阅读了恩格斯的《国民经济学批判大纲》,并在一个插页中摘录了恩格斯的这篇文章。我以为,一方面马克思是为了进一步确立无产阶级的政治立场;另一方面,他在自己已经获得的这一新的哲学人本主义逻辑中对恩格斯这种跟着国民经济学逻辑向前走的思路必然提出了怀疑。最后,马克思又阅读了德国几位经济学家的论著,并且摘录了社会主义者毕莱的《英国和法国工人阶级的状况》一书。这是为批判资本主义寻求具体的材料。至此,马克思结束了全部《巴黎笔记》的写作。于是,《1844年经济学哲学手稿》的整体写作思路就形成了。

---

① 《马克思恩格斯全集》第42卷,人民出版社1979年版,第38页。

从"异化劳动"到"谋生劳动":
青年马克思人本主义范式解构的开始
——兼与张一兵教授的《穆勒笔记》解读商榷[①]

姚顺良

"异化劳动"理论是马克思人本学唯物主义和哲学共产主义时期的代表性理论,马克思从人本学唯物主义和哲学共产主义转向历史唯物主义和科学共产主义,是以其出离"异化劳动"理论为标志的。但对于马克思究竟是从何时开始"出离"异化理论的,国内学界大都没有超出恩格斯的说法,即认为"是从《神圣家族》开始的"。我认为,就在马克思刚刚写下《1844年经济学哲学手稿》(以下简称《巴黎手稿》)的"第一手稿"("笔记本Ⅰ")、建构起"异化劳动"理论之后不久,在《巴黎手稿》中"第三手稿"("笔记本Ⅲ")末尾的两个"片断"和《巴黎笔记》中的《詹姆斯·穆勒〈政治经济学原理〉一书摘要》(以下简称《穆勒笔记》)中,这一理论就开始解构。这主要体现在马克思通过对"劳动异化的根源"的追问,进一步提出了"谋生劳动"概念,将关注点集中到"分工(和交换)"上,迈出了"用分工说明异化"的第一步,预示了后来在《德意志意识形态》中初步论证历史唯物主义的"泛分工论"方式。

一

提出马克思的"异化劳动"理论在《巴黎手稿》的末尾就开始解构,

[①] 原载《马克思主义研究》2010年第7期。

这很容易使人感到迷惑不解。因为正是在《巴黎手稿》特别是其"第一手稿"("笔记本 I")中，马克思才刚刚建构起自己独特的"异化劳动"理论，怎么可能在其当作一部完整的著作的撰写过程中发生如此自相矛盾、自我毁灭的情况呢？

这里的关键是不能把《巴黎手稿》定型化、成熟化，夸大为一个已经完成了的、系统化了的理论体系。实际上它只是马克思思想发展中的一个中间环节：这不仅因为从文献学角度看《巴黎手稿》本身就是未完成的，而且就其理论内容来说也是一个思想尚未完全凝固就开始分解的探究性文本。当然，这并不是说，《巴黎手稿》仅仅是马克思的一种"思想随笔"。马克思从严密的思想逻辑演进中提出了自己的"异化劳动"理论，将"异化"理论推进到了其顶点；但正因为如此，"异化"理论这一人本主义范式自身固有的内在矛盾也达到了顶点，不可避免地走向自身的解构。

让我们简略地回顾一下马克思如何走到"异化劳动"理论的过程吧。马克思建构自己异化理论的过程，不仅从范式上讲是费尔巴哈人本学唯物主义的应用，就论域来说也是从费尔巴哈的"宗教异化"论出发的，他是接着费尔巴哈的"宗教异化"往下讲的。正如马克思自己后来所说的，"费尔巴哈是从宗教上的自我异化，从世界被二重化为宗教世界和世俗世界这一事实出发的。他做的工作是把宗教世界归结于它的世俗基础。但是，世俗基础使自己从自身中分离出去，并在云霄中固定为一个独立王国，这只能用这个世俗基础的自我分裂和自我矛盾来说明"①。马克思正是从"宗教异化"的"世俗基础"开始，在不断追问异化根源的过程中，形成自己独特的"劳动异化"理论的。这一过程在实践上表现为从"国家和法批判"深入到"国民经济学批判"，其内在思想逻辑演进则包括"政治异化—经济（财产）异化—劳动异化"三个阶段。首先是"政治异化"理论。马克思认为，宗教异化的根源在于世俗基础的分裂即政治异化；而政治异化是指世俗生活分裂为政治生活和市民生活，人异化分裂为"公民"和"私人"、"法人"和"市民"，政治国家是市民社会的异化，即国

---

① 《马克思恩格斯选集》第 1 卷，人民出版社 1995 年版，第 55 页。

家和法被看作世俗生活中的上帝、绝对精神。这一阶段的代表作是《克罗茨纳赫笔记》和《黑格尔法哲学批判》。"政治异化"理论解决了"宗教异化"的根源问题,但自身又带来了新的问题:政治异化的根源又是什么?市民社会为什么会导致政治国家从自身中异化出去呢?由此马克思在《〈黑格尔法哲学批判〉导言》和《论犹太人问题》中提出了"经济(财产)异化"理论,认为政治异化的根源在于市民社会的分裂即经济(财产)异化:私有财产使本来是"类"的人(人类)分裂成为"原子主义"的"利己主义者",货币便成了这些互相孤立的利己主义个人本应具有的"类"本质的代表。这样,就造成了"钱"(财产)同"人"(劳动)的对立。现在需要解决的问题就是,为什么会出现经济(财产)异化呢?私有财产和货币制度的根源又是什么呢?正是通过这一追问,马克思得出结论:经济异化(私有财产)的根源在于人的生命活动的分裂即劳动异化。人的类本质是自由自觉的劳动,但现有的劳动却是异化劳动:劳动产物、劳动本身同劳动者相异化,人同自己的类本质、人同人相异化,一句话,人的生命活动发生了分裂。这就是马克思在《1844年经济学哲学手稿》主要是其"第一手稿"(新版标为"笔记本Ⅰ")中提出的"劳动异化"理论。

从上述"宗教异化—政治异化—经济异化—劳动异化"这一马克思对"异化根源"的不停追问过程,就必然引出一个进一步的问题:既然异化劳动是人的类本质(自由自觉的劳动)的自我异化,那么,人的生命活动为什么会发生分裂?劳动为什么会异化?实际上,马克思自己已经这样提问了。他在"第一手稿"("笔记本Ⅰ")最后说"我们还打算解决两个任务":一是"从私有财产对真正人的和社会的财产的关系来规定作为异化劳动的结果的私有财产的普遍本质";二是"我们已经承认劳动的异化、劳动的外化这个事实,并对这一事实进行了分析。现在要问,人怎么使他的劳动外化、异化?这种异化又怎么以人的发展的本质为根据?"①

我认为,正是作为第二个任务的这一追问,推动马克思客观上迈出了

---

① 《马克思恩格斯全集》第3卷,人民出版社2002年版,第279页。

超越人本主义"异化"范式、踏上历史唯物主义之路的"第一步"。这是因为，尽管对"劳动异化"根源的追问与对"宗教异化"、"政治异化"和"经济异化"根源的追问使用的是同一提问方式，但"问题域"已经发生了根本的变化。对"异化根源"的不断追问已经达到了历史的起源地，"劳动异化"的根源就不可能再像此前那样归结于更为基础的"异化"：不能再用新的"异化"来说明这一"异化"，只能用"非异化"来说明"异化"；不能再用"异化"来说明历史，只能用历史来说明"异化"。这就是说，只能从"劳动的发展史"中揭示"劳动异化"的现实根源和历史地位。马克思已意识到了这一点，他紧接着自己的追问说："我们把私有财产的起源问题变为外化劳动对人类发展进程的关系问题，就已经为解决这一任务得到了很多东西……问题的这种提法本身就已包含问题的解决。"①

二

马克思是怎样解决"外化劳动对人类发展进程的关系"这一问题的呢？这在现存的《巴黎手稿》中并不是一目了然的，需要我们认真地加以分析。

在接下来的手稿中，马克思似乎全力集中于第一个任务。在"第一手稿"（"笔记本Ⅰ"）的末尾提出前述"两项任务"之后，他接着写下"补入（1）私有财产的普遍本质以及私有财产对真正人的财产的关系"这一标题，开始完成第一个任务；② 现存的"第二手稿"（"笔记本Ⅱ"）尽管只留传下来 XL—XLIII 页，但其内容"私有财产的关系等显然属于第一个任务的继续"③。而"第三手稿"（"笔记本Ⅲ"）的主体部分，则是"（对

---

① 《马克思恩格斯全集》第3卷，人民出版社2002年版，第279页。
② 《马克思恩格斯全集》第3卷，人民出版社2002年版，第279—280页。
③ 《马克思恩格斯全集》第3卷，人民出版社2002年版，第281—288页。

笔记本Ⅱ）第XXXVI和XXXIX页的"补充"以及"增补"。①

那么，马克思是否忽视或干脆放弃了第二个任务呢？仅仅从字面上看，在《巴黎手稿》中似乎再无下文了。我认为，这种看法是错误的。实际上，"第三手稿"（"笔记本Ⅲ"）末尾的两个"片断"和与此同时或稍晚的《穆勒笔记》，正是为解答"外化劳动对人类发展进程的关系"这一问题而作出的具有重大意义的新探索。

这里需要说明的是，在《穆勒笔记》和《巴黎手稿》的文献学关系上，学界先后出现过三种看法：一是《马克思恩格斯全集》俄文第2版第42卷编者的"之前"说，认为《穆勒笔记》作为《巴黎笔记》的一部分，写作于《巴黎手稿》之前。② 二是苏联学者拉宾和社会史国际研究所罗扬的"之间"说，认为《巴黎笔记》与《巴黎手稿》是交错写作的，《穆勒笔记》写于《巴黎手稿》的"第一手稿"与"第二手稿"之间，后者甚至提出《穆勒笔记》属于"第二手稿"的缺失部分。三是MEGA²第Ⅰ部分第2卷编者英格·陶伯特的"之后"说，认为马克思是在写完"第三手稿"，也就是整部"手稿"之后，才开始动手对李嘉图的《政治经济学和赋税原理》和穆勒的《政治经济学原理》的法译本进行摘录的。③ 张一兵教授采信的是"之前"说。④ 我则基本赞同英格·陶伯特的"之后"说，只是认为其推断有点过于绝对化。尽管"笔记本Ⅱ"的留存部分一般地泛称"李嘉图、穆勒等人"的观点⑤确实不足为据，但其末尾已明确提到"李嘉图"和"穆勒"的著作⑥，"笔记本Ⅲ"的主体部分之一"对笔记本Ⅱ第XXXIX页的补充"最后一点即第（7）点"（私有财产和需要）"的末尾⑦和"增

---

① 《马克思恩格斯全集》第3卷，人民出版社2002年版，第289—293、294—345、346—352页。
② 《马克思恩格斯全集》第42卷，人民出版社1979年版，第Ⅰ—Ⅱ、485页。
③ 参见韩立新：《〈巴黎手稿〉的文献学研究及其意义》，载《马克思主义与现实》2007年第1期。
④ 参见张一兵：《回到马克思》，江苏人民出版社1999年版，第215—216页。
⑤ 《马克思恩格斯全集》第3卷，人民出版社2002年版，第282页。
⑥ 《马克思恩格斯全集》第3卷，人民出版社2002年版，第287页。
⑦ 《马克思恩格斯全集》第3卷，人民出版社2002年版，第345页。

补"① 中已直接转述了穆勒的观点，而到了"笔记本 III"的第一个片断"（分工）"中，更是直接引述了穆勒《政治经济学原理》一书的原话②。这表明，仅从文献学考证的角度看，至少"笔记本 III"的两个"片断"和"穆勒摘要"也有可能是同时或交错写作的。

我认为，文本的内容解读更能证明自己的上述推断。在"笔记本 III"中，与穆勒相联系的是马克思对"需要"、"分工"和"货币"的专门考察。在《穆勒笔记》中，马克思对其《政治经济学原理》的"一论生产"和"二论分配"两部分在摘录后，几乎未加任何评论；而对"三论交换"和"四论消费"则作了大段评注和发挥，并特别重视交换的"媒介"（第六至八节），赞扬"穆勒把货币称为交换的媒介，这就非常成功地用一个概念表达了事物的本质。"③ 这充分表明，两个文本在思想内容上的直接相关。我认为，在这两个文本中，青年马克思人本主义"异化"范式开始解构，主要体现在下述三个方面。

首先，马克思从《巴黎手稿》的"笔记本 III"特别是最后的两个"片断"开始，由"分工（和交换）"入手来探寻"异化劳动的根源"。在《巴黎手稿》的"分工"这一片断中，马克思一开头就指出："在国民经济学家看来，社会是市民社会"，"分工是关于异化范围内的劳动社会性的国民经济学用语"。④ 在依次引述并分析了斯密、萨伊、斯卡尔培克和穆勒关于分工的观点之后，他再次强调："考察分工和交换是很有意思的，因为分工和交换是人的活动和本质力量——作为类的活动和本质力量——的明显外化的表现。"⑤ 特别值得注意的是紧接着的两段话：一是"断言分工和交换以私有财产为基础，不外是断言劳动是私有财产的本质，国民经济学家不能证明这个论断而我们则愿意替他证明。分工和交换是私有财产的形式，这一情况恰恰包含着双重证明：一方面人的生命为了本身的实现

---

① 《马克思恩格斯全集》第 3 卷，人民出版社 2002 年版，第 346 页。
② 《马克思恩格斯全集》第 3 卷，人民出版社 2002 年版，第 355—356 页。
③ 《马克思恩格斯全集》第 42 卷，人民出版社 1979 年版，第 18 页。
④ 《马克思恩格斯全集》第 3 卷，人民出版社 2002 年版，第 353 页。
⑤ 《马克思恩格斯全集》第 3 卷，人民出版社 2002 年版，第 357 页。

曾经需要私有财产；另一方面人的生命现在需要消灭私有财产"①。二是"分工和交换是这样的两个现象，国民经济学家在考察它们时夸耀自己的科学的社会性，同时也无意中说出了他的科学所包含的矛盾，即依靠非社会的特殊利益来论证社会"，并拟定了进一步考察"分工和交换"的计划（未完成）。②

这里的第一段话是"承上"，表明了马克思对"分工和交换"的考察正是他在"笔记本I"和"笔记本II"中提出的"异化劳动"理论的继续和深化，我认为这正是他试图从"分工和交换"入手探寻他自己提出的"人怎么使他的劳动外化、异化？这种异化又怎么以人的发展的本质为根据"这一问题的答案。而第二段话则是"启下"：正由于把分工与交换看作是"非社会"的"社会性"，使马克思在《穆勒笔记》中进一步把"异化劳动"的根源归结为由分工造成的"谋生的劳动"。"现在正是人的劳动的统一只被看作分离，因为社会的本质只在自己的对立物的形式中、在异化的形式中获得存在。分工随着文明一同发展。"③马克思重视穆勒，是因为与斯密认为分工"起源于交换和买卖的倾向"不同，"穆勒把发达的交换即商业说成是分工的结果"。④在马克思看来，穆勒的逻辑是"分工—谋生劳动—交换"："生产越是多方面的，就是说，一方面，需要越是多方面的，另一方面，生产者完成的制品越是单方面的，他的劳动就越是陷入谋生的劳动的范畴，直到最后他的劳动的意义仅仅归于谋生的劳动并成为完全偶然的和非本质的"，而"交换关系的前提是劳动成为直接谋生的劳动"⑤。马克思开始从"分工"入手探寻"异化劳动"的根源，预示了后来《德意志意识形态》中用"分工"说明"异化"、论证历史唯物主义的"泛分工论"的特殊方式。

其次，马克思在《穆勒笔记》中明确把"异化劳动"具体化为"谋生劳动"，迈出了"用历史说明异化"的第一步。诚然，在《巴黎手稿》

---

① 《马克思恩格斯全集》第3卷，人民出版社2002年版，第357—358页。
② 《马克思恩格斯全集》第3卷，人民出版社2002年版，第358页。
③ 《马克思恩格斯全集》第42卷，人民出版社1979年版，第29页。
④ 《马克思恩格斯全集》第3卷，人民出版社2002年版，第355、356页。
⑤ 《马克思恩格斯全集》第42卷，人民出版社1979年版，第28页。

的"笔记Ⅰ"中已有一句"劳动在国民经济学中仅仅以谋生活动的形式出现",但与上下文联系起来看,这句话的含义只是为了从哲学人本学或伦理角度批判国民经济学"不把工人作为人来考察"①,"国民经济学把工人只当作劳动的动物,当作仅仅有最必要的肉体需要的牲畜"②。即这里的"谋生活动"是相对于"自由自觉的劳动"这一人的"类本质"而言的,直接的含义=后面"异化劳动"的四个规定之三"人的存在与他的类本质相异化",即人的类本质(劳动)成了个体(动物性)生存的手段。但到了《穆勒笔记》中已经有了质的不同:"谋生的劳动的范畴"是指"劳动的意义仅仅归于谋生的劳动并成为完全偶然的和非本质的,而不论生产者同他的产品是否有直接消费和个人需要的关系,也不论他的活动、劳动本身的行动对他来说是不是他个人的自我享受,是不是他的天然禀赋和精神目的的实现"③。请注意这两句话:前一句是《巴黎手稿》主体部分所不曾有的新提法,表明"谋生劳动"是相对于"未开化的野蛮状态下——以他自己直接需要的量为他生产的尺度,这种需要的内容直接是他所生产的物品本身"④的自给性生产而言的,是与"过去"相比较而言的;后一句孤立起来从字面上看与《巴黎手稿》主体部分的原有提法似乎并无差别,但与前一句联系起来,其含义便发生了实质性的改变,由原来的人本主义价值悬设变成了与"过去"相对的"未来"维度。这就使"谋生劳动"开始具有鲜明的历史性:《巴黎手稿》中"异化劳动—自由自觉劳动"的"现有—应有"的二元对立,变成了《穆勒笔记》中"自给生产—谋生劳动—自由活动"的历史演进。这并不是我们一相情愿地对马克思文本的"拔高式"诠释,因为马克思自己就明确说过:"在不论对材料的性质即私有财产的特殊物质还是对私有者的个性都完全无关紧要的货币中,表现出异化的物对人的全面统治。过去表现为个人对个人的统治的东西,现在则是物对个人、产品对生产者的普遍统治。"⑤夸张一点说,这段话不仅就

---

① 《马克思恩格斯全集》第3卷,人民出版社2002年版,第232页。
② 《马克思恩格斯全集》第3卷,人民出版社2002年版,第233页。
③ 《马克思恩格斯全集》第42卷,人民出版社1979年版,第28页。
④ 《马克思恩格斯全集》第42卷,人民出版社1979年版,第33—34页。
⑤ 《马克思恩格斯全集》第42卷,人民出版社1979年版,第29—30页。

其内容实质，而且在语言表述的形式上，甚至都已十分接近《1857—1858年经济学手稿》中关于"三大社会形态"的提法了！

最后，马克思在《穆勒笔记》中把"异化劳动"的内涵重新诠释为"谋生劳动"的四个规定，开始由把"异化"关系看作"反社会性"转向看作"特殊的社会性"，迈出了"用（特定）社会（关系）说明异化"的第一步。马克思指出："在谋生的劳动中包含着：（1）劳动对劳动主体的异化和偶然联系；（2）劳动对劳动对象的异化和偶然联系；（3）工人的使命决定于社会需要，但是社会需要是同他格格不入的，是一种强制，他由于利己的需要、由于穷困而不得不服从这种强制，而且对他来说，社会需要的意义只在于它是满足他的直接需要的来源，正如对社会来说，他的意义只在于他是社会需要的奴隶一样；（4）对工人来说，维持工人的个人生存表现为他的活动的目的，而他的现实的行动只具有手段的意义；他活着只是为了谋取生活资料。"① 显而易见，这是对《巴黎手稿》的"笔记本Ⅰ"中提出的"异化劳动"的四个规定的重新诠释。两相比较，我们可以发现：第1、2、4三个规定分别与原先"异化劳动"的前三个规定相对应。这里出现了两个新提法：一是增加了原先没有的第3个规定，强调"个人需要"同"社会需要"的分离和对立；二是在重新诠释的第1、2两个规定中补充了"个性"与"偶然性"的分离与对立。只要我们将前一提法与后来《神圣家族》中关于"'思想'一旦离开'利益'，就一定会使自己出丑"②、"实物是为人的存在，是人的实物存在，同时也就是人为他人的定在，是他对他人的人的关系，是人对人的社会关系"③ 的观点联系起来，将后一提法与后来《德意志意识形态》中大量关于"个性"与"偶然性"的论述联系起来，就不难看出：这两个新提法，正是开始用现实的特定社会关系说明"异化"的一个重大进步。那么，原来"异化劳动"的第4个规定呢？并没有被抛弃，而是作为"谋生劳动"的进一步发展及其后果的"普遍异化"来说明了。"劳动同它自身的分离等于工人同

---

① 《马克思恩格斯全集》第42卷，人民出版社1979年版，第28—29页。
② 《马克思恩格斯全集》第2卷，人民出版社1957年版，第103页。
③ 《马克思恩格斯全集》第2卷，人民出版社1957年版，第52页。

资本家的分离，等于劳动同资本——它的最初形式分为地产和动产——的分离……分配是私有财产的积极实现自身的力量。——劳动、资本和地产彼此的分离，以及一种劳动同另一种劳动、一种资本同另一种资本、一种地产同另一种地产的分离，最后，劳动同劳动报酬、资本同利润、利润同利息以至地产同地租的分离，使得自我异化不仅以自我异化的形式而且以相互异化的形式表现出来。"① 这里不仅将原先局限于"劳动者与非劳动者（资产者）"的异化扩展为人与人的普遍异化，而且从马克思关于"在国民经济学家看来，生产、消费以及作为两者之间的媒介的交换和分配是孤立地存在的"② 的批评来看，这里甚至已经孕育着后来从《政治经济学批判》到《资本论》中把"分配"看作包括生产、交换、消费在内的再生产或生产的总过程的结果和表现的思想萌芽了！

三

长期以来，学界对《巴黎手稿》的"片断"和《穆勒笔记》中出现的新观点没有给予应有的重视，甚至可以说是熟视无睹；即便是最先对《穆勒笔记》作了认真细致的文本解读的张一兵教授，也仅仅将其中的"谋生劳动"范畴看作《巴黎手稿》"笔记本 I"、"劳动异化逻辑的初步设定"。③ 造成这种情况的原因，除了上文已经指出的过分拘泥于恩格斯的说法，受《马克思恩格斯全集》俄文第二版编者对《巴黎手稿》与《穆勒笔记》写作时间先后颠倒的误判的误导以及夸大《巴黎手稿》文本，特别是写作这一文本时马克思思想的成熟度这三点以外，我认为，主要还有以下两点。

首先，人们不自觉地受到了"哲学总是形而上学"这一观念的误导。特别是在专业的哲学家看来，《穆勒笔记》中的"谋生劳动"不过是一种

---

① 《马克思恩格斯全集》第42卷，人民出版社1979年版，第30页。
② 《马克思恩格斯全集》第42卷，人民出版社1979年版，第30页。
③ 张一兵：《回到马克思》，江苏人民出版社1999年版，第200—206页。

实证的经济学概念，是"形而下"的；《巴黎手稿》"笔记本 I"中的"异化劳动"及其理论才属于"形而上"的哲学范畴和哲学理论。换句话说，"谋生劳动"不过是马克思的"经济学语境"，"异化劳动"才是马克思的"哲学话语"。因而，作为文本学解读的"前理解"，就已隐含着青年马克思的思想逻辑，应该是由前者"上升"到后者的"先见"了。我甚至推测，《马克思恩格斯全集》俄文第二版编者对《巴黎手稿》与《穆勒笔记》写作时间先后颠倒的误判，其思想上的根源就在于此。而许多学者之所以轻易接受这一误判，其深层原因恐怕也与此相关。实际上，从后来《关于费尔巴哈的提纲》和《德意志意识形态》来看，马克思的思想逻辑恰恰既不是从"形而下"上升到"形而上"，也不是相反地从"形而上"下降到"形而下"，而是超越思辨哲学和实证科学的两极对立，建构新的科学与哲学既双重扬弃又辩证综合的"历史科学"。一旦我们从马克思思想演化的这一历史轨迹来解读上述两个文本，就会发现，正是从《巴黎手稿》的"异化劳动"到《穆勒笔记》的"谋生劳动"的转变，构成了通向未来"历史科学"的开端。

其次，造成上述误读的更为重要的原因在于，人们没有正确把握马克思对生产、交换、分配和消费关系的理解。马克思认为，在再生产的上述四个环节中，生产是决定性的。从赫斯和恩格斯注重"交换"和"商业"的"经济（财产）异化"论到马克思《巴黎手稿》中的"劳动（生产）异化"论，正是体现了马克思从"流通决定论"到"生产决定论"的进步；而如果我们承认马克思的思想接着又从《巴黎手稿》中从生产出发的"异化劳动"演变到《穆勒笔记》中从"分工和交换"出发的"谋生劳动"，岂不是兜了一个"圆圈"，又回到赫斯和恩格斯的"流通决定论"的立场上去了？！问题在于，对马克思"生产决定论"的这种理解过于简单化了，不过是人们从苏联时期"政治经济学教科书"继承下来的一种误读。实际上，马克思是在坚持四个环节的内在统一中、即从再生产的角度来把握生产的决定作用的。在马克思看来，交换包括生产过程中活动的交换和产品的交换，后者又可分为生产要素的交换和最终消费品的交换。就单纯的生产过程来说，生产活动的交换和生产要素的交换也属于生产本身，只有最终消费品的交换才是被决定的；而从再生产角度看，即使最终消费品的交换也会反过来决定新的生产过程。"可见，交换就其一切要素来说，或者是直接包含在生产之中，或者是由生产决定。""因此，一定的生产决定一定的消费、分配、交换和这些不同要素相互间的一定关系。当然，生产就其单方面形式来说也决定于其他要素。"① 因此，马克思思想演化中呈现出来的这一"圆圈"实际上是一个上升的"螺旋"（"否定之否定"）：是由"流通"决定论到一般（抽象）的"生产"决定论再到具体化了的"生产要素的结合方式"决定论。这个上升过程，用后来《1857—1858 年经济学手稿》中的话说，是从"大流通"经过"生产"上升到"小流通"；用现代西方经济学的术语说，是由"产品实现机制"经过"生产领域"上升到"资源配置机制"。

当然，我们也必须看到，《巴黎手稿》的"片断"和《穆勒笔记》中出现的新观点，毕竟只是初步的，它还是在人本主义异化范式的框架内孕育着；它只是解构的开始，尚未完全突破这一框架。这主要体现在两个方面：一是"分工"还被看作"是人的活动作为真正类活动或作为类存在物的人的活动的异化的、外化的设定"②；二是"谋生劳动"的"特殊社会性"还被看作"非社会的社会性"，"本质的联系表现为非本质的联系"③；其历史性仍然是局限于"私有财产基础上的"演进，尚未从根本上超出"前异化—异化—异化的扬弃"的原有框架。人本主义异化范式的最终突破还有相当长的路要走。突破这一框架的是《关于费尔巴哈的提纲》和《德意志意识形态》。即使在"提纲"和"形态"中，实现了根本转变，确立了历史唯物主义的基本原理，抛弃了"异化"理论，马克思出离"异化"理论的路也没有走完。因为《德意志意识形态》中用来说明"异化"的"泛分工论"存在着缺陷，"异化"范畴也同"异化"理论一起被抛弃了；而简单地抛弃"异化"范畴并不能真正战胜"异化"理论，只有进一步改造"异化"范畴、在合理的意义上"扬弃"它，才能真正战胜

---

① 《马克思恩格斯全集》第 30 卷，人民出版社 1995 年版，第 40 页。
② 《马克思恩格斯全集》第 3 卷，人民出版社 2002 年版，第 353 页。
③ 《马克思恩格斯全集》第 42 卷，人民出版社 1979 年版，第 25 页。

"异化"理论。这一任务,是从马克思《致安年柯夫》和《哲学的贫困》开始对"泛分工论"进行自我批判,到《1857—1858年经济学手稿》和《资本论》中建构起"三大拜物教"(商品拜物教—货币拜物教—资本拜物教)理论和"三大社会形态"(自然共同体—经济结合体—自由人联合体)理论完成的。

马克思《穆勒评注》的思想史地位

唐正东

《詹姆斯·穆勒〈政治经济学原理〉一书摘要》（以下简称《穆勒评注》）是马克思早期思想发展阶段的一个摘要笔记。以往的马克思哲学思想史研究由于强调社会内在矛盾及劳资斗争的线索，因而并不太看重这一文本的思想史意义。而近几年来，由于国外学者在对马克思唯物史观的"当代"解读时，普遍注重在解读思路上从对内在本质的强调转向对经验具体的重视，因而，不少学者开始注意这一文本的重要性，因为正是在这一文本中，马克思强调了私人与私人之间的交换关系，而不是劳资对立关系在批判资本主义时的重要性。由此，对马克思唯物史观的研究中出现了一种历史学转向，即不再一开始就进入内在本质矛盾的理论视角，而是从历史经验过程层面的具体事实出发来阐释马克思哲学的当代意义。正因如此，对《穆勒评注》的内涵及意义的准确研究，就成为一个十分重要的问题。

一、如何看待《穆勒评注》中出现的新内容？

要想在这一问题上得出正确的结论，还得从马克思这一段时期理论研究的总体状况谈起。由于在《黑格尔法哲学批判》中得出了不是国家决定

---

① 原载《河北学刊》2010年第5期。

市民社会，而是市民社会决定国家的观点，再加上在《克罗茨纳赫笔记》中也初步意识到利益诉求在历史发展中的作用，因此，马克思从1843年10月起便着手作有关市民社会的摘录与研究，并形成了《巴黎笔记》。他首先摘录的是萨伊的《论政治经济学》和斯密的《国富论》。从他在摘录过程中所写的评注来看，马克思此时所关注的是私有制条件下财富的异化特性，这应该是从对斯密《国富论》中关于财富性质的观点的批判中得出来的。在对萨伊著作的摘录笔记中，马克思写道："没有私有制便没有财富；国民经济学按其实质来说是致富的科学。因此，没有私有制便没有政治经济学。这样，整个国民经济学便是建立在一个没有必然性的事实的基础上的。"① 显然《1844年经济学哲学手稿》的"第一手稿"中从异化劳动的角度对私有财产的批判应该是接着这条思路而来的。当然，在对萨伊和斯密著作的摘录中，马克思也谈到了"交换"的问题，这应该是针对斯密从交换的角度来界定财富的原因的观点而去的（萨伊的经济学只是对斯密经济学观点的体系化梳理而已）。譬如，在摘录萨伊著作时，马克思说："由于相对财富是由人们所必需的物的价值与人们能够提供交换的物的价值相比决定的，所以'交换'从一开始就是财富的根本因素。"② 在对斯密著作的摘录中，马克思也谈到"十分可笑的是斯密所作的循环论证。为了说明分工，他以交换为前提。但是为了使交换成为可能，他事先又必须以分工、以人类活动的差异为前提。因此，他使问题原封未动，一点也没有解决"。但他此时显然对这个"交换"问题还搞得不是很清楚，《手稿》中对私有制条件下的交换关系未作重点批判，应该也是源自于此。

在写完"第一手稿"之后，马克思在《巴黎笔记》的第四册中开始摘录李嘉图的《政治经济学和赋税原理》和穆勒的《政治经济学原理》（对此书的摘录在《巴黎笔记》第五册中还有六页）。由于对交换价值的研究在李嘉图经济学中占有基础性的地位，因此，在摘录他的著作时，马克思明显加强了对交换价值以及财富在土地所有者、资本所有者和劳动者这三个阶级之间的交换及分配关系的研究。但可惜的是，由于受自身理论水平

---

① 《马恩列斯研究资料汇编（1980）》，书目文献出版社1982年版，第30页。
② 《马恩列斯研究资料汇编（1980）》，书目文献出版社1982年版，第30页。

的限制，马克思此时还无法理解李嘉图在劳动价值论上的贡献。他只是关注了李嘉图经济学思路的异化性，正如他在一段评注中所说的："由于国民经济学……否定生活本身的一切意义，所以它的抽象无耻到了极点。由此可以作出结论：（1）国民经济学关心的完全不是国家利益，不是人，而仅仅是纯收入、利润、地租；这些就是国家的最终目的。（2）人的生活本身没有什么价值。（3）特别是工人阶级的价值仅仅限于必要的生产费用，工人阶级仅仅是为纯收入即为资本家的利润和土地所有者的地租而存在。"① 马克思正是带着这样的理论思路进入对穆勒《政治经济学原理》的摘录之中的。站在这样的解读视角上，就可以很好地理解马克思为什么在《穆勒评注》中对穆勒著作中的"生产"和"分配"的内容几乎不发表评论，但对以货币为中介的交换关系以及透过消费而表现出来的人与人之间的交换关系却大加评论了。这显然是与对李嘉图著作的摘录中的理论关注点相一致的。同时，也可以从中看出，尽管从表面上看《穆勒评注》似乎只谈到了人与人之间的关系的异化，而没有太多地谈论工人与资本家的对立，但鉴于马克思在对李嘉图著作的摘录时明确地站在工人阶级的立场上，而《穆勒评注》又是紧接着对李嘉图著作的摘录而写的，因此，有理由认定《穆勒评注》中出现的上述现象只是因为马克思是在摘录到穆勒关于以货币为中介的交换关系时所发的议论，而不是在谈到社会产品在三大阶级之间的分配时所作的评注。言谈语境的不同当然会导致马克思阐述重点的不同，故不应将其提升到学术路径转变的高度来看待。

二、货币是人的外化的类活动

马克思此时的主导性理论思路是抽象人本主义，只不过他不是从费尔巴哈式的爱的角度，而是从自由自觉的劳动的角度来界定人的本质的。站在这一理论立场上，马克思眼中的符合人的类本质的人与人之间的关系，

---

① 《马恩列斯研究资料汇编（1980）》，书目文献出版社1982年版，第39页。

应该是以人本身为中介的关系,即通过相互间的交往而实现对人的本质力量的共享。

在这种情况下,人所拥有的"财产"实际上就是直接体现他的个性或本质力量的对象,"财产"与"财产"之间的交换实际上就是符合人的类本质的人与人之间的交往,"我们已经看到,在被积极扬弃的私有财产的前提下,人如何生产人——他自己和别人;直接体现他的个性的对象如何是他自己为别人的存在,同时是这个别人的存在,而且也是这个别人为他的存在"①。但在现实的资本主义社会中,上述这种人与人之间的关系却发生了两重异化。第一重异化是人与人之间的关系异化成了物与物之间的关系。由于财产发展成了私有财产,因而人的生产或劳动的目的不再是人本身,不再是对人的本质力量的享有,而是对物的追求;由此,人与人之间的关系也不再是共享人的类本质的关系,而是物与物之间的关系。第二重异化是已经异化了的物与物之间的关系再次被异化成货币这一异化的中介的自主活动。在马克思看来,交换关系中的中介应该只是帮助这种交换关系得以完成的手段,物与物之间交换关系的本质应该是这种关系本身。而在资本主义社会,作为交换关系的中介的货币已经越出了它原来应有的角色,上升到了"真正的上帝"的层面。也就是说,在以货币为中介的交换关系中,货币成了能够控制那个把人以异化的形式表现出来的"物"的真正的权力,对它的崇拜成了交换关系的目的,任何"物"如果脱离了这个中介都没有任何价值,"只有在这些物代表这个媒介的情况下这些物才有价值,而最初似乎是,只有在这个媒介代表这些物的情况下这个媒介才有价值。最初关系的这种颠倒是不可避免的。因此,这个媒介是私有财产的丧失了自身的、异化的本质,是在自身之外的、外化的私有财产,在人的生产与人的生产之间起外化的中介作用,是人的外化的类活动"②。正是在这种双重异化的维度上,马克思强调指出,人的奴隶地位达到了极端。

从表面上看,马克思这里的论述似乎与《1844年经济学哲学手稿》的"第一手稿"中的论述有一些不同。"第一手稿"明确地站在工人的角

---

① 《马克思恩格斯全集》第3卷,人民出版社2002年版,第298页。
② 《马克思恩格斯全集》第42卷,人民出版社1979年版,第19页。

度论述了劳动产品、劳动过程等对人的异化关系，似乎是以"人"与"物"之间的关系为论述重点的。而此处马克思的论述则没有明确地站在工人的立场上，而是展开了对人与人之间的关系异化成了物与物之间的关系的论述。由此，国外学术界的某些学者认为，马克思这是开启了一条崭新的解读线索，即与劳资斗争的线索不同的市民与市民之间关系的线索，并认为这条线索的后续发展就是马克思在《德意志意识形态》中有关分工的论述以及《资本论》中有关商品关系的论述。笔者认为，这一观点颇有值得商榷之处。马克思早在《〈黑格尔法哲学批判〉导言》中就已经明确指出了哲学把无产阶级当作自己的物质武器的观点，他怎么可能在《穆勒评注》中放弃这种理论立场呢？上述这些表面上的不同应被解释为，马克思在《穆勒评注》中是在摘录在穆勒关于"交换"的观点时才阐发了上述这些观点的，既然穆勒谈的是以货币为中介的交换关系，马克思当然也要把话题局限在这一领域，而不可能拓展到劳动异化或劳资对立的层面上。而"第一手稿"则是在对工资、资本的利润、地租作了分栏式的摘录之后所阐发的一些观点，这些摘录的内容并未涉及交换关系的问题，而是与私有财产及其社会效应问题相关。既然如此，马克思当然要从当前的经济事实出发并对其异化特征进行批判，而这一理论视角显然是与工人的立场相关联的。

马克思在这两个文本中的基本观点其实是相似的，《穆勒评注》中的马克思是站在以人本身为中介的人与人之间的关系上，来批判现实生活中的货币关系；"手稿"中的马克思其实也是站在符合类本质的人与人之间关系的理论层面上，来批判现实生活的劳动异化的，正如他所说的"人对自身的关系只有通过他对他人的关系，才成为对他来说是对象性的、现实的关系……通过异化劳动，人不仅生产出他对作为异己的、敌对的力量的生产对象和生产行为的关系，而且还生产出他人对他的生产和他的产品的关系，以及他对这些他人的关系"[①]。"第一手稿"中的四个异化应该综合起来加以解读，不能因为马克思在前两个异化中没有强调人的类本质中所

---

① 《马克思恩格斯全集》第 3 卷，人民出版社 2002 年版，第 276 页。

包含的人与人之间的关系的内涵，就断言马克思此时是站在非关系性的孤立人的逻辑支点上的，并忽视他在第四个异化中对人的类本质的丰富内容的阐述。再进一步，马克思《资本论》中关于商品关系的阐述是服务于运用从抽象上升到具体的科学方法对资本关系的批判性解读的，它不可能与对资本主义社会制度内在矛盾的解读相分离，因而也不可能是从一个独立的私人与私人之间的关系的理论层面发展而来的。

三、人的社会本质不是与单个人相对立

相对立的抽象的一般的力量受费尔巴哈的影响，马克思此时是从社会本质的角度来理解人的类本质的。他看重人与人之间以人本身为中介的社会交往关系，并认为通过这种关系，每个人都能享有人的类本质。但问题是，在对社会本质的内涵的理解上，此时的马克思还无法找到正确的解读路径。在他那里，人与人之间的社会联系的"应有"和"现有"两个层面是相互脱节的，他虽然在"现有"层面看到了社会联系的异化，但由于还不具备历史唯物主义的解读视角，因而还无法在这种异化的社会联系中看到内在矛盾，并进而在这种内在矛盾运动的基础上找到从异化的"现有"发展到理想的"应有"的历史路径。因此，他只能在"现有"之外设置一个理想化的"应有"的理论层面，并以此来完成对"现有"的批判。正因如此，当他在摘录穆勒经济学著作的过程中发现"现有"层面的社会本质竟然是货币这同单个人相对立的抽象的一般力量时，当然会站出来把自己所理解的、实际上是"应有"层面的社会本质说明清楚。而由于他在缺失历史唯物主义方法论的前提下，不能正确理解现实历史过程中人与社会之间的辩证关系，因而只能从与货币这种"物"相对立的"个人"的角度来理解社会本质的内涵。这就是他提出"因为人的本质是人的真正的社会联系，所以人在积极实现自己本质的过程中创造、生产人的社会联系、社会本质，而社会本质不是一种同单个人相对立的抽象的一般的力量，而是每一个单个人的本质，是他自己的活动，他自己的生活，他自

己的享受，他自己的财富"①的原因所在。

此时的马克思认为，只有具备了理想的社会本质即类本质的人，才是"现实的"个人。显然，他的这种"现实"性并非历史唯物主义意义上的现实性，而是抽象人本主义意义上的现实性。费尔巴哈在1842年的《改革哲学的必要性》一文中也曾谈到现实的人"不再彷徨于天上的神灵和地上的主人之间的人心一意转向现实的人，跟那些生活在混乱中的人比较起来乃是另一种人"②。他说的这种"现实的人"当然不是现实社会历史过程中的人，而只是人类学意义上的、符合类本质的人。但费尔巴哈的理论思路本身就是局限于思维领域内的，正如他所说的"在思维领域中把神学转变为人类学——这等于在实践和生活领域中把君主政体转变为共和国"③。既然思维领域内的转变有如此大的功效，费尔巴哈当然只要停留在思维领域内进行宗教批判就行了。但马克思则不同，他是依靠无产阶级这个"心脏"来实现"人的解放"的，因此，他效仿费尔巴哈把理想中的人视为"现实的"个人，这种做法显然不利于他实现自己的理论目标。后来的事实也证明了这一点，当马克思在1845年初完成了世界观的转变之后，便在人的本质问题上提出了新的观点：人的本质，在其现实性上是一切社会关系的总和。这种观点比从单个人的本质的角度来理解人的社会本质的观点显然要深刻得多。

四、自我异化以相互异化的形式表现出来

站在抽象人本主义的立场上，此时的马克思认为，人的劳动应该是其个人存在的积极实现，对他来说应该是一种自我享受。其劳动产品应该是为了它同生产者直接的个人关系而生产的，应该被生产者直接消费。但在

---

① 《马克思恩格斯全集》第42卷，人民出版社1979年版，第24页。
② [德] 路德维希·费尔巴哈：《费尔巴哈哲学著作选集》上卷，荣震华等译，生活·读书·新知三联书店1959年版，第97页。
③ [德] 路德维希·费尔巴哈：《费尔巴哈哲学著作选集》上卷，荣震华等译，生活·读书·新知三联书店1959年版，第598页。

现实的私有制社会中，以货币为基础的交换关系则使这一切都颠倒了过来。劳动成为直接谋生的劳动，它与劳动主体及劳动对象之间只有一种偶然的、非本质的联系，即异化的关系。这具体表现为工人的劳动决定于异己的社会需要，其劳动不是为了积极实现其作为人的存在，而只是为了维持其作为工人的个体生存。而劳动产品也越出了与生产者之间的直接的个人关系，转化为对生产者来说是无关紧要的、作为等价物的交换价值。马克思指出，这代表了异化的物实现了对人的全面统治，从而建构出了人的自我异化。从表面上看，这种人的自我异化似乎只是针对作为生产者的工人而言的，正如我们从工人身上能够直接看到的那样。但究其实质，这对于占有劳动产品的资本家来说也同样有效。在马克思看来，劳动产品作为劳动的报酬，应该直接属于劳动者，因为它是对劳动者实现其人的类存在的证明。所以，劳动与劳动报酬的分离体现了人的自我异化。同样，资本作为劳动对象和劳动资料，它所获得的收益即利润应该属于劳动者，但由于资本具有"不可抗拒的购买的权力"，从而使它成为"对劳动及其产品的支配权力"[①]，因而其收益即利润不再属于劳动者，而是属于资方。这对于劳动者来说，当然是一种人的自我异化。但马克思认为，这对于用"不可抗拒的购买权力"来购买和支配他人劳动产品的资本家来说，也是一种人的自我异化，因为他自己没有生产，只是用货币换取了他人的劳动成果。而符合类本质的人恰恰是要通过劳动或生产过程来实现其作为人的存在的，也就是说，对真正的人来说，劳动产品并不具有商品交换意义上的价值，而只具有作为人的类本质或生命力之表征的"价值"。因此，资本家通过货币支配了他人的劳动产品，只是获得了一种异化的价值，即交换价值，而没有获得劳动产品的真正"价值"，即人的类本质之对象化的"价值"。所以，资本家在资本和利润的这种分离中也是体现了人的自我异化。正因如此，马克思说，在以货币关系为基础的私有制社会中，自我异化是以相互异化的形式表现出来的。

马克思此处的这种思想与《1844年经济学哲学手稿》的"第一手稿"

[①]《马克思恩格斯全集》第3卷，人民出版社2002年版，第238页。

结尾处的观点有相似之处。在那里，马克思说："首先必须指出，凡是在工人那里表现为外化的、异化的活动的东西，在非工人那里都表现为外化的、异化的状态。其次，工人在生产中的现实的、实践的态度，以及他对产品的态度（作为一种内心状态），在同他相对立的非工人那里表现为理论的态度。"① 马克思之所以会有这样的观点，是因为他此时还不能理解工人与资本家之间的真实的社会关系，因而也不能理解这种社会生产关系内部的矛盾运动及其规律。这导致他还不能从历史唯物主义的角度来完成对资本主义社会制度的批判。因此，他此时只能依赖于抽象人本主义的理论立场。而站在这样的理论立场上，他当然会把不劳而获的资本家也当成是异化的人，因为即使他拥有再多的钱并因此而拥有再多的劳动产品，但毕竟离通过自由自觉的劳动来实现对人的类本质的确证的层面还相距甚远。

五、物的价值的异化语言成为完全符合于人类尊严的东西

在此时的马克思看来，物品应该是体现人的个性的对象，或者说是人的类本质的对象化，它应该是以人本身为中介的人类交往活动的手段和工具。从它身上可以看到的，首先是我的类本质的对象化；其次是我为别人的存在，因为既然我的物品是人的类本质的对象化，那么，你通过使用我的物品就必然会更加清晰地认识或感受到人的类本质，因而我的物品成了你与类之间的中介；再者是别人为我的存在，因为当我发现我的物品被你使用，并通过这种使用过程使你感受到了人的本质力量时，我自己也会感受到我的本质力量被你证实了。也就是说，因为有你对我的物品的使用，我才更加深刻地领会到了我的本质力量。在这种人作为人而存在的状态中，只有符合人的类本质的人与人之间的直接交往关系，才是完全符合于人类尊严的东西。

---

① 《马克思恩格斯全集》第 3 卷，人民出版社 2002 年版，第 280 页。

但在私有制条件下，情况发生了根本性的颠倒。当我生产一个物品的时候，我不是为了作为人的人而进行的生产。首先，我并没有把自己当作人，因为尽管我是为自己而生产的，但我并非是为了作为人的我自己而生产的，而是为了我的私利即占有他人产品的愿望而进行生产的，因此，我实际上只是我的物品即财产的奴隶；其次，我也没有把他人当作人，因为尽管从表面上看，我是为了你的需要而生产的，但这只是一种假象，我实际上是想占有你的产品。因此，你的作为人的需要实际上是非常软弱的，它不会帮助你获得支配我的产品的权利，因为我的产品根本就不是为了作为人的你而生产的。再进一步，马克思认为，我不把你当人看与我不把自己当人看这两者之间实际上是紧密联系在一起的。当我的产品排斥作为人的他人的时候，我自己也必然被排斥于真正的财产之外。更为可悲的是，在这种私有制条件下，人们在发生社会关系即进行交往时，似乎已经习惯于基于物的价值的异化语言，而忘记了以人本身为中介的人与人之间的直接语言。现实生活中的我可能会把以人本身为中介的交往活动视为弱者的一种屈辱性的请求，而你则可能会将其理解成我在神经错乱时才提出的要求。正因如此，马克思才说，物的价值的异化语言倒成了完全符合于自我认可的人类尊严的东西。

综合上述分析，不难看出，在马克思此时的思路中并未生长出一条与抽象人本主义不同的新路径，他对人与人的交换关系的关注，只是代表了他批判对象的转移，而不是批判方法的变化。抽象人本主义的批判理论在对现实生活中的异化现象的描述和梳理上应该说是有"特长"的，因为它本身就是从人性的视角来观察现实社会的。但问题是，它无力从社会历史的发展过程中来解读这些异化现象的本质及其超越之路。因此，对于此时的马克思来说，重要的不是再去挖掘出某些新的异化现象，而是能够找到解释这些异化现象的正确方法。这是他在1845年之后才有可能真正做到的事情。

《穆勒评注》中"交往异化"的准确内容及其思想史地位[①]

唐正东

随着日本著名学者广松涉的"物象化论"在中国学界产生越来越大的影响，有关马克思早期哲学形成史的研究也正在不断地得到深化，这无疑是一件十分可喜的事情。但如何在一个消化而中国学界产生越来越大的影响，有关马克思早期不是接纳广松涉观点的平台上来推进我们自己的哲学形成史的研究也正在不断地得到深化，这无研究，也越来越成为一个我们必须认真思考的问题。广松涉的思路中有明确的关系本体论倾向，这是与他当时的学术背景及理论旨趣相关的，在某种程度上，我们的确可以把他的思想视为他在当时日本的实践语境中对马克思历史唯物主义的"发展"。但一旦转到我们今天的解读视域中，我们必须清晰地回答以下两个问题：（1）广松涉的关系本体论思路是否就是马克思当年的历史唯物主义思路？（2）站在当今中国的实践语境中，这种从"关系的基始性"出发的解读思路是否恰好符合我们发展马克思观点的需要？本文试通过对《詹姆斯·穆勒〈政治经济学原理〉一书摘要》（以下简称《穆勒评注》）中交往异化概念的分析，来对上述两个问题作一点简单的思考，以求教于学界同仁。

[①] 原载《现代哲学》2008年第4期。

一、《1844年经济学哲学手稿》的"第一手稿"中的劳动异化观点是否建立在孤立人逻辑的基础上？

从表面上看，上述这一观点的确是能够成立的，因为在整个"第一手稿"中，马克思很少从"关系态"的角度来谈论人的本质的内容，这与《穆勒评注》中基于交换关系而阐发的思想似乎有很大的不同。但这一观点显然无法面对如下的提问：连费尔巴哈都知道从关系态的角度来理解人的类本质，并进而把"类存在"理解为"类关系"，难道受其思想影响的马克思在《1844年经济学哲学手稿》（以下简称《1844年手稿》）中会以孤立人的逻辑而落后于费尔巴哈本人吗？我们知道，费尔巴哈在阐述类本质的内容时是很强调其关系性的。在他看来，类存在是一种与个体存在不同的关系态存在，它只有通过此个体与彼个体的关系才能表现出来，"因而这种关系是一种与我的个体性不同的关系，即类关系，我通过它实现类"①。正是在这一意义上，费尔巴哈把类存在界定为类关系。只是由于他无法准确地把握这种类关系中的物质性内容，才使他只从"理性、爱、意志"的角度来解读类本质的内涵。而导致这一点的根本原因在于费尔巴哈只是从感性存在而不是感性活动的角度来解读人的本质。一旦只立足于感性存在的理论层面，与人的外在生活相异的人的内在生活即类生活的本质，就必然会表现为某种精神性的东西。因此，当马克思在《关于费尔巴哈的提纲》中说费尔巴哈把人的本质归结为单个人所固有的抽象物时，他是从本质的层面而不是现象的层面来指称费尔巴哈的。他并不是说费尔巴哈是直接地从单个人的逻辑出发来展开其理论思路的，而是说，尽管费尔

---

① ［德］路德维希·费尔巴哈：《〈基督教的本质〉"导论"草稿》，卡罗·阿舍里整理，未刊稿，第8页。引自侯才：《青年黑格尔派与马克思早期思想的发展》，中国社会科学出版社1994年版，第62页。

巴哈从"一种内在的、无声的、把许多个人自然地联系起来的普遍性"①的角度来阐述人的本质，但究其实质，由于他没有展开人的现实本质中的社会关系内涵，因而他仍然是站在单个人的逻辑之基础上的。

马克思在《1844年手稿》的"第一手稿"中显然是在首先超越了费尔巴哈的静态的感性存在的理论层面后才开始自己的话语言说的。这具体表现在他从劳动这一动态过程的层面来理解人的类本质，"一个种的整体特性、种的类特性就在于生命活动的性质，而自由的有意识的活动恰恰就是人的类特性……通过实践创造对象世界，改造无机界，人证明自己是有意识的类存在物，就是说是这样一种存在物，它把类看作自己的本质，或者说把自身看作类存在物"②。这一思路不仅使马克思用动态的人性观取代了费尔巴哈的静态人性观，而且还使他可以超越费尔巴哈的对人的本质的直接的关系态理解，深入到自由自觉的劳动的层面来建构一种深层的关系态理解模式。在马克思看来，在自由自觉的劳动状态，"我"不仅能够通过这种劳动享受自己的生命表现，从而实现自己的类本质，而且，"你"也可以通过"我"这个中介，通过享受或使用我的产品来实现类本质。也就是说，在马克思此时的思路中，人的本质的关系态内容并不仅仅表现为此个体与彼个体之间的主体际性关系，而是被赋予了更复杂的内容，它是由自由自觉的劳动所显现出来的"我"与"你"共享人的类本质的关系。正因为如此，马克思此时的劳动异化观不仅不是建立在孤立人逻辑的基础上的，甚至也不是建立在费尔巴哈式的直接的关系态之基础上的。

马克思在人的本质问题上的这种思路尽管更多的是在"第三手稿"中得到清晰的阐述的，但仔细分析不难发现，在"第一手稿"中马克思同样也是从这种角度来理解人的类本质的。不然的话，他怎么会说"人的异化，一般地说，人对自身的任何关系，只有通过人对他人的关系才得到实现和表现"③呢？试想，如果人的类本质中不内含着我与他人关系的内容，那它的异化又为何必然要通过我对他人的关系的形式来表现出来呢？立足

---

① 《马克思恩格斯选集》第1卷，人民出版社1995年版，第56页。
② 马克思：《1844年经济学哲学手稿》，人民出版社2000年版，第57页。
③ 马克思：《1844年经济学哲学手稿》，人民出版社2000年版，第59页。

于这一解读视角，我们就可以发现，马克思在"第一手稿"中先阐述了劳动产品的异化、劳动过程的异化，然后再阐述人的类本质的异化，最后再说明由上述三种异化所导致的直接结果是人同人相异化，这种逻辑顺序非但不能被指认为是马克思阐述思路的混杂，即他在前三个异化的阐述中是以孤立人逻辑为基础的，只是在第四个异化中才出现了关系态的内容，而且还应该被界定为是马克思思路的深刻之处：他是通过劳动异化的层面来理解人与人之间关系的异化的，而不是直接站在关系态的人性观上来阐述人与人之间关系的异化。

我们再从整个"第一手稿"的结构来看，马克思在这一手稿的主体部分是透过工人的视角来阐述劳动异化的。这也许就是在此手稿的有些地方给人以从孤立人的逻辑出发的印象的原因吧！但仔细分析不难发现，这是一种错觉，原因有以下两点：（1）由于马克思是从自由自觉的劳动的角度来阐述人与人之间的关系态本质的，因而，为了更好地阐述资本主义条件下的劳动异化，马克思当然要从人与人之间相分裂的线索来推进自己的论证，这就是在"第一手稿"中表现出来的对工人和非工人的异化性的分别论证。由于从《〈黑格尔法哲学批判〉导言》开始，马克思就已经明确地站在无产阶级的立场上来进行批判性话语的言说，因此，在"第一手稿"的主体部分，他主要是从工人的视角来阐述劳动异化的。但这并不意味着他只关注工人的异化状况，事实上，在这一手稿的最后，马克思也对非工人的异化状况进行了阐述，尽管这种阐述与前者相比要简单得多。通过对工人与非工人异化状况的分别考察，马克思想说明的是，由于劳动这一人的类本质被异化了，所以，此个体与彼个体之间已经不再是那种共享类本质的关系，而是被分割了开来。正因为工人和非工人在异化条件下事实上被分割了开来，所以，马克思在"第一手稿"中才会对他们进行分别论述。（2）马克思在这一手稿中不仅考察工人与非工人之间的分裂关系，而且还进一步阐述了非工人对工人的劳动产品及其劳动过程的占有关系："我们已经考察了一个方面，考察了外化劳动对工人本身的关系，也就是说，考察了外化劳动对自身的关系。我们发现，这一关系的产物或必然结果是非工人对工人和劳动的财产关系。私有财产作为外化劳动的物质的、概括的表现，包含着这两种关系：工人对劳动、对自己的劳动产品和对非工人的关系，以及非工人对工人和工人的劳动产品的关系。"① 客观地说，如果马克思只是站在关系态本质的立场上，而不是站在动态的劳动过程的立场上，他是不可能得出上述思路的。而恰恰是这种思路使马克思在以后的思想发展中，有可能走向从生产力和生产关系的矛盾运动的角度来完成对资本主义制度的批判，而不是停留在对产品拜物教条件下人与人之间关系的物化性的简单指认上。

二、《穆勒评注》中"交往异化"的实质

从表面上看，《穆勒评注》中的"交往异化"的确与《1844年手稿》的"第一手稿"中的"劳动异化"有较大的不同，前者强调两个私有者之间的交换关系所体现出来的异化特性，而后者则强调工人或非工人这种孤立人身上所体现出来的异化。但仔细分析不难看出，事实并非如此。如果仅就马克思的异化理论所指认的对象而言，上述两处的确是有不同的，《穆勒评注》更多地关注人与人之间的交换关系，而"第一手稿"所关注的则是分配关系以及由此而引申出来的劳动过程等方面的异化。这是由马克思在上述两个不同的阶段所摘录的不同内容而引起的，在写作"第一手稿"时，马克思关注的重点是工人、资本家、地主之间的分配关系，这是由他在这之前所获得的无产阶级的阶级立场所决定的，由此便导致了他在这一部分内容中对工人在劳动产品、劳动过程等方面的异化的特别关注。而《穆勒评注》中马克思居然在第二节"论分配"中只作了摘录而未作任何有实质意义的评注，相反却在第三节"论交换"和第四节"论消费"中作了大段的评注，而且在"论消费"部分，他实际上也是从交换关系的角度来展开自己的论述的。我以为，这只能被解释为马克思关注兴趣的转变，也许他认为自己在"第一手稿"中对分配关系已经作了足够的论证与

---

① 马克思：《1844年经济学哲学手稿》，人民出版社2000年版，第63—64页。

说明，所以在《穆勒评注》中就没有必要再展开这种论述了。

但必须指出的是，研究一个学者的思想变化，主要应看他的理论思路或理论方法是否发生变化，而不是看他的关注对象是否发生变化，尽管在一定程度上可以说，研究对象的转变是极有可能带动研究方法的转变的，但这句话不能倒过来说，认为只要关注研究对象的转变就行了，因为在不少场合，一个学者可以用同一种研究方法来研究不同的对象。具体到马克思来说，就是在关注其批判对象的转变的同时，更要关注其批判方法的转变。也就是说，虽然他在《穆勒评注》中由于关注的对象是交换关系，因而在批判对象上显现出他对交往异化的重视，"我们看到，国民经济学把社会交往的异化形式作为本质的和最初的、作为同人的使命相适应的形式确定下来。国民经济学——同现实的运动一样——以作为私有者同私有者的关系的人同人的关系为出发点"①。但我们必须认真地关注马克思的批判方法到底与"第一手稿"中的方法有什么不同。

如果要证明此处的交往异化与"第一手稿"中的劳动异化在基本思路上是不同的，就必须证明交往异化的理论支点是人与人之间的关系态本质。这一论点从表面上看的确可以从《穆勒评注》中找到相应的文本依据，在"论交换"一节中，马克思有一段较长的评注，其中就有相关的论述："不论是生产本身中人的活动的交换，还是人的产品的交换，其意义都相当于类活动和类精神——它们的现实的、有意识的、真正的存在是社会的活动和社会的享受。"②但如果联系到整个上下文语境，我认为，从这里是不能推出马克思是从直接的关系态的角度来界定人的类本质的结论的，因为马克思如果真的像广松涉所理解的那样，是从动力学相互作用的角度、从功能性相互关联的角度把人的本质界定为人与人之间的主体际性关系，"如果冒昧地提出笔者的浅陋见解的话，可以说马克思的所谓物象化，是对人与人之间的主体际性关系被错误地理解为'物的性质'（例如，货币所具有的购买力这样的'性质'），以及人与人之间的主体际社会关系被错误地理解为'物与物之间的关系'这类现象（例如，商品的价

---

① 马克思：《1844年经济学哲学手稿》，人民出版社2000年版，附录，第172页。
② 马克思：《1844年经济学哲学手稿》，人民出版社2000年版，附录，第170页。

值关系,以及主旨稍微不同的'需要'和'供给'的关系由物价来决定的这种现象)等等的称呼。此时所说的人与人之间的主体际性的关系,当然,不是从所谓对象存在中分离出来的人彼此之间的赤裸裸的关系,更不用说是静止的、反省的认知关系,而是在对象活动中动力学的相互接触,机能的相互关联,是'对自然且人际的动态关系'。"① 那么,马克思就应该坚定地把批判理论的支点定位在主体际性关系上。但实际情况却并非如此。在紧接着上一段论述之后,马克思说:"因为人的本质是人的真正的社会联系,所以人在积极实现自己本质的过程中创造、生产人的社会联系、社会本质,而社会本质不是一种同单个人相对立的抽象的一般的力量,而是每一个单个人的本质,是他自己的活动,他自己的生活,他自己的享受,他自己的财富。因此,上面提到的真正的社会联系并不是由反思产生的,它是由于有了个人的需要和利己主义才出现的,也就是个人在积极实现其存在时的直接产物……这些个人是怎样的,这种社会联系本身就是怎样的。"② 请注意以下三个方面:(1)如果马克思的理论支点是直接定位在主体际性关系上的,那么,他为何还要说是人在积极实现自己本质的过程中创造、生产了人的社会联系、社会本质?这岂不是说人的社会联系在马克思的思路中并非是一种基始性的层面吗?(2)在《关于费尔巴哈的提纲》中,马克思说的是"人的本质不是单个人所固有的抽象物,在其现实性上,它是一切社会关系的总和"③。这里所体现的明显是"社会关系"的理论支点。可在上述所引的《穆勒评注》的文本中,马克思说的是社会本质不是同单个人相对立的抽象的一般力量,而是每一个单个人的本质,而且还明确地讲是由于有了个人的需要和利己主义才出现的。这两处的观点不但不相一致,而且还是相对立的。一个强调社会关系的理论支点,一个强调个人的理论支点,从中我们也无法看到把后者视为前者的思想基础的可能性。这是什么原因?(3)马克思在此处说,这些个人是怎样的,这种社会联系本身就是怎样的,这种观点不但无法对应于基始性的主

---

① [日]广松涉:《物象化论的构图》,彭曦、庄倩译,南京大学出版社2002年版,第70页。
② 马克思:《1844年经济学哲学手稿》,人民出版社2000年版,附录,第170—171页。
③ 《马克思恩格斯选集》第1卷,人民出版社1995年版,第56页。

体际性思路，而且也与唯物史观在个人与社会关系问题上的历史辩证法思想有很大的出入。

我以为，导致上述三个问题的原因在于，马克思在此处其实并不是从基始性的主体际性关系的角度来构建其批判方法的。从根本上说，他仍然是站在与"第一手稿"相同的、自由自觉的劳动的角度来建构其理论思路的。我们先来看《穆勒评注》中的这么一段论述："假定我们作为人进行生产。在这种情况下，我们每个人在自己的生产过程中就双重地肯定了自己和另一个人：（1）我在我的生产中使我的个性和我的个性的特点对象化，因此我既在活动时享受了个人的生命表现，又在对产品的直观中由于认识到我的个性是对象性的、可以感性地直观的因而是毫无疑问的权力而感受到个人的乐趣。（2）在你享受或使用我的产品时，我直接享受到的是：既意识到我的劳动满足了人的需要，从而使人的本质对象化，又创造了与另一个人的本质的需要相符合的物品。（3）对你来说，我是你和类之间的中介，你自己认识到和感觉到我是你自己本质的补充，是你自己不可分割的一部分，从而我认识到我自己被你的思想和你的爱所证实。（4）在我个人的生命表现中，我直接创造了你的生命表现，因而在我个人的活动中，我直接证实和实现了我的真正的本质，即我的人的本质，我的社会的本质。"① 在我看来，这段话已经十分清楚地表达了马克思的基本观点。正是因为他是站在自由自觉的劳动的层面上来展开其理论论述的，所以他才会说每个人在自己的生产过程中双重地肯定了自己和另一个人。而这种由"双重地肯定"所建构起来的"我"与"另一个人"的关系，并非是一种由"动力学的相互接触"或"机能的相互关联"所支撑起来的主体际性关系，而是一种由自由自觉的劳动所带来的"我"与"你"共同促进、共同分享类本质的关系，由此还带来了我用我的生命表现来创造你的生命表现，从而使"我"成为"你"和类之间的中介，以及"你"用你的思想和爱来证实我的生命表现，从而使"我"能实现我的社会本质或人的本质。"我"与"你"之间的这种关系的本质在于能体现"我"和"你"的

---

① 马克思：《1844年经济学哲学手稿》，人民出版社2000年版，附录，第183—184页。

生命表现的自由自觉的劳动过程,而不是"我"与"你"之间的动力学意义上的相互接触和相互关联。应该说,这是两种不同的理论层面。前者在一定条件下能转化为对现实实践过程的关注,从而走向对拜物教的物质形式及观念形式的历史发生学批判,并对超越这种拜物教的现实历史性路径作出科学的说明;而后者至多只能做到对拜物教的观念形式的"物象化"指认,却不能通过把拜物教的观念形式与其物质形式统一在生产方式矛盾运动的本质规律之基础上,并进而找到突破这种拜物教现实的客观历史性道路。

三、基始性的主体际性关系与历史性的社会关系

严格地说,马克思的思想发展中并没有出现过一个单纯以基始性的主体际性关系为方法论基础的阶段。这不但不意味着马克思哲学方法论的落后,而且还因为他在《1844年手稿》的"第一手稿"中就站到了动态性的自由自觉的劳动的层面来展开自己的批判理论,因而使其理论在以后的发展中获得了重要的学术空间。下面我们就来对马克思的劳动异化理论向唯物史观发展的过程作个简单的梳理。

在《1844年手稿》的"第一手稿"的结尾处,马克思从三个方面简单地阐述了非工人对工人、劳动、劳动对象的关系问题,并说"我们来进一步考察这三种关系"①。但这一文本到此就结束了,我认为这确实是因为马克思当时只阅读了斯密和萨伊的经济学著作,因而对资本家与工人之间的利益对立关系还缺乏理论上的解读能力,所以他实际上是写不下去了。之后,他阅读了李嘉图的著作。李氏著作中对三大阶级之间的利益对立关系,而不是斯密意义上的那种平等交换关系的论述,使马克思在"第二手稿"中加大了对资本与劳动之间关系的论述,阐明了"资本是完全失去自

---

① 马克思:《1844年经济学哲学手稿》,人民出版社2000年版,第64页。

身的人这种情况在工人身上主观地存在着，正像劳动是失去自身的人这种情况在资本身上客观地存在着"①。当然，马克思此时的主体逻辑依然是人本主义基础上的劳动异化观点，这反映了他此时还无法理解李嘉图学说所具有的潜在的哲学意义。而改变这种状况的动力恰恰又是来自他的劳动的理论线索。尽管在主导理论线索上，马克思此时的"劳动"无疑是代表人的类本质的自由自觉的劳动，但正是由于他坚持站在这样的理论视角上，所以，他才会特别关注现实生活中的异化的劳动过程，从而为其主导性理论线索向唯物史观的转变提供了条件。如果他只是站在功能性的主体际性关系的层面，那么，他至多只能做到从物象化的角度对现实社会关系进行批判，而不可能具有向历史唯物主义发展的理论空间。事实也是如此，在"第三手稿"的"分工"一节中，马克思已经透过对异化性的现实劳动的关注，看到了分工与生产力之间的关系，"劳动一旦被承认为私有财产的本质，分工就自然不得不被理解为财富生产的一个主要动力"②，这一思想与《德意志意识形态》中从分工的角度来理解生产力的观点已经靠得很近了。不仅如此，马克思还通过对异化劳动的关注，在一定程度上接触到了具有实质意义的"私有制"范畴的内涵。在整个《1844年手稿》中，马克思主要是从"私有财产"的角度来推进其理论论证的，有些地方尽管使用了"私有制"概念，但其实质内涵仍然是"私有财产"。而在"第三手稿"的倒数第二小节即"分工"一节中，马克思的思想却有所不同："分工和交换是这样的两个现象，国民经济学家在考察它们时夸耀自己的科学的社会性，同时也无意中说出了他的科学所包含的矛盾，即依靠非社会的特殊利益来论证社会。"③ 从非社会的特殊利益的角度来解读分工条件下的财产交换关系，显然要比仅仅从物的角度来理解私有财产，并把私有财产关系理解为物物交换关系的思想要深刻得多。因为，从本质上说，资本主义发展的目标并非是为了交换的无限扩大而不断推进生产力的发展，而是为了获得资本主义的生产资料私有制，并由此来为资本的无限增值奠定基

---

① 马克思：《1844年经济学哲学手稿》，人民出版社2000年版，第65页。
② 马克思：《1844年经济学哲学手稿》，人民出版社2000年版，第134页。
③ 马克思：《1844年经济学哲学手稿》，人民出版社2000年版，第138页。

础。马克思后来正是准确地把握住这一点后才完成了对资本主义生产过程的科学解剖的。在这一意义上，上述从非社会的特殊利益的角度来理解社会交换关系的思想便具有了重要的意义。马克思在《神圣家族》中明确地站在"私有制"批判的立场来推进自己的理论思路，除了跟受到蒲鲁东的思想影响有关外，还跟此处所获得的上述新观点有关。

此时的马克思所需要的是不断增强对现实劳动线索的理论意义的认同，并由此而摆脱人本主义劳动异化观的影响。这一过程是在《神圣家族》和《评弗里德里希·李斯特的著作〈政治经济学的国民体系〉》（以下简称《评李斯特》）中完成的。在《神圣家族》中，马克思的思路已经被推进到把物质生产视为历史的发源地的层面，"难道批判的批判以为，只要它从历史运动中排除掉人对自然界的理论关系和实践关系，排除掉自然科学和工业，它就能达到即使是才开始的对历史现实的认识吗？难道批判的批判以为，它不去认识（比如说）某一历史时期的工业和生活本身的直接的生产方式，它就能真正地认识这个历史时期吗？……正像批判的批判把思维和感觉、灵魂和肉体、自身和世界分开一样，它也把历史同自然科学和工业分开，认为历史的发源地不在尘世的粗糙的物质生产中，而是在天上的云雾中。"① 而在《评李斯特》中，马克思更是明确地说，对私有制和私有财产的废除"只有通过劳动本身才有可能，就是说，只有通过社会的物质活动才有可能……一种'劳动组织'就是一种矛盾。这种能够获得劳动的最好的组织，就是现在的组织，就是自由竞争，就是所有它先前的似乎是'社会的'组织的解体"②。以这些思想为基础，马克思分别在《关于费尔巴哈的提纲》和《德意志意识形态》中完成了向基于社会关系的实践线索以及生产力和交往形式的矛盾运动线索的转变，从而迈上了历史唯物主义的理论平台。广松涉之所以要强调以基始性关系为基础的物象化论，一个重要的原因就在于，他试图通过作为"现象所与"和"意义所识"相统一的"物象化"范畴，来深化对马克思历史唯物主义内涵的理解。他所谓的物象化，既不是像水结成冰、氧和氢结合成水这样的纯粹

---

① 《马克思恩格斯全集》第2卷，人民出版社1957年版，第191页。
② 《马克思恩格斯全集》第42卷，人民出版社1979年版，第255页。

客体化的过程，也不是像我们通常所说的纯粹基于"心象"的某种主观意识过程，而是在摒弃了近代形而上学的主客二元对立论的前提下，对学识审察者来说的某种关系"化为"对日常生活当事人来说的某种物象，"以物象的形式而'存在'不仅仅是认知事态，对于当事者来说意味着以制约他的感情、意志甚至行动的形式而'存在'。——因此，在称呼这一事态时，笔者采取了对于我们学识审察者来说的'关系化'为对于当事者来说的物象这一说法"①。客观地说，当广松涉用这种物象化论来解读马克思的观念拜物教思想时，的确是作出了较大的学术贡献的。但问题是，他的这种物象化论并非是对马克思整个历史唯物主义理论的准确解释。当他用非常复杂的术语来建构物象化范畴时，他所指的实际上就是马克思指出的与拜物教的物质形式相联系在一起的拜物教的观念形式。在《路易·波拿巴的雾月十八日》一文中，马克思就指出了这一点，"1850年是少有的工商业繁荣的年头，所以当时巴黎的无产阶级有充分就业的机会……面对着这样的事变，他们却让民主派来驾驭自己，为了一时的安逸而忘记了自己阶级的革命利益，他们放弃了作为制胜力量的光荣，屈服于自己的命运，并且表明，1848年6月的失败使他们长期丧失了战斗能力，最近的历史进程又要撇开他们而向前发展。"②恩格斯在同时期写的《去年十二月法国无产阶级相对消极的真正原因》一文中讲得就更明确了，"最后，还存在工商业非常繁荣这个事实，它本身就足以向拿破仑保证，工人阶级的绝大多数会保持中立。而英国人十分清楚：如果能够充分保证工人们有工可做并能得到较高的劳动报酬，那就不会发生骚动，更不要说革命了。"③马克思、恩格斯在此处同样也意识到了观念拜物教并非是纯粹的主观意识，也不是一种与主体的能知认识毫无关系的纯粹客体化过程，而是拜物教的物质形式在工人这一日常生活当事人的观念中的客观转化形式。

但问题的关键是，马克思与广松涉在对上述现象的解读时所采取的思路是不同的。广松涉虽然看到了物象化与拜物教的物质形式之间在一定程

---

① ［日］广松涉：《物象化论的构图》，彭曦、庄倩译，南京大学出版社2002年版，第218页。
② 《马克思恩格斯全集》第11卷，人民出版社1995年版，第180—181页。
③ 《马克思恩格斯全集》第11卷，人民出版社1995年版，第262页。

度上的关联性，但他在思考物象化的本质及其扬弃路径时，过多地站在主体意识的层面上，即拜物教的观念形式的层面上，而忽略了拜物教的物质形式与观念形式在社会历史过程层面上的辩证统一性。这导致他看不到马克思的整个拜物教批判理论不仅是对物象化现实的批判，而且还是对基于历史发展规律的对拜物教现实的超越路径的科学剖析。广松涉在论及物象化的扬弃时，只能诉诸著者与读者之间的"呼唤"与"应答"关系，"所期待的实践，只有等到对于'陈述的呼唤'的，来自读者方面的'下决心的应答'才能开始。理论体系的叙述，其本身总的来说，就是'一个'呼唤。"[①] 并说马克思的理论叙述就应该被定位在这样一种期待应答的"呼唤"。这样一来，似乎马克思的历史唯物主义就不是一种对私有制社会发展规律的科学探索了，而只是一种期待应答的思想尝试了。应该说，马克思本人的思路要比广松涉的解读深刻得多。由于他是从现实历史过程的角度，而不是从单纯的观念意识形态的角度来阐述拜物教问题的，因而，他不但敏锐地把握住了拜物教观念形式的客观实在性，而且还深刻地解读了拜物教的物质形式与观念形式之间的历史性关联，并进而以现实实践过程为基础，剖析了扬弃这两种拜物教形式的现实路径，"然而资本家作为资本家，无非是资本本身的这种运动。他在现实中是怎样的，他在意识中也是怎样的。因为他体现着关系的肯定的统治的一方，所以这些矛盾并不使他不安，相反，只有处在这些矛盾中间，他才感到很美好，而受这同一种被歪曲了的观念束缚的雇佣工人，则只是处在这种关系的另一极上，是被压迫的一方，实践迫使他反对所有这种关系，从而反对与这种关系相适应的观念、概念和思维方式。"[②] 从这里我们看出，从广松涉所讲的那种基始性主体际性关系的角度，是无法走到马克思历史唯物主义的理论视域的。

至于广松涉的这种解读方式是否可以拿过来当作在我们当下的语境中发展历史唯物主义的思想资源，或者说成为我们在当下的语境中重新解读马克思哲学观点的方法论出发点，这当然是一个十分复杂的问题，详细的论述要有待专文来展开。但从前面的分析中我们已经可以获得一个基本的

---

① ［日］广松涉：《物象化论的构图》，彭曦、庄倩译，南京大学出版社2002年版，第213页。
② 《马克思恩格斯全集》第32卷，人民出版社1998年版，第414页。

观点：如果当下的马克思主义哲学研究的使命不只是在于对某种日常观念意识形态的批判，而且还在于对超越拜物教现实的历史规律的探寻，那么，我们的解读视角就不应该仅仅定位在主体际性关系的层面，而应该走向历史性的社会关系的理论层面。

"异化劳动"和对黑格尔辩证法的初步批判
——关于马克思《1844年经济学哲学手稿》[①]

孙伯鍨

在马克思和恩格斯从黑格尔唯心主义向辩证唯物主义转变的过程中,费尔巴哈起了中间环节的作用。虽然马克思和恩格斯从来都没有无保留地接受费尔巴哈主义,成为十足的费尔巴哈信徒,但是他们也并非轻而易举地跳过了费尔巴哈阶段而达到新世界观的创立。《1844年经济学哲学手稿》(以下简称《手稿》)给我们提供了充分的证明,说明在马克思的思想发展史上确实经历了一个深受费尔巴哈影响的阶段,这种影响在《手稿》中得到了集中的表现。《手稿》的重大意义是向我们揭示了费尔巴哈的唯物主义在马克思主义哲学的形成过程中曾经起过怎样重要的历史作用,马克思最初怎样利用费尔巴哈的一些原理和范畴批判改造了黑格尔的唯心主义辩证法,同时在吸取黑格尔辩证法的合理要素以便彻底发挥费尔巴哈人本主义的过程中他又怎样大大地超出了费尔巴哈,开辟了通向辩证唯物主义和历史唯物主义的思想路线。

《德法年鉴》时期,马克思通过对黑格尔法哲学的批判离开了黑格尔的客观唯心主义立场,同时也和青年黑格尔派的主观唯心主义划清了界限。这时他已处于费尔巴哈的影响之下,但不满意费尔巴哈仅仅把他的批判局限在宗教领域之内,而力求把对宗教的批判扩大到对政治和国家的批判。对国家和法的初步批判使马克思认识到,国家和法的本质植根于市民社会之中,只有通过对市民社会的解剖才能获得揭开国家之谜的钥匙。而

[①] 原载《南京大学学报》(哲学社会科学版) 1980 年第 4 期。

在市民社会中居于支配地位的问题是经济问题。这样一来就把马克思原来的研究次序倒转过来了。1844年初，马克思开始集中主要精力从事政治经济学的批判研究，他企图通过这一研究揭示社会问题（主要是私有制）的本质并获得改造现实生活的途径。恩格斯的《国民经济学批判大纲》在《德法年鉴》发表以后，马克思的思想深受触动，他十分同意恩格斯的下述见解：既然资产阶级经济学家把私有制当作毋庸置疑的前提来接受，把政治经济学弄成资产阶级发财致富的科学，因此社会主义者的任务就是要揭示私有财产的本质和起源，指出私有制的消灭是历史发展的不可避免的结果。但是在1844年，马克思还不可能具备足够的经济史的知识来科学地解决这一任务，他对私有制和资本主义经济制度的批判与其说是经济学的，不如说是哲学的。他以政治经济学所确立的经济事实和经济规律为依据，企图对资本主义经济现实进行全面系统的哲学人本学的批判。1843年发表的费尔巴哈的《未来哲学原理》对马克思产生了异常深刻的影响，他重新估价了费尔巴哈哲学的巨大社会意义。1844年8月，马克思在致费尔巴哈的信中写道："您的两部著作《未来哲学》和《信仰的本质》尽管篇幅不大，但无论如何它们的意义要胜过目前德国的全部著作。""在这些著作里，您给社会主义提供了哲学基础，我不知道您是否有意这样做，但共产党人却一下子就是这样理解您的这些著作的。建立在人们的现实差别基础上的人与人之间的联合，从抽象概念的天上转到现实的人世来的人类这个概念，——如果不是社会的概念，那是什么呢？"在《手稿》序言里，马克思也直截了当地承认："德国人对国民经济学的实证的批判，是全赖费尔巴哈的发现给它打下真正的基础的。"所以，几乎用不着怀疑，在这本书中马克思对政治经济学和资本主义制度的批判是以费尔巴哈的理论为基础的，他把这种批判叫作"实证的人本主义和自然主义的批判"。

不过，虽然在《手稿》中费尔巴哈是出发点，但由于他的哲学的一些主要原理和范畴已被应用于社会经济生活的更加广泛的领域中，因而获得了彻底的发挥和发展，结果就使马克思有可能发现并克服费尔巴哈的局限性而继续前进。这种局限性特别明显地表现在费尔巴哈对黑格尔辩证法所持的否定态度上。费尔巴哈坚持着感性现实这个"从自身开始的实证真理",反对黑格尔的"一切都凭借中介"、一切真正的肯定都经过否定之否定的思想,这时他的唯物主义的形而上学性就彻底暴露出来了。马克思清楚地看到了这一点,因而作出了对黑格尔辩证法的批判分析,充分肯定了黑格尔的《现象学》和《逻辑学》中所包含的革命辩证法的要素。他借助于费尔巴哈的唯物主义克服了黑格尔哲学的唯心主义和保守倾向,又吸取了黑格尔辩证法的合理要素来发展并改造费尔巴哈的唯物主义,这样就使马克思既大大超出了黑格尔,又大大超出了费尔巴哈,并且越来越沿着一条独创的和崭新的思想路线不停地前进。

一、异化劳动

异化劳动理论是贯穿《手稿》全书的基本理论,马克思用异化劳动这一概念来表示私有财产和整个资本主义制度的非人化的性质,并且把劳动的异化和异化的扬弃当作"真正的人类社会"的自我创造和生成的辩证过程。虽然关于异化思想的来源可以上溯到法国启蒙思想家卢梭的著作,但它在黑格尔的著作中才以唯心主义的形式第一次获得了系统的阐述。黑格尔把客观的自然界和人类社会看作"异化了的精神",并认为这种异化状态将为精神的自我认识过程所扬弃。在《现象学》中,黑格尔在抽象自我意识的唯心主义形式下,运用异化理论,阐发了人类借助劳动创造自己历史的合理思想。费尔巴哈则在人本主义的形式下运用异化理论,他把宗教看作人的本质的异化,而唯心主义则是宗教异化的哲学形式,是人的理智的异化。由于他把异化仅仅归结为意识现象,因而没有找到消灭异化的现实道路。虽然黑格尔和费尔巴哈的异化理论有其共同点,即人不应当异化,现实中的异化状态必须扬弃,但黑格尔扬弃异化是为了确立精神的绝对统治,而费尔巴哈则是为了恢复人类失去的本质,以便建立人和自然以及人和人之间的合乎人性的协调一致的关系。然而异化理论在黑格尔那里具有辩证运动的性质,因为他把精神的自我对象化及其扬弃当作精神的自我创造和自我生成的否定之否定的过程来理解,而费尔巴哈的异化理论则失去了这种辩证性质，在他看来只有一点是重要的，即异化是反人性的，异化必须消除。正因为如此，当马克思把异化理论运用于揭示资本主义经济现实的非人化和反人道主义的性质时，他采取的首先是费尔巴哈的立场，即强调异化的消极的否定性质，批判黑格尔对异化所采取的既否定又肯定的调和态度。但是他又和费尔巴哈不同，他吸取了黑格尔的能动原则，把人的本质不是了解为人类个体的抽象共同性，而是了解为自由自觉的创造性劳动，并且像黑格尔那样把异化和异化的扬弃当作"真正人的社会"的自我创造和生成的辩证过程来理解。因此，马克思的异化理论虽然仍旧立足于费尔巴哈的人本主义，却已经孕育着历史辩证法的萌芽。

正如费尔巴哈的异化理论是为了说明宗教的起源和本质一样，马克思的异化理论起初也是为了说明私有财产的起源和本质。他指责政治经济学只是从私有财产这个事实出发，却不向人们说明这个事实，它把私有制的规律奉为普遍的永恒规律，却没有指明这些规律是怎样从私有制的本质中产生出来的。政治经济学家站在私有财产的立场上说话，就像神学家站在神的立场上说话一样。政治经济学家把私有财产的状态设想为人类的原始状态，把应当加以推演的东西，如分工和交换之间的必然的"相互关系"，当作没有起源的事实，就像神学家用原罪来说明人类罪恶的起源一样。为了揭示私有财产的起源和本质，马克思提出了异化劳动这一概念。

在资本主义制度下，劳动的异化主要表现在下述两个方面：

第一，劳动产品的异化。根据政治经济学的原理，劳动产品是凝结在对象中的、物化为对象的劳动，是劳动的对象化。可是在资本主义社会中，对于劳动者来说，他创造的商品越多，他自己就越是变成廉价的商品。这就是说，劳动的对象化表现为对象的丧失和为对象所奴役，对对象的占有表现为对象的异化，劳动的现实化表现为劳动者的非现实化。

第二，劳动（生产活动）的异化。异化不仅表现在生产的结果上，而且表现在生产活动本身中，表现为作为人的本质力量之表现的劳动的异化。劳动产品的异化是物的异化，表现为对象世界对人的统治以及人和对象世界之分裂为二。劳动的异化则是劳动者的自我异化，表现为作为人的本质力量的劳动不属于自身，人把自己的本质从自身中异化出去。

异化劳动的上述两个方面导致以下的结果：人类生活从个人生活中异化出去。我们知道，费尔巴哈的人本主义有两个基本观点：人与自然的统一和个体与类的统一，并且只有实现个体与类的统一才能实现人与自然的统一，反过来也是一样。因此，个人只有保持与类的统一，保持自己与他人的类属关系，他自身才不致成为完全孤立的个人，而是类属存在物，亦即普遍的、自由自觉的存在物。马克思和费尔巴哈不同，他不像费尔巴哈那样只是从感情的和伦理的角度去规定人的类本质，而是强调人的活动，把人类改造自然界的活动当作人的本质。正是通过改造自然界的活动即生产劳动，一方面占有自然界，把自然界变成人的无机的身体，建立人和自然的统一；另一方面通过人们互相补充和交换其活动，建立个人与类的统一。可是，在异化劳动的条件下，由于劳动产品的异化和劳动本身的异化，人对自然界的改造和占有变成自然界的丧失，人的生命活动的表现变成人的生命活动的剥夺。这样，就把人从类那里异化出去。结果劳动失去了属人的性质，变成仅仅维持个人的肉体生存的手段。

由于费尔巴哈人本主义的影响，马克思在异化劳动的理论中，用真正人的本质来和现实的人的存在相对立，用作为人的本质力量之表现的劳动来和异化劳动相对立，因而对人和人的劳动的看法还包含着非历史的观点。但是，由于他从政治经济学和黑格尔那里吸取了劳动创造人类生活的观点，又使他远远地超出了费尔巴哈，并且正是沿着这条路线，他从异化劳动的观点，最终走向实践的观点走向历史唯物主义。在下面的一段话中，可以看到历史唯物主义的萌芽。他说："正是通过对对象世界的改造，人才实际上确证自己是类的存在物。这种生产是他的能动的、类的生活。通过这种生产，自然界才表现为他的创造物和他的现实性。因此，劳动的对象是人的类的生活的对象化：人不仅像在意识中所发生的那样在精神上把自己化分为二，而且在实践中、在现实中把自己化分为二，并且在他所创造的世界中直观自身。"

马克思不仅用异化劳动这一概念说明劳动者处境的非人化，而且直接说明私有财产的起源。他提出这样的问题：异化劳动这一概念在现实中是怎样显示和表现出来的？

异化劳动所揭示的似乎是人同自己本身的关系，即人同自己的劳动产品和生产行为的关系，但是人同自己本身的关系只有通过人同他人的关系才能成为对象性的（客观的）、现实的关系。如果说人同他的劳动产品、同他的对象化了的劳动的关系，是同一个异己的、敌对的、不依赖于他的对象的关系，那么，这必定是因为有另一个异己的、不依赖于他的人是这一对象的主人。同样，如果人自身的活动对人来说不是一种自主的活动，那么，这只是因为人自身的活动是受制于人并为别人服务的。因此，人从自身和自然界的任何自我异化，都通过他自己本身以及自然界同有别于他的其他人所发生的那个关系表现出来。就像宗教的自我异化必然要把人们分成俗众和僧侣一样，劳动的自我异化也必然要把人们分为无产者和资产者。

这样一来，被资产阶级经济学家视为当然前提的私有财产这一概念就通过对异化劳动的分析而得到了说明。在政治经济学中，异化劳动表现为私有财产运动的结果，而马克思则通过批判表明："即使私有财产表现为外化了的劳动的根据和原则，实际上却毋宁是外化了的劳动的结果，正像神灵本来不是人类理性迷误的原因，而是人类理性迷误的结果一样。"虽然马克思对私有财产的批判酷似费尔巴哈对基督教的批判，并且实际上也没有真正解决私有财产的起源问题，但在马克思的异化劳动理论中毕竟包含着导致历史唯物主义的重要思想因素。事实上，马克思并没有用异化劳动来结束这一批判，而是准备继续发展和深化这一批判。虽然由于知识上和理论上的欠缺，他显然不可能马上解决这个任务。

异化劳动理论，是马克思运用由他彻底发挥了的人本主义对资本主义制度的批判和揭露，这一批判使马克思有可能站在人类发展所能达到的最高点来考察私有财产的历史局限性和弊病，因此，马克思的批判就其视野的深度和广度来说，都远远超过了以往各种社会主义和共产主义学派所作的类似批判。但是，正因为异化劳动理论是以人类发展的理想高度（真正人的社会）为出发点的，它以高度完善化了的人作为人的原型，因此就使这种批判带有浓厚的理论色彩和空想性质，因而异化理论注定地不能发展成为一种科学的历史观。马克思越是彻底地发挥费尔巴哈的人本主义，他就越是感到它的局限性,只有抛弃费尔巴哈的人本主义立场,同时也抛弃异化理论,科学的历史唯物主义才能诞生出来。但是,从异化劳动理论向历史唯物主义的过渡是经过实践观点的制定的。这件事涉及对劳动的看法。要知道,从异化的观点看劳动(生产活动)和从历史唯物主义的观点看劳动是明显的不同的。因为前者强调劳动的否定意义,后者则强调劳动的肯定意义;前者着眼的是作为创造交换价值和给资本家提供剩余价值的抽象劳动和雇佣劳动,后者着眼的则是作为人类存在和发展的最基本条件的物质生产活动。所以,从异化理论向实践观点的转变关系到对劳动二重性的分析。

二、异化劳动和对象化劳动

马克思的异化劳动理论是直接受到劳动价值论的启示的。但是,马克思此时对于劳动价值学说的肯定,并不像后来那样是从客观经济规律的意义上,而是从人本学的意义上。就是说,劳动价值论的发现,有助于揭露资本主义制度的非人化。并且,由于劳动价值学说肯定了商品的价值而贬低了人的价值,把人的价值缩小到仅仅作为"劳动的肉体主体"的意义,因而它本身就是非人化的。为了肯定和恢复人的失去的本质,必须连同私有制一起批判和摈弃这一理论。所以在《手稿》中,马克思不仅没有肯定李嘉图在政治经济学中的突出地位,而且指责他的理论具有敌视人的性质。

根据马克思的说法,政治经济学越是彻底发挥劳动是财富的唯一本质的论点,越是从这一点推演出反映私有财产运动的各种实际结论,它就越是要抛弃那种承认人和人的独立性的伪善面具,公开暴露它的敌视人的性质。所以,政治经济学从斯密到李嘉图和穆勒的发展,在自觉地从人异化这点上是比他们的先驱者走得更远了。他们把人本身宣布为私有财产的本质,同时又把实际是一种畸形存在物的人宣布为真正人的本质,这样就把现实生活中的矛盾,即人的本质和人的现实存在之间的矛盾取消了。他们用阉割人的本质的非人化的原理来为非人化的现实辩护，说明他们的原理实际上就是这种支离破碎的现状的原理。

但是劳动价值学说的发现和发展仍然是一个必要的进步，因为它对"实证的人本主义的批判"是一个必要的条件。为此，马克思分析了从魁奈到李嘉图的价值学说的发展。

谈到劳动在人类历史发展过程中的作用问题，马克思的论述涉及两个方面。一方面是指抽象劳动、异化劳动，由于这种劳动的发展促进了私有财产的发展、资本主义社会阶级关系两极化和无产阶级反对资产阶级斗争的加剧，最后导致私有财的扬弃。另一方面是指对象化的劳动即人对自然界的改造和占有。这种对象化的劳动不同于异化劳动，按照马克思当时的观点，它体现了人类对自身的生活和历史的自由自觉的创造。由于当时还没有弄清楚的某种缘故，劳动的这两种性质奇怪地结合在一起，结果劳动的对象化变成了劳动的异化，对自然界的占有变成了自然界的丧失。然而尽管有这种异化，劳动还是人类自我生成、自我创造的唯一推动原则。迄今为止的历史理论都忽视了这一点，他们在唯心主义的影响下，仅仅把宗教或诸如政治、艺术和文学等等这些抽象普遍形式的历史，看作人的本质的实现和人的类的活动。但事实上，只有工业的历史和工业的已经产生的对象性的存在，才是人的本质力量的打开了的书卷。而通常的物质的工业，是以感性的、外在的、有用的对象的形式摆在我们面前的、人的对象化了的本质力量。在人类历史——人类社会的生产活动——中生成着的自然界是人的现实的自然界；因此，通过工业而形成——尽管以一种异化的形式——的那种自然界，才是真正的、人类学的自然界。马克思在这里对劳动的分析已经转向实践的观点，接近历史唯物主义。

事实上，劳动的性质一方面为生产关系所制约，另一方面为生产力的水平所制约。马克思所说的异化劳动决定于这两个方面的历史制约性。只有不仅消灭了私有制，而且生产力也有了极大的提高，那种当作生活第一需要和"符合人的本性"的自由自觉的劳动才能成为现实。为了实现这一目标，人类必须忍受各种极端艰苦的劳动条件，逐步发展和积累物质生产力，以便从必然王国过渡到自由王国。正是这种劳动和实践，以及由它所推动起来的生产力的发展，才是创造人类历史的真正动力。这个观点由于受异化理论的局限，在《手稿》中还没有完全形成。

三、异化劳动的扬弃

马克思把共产主义定义为私有财产和人的自我异化的积极扬弃，说明它并不取消私有财产运动和自我异化过程中所产生的积极成果。扬弃异化劳动，但并不扬弃对象化的劳动，而毋宁是对于劳动的对象即对象世界的真正占有。被扬弃的是一种劳动方式，而不是劳动本身。

对象世界是人的本质（劳动）的对象化，它是人们在迄今为止的劳动过程中创造出来的，因此重新占有对象世界不过是恢复人们一度失去了的本质。但这种占有不是作为彼此对立的利己主义的个人并为了利己主义的目的去占有，而是由社会地联合起来的个人并且为了社会的目的去占有。通过这种占有恢复了人们一度被歪曲和丧失了的本质。

所谓人的本质的复归，并不是恢复人类的原始状态，并不是"对整个文化和文明的世界的抽象否定，向贫穷的、粗野的和没有欲望的人——这种人不仅没有超越私有财产的水平，甚至从来没有达到私有财产的水平——的违反自然的单纯性的倒退"。这种复归是彻底的、自觉的、保存了以往发展的全部丰富成果的。因此，共产主义是以往全部历史运动的结果。

共产主义是自然界向人的生成，自然界通过人类的生产活动，通过工业，变成了完全属人的自然界，即符合人的本质需要的自然界，所以是完成了的自然主义。完成了的自然主义也就是完成了的人本主义，因为扬弃了自然界的直接性，自然界就成为人的现实的对象性，就实现了人对自然界的现实的占有。因此共产主义是人和自然界的矛盾的真正解决。

然而人只有作为社会的人才能占有自然界，自然界只有作为社会的对象才是属人的对象，自然界的属人的本质只有对社会的人来说才是存在的。因为只有在社会中，对人来说自然界才是人与人之间联系的纽带，它既是自己也是别人的现实的生命要素。只有在社会中，自然界才表现为属人的存在的基础；只有在社会中，人的自然的存在才成为人的属人的存在。"因此，社会是人同自然界的完成了的、本质的统一，是自然界的真正复活，是人的实现了的自然主义和自然界的实现了的人本主义。"马克思认为，社会的性质是整个人类历史运动的普遍性质，正像社会创造着作为人的人一样，人也创造着社会。因此社会性是人之为人的本质属性。共产主义就是社会的人和人的社会的形成，所以也是人与人之间的矛盾的真正解决。

马克思用社会本质来代替费尔巴哈的人类本质具有极其重要的意义。这样一来，就使他逐渐脱离自然主义的人本主义，把人看作社会存在物，着重研究人们的社会关系，进而把人的本质看作社会关系的总和，并导致生产关系这个科学概念的制定。

马克思把物质资料的生产和消费看成是最基本的生产，而"宗教、家庭、国家、法、道德、科学、艺术等等，都不过是生产的一些特殊的形态，并且受生产的普遍规律的支配"。因此，劳动的异化是宗教等一切异化的根源。随着异化劳动的扬弃，宗教、国家和法的异化也就不复存在。"私有财产的积极的扬弃，作为人的生活的确立，是一切异化的积极的扬弃，从而是人从宗教、家庭、国家等等向自己的合乎人的本性的存在亦即社会的存在的复归。"由于马克思把唯物主义观点应用于异化理论，就使他越来越接近于历史唯物主义。

在马克思关于共产主义的最初学说中，人的自我诞生和自我生成的思想居于中心地位。在他看来人类发展的"目标"乃是"人的社会的形成"。所谓"社会的人"和"人的社会"表达了人类发展所能达到的最完美的状态。共产主义本身并不是目的，它是实现人的最后解放和自我完善化的必经阶段。因为通过费尔巴哈对唯物主义的发现和政治经济学对私有财产所作的纯粹经验的说明，那种否定自然界和人的实在性、把人类历史归结于某种凌驾于自然界和人之上的异己存在物的观点，就完全站不住脚了。人类历史发展的动力不在自身之外，而在自身之内，人的自我异化和异化的积极扬弃，共产主义作为历史发展的必然环节，乃是由历史本身的辩证运动所决定的。如宗教的产生一样，私有财产的出现也不是由于人类理性的迷误，而有其历史的必然性，因为无论是对劳动资料还是对作为主体的人的占有，都是人的自我创造运动即生产活动的必要的出发点。正是这一点，包含着私有财产的历史必然性。因而私有财产的积极扬弃即共产主义的实现，同样是历史辩证法的必然结果。这样，马克思就在力求贯彻唯物主义原则的基础上，借助于黑格尔而达到了历史辩证法的理解。但是，辩证法在其现成的唯心主义的形式下是不能适用于解释历史和对资本主义现实的批判的，必须对它加以批判和改造。

四、对黑格尔唯心主义辩证法的批判

在德国，批判黑格尔的哲学革命是从费尔巴哈开始的。

（1）他证明了黑格尔哲学不过是用思辨的语言表达出来、从而得到合理论述的宗教。如果宗教是人的本质的异化，那么黑格尔哲学则是这种异化的另一种形式。所以和宗教一样它也应该受到批判。

（2）费尔巴哈批判了唯心主义哲学之后，不是简单地恢复过去的唯物主义，他较之先前的纯粹自然科学的唯物主义者的优越之处，在于他把作为感性现实的人、人的生活以及人与人之间的社会关系当作他的理论的基本原则。这就是说，他提出了哲学人本主义的原理，"为真正的唯物主义和现实的科学奠定了基础"。

（3）费尔巴哈揭露了黑格尔否定性辩证法的唯心主义性质，用唯物主义的原理同它相对立。在黑格尔那里一切真正的存在即绝对的肯定都是经过中介、经过证明的肯定，即否定之否定。但是，作为最后结果而得到的绝对肯定，仍然不过是当作出发点的那个抽象物，即空虚的精神。费尔巴哈认为，真正肯定的东西不是经过中介的东西，而是立足于自身之上、以自身为基础的肯定，就是说，是一种具有感性确实性的东西。

费尔巴哈是这样批判黑格尔辩证法的：

（1）黑格尔当作他的否定之否定运动的出发点的东西，是一种异化的实体而不是真实的感性实体。在《逻辑学》中，他是从纯粹的抽象、无限者、绝对物出发。在《现象学》中，他是从普遍的自我意识出发。实际上二者都是从宗教和神学出发。

（2）接着，他又否定了抽象的、无限的、绝对的东西，创立了感性的、有限的、特殊的东西。就是说，他扬弃了宗教和神学，创立了感性的自然界。

（3）最后，作为否定之否定，他重新扬弃了感性的、有限的东西，恢复了抽象物、无限者。就是说，他又恢复了宗教和神学。

费尔巴哈认为，黑格尔的否定之否定不过是思辨哲学在其自身范围内的矛盾，是它在自身中的回旋，而在否定神学之后又肯定神学。

可是，这样一来，费尔巴哈在批判黑格尔的否定之否定的唯心主义性质时，连同它所包含的辩证法的合理要素也一并抛弃了。他整个儿抛弃了否定之否定的规律，尽管这种规律以其抽象的形式表达了人类历史的运动。因此，甚至当费尔巴哈运用黑格尔的异化理论来解释宗教现象时，他也没有试图探求这种异化现象的合乎规律的历史原因。他只是从非历史的、人本学的观点把这种异化的产生归结为某种心理的原因，并企图通过思想的启蒙和教育来加以扬弃。

在对待黑格尔辩证法的问题上马克思自始就与费尔巴哈不同，他肯定黑格尔哲学所包含的批判的、革命的要素，同时却指出必须克服它的抽象的唯心主义形式和保守反动的结论。

马克思说："黑格尔《现象学》及其最后成果——作为推动原则和创造原则的否定的辩证法——的伟大之处就在于，黑格尔把人的自我创造看作一个过程，把对象化看作非对象化，看作外化和这种外化的扬弃；因而他抓住了劳动的本质，把对象性的人、真正的因而是现实的人理解为他自己的劳动的结果。人同作为类的存在物的自身发生现实的、能动的关系，或者说，人使自身作为现实的类的存在物、亦即作为属人的存在物实际表现出来，这只有通过下述途径才是可能的，即人实际上把自己的类的力量全部发挥出来（这仍然只有通过人类的共同活动，只有作为历史的结果，才是可能的），并且把这些力量当作对象来对待，而这首先仍然只有通过异化这种形式才是可能的。"

黑格尔的合理思想是以极端抽象的唯心主义形式表达出来的,虽然他在《现象学》中紧紧抓住了人的异化和异化的扬弃,但是它所包含的批判仍然是一种模糊不清的、带有神秘色彩的批判。而且由于黑格尔的唯心主义和资产阶级立场,他的辩证法还常引出保守和反动的结论。

黑格尔哲学的最有独创性的特点是把整个世界——自然界、人和社会看作一个统一的过程,有其辩证发展的历史,这种把世界当作整体来看的有机的世界观,是通过把自然界和人精神化之后才达到的。就是说,他把一切现实的东西都消融在精神之中,把现实的种种对立变为精神和精神的各种异化形式之间的对立。这样,精神就通过自我异化和异化的扬弃的否定之否定的运动而达到对立的统一。整个黑格尔体系是从逻辑学即纯粹思辨的思想开始,而以绝对知识即达到自我认识的绝对的哲学精神结束。所以整整一部《哲学全书》不过是哲学精神的自我展现的过程和在自身中的回旋,它自我创立、自我对象化,然后又扬弃对象性返回到自身。在他的体系中,逻辑学起着精神货币的作用,它是表现为思辨逻辑的人和自然界的抽象规定性,是撇开了现实的自然界和现实的人的抽象思维。按照黑格尔的说法,这种抽象思维的异化形式,它的外在形态就是自然界。自然界对抽象思维说来是外在的,因而是抽象思维的自我丧失。当抽象思维理解到自然界不过是具有感性外壳的抽象思维,因而把它当作抽象的思想来把握时,它就扬弃了自然界并返回自身。这样就出现了精神。精神是回到了自己的诞生地的思维。但是在精神还没有达到绝对精神即抽象的哲学精神的发展阶段以前,它还处于现象学的阶段,就是说还处于异化的和本质相乖离的形式中。只有扬弃了这些形式,它才获得与自身相符合的存在——绝对知识。因此,《现象学》所描述的乃是精神的全部外化史和外化的整个复旧,是抽象的、绝对的思维即思辨思维的产生史。正是在这里,在思辨语言的掩盖下,包含着黑格尔关于人的自我对象化和异化以及自我生成的合理思想。

在《现象学》中,黑格尔以极端抽象的形式分析了个人的本质的异化和异化的扬弃,因而从表面看来是批判的、革命的。但是由于他的极端唯心主义的观点和资产阶级的立场，使他得出了实际上是保守的和反动的结论。他对现实事物的批判变成了对它们的辩护，并且颠倒地把非理性的东西当作理性的东西加以肯定，把理性的东西当作非理性的东西加以扬弃。因此马克思认为，表现在黑格尔的晚期著作中的保守的主义和反动倾向已经以萌芽的和潜在的形式包含在《现象学》中，所以他把《现象学》叫作"黑格尔哲学的真正诞生地和秘密"。

在《现象学》中，黑格尔把人的本质精神化，认为只有精神才是人的真正的本质。这样，感性的、现实的人就变成了脱离主体的抽象的精神——自我意识。所以在《现象学》中自我意识扮演着人的角色，人的本质的异化变成了自我意识的异化。可是异化了的意识仍然不过是意识。这样一来，人和外部世界之间的现实矛盾，就仅仅归结为自我意识和一般意识之间的对立。由此而得出的结论是，那些作为人的本质的异化而应被扬弃的东西，倒不是由于它的非人化，由于它和人的本性相矛盾，而只是由于它和抽象的哲学精神不同这一点。并且，人对异化了的本质力量的重新占有，也只能表现为纯思维中的占有。异化的整个复归仅仅归结为现存事物的哲学的消融和恢复。在《现象学》中出现的宗教、财富、政权等等各种异化形式，不过是自我意识的不同形式，是自我意识的存在方式和发展环节，它们互相产生，彼此消融，最后结果是自我意识和当作对象的意识的同一，即绝对知识。但是，尽管有这种产生和消灭的运动的假象，而现实的宗教、财富和国家政权却依然如故，原封未动。这就说明，黑格尔作为推动原则和创造原则的否定的辩证法，不过是纯思想的辩证法，只具有抽象的形式的意义。

黑格尔出于唯心主义立场，把对象化和异化混为一谈，在他看来，自我创造，自我对象化的运动即是自我外化和异化的运动。这样一来，扬弃异化并不意味着重新占有对象，反而是扬弃对象性。对象性本身被认为是异化的、不符合人的本质的东西。可是，被剥夺了对象性的人是非现实的人，是唯灵论的存在物。

由于黑格尔把对象化和异化混为一谈，把自我创造、自我对象化的运动当作自我外化和自我异化的运动来看待，实际上就是把异化劳动看成不可克服的、永恒不变的生命表现。因为通过对自然界的改造而实现的自我创造和自我对象化，是人类生活的永恒主题，是"以自己本身为目的的、自满自足的、达到自己本质的、人的生命表现"。而劳动的外化则是一定历史条件下的产物，并且必然要被历史的发展所扬弃。把二者混为一谈，结果不是扬弃异化，而是肯定异化，即证明异化不能被扬弃。

黑格尔在《现象学》中虽然"抓住了劳动的本质"，吸取了斯密学说中关于劳动的对象化及其创造作用的合理思想，但是他只知道一种劳动，即抽象的精神劳动。而且他和斯密一样也站在资产阶级的立场上，只看到劳动（雇佣劳动）的积极方面，而没有看到它的消极方面。就是说，他实际上是从对象化的意义上来理解劳动，而不是从异化的意义上来理解它，不理解劳动兼有对象化和异化的两重性质，不理解劳动是人在异化的范围内实现的人的自我对象化和自为的生成。这样，他对于资本主义条件下的劳动就不是采取批判的态度，而是采取肯定的态度，把它看作人的本质的自我确证，是人的本质的现实化，而不是自我否定和非现实化。这样一来，他就和资产阶级经济学家一样，把丧失了自己本质的、外化了的人即劳动者看作真正的、现实的人，从而对私有财产和异化劳动采取了非批判的态度。

由于黑格尔把异化理解为对象化，因此把异化的扬弃理解为对象性本身的扬弃，就是说，应该扬弃的不是对象的特定的性质，而是对象性本身。这样，对象本身就是一种否定的、自我扬弃的东西，是一种没有独立本质的虚无的东西。可是对象的这种虚无性却是对自我意识的确证。它证实了对象不过是自我意识的自我外化的产物，是自我意识的抽象活动的产物，是它的本质的外在化的表现，对象只是作为这种表现（物质的、感性的外壳）才具有意义的。这样一来，扬弃异化即对象性的唯一方式就是知识，就是说自我意识一旦知道了对象同它是没有什么区别的，对象不过是它本身的抽象活动的产物，是它的自我外在化，它就扬弃了对象的存在，对象对它来说就是非存在，并且知道它在对象中、在它的异己存在中也就是在它自己本身中。这样，自我意识的异化和对象化，就通过知识的进展而被否定并回到自身。

根据这一观点，黑格尔把对宗教的扬弃变成了对宗教的论证。他否定了宗教之后，即在承认宗教是自我意识的外化的产物之后，又肯定了宗教，认为自己是在作为宗教的宗教中得到确证的。在这里，包含着黑格尔后来对宗教、国家、法等等采取保守立场的根源。

由于黑格尔整个地都是站在异化的立场上，即一方面是站在实践的异化即私有财产的立场上，另一方面是站在理论的异化即宗教和唯心主义的立场上来观察问题的，因而他的否定之否定的辩证法完全被颠倒过来了，并不得不导致十分保守的结论。一方面，黑格尔在哲学中加以扬弃的东西，不是现实存在的东西，如宗教、国家、自然界等等，而是作为知识的对象的东西，如教义学、国家学、法学、自然科学等等。这就是说他把扬弃限制在知识领域内，用哲学的即绝对的知识来扬弃非哲学的知识，而现实存在的宗教等等却依然如故。这一点表现了他的辩证法的唯心主义性质。另一方面，他把应予扬弃的东西当作精神的自我展开的本质和自身运动的环节，从而把在低级阶段即非哲学的科学或非哲学的概念中遭到否定和扬弃的东西又在高级阶段即哲学概念中加以肯定和恢复。譬如，他用宗教哲学、法哲学等等来代替被扬弃了的普通教义学、法学等等。因此，信奉宗教的人可以在黑格尔那里得到关于宗教的最后的合理论证。这一点表现了黑格尔辩证法的折中与调和的性质。

然而黑格尔的辩证法尽管有上述种种缺陷，仍然有着非常积极的意义。它以抽象的和隐含的形式说明，真正的因而是现实的人的自我诞生和自我生成，是人通过自己的劳动自我对象化和自我创造的历史过程，并且黑格尔以其特有的方式暗示了这样一种必然性，即在人类发展的一定阶段上，劳动的对象化同时成为劳动的异化，只有通过这种异化的扬弃，真正人的社会才能诞生和生成。所以，正像劳动亦即人对自然界的改造是人的自我生成的必要前提一样，劳动的异化和这种异化的扬弃也是人的自我生成的必要前提。这就是说，只有通过异化和异化的扬弃这种否定之否定的运动，"积极地从自身开始的实证的人本主义才能产生"。这种作为人的自我创造过程的历史辩证法的规律是黑格尔首先发现的。

谈谈"类"与"社会"

孙伯鍨

    1844年8月，大约就在马克思为他的《1844年经济学哲学手稿》撰写序言的时候，他给费尔巴哈写了一封深表崇敬之意的信。信中说到他新近读过费尔巴哈的两部虽然篇幅不大但却极具深远意义的著作——《未来哲学》和《信仰的本质》，认为这些著作给社会主义提供了哲学基础。他说："建立在人们的现实差别基础上的人与人之间的联系，从抽象概念的天上转到现实的人世来的人类这个概念，——如果不是社会的概念，那是什么呢？"这清楚地表明，至少到这时为止，马克思还仍然把费尔巴哈的人类概念当作社会概念来理解，或者说，他的社会概念还仍然是从费尔巴哈的人类概念中推演出来的缺乏具体内容和结构形式的抽象哲学范畴。在马克思看来，由于费尔巴哈从哲学上提出并论证了这个非常接近社会概念的人类概念，德国共产党人一下子发现了社会主义的哲学基础，并且以此为出发点展开了对社会主义的全面的理论论证。《1844年经济学哲学手稿》是这个理论论证过程中的最具思想特色和深刻理论内涵的杰作。正如他给费尔巴哈的这封信中所表明的，在这部著作中，马克思也是把费尔巴哈当作自己的哲学导师来加以崇敬的。

    应该看到，费尔巴哈的最高哲学成就的确集中体现在他的人类概念上。正是通过这个人类概念，他一方面摒弃了为"思维而思维"的思辨哲学，恢复并捍卫了唯物主义的感性原则；另一方面又拒绝了以"人完全是

---

① 原载《南京大学学报》（哲学·人文科学·社会科学版）1998年第1期。

受他的情欲支配的"为代表观点的庸俗唯物主义观点，坚持和发扬了人道主义的精神。马克思此时认为，体现在费尔巴哈人类概念中的现实的（或实证的）人道主义，既反对了抽象的唯物主义，也反对了抽象的唯灵论（唯心主义），因而是社会主义可以接受的唯一哲学前提。沿着这个思路，他自然就会把共产主义当作"彻底的人道主义"和"彻底的自然主义"来加以论证。马克思深切地领会到费尔巴哈的人类概念的两个基本哲学内涵，这就是人和自然之间的统一以及人和人之间的统一。必须充分认识到，费尔巴哈人类概念的这两个基本内涵所给予马克思的哲学启示和思想影响是极为深刻而巨大的。前者引导马克思研究人对自然界的积极关系，后者引导马克思研究人和人之间的社会关系。

然而，费尔巴哈的人类概念终究是一个抽象的、折中主义的概念。费尔巴哈一方面肯定人是自然界的产物因而具有不可扬弃的生物属性，承认人是受情欲支配的对象性的存在物；另一方面，他又极度夸张人的情感联系和道德属性，用理性化了的基督教的本质来反证人的类本质。他企图用宗教和道德的力量来限制和克服人的不断膨胀的情欲，把利己主义限制在合理的范围之内，从而达到人和人之间的联合和统一。费尔巴哈想借助人类概念把被当作单纯的信仰而推到了彼岸世界的道德理念拿到此岸的人类世界中来实现，但由于他的人类概念依然没有消除"是"和"应当"、事实和价值之间的二元对立，致使他的人道主义仅仅在外表上具有现实性。在这一方面，他无疑超越了康德，但却未能从根本上克服康德。正是由于这个缘故，在此后的大约一年的时间里，马克思不仅没有继续沿着费尔巴哈的思路走下去，而且在不断地发现了新的理论立足点之后，一步一步地远离了费尔巴哈，以致最后不得不在一个全新的哲学基地上清算这个曾经经历过的思想误区。

不过，在马克思止步的地方，有人却是继续按照费尔巴哈的逻辑向前走的，这就是以莫泽斯·赫斯为代表的德国"真正的社会主义者"。应该承认，赫斯是在马克思之前就运用费尔巴哈哲学来论证社会主义的。赫斯最初把费尔巴哈对宗教异化的批判扩大到对社会经济异化现象的批判上来，这对马克思曾产生过重要影响。这种影响在《1844年经济学哲学手稿》中可以异常清楚地看出来。和费尔巴哈一样，赫斯也认为人的"类生活"是合乎人的本性的生活，要实现这种"类生活"就必须通过扩大和完善人类生产活动中的协作和交换，以便把人们之间的分离和竞争变为和谐而自由的合作。为了实现这一转变，唯一的方法只有唤起人类最珍贵的感情——"爱"。不言而喻，这种社会主义当然和科学毫无关系。因此，恩格斯后来在回忆这段历史时才肯定地说："1844年还没有现代的国际社会主义。从那时起，首先是并且几乎完全是由于马克思的功绩，它才彻底发展成为科学。"①

抛弃了费尔巴哈的"类"概念自然也就抛弃了从这个概念中推演出来的"社会"概念。在《1844年经济学哲学手稿》中这两个概念的含义是基本相同的。但现在的问题是，马克思在扬弃了抽象的"人类"概念和"社会"概念之后，究竟是怎样达到具体而现实的人类概念和社会概念的？在当今关于马克思主义哲学的讨论中，对"人类"和"社会"这两个基本哲学范畴及其相互关系的不同理解，是导致理论分歧的焦点之一。然而，正是这个问题往往为多数人所忽视。1845年，马克思在《关于费尔巴哈的提纲》中，批评费尔巴哈"只能把人的本质理解为'类'，理解为一种内在的、无声的、把许多个人纯粹自然地联系起来的共同性"，而"实际上，它是一切社会关系的总和"。②马克思这里所说的"一切社会关系的总和"指的正是"社会"一词的具体内容。从这时起，他的社会概念就不再是从"人类概念"中推演出来的抽象范畴，而是从现实历史发展中概括出来的具体历史范畴。从抽象的人类范畴中推演出同样抽象的社会范畴，运用的依然是一种为德国哲学所固有的思辨逻辑，这种逻辑习惯于遵循一条从本质到其存在形式的思维方法。如果劳动作为人的类本质确证了人的类生活就是人的社会的生活，那么，社会主义就能够直接从人的类本质、类概念中逻辑地推演出来。关于这一点，德国"真正的社会主义"者海尔曼·泽米希曾作过如下的自白，他说："法国人通过政治走向共产主义……德国人通过最后变成人类学的形而上学走向社会主义……共产主义

---

① 《马克思恩格斯全集》第22卷，人民出版社1965年版，第316页。
② 《马克思恩格斯全集》第3卷，人民出版社1960年版，第5页。

和社会主义归根到底都融入在人道主义中了。"① 因此，不抛弃德国哲学的思辨传统，不把理论的立足点从哲学的基地上转到现实的基地上来，就不可能得到对于社会的确切内容的知识，也就不可能有真正科学的社会概念。1859年，马克思在《政治经济学批判》一书的"序言"中回忆他在这段时间内的思想发展过程时谈到，在脱离黑格尔哲学所给予他的强大影响之后，他就致力于对作为法的关系和国家形式的真正基础的物质生活关系的研究。这种物质生活关系的总和在黑格尔那里被称作"市民社会"，马克思说，"对市民社会的解剖应该到政治经济学中去寻找"。这里值得注意的是，对市民社会即物质生活关系的总和的认识唯一地只能通过政治经济学的解剖方法才能获得。诚如人们所熟知的，在1845年以后，马克思在政治经济学的研究中所运用的方法已经完全不是1844年以前的那种尚具思辨色彩的抽象演绎方法，而是以严酷的社会现实和顽强的历史事实为出发点的唯物辩证的科学方法。这种方法的萌芽、形成和最后成熟与历史唯物主义的创立过程是密切相关的。自1846年之后的几年，在马克思和蒲鲁东之间曾发生过一场极为重要的理论论战。论战的焦点就是"类"与"社会"的问题。蒲鲁东不懂得生产关系为何物，因而也不懂得社会为何物。在他那里，社会不过是一种主观的抽象，是"类"的别名。他所谓从社会的角度看问题，恰恰是要把"表示着社会关系（资产阶级社会关系）的区别忽略掉"。马克思说："（蒲鲁东的说法）就像下面这样的说法一样：从社会的角度来看，并不存在奴隶和公民；两者都是人。其实正相反，在社会之外他们才是人。""A作为人并不是奴隶。他在社会里并通过社会才成为奴隶。"② 根据马克思此时的观点，社会概念具有和抽象的人类概念完全不同的含义。他明确地说："社会不是由个人构成，而是表示这些个人彼此发生的那些联系和关系的总和。"③ 而在《1844年经济学哲学手稿》中，他是把这两个概念混为一谈的，例如，他说，共产主义"是通过人而对人的本质的真正占有；因此，它是人向自身、向社会的（即人

---

① 《马克思恩格斯全集》第3卷，人民出版社1960年版，第539—540页。
② 《马克思恩格斯全集》第46卷上册，人民出版社1979年版，第220页。
③ 《马克思恩格斯全集》第46卷上册，人民出版社1979年版，第220页。

的）人的复归"①。在成熟时期的马克思看来，社会是一个起源于物质生产过程的具体历史范畴，人们在生产物品的同时，也生产着他们之间的关系。这些"生产关系总合起来就构成所谓社会关系，构成为所谓社会，并且是构成为一个处于一定历史发展阶段上的社会，具有独特的特征的社会"②。

这当然不是说，马克思从此就完全抛弃了人类这个概念。他抛弃的是抽象的人类概念，得到的却是具体的人类概念。事实上，因为马克思走出了思辨的哲学人类学的阴影，把社会概念提升到由具体的现实历史内容构成的科学概念的水平，他才使人类概念获得了自己的丰富内容，这个内容是由迄今为止的全部历史及其发展趋势中展现出来的。马克思一方面通过对现实社会关系的分析和解剖揭示了人类历史发展的规律，另一方面又从全部人类历史发展的高度揭示了现存社会制度的暂时性和过渡性，而不是像资产阶级唯物主义那样，赋予资产阶级社会以超历史的自然永恒性。为此，他在《关于费尔巴哈的提纲》中，特别写下了如下一条："旧唯物主义的立脚点是市民社会，新唯物主义的立脚点则是人类社会或社会的人类。"③

写了以上这些，我们只是想要说明，当人们今天再一次把哲学研究的视线从具体现实的社会关系上移开而集中投向抽象的"类"概念的时候，他们从马克思主义哲学的宝贵遗产中究竟抛弃掉了什么？

---

① 《马克思恩格斯全集》第42卷，人民出版社1979年版，第120页。
② 《马克思恩格斯全集》第6卷，人民出版社1961年版，第487页。
③ 《马克思恩格斯全集》第3卷，人民出版社1960年版，第8页。

马克思"劳动异化"理论形成的历史语境和内在逻辑[①]

姚顺良

关于"异化"同马克思的关系,自 1932 年马克思《1844 年经济学哲学手稿》完整发表以来,首先在西方从那时起到 20 世纪 60 年代,接着在苏联、东欧从 60 年代到 70 年代,最后在我国 80 年代,一再成为学界关注和讨论的中心问题。此方面研究形成了一个又一个的热潮,出版了大量的论文和专著,可以说相关文献浩如烟海、汗牛充栋。似乎值得探讨和争论的一切问题,甚至连最细微之处都已经被详尽地探讨和研究过了,这个问题已经过分成熟、早已陈旧不堪了,只有考古学家才会"发思古之幽情"对之感兴趣。但我认为,关于这一问题不少方面仍有待进一步深化。本文将通过对马克思以前和马克思本人"异化"理论形成过程的全面梳理,力图更为深入地揭示马克思接受"异化"理论的具体语境,特别是青年马克思异化理论本身演化的内在思想逻辑。

"异化"并非马克思的首创,而是马克思建构自己言说方式和话语体系由以出发的先在语境。这一点已成为学界的常识。但是,马克思以前"异化"范畴和"异化"理论究竟是如何形成的?到马克思出场时这一范畴和理论发展到何种状态?这却是需要说明的。

就"异化"(alienation)概念的思想史渊源来说,西方有人追溯到古希腊柏拉图,认为他关于自然界是完美的理念世界的不完美的摹本的观

[①] 原载《理论探讨》2007 年第 6 期。

点，是黑格尔关于自然界是绝对观念的自我异化的思想的渊源；有人（主要是宗教异化论者）则追溯到基督教关于人类原罪和赎罪的教义，并认为在《旧约》的偶像崇拜观念中，就可以找到异化概念在西方思想中的最初表述。我认为，这是不正确的，其根源在于他们将"异化"概念泛化了。其实，无论是柏拉图，还是原始基督教，都还未完全超出古代将自然"拟人化"和自然崇拜的局限；而"异化"概念的形成是以自然的"去魅化"和人对自身产物的崇拜为前提的，它作为一种现代性的范畴，其形成和演变大体上可以概括为以下三个阶段。

第一阶段是经济生活的日常观念及其在经济学中的复制。Alienation 一词最早源于商品生产的经济生活中形成的商品出售及财产转让的日常观念。商品生产尽管在古代就已经出现并有了相当发展，但正如马克思所指出的，它在古代社会"就像伊壁鸠鲁的神一样存在于世界的缝隙之中，只是在资产阶级生产时期，商品才成为财富的基本元素形式，转移（alienation）才成为占有的主导形式"[①]。因此，只是到了现代，从17世纪中叶斯图亚特时开始，这种财产转让的日常观念才被资产阶级古典政治经济学复制成为经验科学的概念；而在18世纪亚当·斯密对政治经济学实行的"路德式的改革"中，由于把财富的本质由客体转到主体（"劳动价值论"），这一概念得到了更完全的发展。但是，从根本上说，这一阶段只是"异化"概念的史前期，因为，一方面，它尚带有浓厚的经验色彩，只是商品交易当事人日常意识的简单复制；另一方面，它只看到了商品经济中"劳动所有权"的法权形式［alienation（转让）→占有］，看不到或根本不理解在占有的内容或实质上，劳动所有权向资本主义无偿占有［占有→alienation（异化）］的转化。

第二阶段是社会科学的理论概念及其从和谐到对抗、实证概念到价值概念的转化。Alienation 从经验概念到理论概念、从"转让"到"异化"的真正转折发生在现代"自然法"理论和"社会契约论"之中。霍布斯、洛克、格老秀斯将经济上的所有权转移的含义引申到法、政治和社会权利

[①]《马克思恩格斯全集》第13卷，人民出版社1965年版，第148页。

的转让上，实现了 alienation 从经验概念到理论概念的上升。但是，在他们那里，转让后（异化了）的客体并不与主体对立，更不束缚、压制、敌视、吞食、取代主体，二者的关系是协调、和谐的。Alienation 作为"异化"概念应有的对抗性内涵尚未形成。卢梭第一个赋予 alienation 概念以新的对抗性内容和价值性质，使无批判的实证概念 alienation 转变成批判的价值概念"异化"，并以此发展了霍布斯等人提出的"社会契约论"和现代"自然法"理论。他认为，在私有制出现以后，人们自然权利的让渡形成了社会和国家权力，但这种权力形成后，又会成为一种与出让权利的人相分离、相对抗的独立力量，反过来压制和剥夺他们，最后导致暴君统治；在这种统治下，一切人都丧失了权利，因此人们有权收回本来属于他们的权利。后来，爱尔维修进一步发展了这一思想。他们的思想代表了资产阶级反封建的要求。在 19 世纪的空想社会主义者对资本主义制度的批判（以傅立叶的《论商业》为典型）中，又把这个启蒙思想家和 18 世纪唯物主义者所锻造的思想武器，对准了他们所追求的理想社会（资本主义）本身。

第三阶段是哲学的核心范畴和完整的哲学理论。在德国古典哲学中"异化"发展为完整的哲学范畴和哲学理论。费希特虽然没有直接使用"异化"一词，但他提出了与"异化"相近的"外化"概念，并创立了"自我—非我—自我"的主观唯心主义体系，开了把异化同对象化合一、异化同自我异化合一、人的异化同精神的异化合一的先河。经过谢林的神秘主义的"同一哲学异化"，在黑格尔那里膨胀为庞大的客观唯心主义的世界观体系。整个世界都成了绝对观念自我异化并扬弃自我异化的否定之否定过程；人不过是处于扬弃异化阶段上的绝对观念自身（"自我意识"），人本身也经历了异化和扬弃异化的过程；异化即是外化，扬弃异化同时是扬弃对象化；异化是绝对观念和"自我意识"（人）自我生成的必然环节，既是退化，又是进化，异化和扬弃异化是同一过程。可以说，异化是黑格尔哲学的核心、结构、方法和整个体系。

马克思开始自己政治理论活动之际，黑格尔学派已经解体，出现了青年黑格尔派同老年黑格尔派的对立。青年黑格尔分子，从施特劳斯和布鲁诺·鲍威尔到费尔巴哈和施蒂纳，从切什考夫斯基、卢格到赫斯，都企图从黑格尔出发并超越黑格尔。青年黑格尔主义构成了马克思异化理论形成的直接语境，其中对马克思影响较大的是布鲁诺·鲍威尔、费尔巴哈和赫斯的异化理论。

布鲁诺·鲍威尔抓住了黑格尔哲学中的"自我意识"，把它同施特劳斯的"实体"对立起来，提出了"宗教是自我意识的异化"的理论。他认为"古代的宗教把自然界、家族和民族的精神当做自己的主要力量"①，人还没有认识到自己的本质——自我意识。到了基督教时期，人们开始在异化的形式下认识到自己的本质，"自我意识在福音书中同自己发生关系，尽管是同异化了的自己也就是同自己的极其滑稽的模拟品发生关系，但毕竟是在同它自己发生关系"②。基督教是一种抽象的宗教，它作为一种普遍的力量，一方面突破了此前人类的自然生活和民族生活的限制，另一方面这个"精神抽象的吸血鬼"又"吸尽了人类的生机和活力，吸尽了人类的脂膏"，把所有属于人的"自我意识"的东西归之于彼岸的上帝，把精神自由变成了普遍的精神奴役。基督教是发展到顶点的异化，它使异化"成为一种囊括人类一切事物的全面的异化"③。因而，它不能保持自身，必然要转化到自己的对立面，即异化的克服。实现这一转变的中介，就是"批判"，而且只能是与无意识的"实体"即群众相对立的"自我意识"的"绝对批判"。

费尔巴哈认为，鲍威尔和施特劳斯只是分别批判了"《圣经》神学"和"教条神学"，都不彻底，只有他才"将一般基督教，就是说将基督教的宗教作为批判的对象"④。他突破了黑格尔以及鲍威尔和施特劳斯把神看作人的本质的唯心主义观点，认为宗教既不是上帝或绝对观念的异化，也

---

① 黄楠森、庄福龄：《马克思主义哲学史教学研究资料选编》上册，北京大学出版社1984年版，第128—129页。
② 黄楠森、庄福龄：《马克思主义哲学史教学研究资料选编》上册，北京大学出版社1984年版，第130页。
③ 黄楠森、庄福龄：《马克思主义哲学史教学研究资料选编》上册，北京大学出版社1984年版，第129页。
④ ［德］路德维希·费尔巴哈：《费尔巴哈哲学著作选集》下卷，荣震华译，商务印书馆1984年版，第21页。

不是无意识的"实体"的产物或"自我意识"的异化，恰恰相反，宗教和思辨哲学是人的本质的异化。同时，他抛弃了异化是世界和人自我生成必然环节的观点，认为它们真正的本质是直接的感性存在，而不是间接的即只有在通过否定之否定才能被肯定；人的感性存在是对其本质的直接肯定，异化是违反自然的、不幸的，不是必然的，只是可能的，当人拒绝承认自然界是上帝的自我异化时他就不会同自身相异化，只有当人将其创造的虚幻的异己的更高存在物（上帝或理念）置于自身之上并在那存在物面前自认为奴仆时才会同自身的本质相异化；人的异化来自于理性的偶然迷误和个人的依赖感，恢复非异化状态在于消除对上帝的迷信和崇拜，用对人自身的"类"本质（"理性、意志、心"）的崇拜来代替它。

赫斯则把费尔巴哈的"理论的人道主义"发展为"实践的人道主义"。他认为，"个体非生命活动的相互交换是一切生命的本质，人与人的交往就是人的本质"，既是人的理论本质，又是人的实践本质。但是，基督教世界却把这一切都颠倒了："个体被提升为目的，类被贬低为手段。"费尔巴哈揭示的"宗教和思辨哲学是人的本质的异化"，还只是理论上的异化，只是个体在精神上借助于上帝而存在。其实"上帝对理论生活所起的作用，同货币对颠倒的世界的实践生活所起的作用是一样的：这是人的外化了的能力，人的被出卖了的生命活动"①。如果说上帝是人的理论本质的异化，那么货币则是人的实践本质的异化。"我们在理论上完全可以摆脱颠倒的世界意识，但是只要我们在实践上还没有离开颠倒的世界，我们就必然要如俗语所说，同流合污。"② 实际上，经济学同神学一样，关心的根本不是人。国民经济学是尘世的发财致富的科学，正如神学是天国的发财致富的科学一样。③ 因此，只有"向共产主义过渡"，在实践中用"爱"代替"利己主义彼此在爱情中联合起来"，才能避免"互相剥削、互相吞

---

① 黄楠森、庄福龄：《马克思主义哲学史教学研究资料选编》上册，北京大学出版社1984年版，第128—129页。
② 黄楠森、庄福龄：《马克思主义哲学史教学研究资料选编》上册，北京大学出版社1984年版，第163页。
③ 黄楠森、庄福龄：《马克思主义哲学史教学研究资料选编》上册，北京大学出版社1984年版，第163页。

噬",真正摆脱异化。应该承认,赫斯比费尔巴哈的"宗教和思辨哲学的异化"论更进了一步,达到了"财产和国民经济学的异化"论;但是,由于他仍然从伦理和情感角度提出和解决问题,因而最终无法超出异化理论的哲学人本学框架。

马克思正是在上述背景下,接受并逐步形成自己特有的"异化"理论的。这一过程可以划分为两个时期:马克思早期政治理论活动的德国时期和巴黎时期。前一时期,马克思还处于理论上的唯心主义和政治上的革命民主主义立场,这是马克思接受"异化"理论、其独特的"异化"思想开始萌芽的时期;后一时期则是马克思转变到人本学唯物主义和哲学共产主义立场、其独特的"异化"理论真正形成的时期。前一时期又包括两个阶段:第一阶段是马克思在柏林开始"宗教和哲学批判"活动,受黑格尔和布鲁诺·鲍威尔的双重影响,接受黑格尔主义"异化"理论的阶段;第二阶段则是马克思在科伦转向"国家和法批判",现实斗争的实践动摇了其唯心主义信仰,开始突破黑格尔主义"异化"理论的框架,其独特的"异化"思想开始萌芽。这两个阶段马克思的"异化"思想分别体现在《博士论文》和与《莱茵报》相关的文章、书信等文本之中。

马克思《博士论文》的选题本身,就表明了黑格尔哲学特别是鲍威尔"自我意识"哲学对他的巨大影响。他最初准备对伊壁鸠鲁哲学、斯多葛主义和怀疑论哲学进行全面研究,就是因为黑格尔把它们看作"自我意识哲学",特别是鲍威尔和科本都进行过研究;他最终把论题选定为"德谟克利特的自然哲学和伊壁鸠鲁的自然哲学的差别",也是因为在他看来,伊壁鸠鲁的"原子不外是抽象的、个别的自我意识的自然形式"①,要以此论证"自我意识"哲学。在《博士论文》中,马克思第一次使用了"异化"概念。他认为,在伊壁鸠鲁那里"由于有了质,原子就获得同它的概念相矛盾的存在,就被规定为外在化了的、同自己的本质不同的定在"②。现象世界正是从"完成了的并且同自己的概念相异化了的原子"中产生出来的。"只有在伊壁鸠鲁那里现象才被理解为现象,即理解为本

---

① 《马克思恩格斯全集》第40卷,人民出版社1982年版,第233页。
② 《马克思恩格斯全集》第40卷,人民出版社1982年版,第218页。

质的异化，这种异化本身在它的现实性里作为异化表现出来的"①。这样，伊壁鸠鲁就把本质世界与现象世界统一起来了。这时他对"异化"的理解基本上是黑格尔主义的，但是，他强调作为本质的自我意识必须"给现象打上它的烙印"②，"自我意识永远具有一个双面的要求：其中一面针对着现实，另一面针对着哲学本身"③。这实际上体现了马克思"世界的哲学化同时也就是哲学的世界化"④的思想。正是这种特点，使马克思既不同于黑格尔把"自我意识"仅仅看作绝对观念在一定阶段表现形式的客观唯心主义"异化"观，也不同于鲍威尔等其他青年黑格尔分子把"自我意识"绝对化的主观唯心主义"异化"观。

马克思强调"哲学"和"世界"相互转化、注重理论与实践双重批判的特点，决定了他在《博士论文》之后很快转入了"国家和法批判"。马克思强调，要"更多地联系着对政治状况的批判来批判宗教，而不是联系着对宗教的批判来批判政治状况"⑤。这导致了他最终于1842年底同柏林"自由人"集团的决裂。从"出版自由"到"物质利益的难事"，马克思在《莱茵报》时期完全卷入了实际的政治斗争。从马克思"异化"理论的演化史角度来看，这一阶段的重大意义就在于，普鲁士的政治现实从根本上动摇了马克思对黑格尔和青年黑格尔派"异化"理论的信仰。按照黑格尔关于国家和法是"理性"和"自由"体现的观点，国家和法本应维护出版自由，保证出版物自由地表现出精神所固有的"普遍性"、"丰富性"和"多样性"，却用"书报检查令"作为惩罚思想的工具，只允许一种思考方式、一种风格，把出版物变成官方的喉舌。国家和法本应体现普遍利益，却成了等级利益和私人利益的工具，不惜牺牲穷苦人民的习惯权利，把正当行为说成违法，完全变成了土地占有者和林木占有者的奴仆。即使按照黑格尔的观点来看，这也是一种异化，但这种异化超出了黑格尔的异化理论的框架：不是理性或普遍利益通过异化为私人利益而最终实现

---

① 《马克思恩格斯全集》第40卷，人民出版社1982年版，第231页。
② 《马克思恩格斯全集》第40卷，人民出版社1982年版，第258页。
③ 《马克思恩格斯全集》第40卷，人民出版社1982年版，第259页。
④ 《马克思恩格斯全集》第40卷，人民出版社1982年版，第258页。
⑤ 《马克思恩格斯全集》第27卷，人民出版社1972年版，第436页。

自身、精神自由通过异化为出版法令而最终实现自身；反而是异化的现实否定了国家的理性本质和法的自由本性。正在此时，费尔巴哈的异化理论的"主宾颠倒法"给马克思提供了方法论武器。马克思开始了运用费尔巴哈哲学范式、建构自己独特异化理论的过程。马克思建构自己异化理论的过程，不仅从范式上讲是费尔巴哈人本学唯物主义的应用，就论域来说也是从费尔巴哈的"宗教和思辨哲学的异化"论出发的，他是接着费尔巴哈的"宗教异化"往下讲的。正如马克思自己后来所说："费尔巴哈是从宗教上的自我异化，从世界被二重化为宗教世界和世俗世界这一事实出发的。他做的工作是把宗教世界归结于它的世俗基础。但是，世俗基础使自己从自身中分离出去，并在云霄中固定为一个独立王国，这只能用这个世俗基础的自我分裂和自我矛盾来说明。"① 马克思正是从"宗教异化"的"世俗基础"开始，在不断追问异化根源的过程中，形成自己独特的"异化"理论的。这一过程在实践上表现为从"国家和法批判"深入到"国民经济学批判"，其内在思想逻辑演进则包括"政治异化—经济（财产）异化—劳动异化"三个阶段。

第一阶段是"政治异化"理论。为了解决自己在《莱茵报》时期的"信仰危机"，马克思在克罗茨纳赫投入了"政治史研究"，并运用费尔巴哈的人本主义范式批判黑格尔的"法哲学"。通过这一研究和批判，他认为，宗教异化的根源就在于政治国家和市民社会的对立，由此形成了自己的"政治异化"理论。这一理论认为，宗教异化的根源在于世俗基础的分裂即政治异化；而政治异化是指世俗生活分裂为政治生活和市民生活，人异化分裂为"公民"和"私人"、"法人"和"市民"，政治国家是市民社会的异化，即国家和法被看作世俗生活中的上帝、绝对精神。这一阶段的代表作是《克罗茨纳赫笔记》和《黑格尔法哲学批判》，在理论观点上从唯心主义转变到费尔巴哈式的人本学唯物主义，得出了"不是国家决定家庭和市民社会，而是家庭和市民社会决定国家"的结论；但在政治上暂时尚未超出革命民主主义立场，马克思当时与卢格的观点高度一致，就是

---

① 《马克思恩格斯选集》第 1 卷，人民出版社 1995 年版，第 55 页。

证明。

第二阶段是"经济(财产)异化"理论。"政治异化"理论本身就带来进一步探究的要求和思路:政治异化的根源何在?正像宗教异化的根源在于世俗生活的分裂一样,政治异化的根源在于市民社会的分裂即经济异化:私有财产使本来是"类"的人(人类)分裂成为"原子主义"的"利己主义者",货币便成了这些互相孤立的利己主义个人本应具有的"类"本质的代表。正是以发表在《德法年鉴》上的《〈黑格尔法哲学批判〉导言》和《论犹太人问题》为标志,马克思形成了自己的"经济(财产)异化"理论,不仅在理论上前进了一步,由此开始了对市民社会本身的解剖;而且在政治上从革命民主主义转到哲学共产主义立场,从而完成了自己世界观的第一次转变。马克思与卢格发生分歧并导致最终决裂,与赫斯和恩格斯的观点一致,是同这一立场的转变紧密相连的。毋庸讳言,马克思在这一阶段受到了赫斯和恩格斯的巨大影响,但是我们也应看到,马克思的思想转变有着自己的内在逻辑,而且他的哲学共产主义立场与恩格斯特别是赫斯相比,有着更为鲜明的现实性和阶级性。马克思不是像赫斯那样把重心放在"利己主义"与"爱"的伦理对立上,而是强调"消除做生意的前提"、"消除做生意的可能性",并且极其明确地区分了"政治解放"与"人类解放",强调了无产阶级是人类解放的"心脏"。

第三阶段是"劳动异化"理论。如果说在"政治异化"和"财产异化"阶段,马克思的异化理论还或多或少带有他人影响的痕迹,那么"劳动异化"理论则可以说完全是马克思的个人原创。马克思没有停留在赫斯和恩格斯主要从"交换"和"商业"领域来批判私有制、论证共产主义的水平上,而是进一步追问经济(财产)异化的根源,从而深入到了生产和劳动领域。既然金钱成为人的类本质的异化,金钱被看作市民社会中的上帝,其根源在于私有财产分裂了人类;而财产又是人类劳动的产物,所以,经济异化(私有财产)的根源在于人的生命活动的分裂即劳动异化。人的类本质是自由自觉的劳动,但现有的劳动却是异化劳动:劳动产物、劳动本身同劳动者相异化,人同自己的类本质、人同人相异化,一句话,人的生命活动发生了分裂。这就是马克思在《1844年经济学哲学手稿》

[主要是其"第一手稿"（新版标为"笔记本Ⅰ"）] 中提出的"劳动异化"理论。在这里，马克思不仅指出"异化劳动是私有财产的直接原因"，而且进一步得出这样的结论："社会从私有财产等等的解放、从奴隶制的解放，是通过工人解放这种政治形式表现出来的"①，作为私有财产的积极扬弃和人的本质的真正占有，就是共产主义，"这种共产主义，作为完成了的自然主义，等于人道主义，而作为完成了的人道主义，等于自然主义"②。"劳动异化"理论，集中体现了马克思人本学唯物主义和哲学共产主义阶段的思想。

---

① 《马克思恩格斯全集》第42卷，人民出版社1979年版，第101页。
② 《马克思恩格斯全集》第42卷，人民出版社1979年版，第102页。

历史和文本中的《1844年经济学哲学手稿》[①]

周嘉昕

可以说,《1844年经济学哲学手稿》(以下简称《手稿》)是马克思主义哲学研究史上最富争议的理论文本之一。围绕《手稿》的发现及其文本阐释,已经形成了多次高烈度的论战。今天,随着"人本主义"和"异化"问题的解决,以及《马克思恩格斯全集》历史考证版新版(以下简称MEGA²)两种编辑方式的确定,《手稿》似乎逐渐淡出了国内马克思主义理论研究的主要视野。但一个不容回避的事实是,《手稿》的文本本身时至今日还未曾面向中国学者直接开放,作为既有研究依据的两个中文版本都已经过了后人的加工和整理[②]。然而,笔者暂不打算直接基于《手稿》的原初文本状况提出某种新的解释,而只是愿意将其看作这样一个象征性标志:《手稿》研究尚未终结,甚至是有待重新启程。为了更好地论证这一观点,本文将以历史和文本中的《手稿》为线索,在对"青年马克思"的诞生和马克思主义哲学形成史的确立的回顾中,发现《手稿》理论阐发和文本解释之间的复杂关联,进而证明《手稿》的原创性阐发当然离

[①] 原载《学术月刊》2014年第9期。
[②] 1982年,MEGA²第一部分第2卷同时出版了按照写作顺序和逻辑顺序编排的《手稿》,已经有不少学者关注到这一问题,并进行了细致的评介。参见鲁路:《〈1844年经济学哲学手稿〉两次文本编排的不同特点分析》,载《求是学刊》2012年第7期;杨洪源:《原始手稿本来面貌的直接呈现》,载《教学与研究》2011年第11期;周嘉昕:《逻辑与写作过程中的〈对黑格尔辩证法和整个哲学的批判〉》,载《晋阳学刊》2011年第5期等。其实,有关《手稿》写作顺序的最初介绍(MEGA²相关卷次的说明和注释)早已散见于中央编译局编译出版的《马列主义研究资料》和《马列主义编译资料》等内部刊物之中。

不开一手文本的分析，但更依赖于思想史的积淀和现实理论语境的回应。

一、"青年马克思"的诞生

众所周知，《手稿》的公开问世是在1932年。是年，《手稿》分别在《马克思恩格斯全集》历史考证版（以下简称MEGA¹）第一部分第3卷和《历史唯物主义。早期文选》（以下简称《早期文选》）上以原文形式得以发表。前者的编者是苏联马克思恩格斯列宁研究院的负责人阿多拉茨基，后者的编者是德国社会民主党理论家朗兹胡特和迈耶尔。正是随着《手稿》的问世，西方学界兴起了一股以新发现的《手稿》来解释一个人道主义的马克思的热潮，从而炮制了所谓的"青年马克思"或"两个马克思"问题，这一问题的实质不过是对苏联正统马克思主义的颠覆和反对。简单来说，这样一个历史过程似乎不存在什么有争议之处，并且可以自然而然得出这样一个结论：在马克思、恩格斯的文本研究和思想阐释问题上，从20世纪30年代开始，苏联与西方学者就进行竞争和对抗。然而，事实似乎并不像想象的那么简单。笔者在回顾这段历史时，发现了感到困扰的几个问题。

首先是两个版本的文本结构问题。且不说朗兹胡特和迈耶尔版本的《国民经济学和哲学》（这是《早期文选》中的题目）并未编入我们今天熟悉的包括论述"异化劳动"的重要内容的"第一笔记本"，单就MEGA¹版本而言，也似乎有违历史考证版的初衷。因为除了个别标题和文字的调整外，MEGA¹所提供的《手稿》版本在主要的结构安排上就是我们今天所熟知的《马克思恩格斯全集》中文第一版第42卷的版本。对于今天已经掌握了MEGA²逻辑顺序版［即《马克思恩格斯全集》中文第二版第三卷和《1844年经济学哲学手稿》（2000年单行本）所提供的文本结构］的中国学者来说，MEGA¹可以说是令人失望，甚至与其开创者梁赞诺夫的形象不符。[①]

---

① 一个有趣的问题是，后来有西方"马克思学"学者就将《手稿》的发现权和MEGA¹版编者的荣誉一起授予了梁赞诺夫，这不能不说是一个"美丽的误会"。参见本文第二部分有关巴特摩尔译本《手稿》的讨论。

其次是文本依据的选择问题。可以说，根据日常意义上的理解，既然西方学者特别是德国社会民主党理论家更推崇人道主义，那么"青年马克思"的拥趸似乎应该选择《早期文选》版本作为依据，而对 MEGA^1 版本大加挞伐才对——就像在《德意志意识形态》第一章《费尔巴哈》文本研究中曾发生的那样。但无论是马尔库塞、德曼，还是 20 世纪 50 年代后出现的西方"马克思学"学者，都对《早期文选》不甚关注，反倒是在文本结构的理解上主要依据了 MEGA^1 的文献研究成果。也就是说，在"青年马克思"形象的塑造问题上，《手稿》的文本本身只涉及"有无"，而与"怎样"无关。

最后是苏联学者的回应问题。涉及"青年马克思"或"人道主义"这样一个关键性的理论问题，苏联马克思恩格斯列宁研究院的专家学者应该专门回应才对，但就目前看到的文献而言，真正对《手稿》作出阐释并回应西方学者观点的研究是在 20 世纪 50 年代中期以后才出现的。这就很容易令人形成这样一种奇怪的联想：苏联学者费力不讨好地编了一部《手稿》，却成为西方学者攻击苏联马克思主义理论的依据，真是"搬起石头砸自己的脚"。这究竟是为什么？

为了更好地回答上述三个疑问，笔者认为，以既有的《手稿》中文版本情况为例来简单介绍一下：

MEGA^1 和《早期文选》中的《手稿》文本状况是十分必要而有益的。正如既有研究已经说明的那样，《手稿》共计出现了三个中文版本，分别是 1956 年何思敬译《1844 年经济学哲学手稿》、1979 年刘丕坤译《1844 年经济学哲学手稿》（也就是《马克思恩格斯全集》第一版第 42 卷）和 2000 年《1844 年经济学哲学手稿》（单行本，即《马克思恩格斯全集》第二版第三卷）。前两个版本除文字翻译有所差别外，在文本结构上基本一致。尽管二者分别参考的是《马克思恩格斯早期著作集》（俄文版）和《马克思恩格斯全集》俄文第二版第 42 卷，但二者与 MEGA^1 所提供的编排方式基本一致。最后一个版本参考的则是上文提到的 MEGA^2 第一部分第二卷逻辑顺序版。

笔记本 I

工资

资本的利润 地租

［异化劳动和私有财产］

［笔记本 II］

［私有财产的关系］

［笔记本 III］

［对笔记本 II 第 XXXVI 页的补充］

　　［私有财产和劳动］

［对笔记本 II 第 XXXIX 页的补充］

　　［私有财产和共产主义］

　　［对黑格尔的辩证法和整个哲学的批判］

　　［私有财产和需要］

［增补］

［片断］

　　［分工］

　　［货币］

对照上述结构，MEGA¹ 版《手稿》的主要不同之处在于［对黑格尔的辩证法和整个哲学的批判］这一部分的位置。在以 MEGA¹ 为基础的《手稿》版本中，我们可以发现一个共同的特点，即对黑格尔的批判这一部分被专门抽出来作为最后一部分。同时，夹杂在［笔记本 III］中的"乔治·威廉·弗里德里希·黑格尔《精神现象学》摘要《绝对知识》章"被 MEGA¹ 编者编号为［IV］且作为附录收入。MEGA¹ 的编者之所以这么做，一方面是根据马克思自己在序言中所提到的"本著作的最后一章，即对黑格尔的辩证法和整个哲学的剖析"的说法，另一方面也是基于将《手稿》看作一部独立的著作的想法。尽管在 MEGA¹ 的编者无论是梁赞诺夫还是阿多拉茨基看来，《手稿》都是《神圣家族》的准备材料，但作为马克思的著作本身就应当符合由哲学、政治经济学和社会主义三个组成部分构成的原则。然而，尽管 2000 年《手稿》单行本将［对黑格尔的辩证法和整个哲学的批判］提到了［笔记本III］的中间位置，但这仍然不是马克思写作《手稿》的原初状态。反倒是在《早期文选》中，尽管其缺失了［笔记本I］，且令不明就里的读者读起来感到十分混乱，但其顺序倒是十分接近马克思自己的编号（即MEGA^{2}写作顺序版对［笔记本III］的编辑）。以2000年《手稿》（单行本）目录为例（括号中为该版页码），朗兹胡特和迈耶尔编辑的《手稿》结构为：

序言
［笔记本III］
［对笔记本II第XXXVI页的补充］
　　［私有财产和劳动］
［对笔记本II第XXXIX页的补充］
　　［私有财产和共产主义］
　　［对黑格尔的辩证法和整个哲学的批判］第一部分（至99页"因为它的现实存在是抽象……"）
　　［私有财产和需要］
　　［对黑格尔的辩证法和整个哲学的批判］第二部分（从99页"黑格尔有双重错误"至101页"纯思想的辩证法是结果"）
［增补］第一部分（至132页"因而双方相持不下。——"）
　　［对黑格尔的辩证法和整个哲学的批判］第二部分［从101页"（见第XVIII页）"至该部分结尾］
［增补］第二部分（从132页"其次，地租作为地租"至该部分结束）
　　［片断］
　　　　［分工］
　　　　［货币］
［笔记本II］
乔治·威廉·弗里德里希·黑格尔《精神现象学》摘要《绝对知识》章（以下简称"黑格尔《精神现象学》摘要"）

《早期文选》版《手稿》中多出来的最后一部分是一个有趣的话题。MEGA¹和《早期文选》的这一做法成为后来一些版本专门编入"第四手稿"或"笔记本IV"的依据。这个问题将在后文专门论述，这里仅就上文提出的三个问题，结合思想史语境，作出这样的考量：

首先，通过《手稿》最初两个版本的对比及其客观效应的分析，我们可以得出这样的结论：真正在马克思恩格斯文本研究上做出奠基性工作的，并不是德国社会民主党的理论家或是后来出现的西方"马克思学"学者，而是苏联共产党（布）领导下的马克思恩格斯列宁主义研究院（前身是马克思恩格斯研究院和列宁研究院）。而无论是苏联的还是西方的马克思恩格斯文本研究，在最初的意义上都不是什么"价值中立"的实证研究，而是明确带有意识形态"前件"的。无论是梁赞诺夫创办MEGA¹和《马克思恩格斯文库》，还是朗兹胡特和迈耶尔合作选编《早期文选》都是如此。只不过在《手稿》这里，颇为吊诡的是，贴近《手稿》文本原初状态的《早期文选》版因为令人不忍卒读而长期只具有象征意义，倒是经过"剪刀＋糨糊"的MEGA¹版却被"青年马克思"的拥趸和反对者共同奉为圭臬。

其次，尽管MEGA¹版的《手稿》在很大程度上已经遮蔽了文本的原初状态，但不可否认这是一份可读性非常高的版本，以至于到1982年MEGA²重新编辑两个版本的《手稿》之前，它构成了所有《手稿》版本（不同语种）的母本。换言之，这一客观的历史效应已经充分证明了阿多拉茨基编辑MEGA¹的目标原则"马克思主义宣传和教育"——尽管令人意外的是，基于同样的文本一个形象迥异的"马克思"也可以被炮制出来。这里可作两个拓展讨论：一是如前所述，MEGA¹的文本编辑本身是服务于当时苏联有关马克思青年时期思想发展的定位的，即《手稿》被作为已经转向哲学唯物主义和无产阶级立场的马克思写作《神圣家族》的准备著作，且其思想由哲学、政治经济学和社会主义三个部分组成。二是西方持人道主义的资产阶级学者对于《手稿》的使用，只是关心这部手稿中存在一个讨论"异化"的"青年马克思"，而对其文本结构本身似乎既不感兴趣也无能为力。

最后，尽管我们在谈到"青年马克思"的诞生时，会经常性地引用悉尼·胡克的名言"马克思的第二次降世"。但有趣的是，美国"红色教授"的这篇文章并不是发表在《手稿》刚刚问世的20世纪30年代，而是三十多年后的1966年[1]。同样有趣的是，在30年代，西方除了朗兹胡特和迈耶尔自己为《早期文选》所作导论和德曼《新发现的马克思》专门论述了人道主义的马克思之外[2]，并未形成太多的讨论；而苏联学界也只是到了1955年之后才开始对《手稿》进行专门的研究。由此看来，人道主义的"青年马克思"的诞生，在严格意义上说可能要延迟20年。这从另外一个角度也证明了上文提出的观点：在《手稿》这里，思想的阐释和文本的研究之间的关联并不像我们想象的那样密切。

二、马克思主义哲学形成史的形成

尽管从1932年《手稿》最初以两个版本同时发表的形式问世，至1982年《手稿》以逻辑顺序和写作顺序两种方式在MEGA^{2}出版，其间经历了半个世纪的光景，可供阅读的《手稿》的文本结构也没有什么太多的变化，但在文字的识别和可读性上，1956年出版的《马克思恩格斯早期著作集》俄文版（以下简称《早期著作集》）是一个里程碑——也正是在这50年中，特别是20世纪五六十年代，《手稿》的研究成为当时苏联和西方的马克思思想研究的焦点话题。同样也是在这一时期，《手稿》开始被翻译成各种文字出版，并在世界范围内产生了广泛的影响。其中，最显著的成果应该算是在围绕人道主义的"青年马克思"问题所发生的激烈理论混战过程中，苏联马克思主义哲学形成史理解的最终确立。而之所以说是混战，是因为一方面这一时期德法和英美学界的《手稿》研究，尽管都

---

[1] ［美］悉尼·胡克：《马克思的第二次降世》，载《纽约时报书评》1966年5月22日。
[2] 正如既有研究已经指出的那样，马尔库塞关于《手稿》的解释，实际上还不能算作严格的人道主义马克思主义的理解，但毕竟其解释《手稿》的《关于创立历史唯物主义的新材料》一文对于这一思潮的形成起到了最初的推动作用。

可以概括为人道主义"青年马克思"的倾向，但其出发点和论证的焦点又有所不同；同样是反对这样一种阐释，阿尔都塞的出现令这一讨论越发复杂。另一方面，尽管在《手稿》的文本结构上，争论双方主要依据的是MEGA^{1}版本，但朗兹胡特和迈耶尔也曾对《早期文选》中的版本加以修订再版；此外，在《手稿》英译的过程中，也交织着文本理解和理论阐发上的竞争。

如上文所述，1932年《手稿》问世之后，除了朗兹胡特和迈耶尔在《早期文选》前言中进行的说明外，马尔库塞和德曼都是就《手稿》的问世而进行理论阐发的。但真正围绕《手稿》的大规模讨论，是在20世纪50年代之后德法的存在主义、基督教神学研究和新黑格尔主义讨论中展开的。其核心要点是：反对苏联式的社会主义模式以及以《共产党宣言》和《资本论》为基础的马克思理论形象，建构从异化理论出发的人道主义"青年马克思"，把马克思主义变成一种伦理的和宗教的学说。其中，最具代表性的理论家有：E. 蒂尔、H. 波皮茨、J. 霍姆斯、J. 卡尔维茨、J. 伊波利特、M. 吕贝尔、P. 邦奈尔、K. 舒尔茨、M. 弗里德里希、K. 布罗伊尔等。受制于主题和篇幅，对于上述学者有关《手稿》的具体讨论恕不展开。笔者只是希望强调一点，即在进行人道主义"青年马克思"理论建构并批判苏联的马克思主义理解模式的同时，不少学者也曾对苏联的马克思恩格斯文本研究提出了质疑。

例如，E. 蒂尔就曾在《关于解释马克思的几个阶段》一文中提到："尽管莫斯科出版的《马克思恩格斯全集》（MEGA^1）是收有早期著作的最好版本，然而它的注释却死死抱住马克思和恩格斯适用于后期著作的刻板观点不放，即对早期著作是否感兴趣，要看它是'已经'接近还是'尚未'接近'经典'著作而定。所以，这些注释没有特殊的价值。"而施莱普勒则在《论苏俄和西欧出版的马克思传记问题》中直接说道："苏俄的历史编纂学……首先要确定被描写的人物与党的路线的一致性"，因此"这一艰巨的任务就要由西方的历史学家和社会学家来完成了"。[①] 由此可

---

① 上述引文转引自［苏］尼·拉宾：《论西方对青年马克思思想的研究》，马哲译，人民出版社1981年版，第5页。

见,在20世纪五六十年代西方学者对于人道主义"青年马克思"的建构过程中,尽管也可以利用朗兹胡特和迈耶尔《早期文选》中《手稿》版本的修订版本①,但主要的文献依据仍然是MEGA¹中收录的马克思恩格斯早期著作。只是在文献的阐释(注释)上,西方学者从根本上不认同苏联学者的研究。可资例证的,还有在英文版《手稿》翻译上,苏联学者同英美"马克思学"学者之间的竞争。这一点将在下文专门展开。

就今天的中国学者来说,最熟悉的有关人道主义"青年马克思"问题的反击莫过于阿尔都塞在《保卫马克思》中的论述。众所周知,阿尔都塞从结构主义的视角出发,借用"问题式"概念将《手稿》指认为一种"意识形态",以区别于马克思后来所创立的"历史科学"。但在这里,笔者力图提醒读者注意的是:阿尔都塞的讨论,抛开其理论观点和方法论得失不论,将一个重要的理论问题摆上了台前案头,这就是如何定义马克思主义哲学的本质,以及如何对马克思青年时期的思想发展进行分期(马克思主义哲学形成史的分期问题)。对于这一问题的回答,实际也构成了20世纪50年代之后苏联学者回应"青年马克思"挑战时的一项重要理论使命。

如前所述,MEGA¹以及《马克思恩格斯文库》最初编辑发表《手稿》的相关材料时,主要是将其作为成熟的马克思主义著作《神圣家族》的准备性著作来理解的。而如果按照列宁的理解,马克思在1844年初(以《德法年鉴》为标志)就已经实现了向唯物主义和无产阶级立场的转变。随着《手稿》等早期文献的出版以及随之而发生的"青年马克思"争论,苏联学者的一个重要任务就是要说明《手稿》在马克思主义形成过程中的地位。需要注意的是,在斯大林主义的哲学教科书体系确立之后,马克思主义哲学的形成就意味着辩证唯物主义和历史唯物主义的确立,其标志分别是《神圣家族》(马克思、恩格斯对辩证唯物主义和共产主义世界观的

---

① 如1950年科伦出版的《国民经济学和哲学》,埃里希·迈耶尔编,该版本依据MEGA¹,但却保留了《早期文选》版的标题,并略去了[笔记本I]的前221页(分三栏写作工资、利润、地租的部分);又如朗兹胡特1953年根据MEGA¹对自己的早期版本进行了文字修订。参见李稳山:《马克思〈1844年经济学哲学手稿〉的出版情况》,载《社会科学》1982年第1期。

理论论证）和《关于费尔巴哈的提纲》及《德意志意识形态》（作为完整看法的唯物主义历史观的制定）①。实际上，正是1947年苏联发生的有关辩证唯物主义、历史唯物主义同马克思主义以前哲学思想关系的讨论促使了马克思主义哲学形成史研究的开展。在此过程中，《手稿》的研究显然是重中之重。这一点可以在文本编辑和理论研究两个方面得到印证。

1956年，出于马克思主义哲学形成史研究的需要以及为新编辑出版的《马克思恩格斯全集》俄文第二版作准备，苏联马克思恩格斯列宁研究院编辑出版了《早期著作集》（俄文版）。其中对《手稿》的文字进行了重新校订。这个经过调整的版本就构成了此后最为流行、最受认可的《手稿》版本，包括《马克思恩格斯全集》德文版（MEW）、日文版、英文版（MECW）、中文第一版等都是以此为参照的。需要注意的是，1955年狄茨出版社还曾以 $MEGA^1$ 为基础经过修订出版了《马克思恩格斯短篇经济学著作集》，其中收录的德文《手稿》也具有较大的影响。以《马克思恩格斯全集》中文第一版第42卷目录为例，以 $MEGA^1$ 为基础的经过《早期著作集》修订之后，普遍流传的《手稿》版本结构是：

序言
［第一手稿］工资资本的利润地租
［异化劳动］
［第二手稿］
［私有财产的关系］
［第三手稿］
［国民经济学中反映的私有财产的关系］
［共产主义］
［需要、生产和分工］
［货币］

---

① 括号中的说明为苏联最为系统论述马克思主义哲学史的专著《十九世纪的马克思主义哲学》目录中的文字。参见［苏］纳尔斯基等：《十九世纪的马克思主义哲学》（上），金顺福、贾泽林等译，中国社会科学出版社1984年版，第2、3页。

［对黑格尔的辩证法和整个哲学的批判］

具体到20世纪五六十年代苏联的马克思主义哲学形成史以及《手稿》研究，也形成了一大批理论成果。其中，最具代表性的有：卡尔普什《马克思在〈1844年经济学—哲学手稿〉中对唯物辩证法的研究》（《哲学问题》1955年第3期），巴日特诺夫《哲学中革命变革的起源》（1960），奥伊则尔曼《马克思主义哲学的形成》（1962），拉宾《论西方对青年马克思思想的研究》（1962）和《青年马克思》（1968）等。值得我们特别注意的，一是奥伊则尔曼的《马克思主义哲学的形成》一书，该书是上述研究中影响最广的一部里程碑式著作（拉宾语）；二是卡尔普什在《哲学问题》上所发表的文章。

后者之所以值得我们关注，一方面是因为该文是最早专门研究《手稿》的重要文章之一，另一方面也更加重要的是，该文在苏联和西方（英美）学界得到的评价有着天壤之别。在1985年出版的《苏联哲学史》中，该文得到了高度评价，"作者令人信服地证明：无论是辩证唯物主义还是唯物史观的基本原理，只有同时都建立在分析经济问题，以及对工人运动的成就和全部人类历史经验进行哲学概括的基础上才能形成"①。而在杜娜叶夫斯卡娅的《马克思主义与自由》（1958）一书中，这篇文章却被指认为"俄国人对马克思经济学哲学手稿的滥用"的开端，"卡尔普什先生的做法与日丹诺夫在1947年的做法如出一辙……他表面上似乎是在陈述极其简单的东西，实质上却对马克思主义哲学进行了彻底的歪曲。"② 如果考虑到《马克思主义与自由》的附录中包含《手稿》的第一个英文译本的话，那么，我们有理由将其看作英语世界《手稿》研究的一个缩影。

说实话，英语学界的《手稿》研究起步要远远迟于苏联和德法学者。甚至于我们可以看到，英美学界的《手稿》研究从文本依据和理论阐发上都直接受到了欧洲大陆的影响。且不说最先向英语学界介绍《手稿》的杜

---

① ［苏］叶夫格拉弗夫：《苏联哲学史》，贾泽林等译，商务印书馆1998年版，第432页。
② ［苏］杜娜叶夫斯卡娅：《马克思主义与自由》，傅小平译，辽宁教育出版社1998年版，第39页。

娜叶夫斯卡娅本人就曾是托洛茨基的秘书，对苏联的马克思恩格斯文本研究非常了解，即便是最初正式出版的《手稿》英译本也在很大程度上依赖于苏联和德国学者的理论输出，并且在翻译和解释上直接延续了人道主义"青年马克思"的争论。当然，英语学界之所以在20世纪50年代后期开始对《手稿》发生兴趣，除了马克思思想研究以不同方式实现的扩散外，更重要的还同英语学界在"苏共二十大"和"1956年事件"之后对于苏联社会主义态度的转变相关。在这个过程中，人道主义和《手稿》自然成了英语学界研究马克思主义的理论关键词。回顾20世纪中叶以来英美左派理论的发展以及"马克思学"的兴起，我们很容易看到这一点。回到《手稿》的英译版本上来，尽管我们可以轻易找到多个英译版本的《手稿》，如伊斯顿和古达特的《青年马克思哲学和社会问题著作集》、R. 塔克的《马克思恩格斯读本》、麦克莱伦的《马克思早期文本》、利文斯顿和本顿的《马克思早期著作》以及MECW第三卷中的《手稿》等，但最重要的莫过于米利甘译、斯特罗伊克编辑并作导论的《1844年经济学哲学手稿》和巴特摩尔译、弗洛姆作导论的《1844年经济学哲学手稿》。

米利甘的译本在1959年最先由苏联外文出版社出版，后经斯特罗伊克编辑于1964年在纽约国际出版社出版，后又在伦敦劳伦斯和沙夫特出版社出版。后两个出版社具有浓厚的苏联背景，特别是后者本身就是MECW的出版机构。由此可见，米利甘译的《手稿》本身是作为苏联《手稿》编辑和研究的延伸和宣传而出现的。而巴特摩尔所译的《手稿》1961年最先是作为纽约出版的弗洛姆《马克思关于人的概念》一书附录而出现，1964年又被收入巴特摩尔编、弗洛姆作序的《马克思早期著作》一书中。这显然具有强烈的西方"马克思学"和人道主义"青年马克思"色彩。仔细对比这两个版本的《手稿》，除了在出版社选择和专门的导论写作上有所差异并实际竞争外，二者在版本依据的选择、相关概念的翻译以及注释的意识形态导向上也存在明显不同。

米利甘的译本实际上依据的是苏联的《早期著作集》，只是在翻译上有些蹩脚，后经斯特罗伊克编辑润色。而巴特摩尔的译本宣称直接依据了MEGA^{1}的版本。个中微妙之处就在于对待斯大林式的马克思主义研究模式的态度问题。在关键词的翻译上,二者也存在差别。如《手稿》中的"异化"和"外化",米利甘对其加以区分,将"Entäusserung"译为"alienation"(外化),而将"Entfremdung"译为"estrangement"(异化);巴特摩尔则不加区分统一译为"alienation"(异化)。如果对照 MECW 的译文,上述差别将更为明显。两个版本更根本的冲突则发生在导论的意识形态指向之中,简单来说就是,弗洛姆在成熟马克思中过多读出了青年马克思,而斯托罗伊克则在青年马克思中过多读出了成熟马克思。① 结合上文提及的内容,有关巴特摩尔的译本还有两个有趣的地方值得注意。一是巴特摩尔在强调对 MEGA¹ 版本的继承同时,略去了阿多拉茨基,而只是强调了梁赞诺夫。众所周知,1927 年《马克思主义文库》中最先以俄文发表的《手稿》片断的确是在梁赞诺夫的主持下完成的,但 1932 年的 MEGA¹《手稿》却是由阿多拉茨基完成的。巴特摩尔这位西方"马克思学"专家似乎对梁赞诺夫颇多推崇,但在文本上却依据的是颇有微词的阿多拉茨基版本,这倒真是一个意识形态的"颠倒"。二是在巴特摩尔的译本中,出现了"第四笔记本"的说法,即将"黑格尔《精神现象学》摘要"(MEGA¹ 中虽也编号为[IV]但却是作为附录收入的),看作是独立的笔记本。这倒也算是一个文本的"新发现"了。②

简言之,20 世纪五六十年代是《手稿》研究真正的高潮期。人道主义"青年马克思"争论的白热化主要由社会、政治和文本三个层面的原因所导致。一是随着资本主义生产对人的生活和心理的全面控制以及 20 世纪上半叶的重大历史事件发生(特别是第二次世界大战结束后的反思),非理性主义、存在主义、新黑格尔主义在学术研究中的兴盛也催生了关注异化的"青年马克思"研究热。二是除了传统的右翼学者(如天主教神学

---

① 参见 A. 格雷戈尔为这两个英译本书稿所作的书评,载《科学与社会》(Science & Society)第 29 卷第 3 号,1965 年。
② 但需要注意的是:第一,马克思自己并未给这 4 页摘要编号,并且其内容全部是摘录,是否算作独立"手稿"存在很大疑问;第二,即便有所谓"第四笔记本"的说法,在《手稿》的文本研究史上也从来没有将[对黑格尔辩证法和整个哲学的批判]独立出来的做法。参见 Karl Marx, *Ökonomisch-philosophische Manuskripte*, Barbara Zehnpfennig, Felix Meiner Verlag, 2005。

理论家）和社会民主党理论家之外，受苏共二十大及其后发生的一系列事件（如1956年匈牙利事件等）影响，西方左翼学者和苏东"修正主义"理论家开始成为人道主义问题上的同路人，这也是50年代中期之后"青年马克思"问题在西方突然井喷的一个直接原因。三是在文本研究上，除了朗兹胡特和迈耶尔等西方学者孜孜以求的研究介绍外，苏联修订出版的《手稿》及其不同语种译本的出版，在很大程度上促进了《手稿》研究的开展。熟悉马克思主义理论发展史的读者都知道，尽管"青年马克思"讨论曾盛极一时，但很快就沉寂下去。这一方面是由于"青年马克思"问题本身的内在逻辑困境以及西方学者理论兴趣的转移（如"马克思恩格斯问题"的兴起），另一方面也是由于苏联学者和阿尔都塞等西方左翼学者围绕《手稿》所进行的科学研究。在笔者看来，这一时期《手稿》和"青年马克思"研究的最为重要的理论成果无非是苏联马克思主义哲学形成史研究的确立。当然，站在今天中国马克思主义哲学研究已经达到的新的高度来看，这一研究中存在的问题仍然是十分明显的。

三、《1844年经济学哲学手稿》在当代

如上所述，无须回避的一个理论事实是：人道主义"青年马克思"问题和直接的《手稿》研究在进入20世纪70年代以后就逐渐沉寂下去。从直接的研究焦点的转移上来说，这是由于"青年马克思"问题逐渐让位于"马克思恩格斯问题"——其中的关键性事件是在1970年举办的一次纪念恩格斯诞辰150周年的国际学术研讨会上，西方"马克思学"的创始人M.吕贝尔提交的"反恩格斯提纲"，使得马克思、恩格斯的关系问题正式成为一个学术—政治话题；马克思文本研究的重点也逐渐从《手稿》转向了《1857—1858年经济学手稿》（《大纲》）和文本结构更加复杂的《德意志意识形态》第一章《费尔巴哈》。从更深一层的马克思主义理论兴趣转移以及资本主义转型的社会背景而言，这是因为福特制（或者说福利国家制度、"消费社会"）的出现促使西方思潮和学术研究的焦点转向了资

本对人的社会生活全面控制的批判和反思。就《手稿》研究而言，这一趋向表现为更多的学者开始关注《手稿》和《资本论》（以及《大纲》）的关系问题，或者说在《资本论》（政治经济学批判）起点的意义上展开对《手稿》的分析。就苏联马克思主义研究来说，《手稿》和马克思主义哲学形成史研究的热潮也在20世纪60年代以后逐渐让位于《德意志意识形态》和《大纲》的文本研究，围绕《资本论》及其形成展开的马克思主义政治经济学和辩证法研究，以及关于马克思主义发展的列宁主义阶段和列宁《哲学笔记》的研究（包括认识论、辩证法等方面）。但无论如何，我们必须承认：尽管《手稿》已经从马克思理论和文本研究的中心舞台退出，但迄今为止《手稿》文本研究的最高成果却是在这一时期完成的。这就是1982年出版的$MEGA^2$第一部分第二卷中分写作顺序和逻辑顺序发表的经过修订和重新编排后的《手稿》。

$MEGA^2$的重要性自不待言，本文也不准备介入有关苏东剧变之后$MEGA^2$转向的学术争论。仅就《手稿》而言，我们可以看到的是：正是1982年出版的$MEGA^2$第一部分第二卷，为我们今天真正把握《手稿》的文本原貌并深入理解"青年马克思"的思想逻辑提供了必要的科学依据。正如前文已经指出的那样，2000年出版的《手稿》单行本和2002年出版的《马克思恩格斯全集》中文第二版第三卷的中文版本依据的都是$MEGA^2$的逻辑顺序版。这一版本较之$MEGA^1$更加符合马克思的原初写作过程，而经过考证根据《手稿》写作顺序（而非原始手稿的本来面貌，这一点请特别注意！）编排的版本也同时在$MEGA^2$中得到了发表。

以2000年《手稿》（单行本）目录为例，$MEGA^2$写作顺序版的结构是：

　　［笔记本I］（分三栏写作）
　　　　第1阶段：工资（第7—14页）、资本的利润（第21—25页）、地租（第35—39页）
　　　　第2阶段：资本的利润（第26—30页）、地租（第39—41页）
　　　　第3阶段：工资（第14—20页）、资本的利润（第30—34页）

第 4 阶段：地租（第 42—49 页）

第 5 阶段：［异化劳动和私有财产］（第 50—64 页）

［笔记本 II］

［私有财产的关系］（第 65—73 页）

［笔记本 III］

第 1 阶段：［私有财产和劳动］（第 73—77 页）

第 2 阶段：［私有财产和共产主义］（第 78 页）

第 3 阶段：［私有财产和共产主义］、［对黑格尔辩证法和整个哲学的批判］（第 78—99 页）、［私有财产和需要］（第 120—126 页）

第 4 阶段：［对黑格尔辩证法和整个哲学的批判］（第 99—101 页）

第 5 阶段：［增补］（第 127—132 页）

第 6 阶段：［对黑格尔辩证法和整个哲学的批判］（第 101—119 页）

第 7 阶段：［增补］、［分工］（第 132—139 页）

第 8 阶段：序言（第 3—6 页）

第 9 阶段：［货币］（第 140—146 页）

依据《手稿》写作顺序版，值得我们注意的问题主要有三：一是众所周知，［笔记本 I］分"工资"、"资本的利润"和"地租"三栏写作，并在最后部分集中讨论"地租"问题，这一方面说明马克思在写作［笔记本 I］时受到斯密的直接影响，另一方面也为我们理解从《黑格尔法哲学批判》中对"自然伦理的等级"和"嫡长子继承权"（黑格尔《法哲学》的"国家法"部分的重要内容）的批判到《手稿》对"重农主义"的批判和"市民社会"阶级结构的理解的理论过渡提供了佐证。二是在［笔记本 III］的编辑过程中，摆脱了传统的将"共产主义"、"政治经济学"、"哲学"分开独立分列的做法，而是恢复了马克思写作的原初过程，特别是［对黑格尔辩证法和整个哲学的批判］的第一部分本来就是马克思论述

"共产主义"的第（6）个要点。这就在文本上为我们理解历史唯物主义的确立，以及马克思哲学思辨和政治经济学探索之间的内在关联提供了重要的文本依据。三是同样是关于［对黑格尔辩证法和整个哲学的批判］，根据写作顺序版，我们可以发现这一理解马克思与黑格尔关系最为重要的"长文"的写作本身是分三个阶段进行的，而且最终以两段黑格尔著作的摘录结束。而这一内容又是同"所谓的第四手稿"直接相关的。这就提示我们，至少在《手稿》中，马克思对黑格尔的批判仍然是一项未完成的工作，其原因和实质有待进一步的揭示。

然而，正如上文已经提到的那样，自20世纪70年代以来，《手稿》研究在西方和苏联学界实际上都已不再是马克思文本和理论研究的中心。在很大程度上，这与人道主义的"青年马克思"被看作是一个解决了的和过时了的问题相关，反映在《手稿》的理论阐释和文本研究上就表现为：《手稿》更多是作为《资本论》政治经济学研究的最初起点来加以讨论，而学者对《手稿》文本的兴趣显然不及《德意志意识形态》和《资本论》三大手稿；而 MEGA^2 两个版本的《手稿》问世之后并未引发太多的反响。倒是围绕《巴黎笔记》与《手稿》的写作关系，以及［笔记本 II］与《詹姆斯·穆勒〈政治经济学原理〉一书摘要》（以下简称《穆勒摘要》）在 MEGA^2 编者内部发生了一系列的争论。[①]

对于这一《手稿》研究相对陷入沉寂的现象，笔者更倾向于将其看作是新的研究展开的孕育和积累的过程。这是因为：通过思想史的回顾，我们可以清楚地看到，《手稿》研究高潮的形成和低潮的出现，在根本上是与马克思主义理论和世界社会主义运动的经历相关的。《手稿》的文本研究并非没有疑问和争论，但是只有当这些讨论同马克思主义研究中的重大问题结合起来的时候，《手稿》才真正进入学术研究的中心。我们应当感谢 MEGA^2 编者为我们留下的有关《手稿》文本研究的大量成果，尽管如

[①] 近年来国内学界围绕这一问题展开了一定程度的争论，并形成了较为丰富的研究成果。受学力所限，笔者尚无能力直接对此问题提出独立的看法，但就其中的内容，如关于"货币"、"谋生的劳动"问题的分析来看，愿意相信《穆勒摘要》写于［笔记本 III］之后的说法，但并不认为"交往异化"可以构成我们理解马克思哲学思想的一个新起点。

有的学者已经指出的那样，这些成果本身也存在矛盾和不确定的地方，但是这些文本研究成果为我们今天乃至将来进一步深化《手稿》的理论阐发奠定了坚实的基础。而随着马克思主义哲学研究的推进，特别是对政治经济学研究在马克思哲学革命中的地位和作用的分析，以及近年来《资本论》研究开展所提出的若干基础问题的反思，如"市民社会"和"私有财产"的理论意蕴，"异化"、"对象化"、"物化"等概念的深入辨识，黑格尔哲学中映现的现代社会理解等，笔者有理由相信，《手稿》研究将在远远超出人道主义"青年马克思"争论的水准上"重装上阵"。

最后，笔者尝试以自己在研究过程中编排的一份以马克思自己的罗马数字编号为顺序的《手稿》文本结构作为结尾。不求实现什么新的文本发现，也暂不打算基于所谓的新的文本结构提出什么新的观点，只是希望能够得到专家的指正，并为学界理解马克思在写作（或编辑）《手稿》过程中的理论思考提供些许参照。以2000年《手稿》（单行本）目录为例，马克思自己编号的《手稿》文本结构为：

笔记本 I

I 工资、资本的利润、地租	X 同前页	XIX 同前页
II 同前页	XI 同前页	XX 同前页
III 工资、资本收益、地租	XII 工资、资本的收益、地租	XXI 同前页
IV 工资、资本的收益、地租	XIII 同前页	XXII［异化劳动和私有财产］①
V 同前页	XIV 同前页	XXIII
VI 工资、资本收益、地租	XV 同前页	XXIV
VII 同前页	XVI 地租、资本的收益	XXV
VIII 同前页	XVII 工资、地租、资本的收益② XXVI	
IX 同前页	XVIII 同前页	XXVII

---

① ［异化劳动和私有财产］为《手稿》编者所加，从纸面上看，第XXII—XXVII页仍保留了三栏写作形式。
② 第XVII—XXI页虽然仍保留三栏，但只有中间"地租"一栏进行写作。

笔记本 II

XL［私有财产的关系］
XLI
XLII
XLIII

笔记本 III

I［劳动］①	XVI 同前页	XXXIII 同前页
II 同前页	XVII［需要］、［黑格尔］	XXXIV［黑格尔］、［增补］、［分工］
III［劳动］、［共产主义］	XVIII［黑格尔］、［增补］［黑格尔《精神现象学》摘要］	
IV［共产主义］	XIX［增补］	
V 同前页	XX 同前页	
VI 同前页	XXI 同前页	
VII 同前页	XXII［黑格尔］	XXXV［分工］
VIII 同前页	XXIV② 同前页 XXXVI 同前页	
IX 同前页	XXVI 同前页	XXXVII 同前页
X 同前页	XXVII 同前页	XXXVIII 同前页
XI［共产主义］、［黑格尔］	XXVIII 同前页	XXXIX 序言
XII［黑格尔］	XXIX 同前页	XL 同前页
XIII 同前页	XXX 同前页	XLI［货币］
XIV［需要］	XXXI 同前页	XLII 同前页
XV 同前页	XXXII 同前页	XLIII 同前页

---

① 出于表格美观，以下［私有财产和劳动］简称［劳动］，［私有财产和共产主义］简称［共产主义］，［对黑格尔的辩证法和整个哲学的批判］简称［黑格尔］，［私有财产和需要］简称［需要］。

② 马克思自己漏编XXIII和XXV号。

马克思《1844年经济学哲学手稿》文本结构研究[①]

张一兵

青年马克思的《1844年经济学哲学手稿》(以下简称《1844年手稿》)自1927年首次问世,至今已经70余年了。在这大半个世纪中,这部手稿经历了许多具有神奇色彩的遭遇,也担当了不少重大的历史角色。可时至今日,这还是马克思文献中最难解读而又被引用最多的文本之一。从当代马克思主义研究领域来看,最近的两次重大释义分别为苏联共产党的"人道主义的社会主义"与中国理论界的"类哲学"和"实践人道主义"。不同的是,苏联的政治释义已经在现实中破产,而中国哲学界的人本学诠释才刚刚萌芽。这使得对这一文本的研究再次凸显出重要的讨论意义域。

对于《1844年手稿》的哲学研究,国内外在过去的研讨中已经取得了显著的成果,研究结论主要可以归纳为两种观点:一是认为《1844年手稿》已经是马克思主义哲学的论著,所以人本主义被视为当然的理论旗帜(西方马克思主义人本学派和国内的实践人道主义和形形色色的马克思人本学)。二是断然否定《1844年手稿》的理论价值,判定人本主义异化劳动理论仍然是资产阶级"意识形态"(西方马克思主义的阿尔都塞)。这两种理解实际上是一种线性思路的正反面。我的老师孙伯鍨先生首先提出《1844年手稿》中存在着两条逻辑线索。除去占主导地位的人本主义

[①] 原载《宁夏社会科学》1999年第4期。

的异化劳动这条逻辑线索外,他还指认了一条正在发生的从现实描述出发的客观唯物主义的逻辑线索。① 但这后一条线索是从哪里来的,他并没有明确地指认。从以往研究背景分析上看,似乎人们倾向于将《1844年手稿》中的唯物主义观点仅仅与费尔巴哈联结起来。依我之见,这种观点是站不住脚的。问题没有这么简单。问题的症结在于,我们是离开马克思此时经济学研究的具体内容来进行单纯哲学解读的! 由此,我们不得不怀疑《1844年手稿》传统研究模式的合理性。

20世纪初,苏联专家梁赞诺夫在看马克思《巴黎笔记》手稿的照相版文本中,发现十个笔记本中有三个笔记本是一个相对独立的理论文本,不同于其他摘录性笔记,这是马克思独立地批判资产阶级政治经济学的著述,这也就是《1844年手稿》。开始,这一文本只是有选择地部分发表在1927年出版的俄文版《马克思恩格斯文库》第三卷上。这主要是以后所谓第三笔记的大部分内容。后来又于1929年转载于俄文版《马克思恩格斯全集》第三卷上,当时的标题均为《〈神圣家族〉准备资料》。出版者当时并没有意识到这是一部马克思未能完成,却又十分重要的论著。在那时,这一文本的发表几乎没有引起人们的关注。

1931年1月,苏黎世出版的一家德国社会民主党的月刊《红色评论》上发表了迈尔的一个题为《关于马克思的一部未发表的著作》的简短报道,说是新发现了马克思的一部早期著作,这就是《1844年手稿》。1932年,这部手稿经过整理,以德文发表在克吕纳版《卡尔·马克思。历史唯物主义。早期著作》一书的第一卷上。当时的标题为《国民经济学与哲学。论国民经济学同国家、法、道德和市民活动的关系(1844年)》。这个版本虽然补上了俄文版未发表的几个部分,但仍然不是全部内容。1932年稍后一些的时候,这一文本才在阿多拉茨基主编的德文版《马克思恩格斯全集》(MEGA¹)第一部分第三卷上以《1844年经济学哲学手稿。国民经济学批判。附关于黑格尔哲学的一章》为名全文发表。当时,文本被编为四个部分,其中第一至第三部分以"国民经济学批判"为题,作为文本

---

① 孙伯鍨:《探索者道路的探索》,安徽人民出版社1985年版。

的主体，第四部分是作为附录发表的黑格尔《精神现象学》的摘录。需要说明的是，20世纪30年代该书在苏联及东欧学界的发表并没有引起什么反响，但却在西方学界造成了20世纪上半叶最重要的"马克思热"。①

1956年，《1844年经济学哲学手稿》第一次在《马克思恩格斯早期著作选》中用俄文全文发表。不久，该文本中文第一版的单行本在1957年出版。当时，这一文本已经成为东欧理论界讨论的焦点，特别是成为西方马克思主义思想波动外延的"新马克思主义"的理论旗帜。一时间，马克思主义、社会主义与人道主义的关系成为一种新的逻辑指归。人道主义的社会主义直接写进了东欧一些共产党的党纲（如南共联盟）。可是，这种理论动向却受到了苏联意识形态当局的批评与压制。这种状态一直持续到戈尔巴乔夫上台。他的"改革新思维"就是以类哲学为基础的，即"人类的利益高于阶级的利益"。所以，人道主义的社会主义成为苏共二十七大的口号是极其自然的。《1844年手稿》的中文第二版于1979年重译（刘丕坤译）并出版。中文第一版《马克思恩格斯全集》第42卷基本同刘译版。此时，已经处于中国国内学界第一次马克思的劳动异化和人道主义"热潮"。马克思的这一文本成为重要根据，理所当然。

1980年，苏东出版的《马克思恩格斯全集》历史考证第二版（MEGA²）第一部分第二卷第一次以两种方式同时发表马克思的《1844年手稿》：一是以马克思写作的原本顺序发排全部文本；二是以马克思的设想，按理论逻辑和书稿结构发排手稿。前者我们可以称之为原初文本版，后者则是逻辑编排版。我们这里研讨的对象，就是以第一种编排形式的《1844年手稿》的原初文本结构。

目前我们面对的《1844年手稿》，实际上由三个笔记本组成。第一笔记本现存36页，与《巴黎笔记》中《穆勒笔记》一样，每页都有马克思自己作罗马数字标注的页码（Ⅰ—ⅩⅩⅩⅥ），其中马克思写有文字的是27页（Ⅰ—ⅩⅩⅦ），第27页（只有两行字）下半页之后为9页半空白（ⅩⅩⅦ—ⅩⅩⅩⅥ）。全部稿本均以竖折形式分为三栏。第一部分按"工资、资

---

① 参见张一兵：《折断的理性翅膀——西方马克思主义哲学批判》，南京出版社1990年版，第4章。

本的利润和地租"三项内容分栏并列竖写下来，其中也有两栏或一栏书写。从第XXⅡ页起，则又全部通栏书写，这就是"异化劳动"的第二部分内容。中文版《1844年手稿》将这第一笔记第一部分的三栏同时书写的内容编发成顺序排印，只是在文本中注出了原文页码。不认真注意的读者会误认为这是顺序写作的三部分内容。

第一笔记本的原文本结构示意图

第 I—VI 页	工资	利润	地租
第 VII 页	工资		
第 VIII—XII 页	工资	利润	地租
第 XII—XV 页	工资	利润	
第 XVI		利润	地租
第 XVII—XXI 页			地租
第 XXII—XXVII 页	异化劳动		
第 XXVIII—XXXVI 页	（空白）		

第二笔记本只存有四页，即最后的第XL至XLIII页。第二笔记本实际上是马克思这一重要文本最主要的批判内容。可是它一共43页，却整整遗失了39页。这不能不说是一大憾事。

第三笔记本现在存有68页（第I—LXVIII页），同样也有马克思自己用罗马数字标注的页码编号。马克思的第三笔记本写至第43页（第I—XLIII页），但写有文字的为41页，其中第22页（第XXII页）原稿空缺，第44页以下为空白页。在逻辑编排本中（中文版同此），编辑将原稿中第38页的"序言"直接调到了全书的开始，并将有关黑格尔哲学批判的三部分内容（第11—13页、第17—18页、第23—24页，中间有两段对国民经济学的批判）合一并放置在文本的最后。固然这是马克思写作的设想，但由于没有作出必要的特设说明，这就让那些不细心的读者将此误认为是马克思的写作顺序。

第三笔记本原文本结构示意图

第 I—III 页	国民经济学中反映私有财产的主体本质	页首马克思写有"补入第 XXXVI 页"
第 III—VI 页	(1)	本页第三自然段首马克思编有罗马数字"I",并标有"补入第 XXXIX 页"。同一页第四自然段标有"补入同一页"。内容为共产主义
第 IV—VI 页	(2—3)	内容为共产主义与历史之谜
第 VI—X 页	(4)	内容为私有制与人的全面性
第 X—XI 页	(5)	内容为共产主义与社会主义
第 XI—XXIII 页	(6A)	内容为费尔巴哈的功绩与对黑格尔哲学的批判
第 XIII—XXI 页	(7A)	内容为国民经济学批判 [内容为需要和生产等方面的研究。其中第 XVII—XVIII 页分两栏,与(6)并列竖写]
第 XVII—XVIII 页	(6B)	页首写有"上接第 XIII 页"。内容为对黑格尔《现象学》的批判。第 XVIII 页末写有"下接第 XXII 页"
第 XXII 页	(原笔记本空缺)	
第 XXIII—XXXIV 页	(6C)	页首写有"上接第 XVIII 页"。内容为对黑格尔哲学《现象学》的批判
第 XXXIV—XXXVIII 页 (7B)		内容为分工与交换研究
第 XXXVIII—XLI 页		序言
第 XLI—XLIII 页	(7C) 内容主要为货币研究	

最后是两个单独的插页。编者题为《乔治·威廉·弗里德里希·黑格尔〈精神现象学〉"绝对知识"一章的摘要》。据考证,这一文本摘录写于 1844 年 4—8 月,极有可能是马克思写作第三笔记中关于黑格尔批判的准备资料。从内容上看,是黑格尔这一章近三分之一量的原文摘录,马克

思基本上没有评论。由于这一文本在页号编码上使用了与《1844年手稿》罗马数字不同的阿拉伯数字，所以，编者将它作为单独的附录发表。过去也有论者将这一文本称为"第四笔记"或"第四手稿"。不过，历来的中文版《1844年手稿》都没有收入这一文本。

现在的中文第一版《马克思恩格斯 0 第42卷是依据苏联《马克思恩格斯全集》俄文第二版翻译的。它是我们前面所讲的逻辑编排版（与 MEGA^2 新版中的逻辑编排版相差不大），而不是马克思原来写作顺序的原初文本版。这是我们在研究中必须注意的。

还需要说明的是由苏联学者挑起的一种争论，即认为在《1844年手稿》中，马克思是在研究资产阶级政治经济学的进程中，一边读书一边写下这一手稿文本的。这也就是说，《巴黎笔记》是与《手稿》穿插交错进行的。他们的具体假设是，马克思先是写下萨伊和斯密的笔记，然后开始写作手稿的第一笔记本；随后，马克思又回头去读书，再做麦克库洛赫、普雷沃和恩格斯《大纲》的笔记，最后完成手稿的第二、第三笔记本。甚至李嘉图和《穆勒笔记》是在全部手稿完成之后才又回去读书撰写的。①这种假设在文献考证、马克思的直接指认和这一文本的内在逻辑三方面均没有可靠的依据，这种推断的唯一根据是第一笔记本中只是引述了萨伊和斯密，而全部手稿中也几乎没有摘录李嘉图和穆勒的东西。这种假设把马克思描述成一个在理论研究上不负责任的学者，只读了两本经济学论著便开始对经济学指手画脚，再看几页书又再发一通议论。这根本不是马克思的治学态度。实际上，在此之前的青年马克思写作史已经清楚地显现了他的研究方式，特别是面对一个尚属陌生的重要学术领域。我们可以看到《伊壁鸠鲁笔记》与《博士论文》的关系，《克罗茨纳赫笔记》与"国民公会史"、《黑格尔法哲学批判》的关系，这不要说在此之后，马克思的《布鲁塞尔笔记》、《曼彻斯特笔记》与《德意志意识形态》、《哲学的贫困》的关系，最具典型意义的就是《伦敦笔记》与《1857—1858手稿》的关系。可以说在马克思的理论研究史中，没有一次不是对一个专题、一

---

① ［苏］拉宾：《马克思的青年时代》，南京大学外文系俄罗斯语言文学教研室翻译组译，生活·读书·新知三联书店1982年版。

个领域的资料进行全面系统的占有后,并且在进行过深入反复的思想实验之上,才动笔写作的。

我认为这是研究中的一种不必要的标新立异。更主要的是,以马克思内在的理论逻辑进程来看,这种编排不仅没有深化我们的研究反而带来了许多不必要的文本解读中的混乱。我承认《巴黎笔记》与《1844年手稿》是在同一个时段中完成的同体文本,但绝对不赞成上述那种将文本碎片化的做法。所以,我在本书中没有采用这种观点,且仍然是将《1844年手稿》作为一个独立的文本来对待的。遗憾的是,MEGA^{2}版的编者也无批判地同意了苏联学者的这种假设(见 MEGA^2 第一部分第二卷"导言")。

在那种泛化的对马克思主义的"两个凡是"的隐性解读构架中,凡是马克思、恩格斯、列宁说的,都是对的。由此,《1844年手稿》在它问世之后被直接指认为西方人本主义马克思主义和戈尔巴乔夫式的"类哲学"、"实践人道主义"的"新约",也是顺理成章的。其实,从马克思主义的科学立场来看,青年马克思在《1844年手稿》里的相当一部分论述是不科学的。按照我的理解,《1844年手稿》并不是青年马克思计划写作的成果,只是他最初批判资产阶级经济学的一个思想实验的过程。马克思的这一文本是一个极其复杂多重逻辑线索构成的矛盾思想体。首先,我们对青年马克思的思想发展总体线索作一梳理:马克思的理论起步是主体能动性(以康德、费希特为基点的法哲学),然后在青年黑格尔派的影响下,他以黑格尔的自我意识作为民主主义的理论前提。这种唯心主义的哲学构架,在《莱茵报》时期接触现实问题时发生了动摇。这是我在《马克思历史辩证法的主体向度》一书中已经说明过的一个前期思想线索。在上一章中,我们也看到,马克思并不是外在地受到费尔巴哈的影响,而是在《克罗茨纳赫笔记》的历史研究中自主地确认了费尔巴哈的唯物主义,看清了资产阶级的真实面目。这使他实现了第一次重大的思想转变,彻底否定了黑格尔的唯心主义和资产阶级立场。马克思由此才接受了费尔巴哈的两条思路:一是自然决定的描述逻辑,二是人的类本质异化与复归的批判逻辑,特别是后者,直接成为此时支配青年马克思思想的隐性权力话语。如前所述,马克思在青年恩格斯、赫斯和蒲鲁东的影响下开始研究经济学。以马克思当时的解读语境，他还无法真实地理解资产阶级政治经济学所内含的科学成分，所以这种对国民经济学的批判性阅读是以人本主义哲学的凸显为理论结果的。《1844年手稿》正是这一研究和批判的总结性成果。

总的来说，青年马克思在这里的主导性显性逻辑是颠倒古典经济学既成的政治前提，以肯定无产阶级立场，颠倒了黑格尔的唯心主义辩证法（现象学），延伸了费尔巴哈的人本学异化论（现象学），特别是否定了"蒲鲁东—恩格斯"的实证批判思路，升华并系统化了赫斯的经济异化逻辑。所以，如果说在费尔巴哈的人本学异化论中，人本学是神学的秘密，人的本质是上帝的秘密，人的关系是三位一体的秘密；如果说在赫斯的货币异化论中，人是国民经济学的本质，人的真实类本质——交往关系是货币的本质，那么，在马克思的劳动异化论中，则是这样的逻辑思路：人本学是国民经济学的秘密，劳动是资本的秘密（异化劳动是私有财产的秘密），社会的人是货币的秘密。在这一写作的过程中（第三笔记），随着对经济现实研究的深入，马克思的思考中也萌生出一条从经济现实出发的客观线索，虽然这一线索在《1844年手稿》中始终是不自觉的和隐性的。两种完全异质的理论逻辑和话语并行在马克思的同一文本中，呈现了一种奇特的复调语境。当然，人本主义逻辑在这一文本中始终是占主导地位的，成为统摄性的权力话语。

其次，我要再一次明确指出，在青年马克思《1844年手稿》居主导地位的人本主义异化劳动理论不是马克思主义的科学世界观。从本质上看劳动异化理论还是一种深层的隐性唯心主义历史观，因为异化理论并没有跳出传统的历史人学目的论。虽然马克思视为历史本真基础的东西，已经不同于费尔巴哈的"生理—伦理"活动和"自然—情感"关系，但当他仍然用"应该"存在的人的本真"自由自觉的劳动"和"真正的社会关系"（或"社会存在"）为逻辑批判尺度，对现实存在的异化劳动的非人状况进行哲学—伦理学的批判时，这种批判实质上必定是非科学的。因为批判的方法甚至批判的对象都是非历史的。如果说资产阶级经济学家主张资本主义现实发生的社会活动和经济关系是自然的永恒的人性的表现，而马克思则认为现实客观存在的一切是异化的，那么没有存在但应该存在的本真的人类主体活动和关系才是真实的人类本质。

马克思不正确地继续了恩格斯《大纲》的思路,将私有制的本质和起源归结为"异化劳动",人类解放成了从异化劳动下的解放。

同时,马克思在《1844年手稿》中对资产阶级经济学的批判不可能是科学的。首先他否定了劳动价值论,进而也就简单地否定了古典经济学的科学性。青年马克思受到恩格斯《政治经济学大纲》中对政治经济学具体评述的影响,在此时的马克思看来,资本主义现实是由私有制和竞争造成的。私有制是国民经济学不予认证的事实,这种由异化劳动构成的现实关系实质上又是由竞争造成的偶然的假象。由此可见,马克思在这里是根本不可能对资产阶级经济学的历史形成和发展作出科学的评价的。所以,他与青年恩格斯一样,将古典经济学与庸俗经济学、古典经济学中的科学成分与庸俗内容不加区分地统统斥为"敌视人"的东西。资产阶级经济学越是向前发展,就越是在异化的道路上走得更远,所以,斯密如果是"国民经济学中的路德",那么李嘉图就是它的"犬儒主义"的代表。这些评价,与19世纪50年代以后马克思对经济学的科学认识有着极大的异质性。

从文本写作的进程看,马克思首先按恩格斯的《国民经济学批判大纲》(以下简称《大纲》)思路写第一笔记本的前半部分,这是一种对国民经济学指认的"事实"的直接批判,这种批判实际上也很接近蒲鲁东的社会主义。然后他进一步否定这一思路,转而写成第一笔记本的第二部分,即异化劳动的四个层面,这是青年马克思自己重新确立的推翻国民经济学基本构架的哲学人本主义的批判大纲(人学现象学)。接下去,是这一批判的理论认证,即第二、第三笔记本中的具体经济哲学分析。这是《1844年手稿》的主体部分。

我以为,在马克思第一笔记本的写作中存在着两种思想:一是国民经济学的颠倒,这是恩格斯大纲的思路(主导是经济学的客观强性逻辑的思路,而人本主义逻辑恰恰是弱性逻辑的思路)。二是人本主义逻辑思路。马克思的转换实际上是对恩格斯思路的批评与超越。他直接指认的是以费尔巴哈的哲学立场、黑格尔的辩证法构架和社会主义的观点来面对国民经济学，这实际上是肯定了赫斯的人本主义批判思路。但马克思的批判又是远远超越和优于赫斯的。这也是马克思在《巴黎笔记》中从前期的客观描述与批判到《穆勒笔记》中人本主义批判飞跃的真实反映。在两种逻辑中，马克思是自觉地倾向于人本主义批判逻辑的。

我发现，第二、第三笔记实际上是一种新的调整，这倒真是一种不自觉的复调（这不同于后来巴赫金所讲的自觉文本创造中的复调变奏）。这是马克思经济哲学批判中不自觉地发生的。

我们能看到，在马克思自己的理论表述中，不时会有经济学那种社会唯物主义的隐性浮现。马克思的不少思考是深刻的，换一种科学基础就立刻能超拔出来。其中，第三笔记中黑格尔哲学批判一节是马克思对自己当时研究的方法论指认，这是对黑格尔—费尔巴哈哲学的批判方法改造，目的是针对"批判的批判"和德法社会主义之方法。我将其概括为从精神现象学到人学现象学的过渡。特别是这种方法论指认，是在马克思对国民经济学的插述中完成的。这不是传统研究中所谓马克思对黑格尔辩证法的唯物主义的哲学改造。

当然，这些重要的逻辑指认，都必须以第一手的文本研究为其理论支撑点。笔者近期将推出一系列专题论文，全面细致地重新展现青年马克思这一重要文献的原初语境。

从精神现象学到人学现象学

——析青年马克思《1844年手稿》中对黑格尔的批判[1]

张一兵

马克思《1844年经济学哲学手稿》（以下简称《1844年手稿》）第三笔记本第三个"补入"的第六点，是对黑格尔哲学的批判。马克思为什么在手稿的最后会突然想到批判黑格尔？这是理解全部手稿逻辑方法的一个无法回避而非常重要的理论难点。在过去的研究中，大多数论者只是非批判地说明马克思"对黑格尔辩证法的唯物主义改造"，并且完全肯定马克思对黑格尔的理论指认。我的研究成果却不完全如此。依我之见，马克思在共产主义问题研究之后突然转向黑格尔，不是一种外在的哲学研究，而是明确指认自己这时（撰写全部《1844年手稿》）的理论逻辑方法。以此来区别于当时的德国青年黑格尔派和一切德法社会主义思想家的研究语境。即建立在否定黑格尔唯心主义精神现象学之上的费尔巴哈式的人学现象学，马克思认为这是走出理论误区的唯一的现实社会批判模式。

一、青年黑格尔派的逻辑误区与费尔巴哈的批判方法

在后写下的手稿"序言"中，马克思将这个第六点称之为这本著作的

---

[1] 原载《社会科学研究》1999年第2期。

"最后一章"。在这个最后一章中，马克思试图解决一个相对于当时德国思想界"还没有完成"的工作①。什么工作？在第六点的文本之始，马克思一上来就挑明，写这一部分是要"对黑格尔辩证法，特别是《现象学》和《逻辑学》中的有关叙述"，以及"对最近的批判运动同黑格尔的关系作一些说明"②。这样，实际上马克思要说明三个问题：一是青年黑格尔派在对待黑格尔辩证法上的错误；二是费尔巴哈的批判性成果；三是如何批判性地理解黑格尔的辩证法。我发现，这第三个问题是马克思这里想主要解决的，他说"表面上看来是形式的问题，而实际上是本质的问题"③。这里，我们先来看前两个问题。

马克思认为，施特劳斯和鲍威尔一类的青年黑格尔派哲学家，固然也在批判"旧世界的内容"，但实际上却"完全拘泥于所批判的材料，以至于对批判的方法采取完全非批判的态度"④。青年黑格尔派批判的"旧世界"，主要是指宗教神学以及这幅圣景背后的封建专制，可是他们却陷在自己所批判的颠倒的世界中。特别是他们虽然只是取了黑格尔哲学中的"自我意识"环节（以此暗喻德国资产阶级抽象的个人主体）作为理论的出发点，但在方法上从来没有超出过黑格尔。马克思认为鲍威尔等人在其"批判"论著中，至多是换了一种方式"逐字逐句重述黑格尔的观点"。"这种唯心主义甚至丝毫没有暗示现在已经到了同自己的母亲即黑格尔辩证法批判地划清界限的时候"⑤。我不以为，这里评论青年黑格尔的批判仅仅是一种狭义的证伪，实际上马克思是想说明一个革命性的方法论问题，即鲍威尔等人在批判一个对象的时候，同时无意识地陷在对象之中，这是由于他们采用的批判方法是来源于对象本身，所以虽然也在否定和批判对象，但实质上却正是以对象属于的"旧世界"为前提的。如果联系到《1844年手稿》第一笔记本中第三种话语的研究，我们立即会注意到马克思批判性方法论的革命意义在于某种特殊的方法出局和逻辑溢出，即从根

---

① 《马克思恩格斯全集》第42卷，人民出版社1979年版，第46页。
② 《马克思恩格斯全集》第42卷，人民出版社1979年版，第156页。
③ 《马克思恩格斯全集》第42卷，人民出版社1979年版，第156页。
④ 《马克思恩格斯全集》第42卷，人民出版社1979年版，第156页。
⑤ 《马克思恩格斯全集》第42卷，人民出版社1979年版，第157页。

本上跳出批判对象的视域，这是马克思自认为比同时代的理论家高出一筹的地方①。在这本书的批判逻辑上，就是只有跳出"国民经济学"（特别是在方法上），才能发现资产阶级经济学家的经济学"事实"的虚假性，也才能真正剥离外在的现象去批判其本质。经过这种喻意很深的界说，马克思才在这里明确说明了自己所要肯定的哲学批判方法。

接下去，马克思进一步指出自己在批判方法逻辑上的过渡环节，这就是费尔巴哈。马克思之所以根本不提蒲鲁东、赫斯和青年恩格斯，主要因为他认为在哲学批判逻辑的尺度上，他们根本没有任何原创性。在当时的马克思看来，"费尔巴哈是唯一对黑格尔辩证法采取严肃的、批判的态度的人；只有他在这个领域内作出了真正的发现，总之他真正克服了旧哲学"②。根据马克思的指认，费尔巴哈是在他"收入《轶文集》的《纲要》中，也更详细地在《未来哲学》中从根本上推翻了旧的辩证法和哲学"③。依我们上面的思路，费尔巴哈正是由于从根本上跳出了黑格尔的逻辑（方法），以唯物主义打倒了唯心主义，以感性的人的现实生活取代了抽象的神（绝对观念），这样，在费尔巴哈那里才可能出现一种全新的现实世界和理论视域。马克思这里主要是打算批判青年黑格尔派的一般的哲学唯心主义。

马克思认为，费尔巴哈的"伟大功绩"在于：

"（1）证明了哲学不过是变成思想的并且经过思考加以阐述的宗教，不过是人的本质的异化的另一种形式和存在方式；从而，哲学同样应当受到谴责"④。这里的哲学是指黑格尔的哲学，如前所述，黑格尔哲学中的那个绝对观念实际上是基督教神学中的无所不能的上帝，所以，这种唯心主义不过是另一种更加精制的宗教，用费尔巴哈的异化话语来表述，也就是上帝这一人的本质之异化的另一种哲学理论存在方式。

"（2）创立了真正的唯物主义和现实的科学，因为费尔巴哈使'人与

---

① 关于《1844年手稿》第一笔记本中多重话语的研究情况，可参见张一兵：《青年马克思经济学研究的哲学转变》，载《哲学研究》1997年第11期。
② 《马克思恩格斯全集》第42卷，人民出版社1979年版，第157—158页。
③ 《马克思恩格斯全集》第42卷，人民出版社1979年版，第157页。
④ 《马克思恩格斯全集》第42卷，人民出版社1979年版，第158页。

人之间的'社会关系成了理论的基础原则"①。费尔巴哈打倒黑格尔的唯心主义亚神学，必然走向唯物主义和人。这种唯物主义的两个逻辑支点——自然唯物主义与人本主义，马克思更看重后者的批判性张力。所以他关注的是费尔巴哈扬弃异化之后的对人与人真正的社会关系的确认。应该指出，马克思这里所说的"社会"等于一种非自然的"类"，即区别于费尔巴哈将人以自然存在为基础相互联结起来的那个"无声的类"。马克思这里实际上是强调一种在自然的类之上的人与人联结起来的社会的"类"。可是他并没有意识到，这种类本身仍然是抽象的。

"（3）他把基于自身并且积极地以自身为基础的肯定的东西同自称是绝对的肯定的东西的那个否定之否定对立起来"②。这个第三功绩是较难理解的。因为黑格尔是从绝对的和不变的抽象本质出发（这也就是过去基督教神学的那个绝对本质的理论变形），并且这是通过绝对观念（实体）的异化和扬弃（否定之否定）所达到的肯定。而费尔巴哈则将黑格尔颠倒过来，直接从感性确定的东西（肯定）出发，"扬弃了无限的东西，设定了现实的、感性的、实在的、有限的、特殊的东西（哲学、宗教和神学的扬弃）"③。同样要加以说明的是，马克思这时肯定的费尔巴哈那种直接的现实的、感性的东西实际上是有问题的。因为，马克思此时面对的资本主义经济现实是不能通过感性直接把握的，因为它恰恰是颠倒地表现出来的。从这一点出发，黑格尔的颠倒的绝对抽象正好是对应于市民社会的颠倒的现实抽象的。对此，马克思并没有意识到。

我以为，固然马克思此时已经表示对费尔巴哈也要采取"批判态度"，但他并没有意识到费尔巴哈哲学正确唯物主义立场背后的人本主义非历史的根本错误，因此他也不可能察觉到黑格尔唯心主义错误背后的历史辩证法的深刻性。更重要的是，马克思这里还没有将费尔巴哈的一般唯物主义与政治经济学中的社会唯物主义逻辑联结起来。如果将这里对青年黑格尔派的批判与1845年以后的《德意志意识形态》一书中马克思对同一主题

---

① 《马克思恩格斯全集》第42卷，人民出版社1979年版，第158页。
② 《马克思恩格斯全集》第42卷，人民出版社1979年版，第158页。
③ 《马克思恩格斯全集》第42卷，人民出版社1979年版，第158页。

的论说进行比较，我们会发现重大的异质性。前者的批判焦点是一般的哲学唯心主义，所依据的是费尔巴哈，重点是要求界划哲学家与黑格尔的理论界限；后者的批判焦点是历史唯心主义，主题是批判费尔巴哈，重点却在要求说明哲学家与客观经济生活的现实关系。

二、两种现象学：黑格尔辩证法的解蔽与遮蔽

马克思在批判了青年黑格尔派对黑格尔的虚假否定之后，他自己开始直接批判黑格尔。这是他继《黑格尔法哲学批判》以后第二次对黑格尔的总体批判。外在地看，这里马克思关注的主要线索是黑格尔的辩证法。而实际上，却是在说明如何改造黑格尔的批判方法，即反经验常识的现象学"这一在黑格尔那里还是非批判的运动所具有的批判形式"①。请注意，实际上现象学就是一种很深的异化批判逻辑。我发现，马克思在这里实际上是在用费尔巴哈的唯物主义人学现象学进一步深化黑格尔的精神现象学。

马克思已经清楚地知道费尔巴哈与黑格尔这两种批判哲学本质的根本不同。费尔巴哈是要从宗教神学的彼岸世界（否定之否定）回到现实的此岸世界（直接的肯定），这也是从抽象的东西回到具体的感性实体（直观中的自然和实体的人）的过程。费尔巴哈是从感性直观的现实世界出发的，他的批判是从人的颠倒的虚假本质（上帝）回到人的真实本质（类关系）。这是将黑格尔颠倒的现象学逻辑重新颠倒过来的人学现象学。而黑格尔的批判则宣布现有世界的虚假性，感性确定性的直接肯定被否定地指认为虚假现象，这样，他由观念本质出发，再重新回到现实的抽象的具体——否定之否定倒成了"真正的和唯一的肯定的东西"。马克思认为，黑格尔是将这种观念本质的超越性本身看成是"一切存在的唯一真正的活动和自我实现的活动，所以他只是为那种历史的运动找到抽象的、逻辑

---

① 《马克思恩格斯全集》第42卷，人民出版社1979年版，第159页。

的、思辨的表达，这种历史还不是作为既定的主体的人的现实的历史，而只是人的产生的活动、人的发生的历史"。① 马克思显然要肯定费尔巴哈的实体的人的生活，而否定黑格尔的那种离开现实的人的被颠倒了的抽象历史活动。这是马克思对两种批判现象学的立场抉择。

如果我们仅仅在传统哲学解释框架研究的视域中来观察和评判，会很自然地看到唯物主义者费尔巴哈与唯心主义者黑格尔的对置，可是假如一进入马克思当时面对的资本主义经济现实，情况就会发生一种重大逆转：因为在费尔巴哈正确的人学现象学批判的自然（直观）唯物主义视域中，实际上是无法透视资本主义社会生活中那种特有的经济关系的颠倒性物化本质，停留在人的感性现实和物质实体中，恰恰不能最终摆脱资产阶级意识形态。所以，在现实中费尔巴哈的哲学革命恰恰是非批判的。而黑格尔的颠倒的精神现象学逻辑固然是唯心主义的，但却真是资本主义市民社会颠倒的现实关系的本质写照。并且，黑格尔倒真是批判（当然是错误地唯心主义地）资本主义经济现实的。这一点，马克思只是在十多年以后的《1857—1858年经济学—哲学手稿》的狭义历史唯物主义中才发现的。这是一个十分复杂的理论问题，而并非如我们传统哲学研究构架所假想的那般简单。这是我请读者注意的进入此时马克思批判黑格尔辩证法的思考前提！

接下去，马克思开始对黑格尔的辩证法进行一种全面的批判。这种批判绝不是什么基于马克思主义"唯物辩证法"的改造，而是从费尔巴哈的一般唯物主义特别是人本主义逻辑投射出的理论证伪。与马克思第一次批判黑格尔从《法哲学》入手不同，这一次是围绕着"黑格尔哲学的真正诞生地和秘密开始处"《精神现象学》进行的。与第一次批判黑格尔的唯心主义哲学基础不同，这一次批判的焦点是黑格尔的批判方法。马克思先简要提炼了《精神现象学》一书的纲目，即从感性确定性的否定，经自我意识确定性非独立认证到理性确定性的最后阶段绝对知识。并点明这个绝对知识——去除了一切现象确定的"纯粹的思辨的思想"又构成了黑格尔

---

① 《马克思恩格斯全集》第42卷，人民出版社1979年版，第159页。

《哲学全书》第一部分《逻辑学》的起点。马克思十分精辟地指出，在黑格尔的体系中，"逻辑学是精神的货币，是人和自然界的思辨的思想的价值——人和自然界的同一切现实的规定性毫不相干的、因而是非现实的本质，——是外化的因而从自然界和现实的人抽象出来的思维，即抽象思维"①。这种抽象本质的外化和异化就是现实自然界和人类社会。最后，通过人的思维的本质抽象（还不是自身的人类学、现象学、心理学、伦理学、艺术和宗教），这个观念的"货币"穿透感性现实的一切物质存在，"回到自己的诞生地"②——绝对精神。"它的现实存在就是抽象"③。如果我们结合黑格尔对斯密、李嘉图资本主义经济本质关系的抽象的认同，黑格尔这里的观点是深刻的（关于黑格尔对政治经济学的批判，笔者将另文详述）。

但这时马克思立刻说，黑格尔有双重错误：

一是黑格尔本人正是异化的人的抽象形象，可是他却将自己的观念作为这个异化了的世界的尺度。所以，当他正确地将财富、国家权力等等看成是"同人的本质相异化的本质"时，仅仅是重新肯定其本真的思想形式即精神本质的。这就是说，黑格尔没有发现，现实中的异化实际上是人的本质的异化，而不仅仅是这种现实异化之反映的观念的异化。"因此，全部外化历史和外化的整个复归，不过是抽象的、绝对的思维的生产史，即逻辑的思辨的思维的生产史"④。黑格尔将现实的异化仅仅是作为观念异化的外观和公开形式。这是不可宽恕的唯心主义。

二是黑格尔没有意识到，他的观念异化之复归之真实本质是"要求将对象世界归还给人"⑤。显而易见，这是费尔巴哈人本主义的伦理逻辑话语，而不是科学的历史唯物主义！依马克思之见，黑格尔否定的感性（确定性）意识并不是某种人之外的抽象观念的感性意识，而只能是人的感性

---

① 《马克思恩格斯全集》第42卷，人民出版社1979年版，第160页。
② 《马克思恩格斯全集》第42卷，人民出版社1979年版，第160页。
③ 《马克思恩格斯全集》第42卷，人民出版社1979年版，第161页。
④ 《马克思恩格斯全集》第42卷，人民出版社1979年版，第161页。
⑤ 《马克思恩格斯全集》第42卷，人民出版社1979年版，第162页。

意识。比如"自然界的人性和历史所创造的自然界——人的产品——的人性"①，绝不是抽象精神的产物。宗教、财富一类东西也不是观念的异化而只能是"人的对象化的异化的现实，是客体化的人的本质力量的异化的现实"②。所以，"宗教、财富等等不过是通向真正人的现实的道路"③，而不是通向绝对观念的消失的扬弃环节。但马克思很深刻地看出，黑格尔现象学实际上已经内含着革命性的批判因素："《现象学》是一种隐蔽的、自身还不清楚的、被神秘化的批判；但是，由于《现象学》紧紧抓住人的异化，——尽管人只是以精神的形式出现的——其中仍然隐蔽着批判的一切要素，而且这些要素往往已经以远远超过黑格尔观点的方式准备好和加过工了。关于'苦恼的意识'、'诚实的意识'、'高尚的意识和卑鄙的意识'的斗争等等这些章节，包含着对宗教、国家、市民生活等整个领域的批判的要素，但还是通过异化的成果。"④ 马克思正是用这种费尔巴哈人本主义逻辑改造过的黑格尔的辩证法批判武器，来体认他此时所面对的资产阶级经济学的。这也是他对费尔巴哈"辩证法"的超越。

所以马克思说，"黑格尔的《现象学》及其最后成果——作为推动原则和创造原则的否定性的辩证法——的伟大之处首先在于，黑格尔把人的自我产生看作一个过程，把对象化看作失去对象，看作外化和这种外化的扬弃；因而，他抓住了劳动的本质，把对象性的人、现实的因而是真正的人理解为他自己的劳动的结果"⑤。这里马克思开始直接使用人本主义的话语来解蔽黑格尔的历史辩证法。但这并不在关注辩证法的所谓联系和发展的一般特征，而恰恰在强调辩证法的革命性和批判性，即否定的辩证法！马克思的解码结果如下：人与自身的类存在物发生现实的能动的关系，只有通过人类本身的全部活动并且作为历史的结果，才能使这种"类的力量"实现出来，但它又只能当作对象，并只有通过异化的形式才有可能。具体说，这就是马克思认为黑格尔已经看到人的本质是劳动这样一种现实

---

① 《马克思恩格斯全集》第42卷，人民出版社1979年版，第162页。
② 《马克思恩格斯全集》第42卷，人民出版社1979年版，第162页。
③ 《马克思恩格斯全集》第42卷，人民出版社1979年版，第162页。
④ 《马克思恩格斯全集》第42卷，人民出版社1979年版，第162页。
⑤ 《马克思恩格斯全集》第42卷，人民出版社1979年版，第163页。

的能动的活动关系，现实的人只有通过劳动走向自然的对象化（异化），才能真实地实现自己。

可是，马克思又以为，由于"黑格尔站在现代国民经济学的立场上。他把劳动看作人的本质，看作人的自我确证的本质；他只看到劳动的积极方面，而没有看到它的消极的方面"①。对于这一指认，过去的传统研究大多是直接赞成的，即批评黑格尔同时肯定劳动的对象化（积极方面）和异化（消极方面），而马克思是要肯定劳动的对象化却否定劳动异化。我认为，这需要再作一些更深入的分析。马克思理解了黑格尔确证人的本质实际上是以资产阶级国民经济学为基础的，这是极为重要的。但由于马克思没有认识到劳动价值论的历史意义，所以他不可能了解到黑格尔为什么会同时肯定对象化和异化，因为在以交换为基础的资本主义经济存在中，生产本身的客观发生必然以"异化的"形式实现出来，这个所谓的"异化"用科学的话语来描述，就是由交换所导致的人与人关系颠倒地表现为物和物的关系。这个"异化"从资本主义的历史发生来看，它始终是与生产总体同时发生的，绝不可能承认资本主义的生产方式，却不要"异化"。在这一点上，费尔巴哈式的人本主义伦理批判的现象学固然正确，但并不是深刻的。黑格尔现象学的这种对异化必然性的肯定，马克思在1846年以后才重新历史性地认可。这一点，传统研究的理解是有问题的。

三、客观地扬弃异化：
黑格尔意识对象克服论的批判

马克思对黑格尔辩证法（现象学）的批判，后来主要集中在《精神现象学》最后一章"绝对知识"中的一个观点上：意识对象的克服。马克思在这一部分中实际上是想凸显自己的人本主义逻辑，这是对黑格尔主体与客体能动的辩证关系的一种人本主义改写。

---

① 《马克思恩格斯全集》第42卷，人民出版社1979年版，第163页。

马克思说，在黑格尔《精神现象学》的这一章中，主要是想说明意识是对象的本质，"意识的对象无非就是自我意识"①，对象化是意识的异化，所以必须扬弃异化复归于自我本身。而在马克思此时的人本主义语境中，黑格尔的自我意识实际上是人、人的本质（这是被费尔巴哈点破了的德国青年黑格尔派自我意识哲学逻辑的历史本质）。这样，马克思自然会以一般唯物主义的人本学的观点来颠倒式地阅读理解黑格尔。"人的本质的一切异化都不过是自我意识的异化。自我意识的异化没有被看作人的本质的现实异化的表现，即在知识和思维中反映出来的这种异化的表现。相反地，现实的即真实地出现的异化，就其潜藏在内部最深处的——并且只有哲学才能揭示出来的——本质说来，不过是真正的、人的本质即自我意识的异化的现象。因此，掌握了这一点的科学就叫作现象学"②。依马克思这里的观点，黑格尔的《精神现象学》应该被改名为"人的本质异化的现象学"。我以为，马克思自己在手稿中也正是以这种重要的批判和革命的人学现象学来面对资产阶级国民经济学和资本主义现实异化的。也由此，他才能看到青年恩格斯和蒲鲁东所否定的那个现象（所谓的"经济事实"）背后的东西——劳动本质异化。正是在这个意义上，我提出人本主义现象学也就是马克思《1844年手稿》的另一种命名！这是人本主义逻辑中的批判现象学和历史认识论。

马克思将黑格尔"绝对知识"第一自然段中表述的"意识对象的克服"，概括为八个要点，并逐一进行了批判。③

第一点和第二点是马克思放在一起讨论的重点。第一点是"对象本身对意识来说是正在消逝的东西"；第二点是"自我意识的外化就是设定物性"④。依马克思此时的理解，第一点的意思是指"对象之返回到自我"⑤。第二点是马克思讨论的重心所在。在这里，马克思对于自我意识的外化设

---

① 《马克思恩格斯全集》第42卷，人民出版社1979年版，第164页。
② 《马克思恩格斯全集》第42卷，人民出版社1979年版，第165页。
③ [德]黑格尔：《精神现象学》上卷，贺麟、王玖兴译，商务印书馆1962年版，第258—259页。
④ 《马克思恩格斯全集》第42卷，人民出版社1979年版，第165页。
⑤ 《马克思恩格斯全集》第42卷，人民出版社1979年版，第166页。

定物性发了很长一段议论。

我想,在进入马克思的这一重要思考之前,我们还是先看一下黑格尔原文中的表述。在《精神现象学》一书中,对于这一论点,黑格尔解释道:"事物就是我;在这个无限判断里事物事实上是被扬弃了;事物并不是自在的东西;事物只有在关系中,只有通过我以及它与我的关系,才有意义——这个环节在纯粹的识见和启蒙思想中就已经出现在意识之前了,事物纯全是有用的,并且只可从它们的效用性去考察它们。"① 我们知道,黑格尔的现象学实际上是倒过来的康德理性批判,这是经过费希特自我意识哲学的中介后扬弃为逻辑前提的理念批判结果。黑格尔这里是想说明,对象是在与"我"(自我意识)的对象化效用关系中被建构的,对象是非独立存在的,而只能存在于与自我意识的有用关系中。这是意识外化设定物性的直接意思。但是在黑格尔那里,自我意识的本质又是观念,"我"也不过是历史理性狡计的工具,自我意识穿透对象的物性,是指认出对象的观念本质,最终是复归于绝对理念。所以,在黑格尔那里,绝对精神是主体,"现实的人和现实的自然界不过是成为这个隐秘的、非现实的人和非现实的自然界的宾语、象征。因此,主词和宾语之间的关系被绝对地相互颠倒了!"② 显然,此处马克思并不打算认真对待黑格尔自我意识之后的观念本质论,他只是从青年黑格尔派的自我意识出发,先以费尔巴哈的唯物主义颠倒黑格尔自我意识与对象的思辨主宾关系,再用人本主义将自我意识还原为人,最后才回落到资本主义现实中来。这是马克思此时经过多重中介后的论说语境。所以我们看到,马克思主要意在唯物主义地确证对象存在的客观性,而人本身也是自然对象,这是人能够对象化地创造对象的基础。马克思的这一段讨论是十分重要的。马克思说:"当现实的、有形体的、站在稳固的地球上呼吸着一切自然力的人通过自己的外化把自己现实的、对象性的本质力量设定为异己的对象时,这种设定并不是主体;它是对象性的本质力量的主体性,因而这些本质力量的活动也必须是对象

---

① [德] 黑格尔:《精神现象学》上卷,贺麟、王玖兴译,商务印书馆1962年版,第260页。
② 《马克思恩格斯全集》第42卷,人民出版社1979年版,第176页。

性的活动。"① 人设定对象不是因之主体的主观性，而是因为主体本身首先是自然存在物，他才有可能以对象性的活动设定对象。接下去是马克思的一段著名表述："彻底的自然主义或人道主义，既不同于唯心主义，也不同于唯物主义，同时又是把这二者结合的真理。我们同时也看到，只有自然主义能够理解世界历史的行动。"② 唯心主义是指黑格尔观念的能动性活动，唯物主义是指英法唯物主义的经验原则，马克思这里肯定的是费尔巴哈的对象性的客观活动，并且是人的客观活动（劳动）。请一定注意的是，这个客观活动再往前走一步就是客观社会实践。但这里还不是！因为这里还是人本主义的非历史的逻辑规定。

马克思首先确定的是人的感性受动性："人作为自然的、肉体的、感性的、对象性的存在物，和动植物一样，是受动的、受制约的和受限制的存在物。"③ 马克思将黑格尔的主客关系式颠倒了，黑格尔说对象是存在于与我的效用关系中，而马克思则说，我的客观存在恰恰因为自然对象的客观存在。"一个存在物如果在自身之外没有对象，就不是对象性的存在物"④。马克思认为黑格尔所说的那种本身不是对象，又没有外在对象物的"唯一存在物"，只能是虚构出来的东西。

其次，人又不仅仅是自然存在物，"而且是人的自然存在物，也就是说，是为自身而存在着的存在物，因而是类存在物。他必须既在自己的存在中也在自己的知识中确证并表现自身"⑤。这是人作为对象存在与一般自然存在的不同点。人有自己产生的活动，这是人的历史。人的历史是"一种有意识地扬弃自身的产生活动"，"历史是人的真正的自然史"。⑥

这是马克思当时费尔巴哈式地颠倒黑格尔所能解蔽的东西。在这一逻辑中，黑格尔的辩证法倒变成是无法理解的虚构。而实际上，如果黑格尔的自我意识不是简单地颠倒为自然的人，而社会历史实践主体，与人的实

---

① 《马克思恩格斯全集》第42卷，人民出版社1979年版，第167页。
② 《马克思恩格斯全集》第42卷，人民出版社1979年版，第167页。
③ 《马克思恩格斯全集》第42卷，人民出版社1979年版，第167页。
④ 《马克思恩格斯全集》第42卷，人民出版社1979年版，第168页。
⑤ 《马克思恩格斯全集》第42卷，人民出版社1979年版，第169页。
⑥ 《马克思恩格斯全集》第42卷，人民出版社1979年版，第169页。

践相关的物性的不断历史重新"设定"的"消失"是完全可以理解的。当然，这是1845年春天以后马克思才做的事情了。

最后一段是马克思关于黑格尔异化（对象化）之扬弃问题的研究。这是第三点至第六点的主要内容（第七点至第八点在手稿中没有再专门论述）。这一段讨论也是非常重要的。这涉及马克思对扬弃异化看法中的根本特点。集中为一点，就是说异化不是一种观念的异化，观念的异化不过是现实异化的反映，所以异化的扬弃不能停留在观念的认识上，而必须是现实的客观扬弃，这就是革命了。具体地说，在黑格尔那里，对象就是意识（主体）的外化和异化，从本质上看对象必然被揭露为虚无的外观和现象，"障眼的云烟"，扬弃异化也就是扬弃对象化即复归意识主体。黑格尔这里的唯心主义自然受到马克思的严厉批判。马克思深刻地指出，黑格尔的错误在于他用观念的东西冒充真实存在的对象世界，所以观念主体对象化的异己存在实际上"也就是在自己身边"，异化扬弃就表现为在对象中重新找到观念本质。所以马克思认为，"在黑格尔那里，否定之否定不是通过否定假象本质来确证真正的本质，而是通过否定假象本质来确证假象本质，或者说，来确证自身异化的本质"①。"一个认识到自己在法、政治等等中过着外化生活的人，就是在这种外化生活本身中过着自己的真正的、人的生活。"② 马克思认为这是一种使异化之扬弃成为一种虚假的扬弃。"黑格尔和虚假的实证主义即他那只是徒有其表的批判主义的根源就在于此"③。

当然，黑格尔的扬弃说中还有一些积极的因素。黑格尔认为，"扬弃是使外化返回到自身的、对象性的运动"④。如果转换成马克思这时的人本主义话语，就意味着"人通过消灭对象世界的异化规定、通过在对象世界的异化存在中扬弃对象世界而现实地占有自己的对象性本质"。就如费尔巴哈的观点是以"无神论作为神的扬弃就是理论的人道主义的生成，而共

---

① 《马克思恩格斯全集》第42卷，人民出版社1979年版，第172页。
② 《马克思恩格斯全集》第42卷，人民出版社1979年版，第172页。
③ 《马克思恩格斯全集》第42卷，人民出版社1979年版，第171页。
④ 《马克思恩格斯全集》第42卷，人民出版社1979年版，第174页。

产主义作为私有财产的扬弃就是对真正人的生活这种人的不可剥夺的财产的要求，就是实践的人道主义的生成一样"①。马克思注意到黑格尔"在抽象的范围内把劳动理解为人的自我产生的行动，把人对自身的关系理解为对异己本质的关系，把那作为异己存在物来表现自身的活动理解为生成着的类意识和类生活"②。

这就是马克思对自己在《1844年手稿》中批判资产阶级政治经济学逻辑方法的直接确证。

---

① 《马克思恩格斯全集》第42卷，人民出版社1979年版，第174页。
② 《马克思恩格斯全集》第42卷，人民出版社1979年版，第175页。

青年马克思的批判的经济哲学

——《1844年经济学哲学手稿》第二、三笔记研究[①]

张一兵

《1844年经济学哲学手稿》（以下简称《1844年手稿》）是青年马克思第一次系统研究政治经济学的主要理论结果。由于马克思此时的特殊思想语境，使这部文稿既不是单纯的哲学论著，也不是真正的经济学手稿，而是一种十分独特的经济哲学文本。依我之见，这里马克思的理论运作是以人本主义的哲学逻辑为主导构架，全面否定资产阶级政治经济学立场和观点，最终获得共产主义的结论。过去我们对《1844年手稿》的研究，主要集中在哲学上，特别是它的第一笔记的第二部分（异化劳动理论），却忽视了青年马克思这一文本中十分丰富的经济哲学内容。本文在此仅就青年马克思在《1844年手稿》第二、三笔记中批判的经济哲学研究发表一些不成熟的意见，以期引起更深一层的思考。

一

从《1844年手稿》文本写作的进程看，青年马克思首先按青年恩格斯的《国民经济学批判大纲》（以下简称《大纲》）思路写第一笔记本的前半部分（以下简称1—1），这是一种对国民经济学指认的"事实"的直

[①] 原载《南京大学学报》（哲学·人文科学·社会科学版）1999年第1期。

接批判，这种批判实际上也很接近蒲鲁东的社会主义。

然后他否定了这一思路，转而写成第一笔记本的第二部分（以下简称1—2），即异化劳动的四个层面，这是青年马克思自己重新确立的推翻国民经济学基本构架的哲学人本主义批判大纲（人学社会现象学）。第一笔记的写作是突然中断的。接下去，是人本主义哲学批判的理论认证，即第二、三笔记本中的具体经济哲学分析。这是《1844年手稿》的主体部分。

我已经指出过，在马克思第一笔记本的写作中存在着两种思路，一是国民经济学的颠倒，这是青年恩格斯《大纲》的思路；二是哲学人本主义逻辑。在1—1到1—2之间存在着一个逻辑思路的转换。我以为，马克思第一笔记中的思路转换实际上是对青年恩格斯思路的批评与超越。他直接指认的是以费尔巴哈的哲学立场、黑格尔的辩证法构架和社会主义的观点来面对国民经济学，这实际上是肯定了赫斯的人本主义批判思路。但马克思的批判又是远远超越和优于赫斯的。这也是马克思在《巴黎笔记》中从前期的客观描述与批判到《穆勒笔记》中人本主义批判飞跃的真实反映。在两种思路中，马克思是自觉地倾向于人本主义批判逻辑的。

我发现，第二、三笔记实际上是一种新的调整，这倒真是一种不自觉的复调（这不同于后来巴赫金所讲的自觉文本创造中的复调变奏）。这是马克思经济哲学批判中不自觉发生的一种复杂的隐性理论情结。我们能看到，在马克思自己的理论表述中，不时会有经济学那种社会唯物主义的隐性浮现。马克思的不少思考是深刻的，换一种科学基础就立刻能超拔出来。这就是本文要重点讨论的问题：青年马克思最早的批判性经济哲学。在此，我们主要从文本分析的解读入手。

《1844年手稿》的第二笔记本只存有4页，即最后的第XLI至XLIII页。第二笔记本实际上是马克思这一重要文本最主要的批判内容。可是，它一共43页，却整整遗失了39页。这不能不说是一大憾事。

依我之见，马克思突然中断第一笔记本的写作，实际上是意识到了仅仅像1—2那样的哲学认证，是无法真正深入对资产阶级国民经济学的理论批判的。所以，如果说1—2是马克思自己标注的哲学逻辑前提，接下去更重要的则必须是直接面对政治经济学理论逻辑的具体经济学批判。换个角度说，如果在 1—1 中呈现的是马克思并不赞成的经济学社会主义话语，那么 1—2 就是哲学人本主义话语。那么，作为《1844 年手稿》中马克思的写作主体（即第二笔记本和第三笔记本）运作的话语则是经济哲学。当然，这不是经济学中的哲学，而是从哲学人本主义逻辑对经济学的价值批判。甚至，不少地方马克思在经济学批判研读中无意识地弱化哲学人本主义的构架（如第二笔记本留存的 4 页中只有一处使用了异化概念）。与第一笔记本的三种逻辑话语相比，这已经是一种全新的混合型写作话语：人本主义经济哲学话语！需要再提出界说的一个方面，苏联东欧学者（包括 MEGA^2 的编译者）将这种改变仅仅看成是一种单纯经济学文本阅读量的增加（"又多读了几本书"），而根本发现不了马克思此时话语的复调性以及话语变化的深刻异质性。

我注意到，第二笔记这一文本写作的主体部分，是以异化劳动和私有财产这两个主要范畴为理论中轴，系统分析作为私有财产表现形式的"商业、竞争、资本、货币"。根据马克思在这一笔记本的最后所写下的提纲，这一手稿主要是具体说明私有财产的关系即劳动、资本以及二者的关系。这是一种统一、对立到二者各自对立的运动。① 再根据第三笔记本第 18 页（XVIII）上马克思所作的总结来看，这一手稿第一部分（劳动与资本的统一）曾经讨论了国民经济学提出的七个问题：（1）资本是积累的劳动；（2）资本在生产中的使命；（3）工人是资本；（4）工资属于资本的费用；（5）对工人来说，劳动是他的生命资本的再生产；（6）对资本家来说，劳动是他的资本的能动的要素；（7）国民经济学家把劳动与资本的统一假定为资本家和工人的统一，"这是一种天堂般的原始状态"②。通过对第三笔记本一开始的三段"补入"分析，我们不难看出，马克思到第二笔记本的第 36 页已经在说明与劳动对立的资本的本质了。而第 39 页则应该讨论劳动和资本对立的扬弃问题。但后一个补入更多的已经是另一种意义上的理论"华彩"了。下面我们开始对第二笔记的残片进行文本解读。

在第二笔记本这一残存片断开始处，马克思正在分析作为资本存在的

---

① 《马克思恩格斯全集》第 42 卷，人民出版社 1979 年版，第 110—111 页。
② 《马克思恩格斯全集》第 42 卷，人民出版社 1979 年版，第 138 页。

已经属于资本家所有的工人的活劳动。他认为，这是一种"活的，因而是贫困的资本"和作为这种特殊资本的"利息"——工资。在这时的马克思眼里，资本主义运动使人不正常地畸变为"工人"，即在商业竞争中与资本同在的异化了的商品人。"作为资本，工人的价值按照需求和供给而增长，而且，从肉体上说来，他的存在、他的生命也同其他任何商品一样，过去和现在都被看成是商品的供给"①。马克思这时还不可能正确地认识到劳动者从农民到工人的转变是一种历史的进步，并且，在资本主义经济交换关系中的工人并不是商品，因为与资本交换的只是劳动力商品，工资不过是劳动力的价值。此时马克思还是坚持西斯蒙第—赫斯的结论：国民经济学是非人的学问。因为它不关心"在劳动关系之外的劳动人"，"生产不仅把人当作商品、当作商品人、当作具有商品的规定的人生产出来；它依照这个规定把人当作具有精神上和肉体非人化的存在物生产出来"②。也是在这个批判的意义上，马克思立刻以反讽的口吻说，"李嘉图、穆勒等人比斯密和萨伊进了一大步，他们把人的存在——人生产这种商品的或高或低的生产率——说成是无关紧要的，甚至是有害的"。这个所谓的进步是人之外的物的进步，即生产的进步和财富积累的进步。在人本主义话语统摄之下的马克思并不是在肯定的意义上指认这一点的。可是需要指出，承认这种客观进步恰恰是以后历史唯物主义科学逻辑的出发点。

也同样是在这一思路上，马克思接下去评判了英国国民经济学"两大功绩"之一："把劳动提高为国民经济学的唯一原则"。这里的理论关键点在于说明工资与资本利息的反比例关系，马克思认为这实际上揭示了劳动与资本的根本对立。在此，马克思没有直接意识到这个所谓劳动提高为经济学的"唯一原则"（劳动价值论）更深刻的意义：一是劳动成为普遍的"一"（即后来马克思在《1857—1858年经济学手稿》中发现的社会化抽象劳动），是现代大工业的客观产物；二是这种理论尺度恰恰能够翻转过来直接从经济现实上否定资本主义。这时，李嘉图式的社会主义（"无产阶级的反对派"）已经这样做了，而马克思只是在1846年才认识

---

① 《马克思恩格斯全集》第42卷，人民出版社1979年版，第138页。
② 《马克思恩格斯全集》第42卷，人民出版社1979年版，第104页。

到这一点（《曼彻斯特笔记》）。

最有意义的东西出现在马克思第二点讨论中他并不在意的说明。他认为，英国国民经济学的第二个功绩是"指明了地租是最坏耕地的利息和最好耕地的利息之间的差额"，这"使土地所有者变成极其普通的、平庸的资本家，从而使对立单纯化和尖锐化，并加速这种对立的消灭"①。这一客观进程实际上是资本主义对封建主义的胜利，工业、运动和动产对农业、土地和不动产的胜利。这比1—1中第三点对地租的评论要深刻得多了。更重要的是，马克思注意到工业与农业、动产与不动产的"历史差别"。这主要体现在这样几个理论质点上：一是在工业中劳动成为对自己内容"漠不关心"，"从其他一切存在中抽象出来的"完全独立的存在。与那种特定的不动产（土地）相依存的特殊形式的具体劳动不同，新的劳动自身获得了自由，并在工业生产中成为一种"抽象"的形式。马克思此时仍然没有意识到，前面他所否定的斯密、李嘉图等人的国民经济学理论的"抽象"，实际上不过是现实中这一客观历史"抽象"的逻辑反映。这一点，马克思也是在后来的《1857—1858年经济学手稿》中才理解的。接下去的第二点，就自然出现"获得行动自由的和本身有单独构成的工业的获得行动自由的资本是劳动的必然发展"。由自由的劳动发展和客观"积累"成的工业资本，是一种与过去那种"不动的地产"根本异质的东西，这就是不断发生变化和流动的财富——动产。第三，就是"工业对它对立面的支配立即表现在作为真正工业活动的农业的产生上"。②

可以看出，马克思这里是在复述古典经济学对自身的肯定性确证，并不是他自己真正在对历史和现实的经济研究中得出的科学结论。所以，这时他还不可能理解这一客观进程的具体机制和规律。

但是我们的确看到，马克思真的已经在用一种历史性的眼光来看待工业资本家与土地所有者的关系了。马克思客观地看到奴隶向雇佣工人的转化，地主向资本家的转化，旧的封建制度向资本主义的转化。这种观点恰恰与上面他批判工人是非人的商品的理论尺度是不同的。此时，马克思站

---

① 《马克思恩格斯全集》第42卷，人民出版社1979年版，第105页。
② 《马克思恩格斯全集》第42卷，人民出版社1979年版，第106页。

在一种历史性批判的立场上关注着资本家与土地所有者的对立。在一定的意义上他承认了资本主义对封建主义的客观进步。"从现实的发展进程中必然产生出资本家对土地所有者的胜利,即发达的私有财产对不发达的、不完全的私有财产的胜利,正如一般说来运动必然战胜不动,公开的、自觉的卑鄙行为必然战胜隐蔽的、不自觉的卑鄙行为,贪财欲必然战胜享乐欲,公然无节制的、圆滑的、开明的利己主义必然战胜地方的世故的、呆头呆脑的、懒散的、幻想的、迷信的利己主义,货币必然战胜其他形式的私有财产一样。"① 这一段话包含了许多值得我们认真分析的重要内容。这里最关键的理论质点,还是上面我们已经指认出的作为资本主义生产本质特征的工业生产运动、自由行动的劳动(者)和资本(动产)。

依我的理解,这是马克思另一种新的从现实出发面对社会历史的客观逻辑最初发生的可能性。这也是我在《马克思历史辩证法的主体向度》一书中,所指认的《1844年手稿》中双重逻辑无意识对置的初始形成之语境。我发现,马克思越是深入到政治经济学的理论逻辑中,这条客观的逻辑线索就越是清晰。虽然,马克思此时的主导性理论逻辑还是人本主义批判话语。但这的确是一种新的总体否定性。从马克思在这一文本的深层思考中看,这也必然是自我否定!当然,与第三笔记的状况不同,这里的客观逻辑之发生还主要表现为复述古典经济学的社会唯物主义的历史性。

接下去,马克思开始集中转述斯密等人关于"动产"的观点。在国民经济学看来,作为资本主义本质的资本——"动产也显示工业和运动的奇迹,它是现代之子,现代嫡子"。为什么?如果面向过去,"与资本不同,地产是还带有地方的和政治的偏见的私有财产、资本,是还没有完全摆脱周围世界的纠缠而回到自身的资本,即还没有完成的资本。资本必然要在它的世界发展过程中达到它的抽象的即纯粹的表现"②。摆脱这里的"没有完成的资本"之类形而上学意味,这实际上是说明了建立在土地之上的农业生产的狭隘地域性,以及这种生产本身对自然界的依附性("周围世界的纠缠")。与此不同的是,资本主义生产的世界性和抽象性,前者是运

---

① 《马克思恩格斯全集》第42卷,人民出版社1979年版,第107页。
② 《马克思恩格斯全集》第42卷,人民出版社1979年版,第110页。

动着的资本对地域性超越后的世界性扩张，后者是生产的非自然性即人类劳动的主体能动性。我不认为马克思在这里已经深刻领悟了这一观点的科学内涵。关于这一点，马克思一直到1845年以后的《德意志意识形态》，特别是后来的《共产党宣言》中才真实地确证的。

我发现，马克思开始很有保留地指认了由于资本主义经济发展导致的社会进步。因此马克思特意用了两个"据说"：首先，"据说，动产已经使人民获得了政治的自由，解脱了市民社会的桎梏，把世界连成一体，创造了博爱的商业、纯粹的道德、温文尔雅的教养；它给人民以文明的需要来代替粗陋的需要，并提供了满足需要的手段"①。其次，"据说，资本的文明的胜利恰恰在于，资本发现并促使人的劳动代替死的物成为财富的源泉"②。相对于《黑格尔法哲学批判》及其导言中的论述，马克思对资本主义的历史进步（"政治解放"）有了一种新的认识基础，这就是客观的社会经济发展才决定了人的解放。这正是我们前面已经说明的那种存在于古典经济学中的社会唯物主义思想。可是，对资产阶级来说，对过去是有历史观点的，而对资本主义则是没有历史的了。令人遗憾的是，马克思并没有在哲学的意义上肯定这一逻辑方向。这一理论质点却不自觉地存在于古典经济学中。这是后来历史唯物主义的真正源发处。也是下面我们将看到的马克思第三笔记本中不自觉地成为他自己思想运作的异质于人本主义逻辑的第二种客观理论逻辑的重要基础。可是在这里，马克思与之擦肩而过了。

二

现在我们来看第三笔记中的经济哲学讨论。

首先是马克思一开头写下的"补入第36页"。理论上说，如果严格地在文献发表逻辑编排顺序中，这一部分内容应该是在以上我们已经解读的

---

① 《马克思恩格斯全集》第42卷，人民出版社1979年版，第110页。
② 《马克思恩格斯全集》第42卷，人民出版社1979年版，第108—109页。

第二笔记本残页的前面。当然，我们不能排除这里出现新的思考。依我之见，马克思第三笔记本的第一个"补入"是马克思对第二笔记本结束时一种理论思考与拓展。在这里，他实际上是再一次批判性地从政治经济学的思路说明了现实历史从农业文明到工业社会的进步。他也清楚地发现了这种客观进步在政治经济学中的直接体现。这无疑会导致一种新的历史的观点，即从现实的社会发展规律出发的客观逻辑。正像我前面已经指明的那样，这不是马克思自己体认的主体逻辑，而是内含在政治经济学中的那种社会唯物主义！

在第一补入的开始，马克思是在指认资本主义私有财产新的主体本质，即人的劳动本质。"私有财产的主体本质，作为自为的活动、作为主体、作为个人的私有财产，就是劳动。"① 马克思正确地指出，斯密这种"把劳动视为自己的原则"，而不再将私有财产看成是"人之外的一种状态"的国民经济学，是现代工业的产物。他极深刻地指出了一种差别，即主张财富的对象性本质的货币主义和重商主义的拜物教性质，与承认财富的主体本质的斯密、李嘉图等人的启蒙性质。马克思在这里用了一个"启蒙国民经济学"，这就是后来他指认的古典经济学。也是在这个意义上，他确认了恩格斯《大纲》中的一个具体观点，即斯密是"国民经济学中的路德"。路德宗教改革的内在逻辑是使信仰本身、宗教观念和教义从外到内地成为人之内的事情，而斯密等人在国民经济学中的进步意义也是使财富的本质从外在对象（货币）成为主体性的人（劳动）。但是马克思坚持认为，由于斯密作为财富主体本质的劳动是一种被异化的外化了的活动，所以它实质上必然是敌视人的。他分析道："以劳动为原则的国民经济学，在承认人的假象下，无宁说不过是彻底实现对人的否定而已，因为人本身已不再同私有财产的外在本质处于外部的紧张关系中，而人本身却成了私有财产的紧张的本质。以前是人之外的存在、人的实际外化的东西，现在仅仅变成了外化的行为，变成了外在化。"② 马克思这里注意到资产阶级是以"承认人、人的独立性、自我活动"开始的，可是他认为这是一种伪善

---

① 《马克思恩格斯全集》第42卷，人民出版社1979年版，第110页。
② 《马克思恩格斯全集》第42卷，人民出版社1979年版，第112页。

的假象。因为资本主义只是关注促使财富（作为人的主体本质的私有财产）增长，以打破土地之上封建性的地方和民族界限，"从而使一种世界主义的、普遍的、摧毁一切界限和束缚的能量发展起来"①。而这种发展的结果却是人本身的异化与贫困。所以马克思认为资产阶级国民经济学实际上是"敌视人的"！并且，越往后发展，这种只顾物的积聚不讲人的生存的"犬儒主义"会愈演愈烈。"从斯密经过萨伊到李嘉图、穆勒等等，国民经济学的犬儒主义不仅相对地增长了（因为工业所造成的后果在后面这些人面前以更发达和更充满矛盾的形式表现出来），而且他们总是积极地和自觉地在人的异化方面比他们的先驱者走得更远，但这只是他们的科学发展得更加彻底、更加真实罢了。"② 这又是恩格斯《大纲》那种"罪过增大说"的指认。

我以为，马克思这里的分析是存在一些问题的。他是站在大工业物质生产力发展（恰恰是李嘉图经济学的本质）相反的逻辑来观察资本主义现实的。他没有理解，相对于封建所有制，资本主义首先是一种真实的人的历史解放，这种解放正是建立在大工业物质生产力的巨大发展上。马克思此时将"工业"不正确地等同于资本主义，所以才出现了"支离破碎的工业现实不仅没有被推翻，相反地，却证实了他们的自身支离破碎的原则"。③ 1845年以后，马克思才区分了生产力与生产关系，理解了工业只是生产力发展的一个历史阶段，从而形成了对资本主义生产关系的科学批判。而在1850年以后，马克思才真正站到李嘉图所确证的大工业文明的立场上。

马克思接下去是对政治经济学学说的历史分析。这也是马克思第一次对资产阶级政治经济学说史的具体分析。虽然此时马克思还没有正确区分古典经济学与庸俗经济学，但他的理解已经达及了一种相当的深度。在这里马克思受到斯密和麦克库洛赫经济学史分析的影响，马克思首先注意到重农主义的历史地位。魁奈的理论被视为"从重商主义到亚当·斯密的过

---

① 《马克思恩格斯全集》第42卷，人民出版社1979年版，第113页。
② 《马克思恩格斯全集》第42卷，人民出版社1979年版，第113页。
③ 《马克思恩格斯全集》第42卷，人民出版社1979年版，第113页。

渡"。在此之前的重商主义那里，贵金属才是财富的实在，这仍然是"直接对象性的财富"，而在魁奈那里，"财富的本质已经移入劳动中"（这是前面多次讲到的财富的主体本质的初现），"土地只有通过劳动、耕作才对人存在"。但是，农业同时被宣布是"唯一的生产的劳动"，这里的"劳动还不是从它的普遍性和抽象性上来理解的"，而仅仅是一种"特定的、自然规定的存在形式"。进一步，斯密等的经济学"认识财富的普遍本质，并因此把具有完全绝对性即抽象性的劳动提高为原则，是一个必要的进步"①。这是因为，"农业同其它一切生产部门毫无区别，因而财富的本质不是某种特定的劳动，不是与某种特殊要素结合在一起的、某种特殊的劳动表现，而是一般劳动"。这里的一般劳动是异质于后来马克思在《1857—1858年经济学手稿》中劳动一般的论述的。在这里，马克思实际上回答了自己前面在第一笔记本第一部分提出的问题，即："把人类的最大部分归结为抽象劳动，这在人类发展中具有什么意义？"② "一切财富都成了工业的财富，成了劳动的财富，而工业是完成了的劳动，正像工厂制度是工业即劳动的发达的本质，而工业资本是私有的完成了的客观形式一样"，"只有这时，私有财产才能完成它对人的统治，并以普遍的形式成为世界历史的力量。"③ 这与第二笔记本中的观点也不完全一致。这表明马克思在经济学研究中的思想进步。

三

在对黑格尔辩证法的批判过程中，马克思又重新回到自己的批判的经济哲学上来。他的第七大点是紧接着第五点区别于共产主义的社会主义观点之后的。这一次，是从资本主义经济现实来说明全面的经济异化的。马克思主要论说了三个方面，在插入到黑格尔批判开始的第七点中分析了需

---

① 《马克思恩格斯全集》第42卷，人民出版社1979年版，第114页。
② 《马克思恩格斯全集》第42卷，人民出版社1979年版，第115页。
③ 《马克思恩格斯全集》第42卷，人民出版社1979年版，第56页。

要问题；在黑格尔批判之后又分析了分工在资本主义条件下的异化；在"导言"之后，他又专门补充了货币是人的类关系的异化问题。这些都是异化劳动在经济过程中的具体表现。

首先，马克思指出与社会主义前提下人的真实需要的丰富性相反，私有制条件下，"每个人都千方百计地在别人身上唤起某种新的需要"，但这种需要不是为了满足人的需求，而是要使人"作出新的牺牲，使他处于一种新的依赖地位，诱使他追求新的享受方式，从而陷入经济上的破产"①。在资本主义的生产中，"每一个新产品都是产生相互欺骗和相互掠夺的新的潜在力量"，"每一个产品都是人们想用来诱骗他人的本质，他的货币的诱饵；每一个现实的或可能的需要都是把苍蝇诱向粘竿的弱点"。所以，这种生产不是为了人的真实需要，而是"力图创造出一种支配他人的、异己的本质力量，以便从这里面找到他自己的利己需要的满足"。这个异己的力量就是交换为目的的生产中的货币王国，这是一个"压制人的异己本质的王国"。马克思实际上认为，在这种生产过程中，与人的真正需要相关的质已经消失了，只存在一种非人的产品数量，并且，"人作为人越来越贫穷，他为了占有敌对的本质越来越需要货币"。因为在这里，追求货币是资产阶级国民经济学所产生的需要，"货币的数量越来越成为它的唯一强有力的属性；正像货币把任何本质都归结为它的抽象一样，货币也在它自身的运动中把自身归结为数量的本质"。于是，"无限制和无节制成了货币的真正尺度"②。这是对需要的一种人本主义的逻辑分析。

几乎与此同步，马克思还有一种对资本主义需要的描述。这是关于工人和资本家需要的不同分析。马克思指出，在当时即19世纪的工厂中，工人住宿条件极差，交不起房租，吃的是最糟糕的食物（"最坏的马铃薯"），马克思说，"人不仅失去了人的需要，甚至失去了动物的需要"③。"国民经济学家把工人变成没有感觉和没有需要的存在物，正像他把工人的活动变成抽去一切活动的纯粹抽象一样"。工人这种粗陋的需要正是富

---

① 《马克思恩格斯全集》第42卷，人民出版社1979年版，第115—116页。
② 《马克思恩格斯全集》第42卷，人民出版社1979年版，第132页。
③ 《马克思恩格斯全集》第42卷，人民出版社1979年版，第132页。

人考究的需要的来源。他直接提到当时伦敦的地下室和大酒店。这是对客观现实的分析。

第二点是马克思关于分工的说明。马克思说，资本主义的社会是一种"任何人都是各种需要的整体，并且就人人互为手段而言，个人为别人存在，别人也为他而存在"。这里的"社会"不是马克思前面讲的那种真正的人的类存在的社会，而恰恰是人异化的外化表现。分工是这种"社会"的本质。马克思这时认为，"分工是关于异化范围内劳动社会性的国民经济学用语。换言之，因为劳动不过是人的活动在外化范围内的表现，不过是作为生命外化的生命表现，所以分工也无非是人和活动作为真正类活动——或作为类存在物的人的活动——的异化的、外化的设定"①。分工是人的类活动的人的活动的异化和外化的形式，这是一种人本主义的非科学表述。马克思在引述了多位经济学家（斯密、萨伊、穆勒和斯卡尔贝克）的观点后，再一次回到这一问题，这一次他接受了经济学家的一个观点，即分工与交换是联结在一起的。他说："分工与交换是人的活动和本质力量——作为类的活动和本质力量——明显外化的表现。"②他反对经济学家肯定分工和交换的"科学社会性"，因为这是"依靠非社会的特殊利益来论证社会"。马克思是站在经济学之外来讨论的，因此这时他不可能了解到分工导致交换，以及分工的不同类型（社会分工与劳动分工）特别是分工在生产力发展中的客观意义。这些问题都是在《德意志意识形态》以后才逐步解决的。

第三个问题是写在最后的关于货币的讨论。这是马克思在写完"导言"之后又作的一个补充，这似乎是对前面《穆勒笔记》的一种响应。③这一次是一种哲学人本主义的升华，所以这一讨论几乎完全离开了经济学。这一片断的一头一尾是理想化的人的本真存在状态，中间则是用货币这种中介了的异化关系来进行反证。马克思一上来说的是人的所谓"激情的本体论"。他列举了五点：一是真正的人的肯定方式是生命的特殊性；

---

① 《马克思恩格斯全集》第42卷，人民出版社1979年版，第134页。
② 《马克思恩格斯全集》第42卷，人民出版社1979年版，第144页。
③ 参见张一兵：《经济学批判中的人本学话语突现》，载《马克思主义与现实》1998年第3期。

二是感性的肯定是对独立对象的肯定；三是人如果具有人的感觉，那么对对象的肯定也会是自己的享受。这前三点是相互联系的，可第四点，马克思说了如下一段话："只有通过发达的工业，也就是以私有财产为中介，人的激情的本体论本质才能在总体上、合乎人性地实现；因此，关于人的科学本身是人在实践上的自我实现的产物。"① 这一段话是非常令人惊异的。因为这看起来马克思是在论证"工业"——私有制的必然性！紧接着，第五点又说，"如果撇开私有财产的异化，那么私有财产的意义就在于本质的对象——如作为享受的对象，又作为活动的对象——对人的存在"。

论说至此，马克思话题一转，又回到了现实的资本主义经济生活。这一次是反讽式地解说货币的哲学本质。这好像是《穆勒笔记》一开始人本主义话语突现那一段解说的展开。"货币是需要和对象之间、人的生活和生活资料之间的牵线人"。它成了人和人的生活，人与他人为我的存在之间的媒介。马克思在引用了歌德的《浮士德》和莎士比亚的《雅典的泰门》中对货币和金子两段描述之后，又进一步解说了其中所能解读出来的深刻含义：

货币"是人类的外化的能力"②。"货币是一种外在的、并非从作为人的人和作为社会的人类社会产生的、能够把观念变成现实而把现实变成纯观念的普遍手段和能力，它把现实的、人的和自然的本质力量变成纯抽象的观念"。马克思有一个重要的观点，即货币是以一种"颠倒黑白的力量出现的"，是它造成了颠倒的世界。③

---

① 《马克思恩格斯全集》第42卷，人民出版社1979年版，第148页。
② 《马克思恩格斯全集》第42卷，人民出版社1979年版，第150页。
③ 《马克思恩格斯全集》第42卷，人民出版社1979年版，第153页。

青年马克思人本主义社会现象学的确立
——《1844年经济学哲学手稿》的第一笔记解读[①]

张一兵

从马克思主义的科学立场来看,青年马克思在《1844年经济学哲学手稿》(以下简称《1844年手稿》)里的相当一部分论述并非是科学的。按照我的理解,《1844年手稿》并不是青年马克思计划写作的成果,只是他最初以哲学批判资产阶级经济学的一个思想实验的过程。我已经说明,马克思的这一文本是一个极其复杂的、由多重逻辑线索构成的矛盾思想体,它由三个笔记构成。[②] 其中最重要的内容就是第一笔记第二部分中的劳动异化理论。本文仅就第一笔记的文本及其特定语境再进行一些解读,以求研究的深入。

以我已经作出的分析,从《1844年手稿》文本写作的进程看,青年马克思首先按恩格斯的《国民经济学批判大纲》(以下简称《大纲》)思路写第一笔记本的前半部分(以下简称1—1,即"话语2"),这是一种对国民经济学指认的"事实"("话语1")的直接批判,这种批判实际上也很接近蒲鲁东的社会主义。然后他进一步否定这一思路,转而写成第一笔记本的第二部分(以下简称1—2),即异化劳动的四个层面,这是青年马克思自己重新确立的推翻国民经济学基本构架的哲学人本主义的批判大纲。以我目前最新的指认,这是青年马克思建构的一种新的人本主义的社

[①] 原载《江汉论坛》1998年第8期。
[②] 参见张一兵:《青年马克思经济学研究中的哲学思想转变》,载《哲学研究》1997年第11期。

会现象学（"话语3"）。

在第一部分（1—1）中，开始马克思的打算是分三栏分别列出资产阶级社会分配关系的三大组成部分。在此我们看到了全部手稿（除去遗失的部分）中独存的三个大标题。我们可以发现，这三栏写得比较深入的是第一小节，而第二小节的标题是三栏中独有的完整小标题，这也是全部手稿中唯一的小标题，第二、三小节中，资料占据了主体部分。整个第一部分都是未完成的，它以第二部分突然性地打破分栏凸显了一种全新的思考逻辑和写作方式，这一新思路构成了以后第二、三笔记本中那种华彩式的、无标题、无明显纲目写作的主体内容。

必须指出，马克思的分析从资本主义的分配批判出发，直接隐喻了蒲鲁东和青年恩格斯的话语。因为批判资本主义如果只是看到分配不公，而不能发现分配不公是由资本主义特定的生产所必然决定的，这种研究的前提一上来就必然是不科学的。再由于马克思否定了古典经济学劳动价值论，所以他也无法看到工资与利润和地租的异质性，即劳动力价值与剩余价值形式的根本不同点。这一思路的理论力度是远在已经出现的英国"以李嘉图学说为依据的无产阶级反对派"（汤普逊、霍吉斯金等人）之下的。这一点马克思在1846年的《曼彻斯特笔记》时才意识到。最后，甚至也是这样一种从经济学出发的研究逻辑，正是马克思在后继写作中所自觉超越的东西。权力话语终究是人本主义异化构架。

马克思在第一栏首先提出的有一定意义观点，是资本、地产和劳动的三者分离对工人工资的否定性意义。因为，这种分离"只有对工人说来才是必然的、本质的、有害的分离"[①]。正是由于这种分离，才导致工人的收入成为市场起伏中持久的受害者。马克思此时还看不到这种分离（准确地说是劳动者和生产资料的分离）正是资本主义生产的历史前提。

其次，马克思这里直接使用了经济学研究中的范畴和基本观点，如市场价格和自然价格、竞争与价格波动、分工与工人的片面化等。显然马克思这里不是使用自己的人本主义的话语。我们以劳动为例，马克思注意

---

① 《马克思恩格斯全集》第42卷，人民出版社1979年版，第49页。

到，"工人的沦亡和贫困化是他的劳动的产物和他生产的财富的产物。就是说，贫困从现代劳动本身的本质中产生出来"①。正是分工的扩大，才导致"极其片面的、机器般的劳动"。马克思在声明将"超出国民经济学的水平"时，他仍然否定地使用了"抽象劳动"和作为"谋生活动的"劳动，以及被"抽象地看作物"的劳动。②

在第一栏中最有价值的理论要点，是马克思在经济学客观逻辑上（"国民经济学的立场"）提出的理论与现实发生的客观矛盾群：（1）依国民经济学的理论观点，劳动产品"本来属于工人"，可现实中工人只得到为了"繁衍工人"所必需的部分；（2）理论上，一切东西都可以用劳动购买，可现实中工人什么也不能买，还要出卖自己；（3）理论上，"劳动是人用来增大自然产品的价值的唯一东西"，可资本家和地主却在现实中对工人处处占上风；（4）理论上，劳动是不变的物价，可现实中劳动价格波动最大；（5）理论上，工人的利益与社会不对立，可现实中作为增加财富的劳动却是"有害的"；（6）"按照理论，地租和资本利润是工资的扣除。但是在现实中，工资却是土地和资本让给工人的一种扣除"③。

依马克思的想法，国民经济学的理论与现实正好是矛盾的，这说明了以国民经济学的立场来分析资本主义现实是行不通的。可是青年马克思此时正好没有发现，他否定的这种资本主义客观经济矛盾的分析才是以后他的科学社会主义的唯一基础。

第二小节是马克思打算认真对待的，他标注了手稿中唯一的小标题就是证明。但实事求是地说，这一部分马克思写得最不成功。这里大量的内容是经济学文献的摘录，只有少量理论分析。这些理论分析又多为对经济学家观点的概括。"资本"、"资本的利润"、"资本对劳动的统治和资本家的动机"和"资本的积累和资本家之间的竞争"，四个题目不错，可是没有深入的研究和分析。因为当马克思没有认识到资本是一种历史性的社会生产关系时，是无法超越资产阶级经济学的视界的。这里，马克思同样意

---

① 《马克思恩格斯全集》第42卷，人民出版社1979年版，第55—56页。
② 《马克思恩格斯全集》第42卷，人民出版社1979年版，第60页。
③ 《马克思恩格斯全集》第42卷，人民出版社1979年版，第54—55页。

识到在政治经济学的范围内来批判政治经济学是多么的困难。用他后面的概括说，这一部分分析主要说明了，在竞争中，资本在向少数人手中集中。

第三小节是地租。也许是受到第二小节写作的影响，第三小节一上来就是摘录。这种摘录在六页之后，中断了一页，第7页开始马克思开始了类似第一部分写作方式的有力理论批判。再用马克思在第二部分开始的概括性说法，这一讨论归结为一点，就是社会形成两大对立的阶级：无产阶级与资产阶级。

我不得不指出，第一手稿的第一部分马克思是在说明一个道理，用政治经济学的观点是不能真正抓住资本主义私有制的本质的（在后来的《神圣家族》中，马克思将其定义为"在政治经济学的范围内反对政治经济学"）。这里我认为同时批评了恩格斯的《大纲》和蒲鲁东的《什么是所有权》，因为这种批判始终是停留在社会现象上的简单否定。而他要批判资本主义的本质。如何批判，在马克思看来，这只有一条路，即哲学，并且是人本主义哲学发生的本质批判。在具体进入第一手稿第二部分的时候，我还必须再作一种评定，即第一部分站在"国民经济学立场上"的观点，如果从研究方法上看恰恰是社会唯物主义的，甚至我还感到，这一部分的分析是十分接近后来的《资本论》的。这是一个十分有意思的事情。

第二部分（1—2）是马克思自己独特的哲学批判构架的整体建构。这是马克思自认为他区别于蒲鲁东、恩格斯，甚至是超越赫斯的地方。这也就是在传统《1844年手稿》解读中心的异化劳动理论。以我现在的解读，这实际上是一种很深刻的批判性人本主义社会现象学。为什么这样说？我们从具体的文本分析来说明。

这一部分开始于第一笔记本的第22页，并且突然打破了所有的分栏。这种通栏写作本身，可以看成是马克思自己的一种突破。换一种思路，也是换一种话语。我认为，这是马克思思想发展史中的第一个真正写上他自己名字的理论制高点。

第二部分一开始先概括了前面经济学语境中讨论的三个要点：私有制条件下，在分工、竞争和交换价值前提下出现的各种分离和对立；竞争导致资本在少数人手中的积累；两大阶级的形成。可是马克思说，"国民经济学从私有财产的事实出发，但是，它没有给我们说明这个事实"①。为什么，因为"它把私有财产在现实中所经历的物质过程，放进一般的、抽象的公式，然后又把这些公式当作规律。它不理解这些规律，也就是说，它没有指明这些规律是怎样从私有财产的本质中产生出来的"。马克思在这段话中三处加上重点号的地方：一是物质进程，他标注出"物质"是指与本质相异质的现实客观存在，这实际上也是社会现象；二是"规律"，他认为国民经济学不顾竞争和复杂的经济活动，抽象出来的一般的无人身的劳动（自然价值）和偶然性为基础的东西（价值规律）实际上是虚假的本质；三是"不理解"，因为国民经济学是以私有制为前提，因此对现存的一切现实它是不会提出合理性问题的，所以它是致力于弄清如何发财的"致富学"技术。他们是在"把应当论证的东西当作前提"。更深一层看，蒲鲁东（恩格斯）虽然在批判国民经济学，可是却仍然停留在既成的已经被歪曲的经济存在现象上，因而根本不可能真正理解问题的实质，进而不能理解资本主义私有制的本质规律。在这里，马克思要透过复杂的社会现象，真正站在无产阶级立场上，并且从现象的"本质联系"出发，这是马克思一种新的批判话语的起点：人学现象学。不同于费尔巴哈自然人本现象学，这是马克思自己的人本主义社会现象学。

众所周知，古典意义上的哲学现象学问题是从康德开始的，承接休谟的经验怀疑论，外部世界在康德那里一分为二：一是感性经验能及的现象世界；二是自在之物。在黑格尔的精神现象学那里，批判的哲学现象学弥合了分裂的世界，这一次真实的物质存在倒被指认为是现象，绝对观念成了本质。黑格尔是让我们唯心主义地"透过现象看本质"！再到费尔巴哈的人本学现象学，黑格尔颠倒了的世界被再一次重新颠倒过来，在宗教神学和黑格尔的思辨唯心主义假象剥离之后，感性的物质世界和人的生活才呈现出来，异化为圣灵的人与人的真正关系才从假象中揭示出来。通过赫斯的经济异化论，马克思还是在说，我们看到的资产阶级经济世界是假

---

① 《马克思恩格斯全集》第42卷，人民出版社1979年版，第89页。

的、颠倒的，他要透过现象重新挖掘和揭示出社会本质。这是一种新的批判现象学的基本思路。一定的意义上，他离赫斯更近一点，可马克思的这一哲学批判理论更加系统和深刻。后面在第三笔记中，我们将看到马克思在对黑格尔的现象学批判中，指认自己的人学现象学。

马克思在换了一种话语后说"我们从当前的经济事实出发吧"。这是一种人学现象学意义上的本质透视！这也就是异化逻辑。

马克思的"经济事实"是站在工人劳动者立场上看到的另一幅图景：发生在劳动产品（商品，此时他没有意识到产品只是在一定历史条件下才会成为商品）即劳动对象化实现中同时出现的异化与外化。在这里，工人创造的财富越多，他们就越贫穷。马克思发现在"对人的漠不关心"的国民经济学关注的物质世界之外还有一个人的世界，并且这个"物的世界的增值同人的世界的贬值成正比"①，所以当前的经济事实绝不是简单的物质进程！物的世界中的劳动产品就是固定在某个对象中、物化为对象人的劳动，国民经济学面对的那个物的世界，不过是这"劳动的对象化"。人的劳动的实现就是对象化（物化）。国民经济学虽然看到了不同于自然物质的社会财富，但他们只看到劳动的物化（对象化）现象，他们无法看到劳动与劳动者主体的本质关系，特别是这种物质进程同时发生的人的社会存在中的异化。"劳动的产品，作为一种异己的存在物，作为不依赖于生产者的力量，同劳动相对立"。在资本主义制度下，劳动的实现表现为人愈加失去现实的主体性，"对象化表现为对象的丧失和被对象奴役，占有表现为异化、外化"。所以，"工人在劳动中耗费的力量越多，他亲手创造出来反对自身的、异己的对象世界的力量就越强大，他本身、他的内部世界就越贫乏，归他所有的东西就越少"②。

这里我们不得不打住一下，必须先讨论一下马克思这里用来实现自身理论建构的第一个重要逻辑构件，即劳动的对象化与异化问题。这当然是从黑格尔和费尔巴哈开始的。

黑格尔的主体对象化与异化有两层意思：一是自然实现的自在的对象

---

① 《马克思恩格斯全集》第42卷，人民出版社1979年版，第90页。
② 《马克思恩格斯全集》第42卷，人民出版社1979年版，第91页。

化；二是人类主体观念本质的物化，同时也就是外化和异化，物化是虚假的现在，异化关系倒是真实的。如上所述，在黑格尔的话语中，劳动只是观念主体在其实现过程中，假手个体意识和社会历史运转中的一种必然通道和手段。开始，观念本质是通过对象化为物质存在实现的，虽然精神"沉沦"于自然物质，从自身异化出去也就是过渡性地肯定自己。因此异化等于对象化。而在表征绝对观念运动的第三阶段上，人的现实"激情"成了造物主的工具，因而异化的后继过程是客观精神对象化和外化为社会机构和社会活动之结果，以及人的精神对象化为他劳动的产品。依黑格尔之见，劳动在观念的异化（对象化）中首先是人的精神本质（绝对精神在现实中的次主人）实现出来的通道，劳动就是异化，因为精神性的人之本质实现为物质性的活动，并直接物质化于劳动产品中，所以劳动也意味着人的自我产生，人的主体确立和提高。同时，在人的劳动发生之前就已经异化的自然物质，随着劳动的运作，在劳动成果的形式上被提高到精神自觉创化的层面，这个"第二自然"区别于原生的完全物性化的第一自然。请注意，这里出现了一个重要的悖结：人通过劳动将无机界和有机界的物质"调集"到自己身边，劳动实际上在使精神成为自然物质的主人，这是一个从死物质向观念性的回归，即对自然物化（异化）的摆脱；但是，劳动又使精神在一个更高的层面受到人造物的奴役，劳动对象化是一种新的更深刻的异化。当然，这是一种不得不发生的必须肯定的异化。我请读者记住黑格尔逻辑中这个劳动的"二律背反"——劳动异化逻辑矛盾。因为这将是我们下面进行理论解剖的重要参照系。

在费尔巴哈对黑格尔的批判中，他直接否定了黑格尔的总体对象化和异化，因为这是一种自然与观念、主语与谓语的唯心主义颠倒，物质存在是第一性的，它不是观念目的论的工具。费尔巴哈进而抓住了黑格尔第二个层面上的人的感性对象化活动。但对象化不是异化，而是真实的现实生活。而唯心主义和宗教神学倒是一种类本质之异化。事情被翻转了。黑格尔哲学本身倒成了一种观念异化。在费尔巴哈看来，实际上是人的感性物质生活产生了观念，那个能够抽象出人们的类关系（"一"）的观念一步步成了绝对主体；最终，人们创造了自己类本质的异化物——上帝，上帝成了主人。"人奉献给上帝的越多,他留给自身的就越少"。费尔巴哈肯定对象化而反对异化!这是马克思的逻辑参照系。

现在我们来回答一个问题,即马克思为什么要从对象化入手?在不久前的《穆勒笔记》中,马克思是从货币之人的类关系异化出发的,这明显有赫斯的影响。只是在那一文本的最后,马克思意识到一点,即交换中形成的人与人的类关系的异化是以生产为基础的。人们不只是交换思想,而首先是交换产品,这就是劳动的对象化结果。从货币(交换)异化论到劳动对象化(生产)异化分析,这正是马克思超越赫斯的地方。

有这样一个论说视域,我们可以进一步来看马克思对对象化的分析。首先,"没有自然界,没有感性的外部世界,工人什么也不能创造"。它是工人用来实现自己的劳动、在其中开展劳动活动,由其中生产出和借以生产出自己的产品的材料。这是前提性认证,这显然是一般自然唯物主义的原则认证。这也是黑格尔讲的原初自然界。这个自然界既成为工人劳动的对象,也成为工人生活资料的来源。可是,在资本主义生产过程中,工人的劳动对象化结果却表现为工人在以上两方面丧失对象。这里的劳动对象化在黑格尔那里是出现"第二自然",本来第二自然是人类主体精神物化后对自然的提升,人类精神应该成为自然的主人,可是却出现了更深一层的异化。显然,这里马克思的思路是从黑格尔出发的,而不是以往人们标注的费尔巴哈。

工人劳动对象化的结果是他与自己创造出来的劳动产品的异化。在马克思这时的哲学逻辑中,劳动产品是工人劳动主体的对象化,主体应该在劳动产品中实现自己并理所当然地将其占有。可是,在资本主义生产中,工人不仅不能有劳动产品,反而在产品中丧失自己,不断"成为自己对象的奴隶","……工人在他的产品中的外化,不仅意味着他的劳动成为对象,成为外部的存在,而且意味着他的劳动作为一种异己的东西不依赖于他而在他之外存在,并成为同他对立的独立的力量;意味着他给予对象的生命作为敌对的和异己的东西同他相对抗"。[①] 这样,"工人生产得越多,

---

① 《马克思恩格斯全集》第42卷,人民出版社1979年版,第91—92页。

他能消费的越少；他创造价值越多，他自己越没有价值、越低贱；工人的产品越完美，工人自己越畸形；工人创造的对象越文明，工人自己越野蛮；劳动越有力量，工人越无力；劳动越机巧，工人越愚钝，越成为自然界的奴隶"①。我们看得出，马克思在这里否定了黑格尔把对象化与异化混同起来的做法，抓住了工人被自己的创造物（对象化劳动产品）所奴役的异化不正常现象。

此时，马克思立即对劳动产品异化作了一个分析："国民经济学以不考察工人（即劳动）同产品的直接关系来掩盖劳动本质的异化。"马克思在"直接"两个字下打了双线以表示特别重要。什么是直接关系？这就是工人的劳动对象化即物质生产本身才是产品直接创造过程。"劳动同它的产品的直接关系，是工人同他的生产的对象的关系。有产者同生产对象和生产本身的关系，不过是前一种关系的结果和证实"②。这一句话点明了马克思为什么从对象化开始他对劳动异化的分析。这一点倒是与重农主义之后的古典经济学的社会财富说一致了。特别是后一句指出资本家与生产以及产品的关系（交换与分配）是工人与自己生产的结果的直接关系之产物，这是极深刻的。因为这同时超越了蒲鲁东的分配改良论和赫斯的交换异化论的视域。从生产出发的对象化考察是一种客观指认。即作为物质实体的劳动产品与工人的客观异化和对立。这是马克思劳动异化理论的入口。这是"物的异化"！这也是社会现象学批判的第一个物相层面。从客体视角换一个角度，即从主体内部的活动来看，马克思进一步揭示："异化不仅表现在结果上，而且表现在生产行为中，表现在生产活动本身中。"③ 产品的异化不过是生产者主体行为本身的异化的结果，这是相对于上面"物的异化"的主体活动的自我异化！这是更深一层的异化。"在劳动对象的异化中不过总结了劳动活动本身的异化、外化"④。工人之所以被自己的产品支配，主要是因为工人作为主体创化活动本身已经被异己化

---

① 《马克思恩格斯全集》第42卷，人民出版社1979年版，第92—93页。
② 《马克思恩格斯全集》第42卷，人民出版社1979年版，第93页。
③ 《马克思恩格斯全集》第42卷，人民出版社1979年版，第93页。
④ 《马克思恩格斯全集》第42卷，人民出版社1979年版，第93页。

了。本来应该作为人类主体本质的劳动,现在却不是属于工人的本质的劳动。在这种状况下,"外在的劳动,人在其中使自己外化的劳动,是一种自我牺牲、自我折磨的劳动"。① 在马克思看来,劳动应该是主体生命的本质体现,应该是主体主动创造对象以实现自身的活动,在"这里,活动就是受动;力量就是虚弱;生殖就是去势;工人自己的体力和智力,他个人的生命(因为,生命如果不是活动,又是什么呢?),就是不依赖于他、不属于他、转过来反对他自身的活动。这就是自我异化"。② 这是现象学批判更深刻的第二个层面,即主体活动的层面。

马克思说,从上述两个规定"推出"第三个异化劳动的规定,这就是人与自己的类本质的异化。依马克思此时的观点,人是不同于动物和其他生命体的类存在物。一方面他承认费尔巴哈所讲的人与动物一样是自然生命的类,可是马克思着重分析了人与动物自然族类的不同点,这就是"有意识的生命活动",即自由自觉的活动是人的生命活动特性之显现,这也就是人独特的类本质。这一论点明显又是受到赫斯的影响。人与动物不一样,动物与它的生命活动是直接同一的,而人则使自己的生命活动本身变成自己的意志和意志的对象。"有意识的生命活动把人与动物的生命活动直接区别开来。正是由于这一点,人才是类存在物"。动物虽然也生产,"但是动物只生产它自己或它的幼仔所直接需要的东西;动物的生产是片面的,而人的生产是全面的"。③ 同样,人的劳动产品,他所创造的对象世界,是人的对象化的类本质即人化的自然界,正是在改造对象世界中,人才真正地证明自己是类存在物。这种生活是人的能动的类生活。通过这种生产,自然界才表现为他的作品和他的现实。因此,劳动的对象是人的类生活的对象化:人不仅像在意识中那样理智地复制自己,而且能动地、现实地实现自己,从而在他所创造的世界中直观自身。而"异化劳动把这种关系颠倒过来",使人的这种生命的表现畸变为"仅仅维持自己生存的手段";同时,异化劳动也从人那里夺去了他生产的对象,也就从人那里夺

---

① 《马克思恩格斯全集》第 42 卷,人民出版社 1979 年版,第 94 页。
② 《马克思恩格斯全集》第 42 卷,人民出版社 1979 年版,第 95 页。
③ 《马克思恩格斯全集》第 42 卷,人民出版社 1979 年版,第 96—97 页。

去了他的类生活，把人对动物所有的优点变成了缺点。这二者与人的异化，成为人的异化了的类本质。这个"类"却与人类个体相对立。这是现象学批判的第三个层面，这是类本质的层面。

最后，由于人与自己的产品、自己的生命活动、自己的类本质相异化，其结果必然是"人同人相异化"。当工人与自己的产品、活动相对立的时候，这些东西必然属于一个他人（这当然是资本家），这就表现为人与他人的对立和异化。"通过异化劳动，人不仅生产出他同作为异己的、敌对的力量的生产对象和生产行为的关系，而且生产出其他人同他的生产和他的产品的关系，以及他同这些人的关系。正像他把他自己的生产变成使自己失去现实性，使自己受惩罚一样，正像他丧失掉自己的产品并使它变成不属于他的产品一样，他也生产出不生产的人对生产和产品的支配"①。这个"不生产的人"就是资本家，虽然资本家在异化劳动过程中是作为支配生产和产品的方面出现的，但在马克思的眼里，资本家恰恰不是"人"（主体），而是物——资本（死劳动）的人格化。资本家也异化了，这是直接物化了的虚假主体。因此马克思才说，在异化劳动中，"一个人同他人相异化，以及他们中的每一个都同人的本质相异化"。这是现象学批判的最后一个层面，我理解，这也是人的总体异化层面。

总之，人类主体通过劳动创造了一个新的现实物质世界（"是"的现象界），他也在这个世界中丧失了自己本来应该具有的一切主体本质。人类主体应该具有的权利颠倒地表现为资本（物）的一种支配权利；人失去了自己，却让自己的创造物——资本获得了生命。所以，正是异化劳动才创造了自己的敌我对象——私有财产！这是一个真正颠倒的世界。

---

① 《马克思恩格斯全集》第42卷，人民出版社1979年版，第99—100页。

《1844年经济学哲学手稿》中的多重话语结构[1]

张一兵

青年马克思的《1844年经济学哲学手稿》（以下简称《44年手稿》）是苏联专家梁赞诺夫在20世纪20年代整理《巴黎笔记》手稿时发现的。它由三个笔记本组成。第一笔记本现存36页，与马克思同时写下的七册《巴黎笔记》中《穆勒笔记》一样，每页都有马克思自己用罗马数字标注的页码（I—XXXVI）。其中马克思写有文字的有27页（I—XXVII），第27页（只有两行字）下半页之后为9页半空白（XXXVII—XXXVI）。全部稿本均以竖折形式分为三栏。第一部分按"工资、资本的利润和地租"三项内容分栏并列竖写下来，其中也有两栏或一栏书写。从第XXII页起，则又全部通栏书写，这就是"异化劳动"部分。第二笔记本只存有四页，即最后第XI至XIIII页。第二笔记本实际上是马克思这一重要文本批判内容的最主要部分。可是它一共43页，却整整遗失了39页。这不能不说是一大憾事。第三笔记本现在存有68页（第I—LXVIII页），同样也有马克思自己用罗马数字标注的页码编号。马克思的第三笔记本写至第43页（第I—XLIII页），但写有文字的为41页，其中第22页（第XXII页）原稿空缺，第44页以下为空白页。

按照我的理解，《44年手稿》只是青年马克思最初批判资产阶级经济学的一个思想实验的过程。马克思的这一文本是一个极其复杂的矛盾思想

---

[1] 原载《南京大学学报》（哲学·人文科学·社会科学）1998年第1期。

体。他首先按恩格斯的《国民经济学批判大纲》（以下简称《大纲》）思路写第一笔记本的前半部分（以下简称1—1），这是一种对国民经济学指认的"事实"的直接批判，这种批判实际上也很接近蒲鲁东的社会主义。然后他进一步否定这一思路，转而写成第一笔记本的第二部分（以下简称1—2），即著名的异化劳动理论的四个层面，这是青年马克思自己重新确立的推翻国民经济学基本构架的哲学人本主义的批判大纲。接下去，是这一批判的理论认证，即第二、三笔记本中的具体经济哲学分析。这是《44年手稿》的主体部分。

相对于过去的研究，我以为必须设定几个理论前提：一是必须打破马克思文本的理想化同一性，而真实呈现青年马克思思考语境中的复杂性。我认为，青年马克思的大部分理论文本都不是线性的同一性文本，而是多重话语交织的思想流变体。《44年手稿》就是这一类极具复杂性的典型文本。二是青年马克思经济学研究思路是《44年手稿》写作话语的重要构成基础，所以离开与《44年手稿》同体的七册本《巴黎笔记》，是无法理解此时马克思思想逻辑本体的。三是这一时期真正支配青年马克思思想的支援性背景，除去黑格尔与费尔巴哈，这主要是青年恩格斯、赫斯和蒲鲁东等人社会主义观念的影响。从当时的情况看来，赫斯与青年恩格斯的思想主要都是在并不深入的经济学研讨之上的哲学政治批判。但二人又有一定区别，赫斯的人本主义哲学逻辑占主导，而青年恩格斯的思路却是从经济学现实逻辑出发的。在政治立场上，他们都是"哲学共产主义"，即法国的社会主义加上德国古典哲学（主要是黑格尔的总体性观点）。也因此青年恩格斯当时断言共产主义是德国哲学的必然结果。而蒲鲁东的社会主义观念是受英国李嘉图社会主义经济学思想的影响，主要是霍吉斯金、汤普逊、布雷等人的思想（这几位学者的论著，马克思是在1846年的曼彻斯特才第一次认真读到）。重要的是，蒲鲁东已经站在肯定劳动价值论的基础上了（《什么是所有权》）。相比之下，蒲鲁东的李嘉图式的社会主义由于肯定劳动价值论而有一定深度。不自觉指认以上理论前提，也就很难构成文本解读的合法性。这里，我们仅仅以《44年手稿》的第一笔记本为例。

《44年手稿》的第一笔记本的文本语境是十分复杂的。依我之见，它实际展现为三种不同的话语：一是处于被告席上的资本主义制度及国民经济学（直接被反驳的对象）；二是蒲鲁东—青年恩格斯（实际上是英国李嘉图社会主义的再表述）的审判与指认；三是马克思超越这种在国民经济学范围内的指控的哲学人本主义批判（里面又暗含着自然唯物主义前提），这是一种很深的极复杂的理论对话。如果离开了马克思当时经济学研究的具体语境，也就根本无法理解马克思这里极具针对性的精彩透顶的深层批判逻辑。

在《巴黎笔记》中，马克思的读书逻辑始于被动的外在经济学摘录，只是在最后的《穆勒笔记》中才凸显出了人本主义批判逻辑。值得我们注意的是马克思在《穆勒笔记》之后对青年恩格斯《大纲》的摘录。马克思在1843年11月就阅读了恩格斯这一文本，但当时，马克思对恩格斯批评的那些经济学家及其论著还并不了解，所以他没有立刻做摘录。可是恩格斯的无产阶级立场却已经深深影响了马克思。而在《穆勒笔记》之后，马克思已经形成对资产阶级经济学一种新的基本看法，他觉得必须重新阅读和摘录恩格斯的《大纲》，并且我认为，马克思此时恰恰发现不能按照青年恩格斯的思路批判政治经济学。因为这种思路仍然没有走出马克思在《44年手稿》1—1所指认的那种"国民经济学的立场"，所以在1—1中，马克思先是以恩格斯的《大纲》为原则，按照国民经济学的思路，梳理资本主义分配关系的三大部分。显然，这种思路仅仅是国民经济学（第一种话语）的直接颠倒，这是恩格斯《大纲》（主导是经济学的客观强性逻辑，而人本主义逻辑恰恰是弱性逻辑的思路）和蒲鲁东《什么是所有权》一书的共同前提。这一思路（第二种话语）的源发性基础是李嘉图式的社会主义，即站在既定的经济学观点上翻转资产阶级劳动价值论，根本否定资本主义私有制，在这里，实际上是透过了蒲鲁东《什么是所有权》的棱镜，而由恩格斯的《大纲》完整地表现出来。马克思虽然在1—1中采用了这种做法，但很快就否定了这一思路，因为他觉得这是"站在政治经济学的观点上反对政治经济学"。这也是他在《穆勒笔记》中已经发现的问题。所以，1—1的思路仅仅是一种用国民经济学的观点来概括"事实"

的过程，而不过是为下面的批判设立对象。可是我必须指出，1—1的思路是更加接近从社会历史现实出发的古典经济学的"社会唯物主义"逻辑的。

1—2的具体内容就是我们传统研究中普遍注意的异化劳动理论。1—2的思路是以哲学人本主义异化史观为原则，超越一切已有的对资产阶级经济学的批判。我以为，这是马克思自己指认的一种新的批判思路（第三种话语），一种思路转换中出现新的人本主义逻辑。这也是马克思在《巴黎笔记》中从前期的客观描述与批判到《穆勒笔记》中人本主义批判飞跃的真实反映。并且，马克思的这种思想转换实际上是对1—1中青年恩格斯—蒲鲁东思路的批评与超越。他直接是以费尔巴哈的哲学立场、黑格尔的辩证法构架和社会主义的观点来面对国民经济学，这实际上是肯定了赫斯的人本主义经济异化批判思路。但马克思的批判又是远远超越和优于赫斯的。马克思觉得赫斯的东西实际上是不到位的，因为他没有真正的哲学基础，特别是对费尔巴哈和黑格尔的深刻了解。更主要的是因为，赫斯的交换（金钱）异化论已经被马克思从劳动生产（对象化）异化出发的更深一层的完整经济异化理论所取代了。我有一个不一定准确的观点，即相对于古典经济学现实的客观思路，马克思的这种人本主义逻辑——理想化的悬设的劳动类本质恰恰是隐性唯心史观的！马克思不得不为了革命结论而伦理地批判现实。当然，在古典经济学的"社会唯物主义"背后，仍然是更深一层的唯心史观，即资产阶级经济学家对资本主义生产方式非历史性和永恒性的认证。这是资产阶级意识形态无法根除的本质。对于这一点的科学认识，马克思是在1845年春天真正创立了唯物史观和历史辩证法之后才解决的。

马克思劳动异化理论的逻辑建构与解构[①]

张一兵

马克思异化理论原生思想母体是黑格尔的观念主体异化理论。在他接受异化观念的初始,只是在青年黑格尔派凸显的自我意识片断性规定上特有主体的外化和复归的先在性逻辑(马克思的《博士论文》)。只是在他转到费尔巴哈的人本主义立场上时,他才拥有了较完整的人学异化史观。当然,他是在超越了费尔巴哈的自然人本主义之后,特别是为无产阶级寻求革命根据的内在冲动驱使下,提出了以批判资本主义社会为主旨的社会政治异化观念(《黑格尔法哲学批判》和《德法年鉴》时期)。但是我认为,就是在这里马克思也没有在哲学逻辑上独立形成自己的异化理论的逻辑框架。马克思自己独特的经济(劳动)异化理论恰恰是在他转向资本主义社会生活的经济学研究时,才逐步建构出来的。这是他新世界观形成过程中一个极重要的过渡性环节。

一、马克思经济异化理论框架的初步建构

关于经济异化的思想,马克思一开始受到了当时德国哲学家赫斯的影响(赫斯在《来自瑞士的二十一印张》中的"论金钱的本质")。在马克思于1843年写下的《论犹太人问题》等文章中,这种新的异化理论就有

[①] 原载《南京社会科学》1994年第1期。

所显露。马克思写道，在经济生活中，金钱是一种在人类主体之外的物，但它又是人类主体本质外在化的表现。金钱明明是人创造的东西，可是现在它却以"一切事物的普遍价值"的身份剥夺了主体自身和整个世界的价值。更重要的是异化了的主体又不得不跪倒在这个人造物面前。① 在这里，马克思不像在《莱茵报》工作时仅仅贬斥人的这种追逐物质利益的现象（"下流的唯物主义"），而是从理论上将其视为资本主义经济生活（"市民生活"）的一个重要方面来关注了。马克思不自觉地在引发一种思考，即经济生活中的异化是人社会政治异化的基础，马克思又向前走了。

1842年2月以后，马克思开始认真地转向经济（比政治更加"现实"的存在）的研究。但是，这时他对经济理论的关注还是从哲学逻辑的视角进行投射的。他原来打算出版两卷本的《政治和国民经济学批判》，但却没有完成这一论著。可是马克思却为我们留下了为了撰写这本书而准备的笔记和手稿。也正是在马克思这一时期的研究中，我们看到了他经济异化理论在逻辑上的进一步发展。在我们读到的马克思的文本中，首先是他在1844年上半年写下的《詹姆斯·穆勒〈政治经济学原理〉一书摘要》。② 在这一重要的手稿中，我们发现马克思上述经济异化观念在理论逻辑的广

---

① 《马克思恩格斯全集》第1卷，人民出版社1956年版，第48页。
② 新的资料考证显示，马克思写作《1844年经济学哲学手稿》并不是一个独立的过程，而是他1844年在阅读大量经济学文献时所作的近十二个笔记本的摘录和札记的一部分。这一论著写在其中三个笔记本上，并且是在一个不断读书的过程中逐步完成的。这是一个值得注意的重要观点。但是，在《马克思恩格斯全集》国际版新版第一部分第2卷的说明中。编者提出了一个假设，即马克思是在写完了《手稿》以后。才又写下了关于李嘉图和穆勒的经济学笔记。其根据是马克思在手稿的后半段（写有"手稿"的第二笔记本的最后几页以及第三个笔记本）中没有直接摘录李嘉图和穆勒的文字（参见《马列主义研究资料》1984年第2期，第37页）。这一假设自然是与我们这里的分析逻辑是不一致的，很显然，本文没有采用这种推论式的假设（笔者注意到国内的几本权威性的马克思主义哲学史论著都采纳了这种说法。参见黄楠森等主编的八卷本《马克思主义哲学史》第一卷第四章，北京出版社1991年版；黄楠森等主编的三卷本的《马克思主义哲学史》第1卷第3章，北京大学出版社1987年版）。我认为，马克思的确是在初步研究经济学的过程中写作《手稿》的，但由于马克思此时还是在用哲学逻辑去观察经济问题的，因此他没有被自己的阅读对象（资料）所支配。更重要的是，从马克思自身哲学思想的内在发展来看，穆勒论著"摘录"中的经济异化思想只是劳动异化理论的雏形，如上所述，马克思在经典异化理论意义上的异化史观逻辑框架在"摘录"中初步确立，但只是在《手稿》中才得到充分的展开和进一步的系统确证的。在这一点上，本文正是一个重要的理论确证。

度和深度上都大大地拓展了，并且发生了一种理论认识上的突发性的飞跃。我认为，马克思的《詹姆斯·穆勒〈政治经济学原理〉一书摘要》可以看作他经济异化理论建构的逻辑实验室，因为，作为古典意义上的马克思自己的完整经济异化理论实际上是在这里初步建构成的。为什么？我们可以通过具体的分析来加以确证。

我们看到，马克思在这一读书的过程中，实际上按生产、分配、交换和消费四个部分对穆勒的论著来进行摘录了。从阅读开始一直到书的第137页（第三部分的第八节）他始终没有写下一个自己的评注。马克思理论思考的第一个逻辑激活点是在这一部分的第六节出现的。第六节是什么？货币。马克思在这一节开始加了"媒介"两个字作为插入的标题，以引起注意。当读到穆勒认为倾向于金属价值和关系由生产的费用决定时，马克思突然中断了摘录，写下了大段独立的议论，也由此出现了在马克思文稿中众多类似材料中少见的"个人议论占了相当大部分的情况"。我们发现，在这里马克思是借题发挥。

在这一议论的开始，马克思首先批评了穆勒与资产阶级古典经济学所犯的相同错误，即将某种经济规律凝固化的非历史态度。然后，他突然回到第六节中引起他注意的一个论点，即穆勒将货币称为"交换的媒介"的观点，他肯定地说，这是非常成功地用一个概念表达了事情的本质。为什么？马克思说，货币作为一个媒介看起来成为交换的环节，但人们在这个媒介中却失去了自己，因为这个媒介把人的本质异己化了，货币获得了对人（主体）的支配权力，它成了人"真正的上帝"。马克思在此以基督教的基督是人与上帝的媒介作比喻，说明货币的本质是人的本质之异化和颠倒。其实，这是马克思自己的思想的阐发。我同时发现，这是一种连接，即从上面那条货币（金钱）是人的本质异化思考逻辑（《论犹太人问题》）的延续。不过这不是一个简单的连接了，马克思的理论建构有了逻辑上的深化和升华！马克思说，钱—货币的本质实际上首先不是在于财产通过它转让，而在于人的产品赖以互相补充的中介活动或是中介运动，"人的、社会的行动异化了并成为在人之外的物质东西的属性"，在这里，"人使这种中介活动本身外化，他在这里只能作为丧失了自身的人，失去了人性的人而活动；物的相互作用关系本身、人用物进行的活动变成某种在人之外的、在人之上的本质所进行的活动。由于这种异己的媒介——并非人本身是人的媒介，——人把自己的愿望、活动以及同他人的关系看作是一种不依赖于他和他人的力量。这样，他的奴隶地位就达到极端"①。马克思这里的人类主体是劳动者，正是劳动者创造了社会历史。但是在现实生活中，货币作为一种中介关系却取得了主体地位②，资本家正是通过占有这个"关系"，获得了对劳动者的支配权。这就是一个大的颠倒。

很显然，马克思在这里从原来对经济研究中的一个具体问题的论说，开始进行一种总体理论逻辑的跳跃，从货币的异化现象升华为对整个资本主义经济异化的研究。这样，马克思这里的理论研究的意义就不同了，他已经在有意识地建构自己的经济异化理论的完整逻辑框架了。我们注意到，马克思在这里紧紧抓住了一个极重要也是他不久前已经意识到的问题，即人在现代社会的发展中，从自然的奴隶变成了自己创造物的奴隶。这与那种早期人受自然支配的现象有一种共同的特点，即人被外物所奴役，人类主体仍然不是他（应该是的）自己命运的主人。显而易见，在马克思当时人本主义历史观框架中，这种思想带有极强的伦理主义和浪漫主义色彩。

并且在这里，我们又能感到费尔巴哈人本主义哲学逻辑的某种隐性制约。我们知道，在费尔巴哈对宗教的批判中，上帝是人的本质的颠倒，人创造了无所不能的神，却使人类主体自身变得空无，无能的人只得跪倒在自己创造出来的万能的创造物前。而在这里马克思的哲学逻辑中，他显然比费尔巴哈站得更高一些，他已经从自然人性和本质走向了人的社会本质之现实确证，而且也比他不久前的社会政治异化理论的逻辑思路要清楚一些："人的本质是人的真正的社会联系，所以人在积极实现自己的本质的过程中创造、生产人的社会联系、社会本质。而社会本质不是一种同单个人相对立的一般的力量，而是每一个单个人的本质，是他自己的活动，他

---

① 《马克思恩格斯全集》第42卷，人民出版社1979年版，第482页。
② 参见《马克思恩格斯全集》第42卷，人民出版社1979年版，第18—19页。

自己的生活，他自己的享受，他自己的财富。"① 请注意，这是马克思此时对人的本质的设定，即人类主体没有被异化时所应该拥有的先验本真状态。这比之于不久前马克思在《黑格尔法哲学批判》等论著中的政治异化观点，显然有更加具体的逻辑确证了。这也是马克思经济异化理论的第一个逻辑构件。

其次，当马克思用这样一个人的应该具有的尺度去衡量当下的资本主义经济生活时，他立即发现，人类主体（劳动者）本质像在费尔巴哈那种宗教异化过程中一样，在他的经济生活中被彻底异化了（又是一个坏的"是"）。"人自身异化了以及这个异化的人的社会是一幅描绘他的现实的社会联系，描绘他的真正的类生活的讽刺画，人的活动由此而表现为苦难，他个人的创造物表现为异己的力量，他的财富表现为他的贫穷，把他同别人结合起来的本质的联系表现为非本质的联系，相反，他同别人的分离表现为他真正的存在；他的生命表现为他的生命的牺牲，他的本质的现实化表现为他的生命的失去现实性，他的生产表现为他的非存在的生产，他支配物的权力表现为物支配他的权力，而他本身，即他的创造物的主人，则表现为这个创造物的奴隶。"② 十分清楚了，马克思从对原来的社会政治分立（异化）的关注中走到对经济领域的异化现象的关心，再从对金钱异化的具体批判中已经走到了一种对经济异化的总体逻辑的哲学批判。

马克思对经济异化理论的总体逻辑建构在他第一段"议论"中已经得到了非常重要的实现。但是，已经展开了的思路就像脱缰的野马奔驰起来。马克思忍不住还要说（经济异化理论主动的逻辑建构）。在对第三部分后半截一直到第四部分的第三节的大段摘录后，马克思再一次回到经济异化理论的主题上，直接论说了资本主义私有制与经济异化的内在关联，并且进而确证了他经济异化理论的完整逻辑构架。他深刻地指出，在现实的私有制的基础上，人的生产目的就是为了自私的物化式的占有。因此在生产与交换中，人与人的关系（人的本质）就不再是人的真实关系，人的生产产品也不再是"我们彼此为对方进行生产的纽带"，而成为一种不以

---

① 《马克思恩格斯全集》第42卷，人民出版社1979年版，第24页。
② 《马克思恩格斯全集》第42卷，人民出版社1979年版，第25页。

人的意志为转移的、利己的、物化的东西，一种"赋予我支配你的权力的手段！"①

面对这样一种人的本质的异化状态，人类主体颠倒为物的现象，马克思自然是予以否定的。按照他这时的理解，这种异化的主体正是处于资产阶级统治下的无产阶级。这时已经站在无产阶级立场上的马克思，正在寻求被压迫阶级起来革命的根据，他要求以"武器的批判"去扬弃这种不合理的社会历史现象，要求回归到人类主体应该处于的正常状态。可是，由于人的革命此时还是"从哲学家的头脑开始"的，所以异化的消除和人类主体的解放仍然是一种哲学逻辑的推论结果。这也是马克思完整经济异化理论的最后一个逻辑构件，即异化的扬弃以及人类主体从异化状态向自己本质的复归。在这里的文本中，马克思并没有明确说明这就是共产主义。他只是从"人"的应该具有的类本质要求对此作过一个理想化的描述。②这就是人类主体自主自由的劳动活动，而在私有制的前提下，人的这种劳动活动却变成了一种"被迫的活动"，对人来说是一种痛苦，在主体自己的活动中人的个性反而同人疏远了。这也就接近了这样一种观点，劳动是人类主体的本质，通过扬弃劳动的异化复归于人的真实本质就是人类解放的根本了。当然在这里，马克思没有进一步说明这一新的具体的理论观点。

我以为，马克思在这里，已经完成了他第一个总体异化逻辑构架的初步建构。虽然他还没有创立劳动异化理论的完整形态，但作为由三个逻辑构件组成的经典异化框架毕竟是发生了现实的运转。我还发现，这也是他人本主义主体辩证法在社会历史领域里的一个具体实现，这是通过主体本质的历时性自我矛盾的运动来实现的，而这个实现又主要地集中地表现为对资本主义经济现实的批判。并且他已经清楚地意识到，必须有一个机会，全面地来阐发自己的新的理论逻辑了。这也许就是他后来《1844年经济学哲学手稿》一书的内在理论冲动了。

---

① 《马克思恩格斯全集》第42卷，人民出版社1979年版，第35—37页。
② 《马克思恩格斯全集》第42卷，人民出版社1979年版，第37页。

二、人类主体劳动本质异化理论的逻辑完成

众所周知，马克思经济异化理论重要思想是在其早期哲学思想发展的最后一部主要论著中被充分展开了，这就是他在巴黎未完成的著名的《1844年经济学哲学手稿》（以下简称《手稿》）。在这本书中，我们发现，马克思十分激烈地批判和否定社会历史发展中人（无产阶级）丧失历史主体地位的经济异化现象，而马克思为了寻求无产阶级革命的根据，很自然地将这种分析与共产主义运动结合在一起。在这里，也就形成了马克思以劳动异化及其扬弃为核心的理论逻辑构架，以及马克思用这种逻辑尺度对资本主义经济生活的更加深刻而系统的批判。

首先，我们知道原先在1843年以前马克思总以为自然限定是人丧失主体的主要因素，而精神是人的本质，所以精神自由可以使人获得解放。随后，马克思开始注意到这种历史"反常"现象不仅仅因之自然，还由于人的力量之颠倒，即人创造出来的神的力量或政治的强制。而在最后，他已经自觉意识到，在现代社会中人不成为人不是因之于一般外部自然或人之外的力量的限制，而是因为人自己制造出来的力量在奴役人。在这里，马克思明确指出："不是神也不是自然界，只有人本身才能成为统治人的异己力量。"① 这句话一方面是承续对宗教和专制统治的批判性反省，另一方面马克思终于看到了人造的客观经济世界的非主体异化力量的本质。同时，马克思发现：正是劳动（代替先前的精神理性力量）才创造了这一巨大的物化世界，因此，这种人类本质的创化行为的异化是一切非主体性异化的根源。"以前是人之外的存在、人的实际外化的东西，现在仅仅变成了外化的行为，变成了外在化。"②

在这里我们发现，马克思对人的本质有了新的也是十分重要的系统确定。在此之前，马克思对人的本质界定，虽然已经从费尔巴哈的人的自然

---

① 《马克思恩格斯全集》第42卷，人民出版社1979年版，第99页。
② 《马克思恩格斯全集》第42卷，人民出版社1979年版，第113页。

关系转到了人的"真实"社会关系,但这种社会关系究竟表现为什么,马克思并没有具体的明确规定。虽然他也谈到劳动以及劳动的异化,但他还没有将劳动确定为人类主体的理想本质。而在《手稿》这里,情况就不一样了:人的本质被进一步确定为人类主体(工人)的劳动活动。当然,我们必须指出,这种劳动并不是在具体历史过程中现实存在的感性劳动活动,而是一种具有人本主义逻辑含义的主体价值悬设。根据马克思这里的理论逻辑,这种作为人的主体本质的劳动是摆脱了一切具体限定性本来("应该")意义上的人类主体活动,这是一种作为人类主体真正生命活动和人格体现的自由、自主和自觉的创造性活动,这才是人的真实的类的本质。在这里,除去我们在《詹姆斯·穆勒〈政治经济学原理〉一书摘要》中已经看到的费尔巴哈哲学的影响以外,还有黑格尔。马克思肯定黑格尔"把劳动看作人的本质,看作人的自我确证的本质",这样,"人同作为类存在物的自身发生现实的、能动的关系,或者说,人使自身作为现实的类存在物即作为人的存在物实际表现出来"[①]。但是马克思否定了黑格尔将劳动的对象化混同于异化的错误,恰恰抓住了黑格尔没有看到的劳动的"消极方面",即劳动的非主体的异化方面。

在马克思看来,人的劳动——这种主体本质应该是历史的主导方面,但在过去存在过的私有制基础上的具体劳动却都是人丧失其主导方面的异化劳动,它们不仅不是人的应该具有的主体本质的体现,反而"是"人的本质的颠倒和丧失。这种主体异化在当前的资本主义经济生活中表现得尤为突出,特别是作为劳动主体的无产阶级的劳动异化,以及从劳动本质异化出去并统治主体的资本的权力。

在《手稿》一书中,马克思重点分析了工人劳动异化的四个方面。

第一,工人自己创造出来的劳动产品的异化。在马克思这时的哲学逻辑中,劳动产品是工人劳动主体的对象化,主体应该在劳动产品中实现自己并理所当然地将其占有。可是,在资本主义生产中,工人不仅不能占有劳动产品,反而在产品中丧失自己,不断"成为自己对象的奴隶"[②]。

[①] 《马克思恩格斯全集》第42卷,人民出版社1979年版,第163页。
[②] 《马克思恩格斯全集》第42卷,人民出版社1979年版,第91—92页。

第二，工人劳动活动本身的异化。马克思进一步揭示道，工人之所以被自己的产品支配，主要因之于工人作为主体创化活动本身已经被异己化了。本来应该作为人类主体本质的劳动，现在却不是属于工人的本质的东西，"他在自己的劳动中不是肯定自己，而是否定自己"①。在马克思看来，劳动应该是主体生命的本质体现，应该是主体主动创造对象以实现自身的活动，而在这里，劳动成了"不依赖于他、不属于他、反过来反对他自身的活动。这就是自我异化"②。

第三，人与自己的类本质的异化。马克思认为，自由自觉的劳动活动是人的生命之显现，这也就是人的类本质。人与动物不一样，动物与它的生命活动是直接同一的，而人则使自己的生命活动本身变成自己的意志和意志的对象。③人的劳动产品，他所创造的对象世界，是人的对象化的类本质即人化的自然界，正是在改造对象世界中，人才真正地证明自己是类存在物。这种生活是人的能动的类生活。通过这种生产，自然界才表现为他的作品和他的现实。因此，劳动的对象是人的类生活的对象化：人不仅像在意识中那样理智地复制自己，而且能动地、现实地实现自己，从而在他所创造的世界中直观自身。而"异化劳动把这种关系颠倒过来"，使人的这种生命的表现畸变为"仅仅维持自己生存的手段"；同时，异化劳动也从人那里夺去了他生产的对象，也就从人那里夺去了他的类生活，把人对动物所有的优点变成了缺点。这二者与人的异化，成为人的异化了的类本质。这个"类"是与人类个体相对立的。

最后，由于人与自己的产品、自己的生命活动、自己的类本质相异化，其结果必然是人与人相异化。当工人与自己的产品、活动相对立的时候，这些东西必然属于一个他人（这当然是资本家），这就必然表现为人与他人的对立和异化。"通过异化劳动，人不仅生产出他同作为异己的、敌对的力量的生产对象和生产行为的关系，而且生产出其他人同他的生产和他的产品的关系，以及他同这些人的关系。正像他自己的生产变成使自

---

① 《马克思恩格斯全集》第 42 卷，人民出版社 1979 年版，第 93—94 页。
② 《马克思恩格斯全集》第 42 卷，人民出版社 1979 年版，第 95 页。
③ 《马克思恩格斯全集》第 42 卷，人民出版社 1979 年版，第 96 页。

己失去现实性,使自己受惩罚一样,正像他丧失掉自己的产品并使它变成不属于他的产品一样,他生产出不生产的人对生产和产品的支配"①。这个"不生产的人"就是资本家,虽然资本家在异化劳动过程中是作为支配生产和产品的方面出现的,但在马克思的眼里,资本家恰恰不是"人"(主体),而是物——资本(死劳动)的人格化。资本家也异化了,这是直接物化了的虚假主体。因此马克思才说,在异化劳动中,"一个人同他人相异化,以及他们中的每一个都同人的本质相异化"②。

总之,人类主体通过劳动创造了一个新的现实物质世界("是"),他也在这个世界中丧失了自己本来应该具有的一切。人类主体应该具有的权利颠倒地表现为资本(物)的一种支配权利;人失去了自己,却让自己的创造物——资本获得了生命。这就是人的劳动本质的异化!

在马克思对异化劳动的分析中,我们清楚地看到原来在《詹姆斯·穆勒〈政治经济学原理〉一书摘要》中萌生的那个哲学逻辑构架:以一个人的先验主体为基点的人道主义"大写的"异化史观逻辑。在《手稿》中,马克思首先设定了理想化的作为人类主体本质的劳动,这个逻辑本质充分体现了主体超越外部对象的能动性(对于这一点,我们并不陌生)。当然,这个人的类本质以"应该"(我们已经非常熟悉,这是传统人道主义的重要逻辑内趋构件)为尺度去衡量资本主义生产过程,马克思就发现了原来他在社会政治领域中看到的人类主体与物的颠倒,人的类本质的丧失,以及人的自我异化。我要指出,马克思的这种人学异化理论是《手稿》一书中居绝对支配地位的主导理论逻辑,这比之于马克思哲学思想发展的前一个时期明显是被大大地强化了,还有一个最大的不同点,是异化理论在这里是马克思手中自觉的逻辑工具了。我以为,在马克思的劳动异化理论中,包含着一种深刻的理论完成:一是马克思自己的异化理论的直接完成;二是他哲学中那种强调人的主体能动冲动的主体辩证法逻辑的历史完成;三是他第一个完整的无产阶级社会批判理论的初步形成。

我发现,在这时马克思的哲学逻辑中,有黑格尔,也有费尔巴哈,但

---

① 《马克思恩格斯全集》第42卷,人民出版社1979年版,第100页。
② 《马克思恩格斯全集》第42卷,人民出版社1979年版,第98页。

更主要的是他自己主体能动逻辑的理论冲动。马克思从来都没有被某一种哲学理论奴役，他虽然不断受到各种哲学思想的影响，但马克思始终还是他自己，各种哲学观念不过是他实现自己哲学意念的逻辑工具罢了。所以我们可以感到，在不同的时期中，马克思自己都有明显的理论个性。在我们这里的论说层面上，就是他始终凸显的人类主体超越和支配对象的能动性。马克思异化劳动理论，是他全部青年思想发展过程中关于主体能动性的一次最完整的逻辑确证。同时，这也是他继自我意识异化（黑格尔式的）、社会政治异化以及对金钱异化的具体分析后对异化问题的一次系统的哲学确证。因为在这里，第一次出现了经典异化理论的全部构件，即先验主体（人的劳动类本质），主体的劳动异化以及异化扬弃后向主体的复归。我以为，这是继黑格尔观念异化逻辑之后异化理论建构的最高点了（也难怪后人所给予的厚爱了）。

我们不难发现，马克思在劳动异化理论中抓住的只是资本主义社会经济过程的一种颠倒的现象，"异化"是一个结果！马克思并没有去进一步发现产生这一社会现象的历史原因和必然性。他只是在说，资本主义的私有制不好，却没有看到资本主义生产方式的历史客观合理性。所以他也不可能在此得出正确的革命结论。对结果的伦理批判，必然会走向理论上的空想。

我们已经指出过，马克思这时已转到无产阶级政治立场上，并开始寻求推翻资本主义，进行无产阶级革命的根据。而他在《手稿》中的劳动异化理论的现实指向正是在批判资本主义经济生活，自然而然，这也必然会成为他导引出共产主义的主要逻辑工具。我们发现，马克思在此深入地批判和否定劳动异化，正是在要求能够扬弃异化从而复归于人的真实本质（这也是异化理论的内在逻辑要求）。这个劳动异化（私有制）的扬弃也就是共产主义。在这里，共产主义是价值论中的"应该"，马克思这里关于共产主义的表述还带有很浓厚的人本主义色彩。同时，马克思这里所获得的共产主义结论并不是社会发展的客观规律，而是一种带有伦理意味的主体辩证法逻辑推论的结果。

三、马克思的劳动异化逻辑框架的最初解构

我们知道,马克思的哲学革命进程是在 1845 年春天开始的。这一年的 3 月,在马克思的哲学逻辑进程中,我们首先发现那种具有人本主义色彩的劳动异化史观的逻辑构架突然解构了。这是一个极重要的信号。我认为,这个重要的理论逻辑解构发生在马克思于 1845 年 3 月写下的《评弗里德里希·李斯特的著作〈政治经济学的国民体系〉》手稿中。

在马克思的这篇重要(但始终没有得到应有的重视)的文献中,我们看到了某种奇特的情况:马克思同样是在论说资本主义条件下人类主体(工人)被外部对象(资本)所奴役(人的活动不是他的人的生命的自由表现),他也在要求打倒私有财产,可是,他恰恰没有运用不久前在《手稿》(还有《神圣家族》)中的异化劳动这一逻辑工具!他只是称"私有财产是物化的劳动",而在表征工人受资本奴役的这种状态("私有财产活生生的基础",这以前正是异化劳动!)时,马克思小心翼翼地使用了打了双引号并且加注了着重号的"劳动"。[①]

当然,马克思此时理论的现实指向(无产阶级革命的要求)仍然是十分清楚的:他仍然认为现代资本主义的"自由劳动",实际上是一种"间接的自我出卖的奴隶制",资本主义的生产目的不是人或者为了人的发展,而是"交换价值"和"货币",这是一种"外在目的"。他认为,整个资本主义制度就是一种卑鄙的"人为物而牺牲的"反人制度。[②] 因为在资本主义经济中,客观的"工业成为控制我们的力量",而"人被贬低为一种创造财富的'力量'"。资产者不是把无产者看作"人",而是将无产者变成东西!资本主义的"社会条件把人变成了物",劳动力仅仅是一种物的生产力!(在这里,我要指出一个重要的问题,即马克思此处谈到生产力不是像传统研究所理解的那样,好像马克思这里是在发展出唯物主义历史

---

① 《马克思恩格斯全集》第 42 卷,人民出版社 1979 年版,第 257 页。
② 《马克思恩格斯全集》第 42 卷,人民出版社 1979 年版,第 260—261 页。

观的生产力概念，其实马克思这里只是在否定的意义上确证李斯特的观点）马克思正是要"破除美化'生产力'的神秘灵光"。在资产阶级经济学中，人力是与水力、马力、蒸汽力排列在一起的。马克思问道："我同马、蒸汽、水全都充当'力量'的角色，这难道是对人的高度赞扬吗？"可是，也正是在这里，我发现马克思虽然在试图否定资本主义这种反人的社会制度（坏的"是"），但他却没有再使用不久前他还在运用的重要逻辑构件，即"应该"。他没有再先验地设定人应该是什么，而在此却说明了这样一种重要的新观点："谈论自由的、人的、社会的劳动，谈论没有私有财产的劳动是一种最大的误解。"① 这是否能看作是马克思的一种自我反省？他已经在有意抛弃《手稿》中那个异化史观的逻辑构架了！

进一步的证明是，马克思在这里自然也是要否定人类主体与自己创造物的颠倒关系，但这一次不是"异化的扬弃"了。马克思指出，废除私有财产只有被理解为"废除'劳动'"，并且，"这种废除只有通过劳动本身才有可能，就是说，只有通过社会的物质活动才有可能，而决不能把它理解为用一种范畴代替另一种范畴"②。这里的意思十分清楚了。马克思在接近一种新的总体历史观，这就是原来那种从社会现实出发的客观逻辑。我们看到，马克思已经注意到了作为"在以往的社会基础上充分发展了的工业"的实践了。③ 如果在原来的逻辑构架中，马克思主要关心的是人学的"应该"，而在这里，他已经开始注意到历史的现实存在的必然性"是"，正是消除坏的"是"，以达到"应该"（在借用一下的意义上）的现实途径。这是因为，人只是在工业实践中，才"第一次占有他自己的和自然的力量，使自己对象化，为自己创造人的生活条件。"④ 人，将要被科学地说明了。马克思已经要接近产生"劳动"的来自于物质生产本身历史发展的必然性原因了。这也就是说，马克思不再仅仅看到资本主义不合理"劳动"现象这一结果，而开始探寻产生这种结果的资本主义生产方式的内部

---

① 《马克思恩格斯全集》第 42 卷，人民出版社 1979 年版，第 254 页。
② 《马克思恩格斯全集》第 42 卷，人民出版社 1979 年版，第 255 页。
③ 《马克思恩格斯全集》第 42 卷，人民出版社 1979 年版，第 249 页。
④ 《马克思恩格斯全集》第 42 卷，人民出版社 1979 年版，第 257 页。

原因。我们已经看到了马克思哲学新世界观和科学社会主义的桅杆了！

马克思说："如果这样看待工业，那就撇开了当前工业从事活动的、工业作为工业所处的环境；那就不是处身于工业时代之中，而是在它之上；那就不是按照工业目前对人来说是什么，而是按照现在的人对人类历史来说是什么，即历史地说他是什么来看待工业；所认识的就不是工业本身，不是它现在的存在，倒不如说是工业意识不到的并违反工业的意志而存在于工业中的力量，这种力量消灭工业并为人的生存奠定基础。"① 我们能明显地感到，马克思已经在让一种新的从现实工业出发的理论思路占了自己理论运演的上风。他指出："消除人类不得不作为奴隶来发展自己能力的那种物质条件和社会条件的时刻已经到来了。因为一旦人们不再把工业看作买卖利益而是看作人的发展，就会把人而不是把买卖利益当作原则，并向工业中只有同工业本身相矛盾才能发展起来的东西提供与应该发展的东西相适应的基础。"②

我们知道，为了寻求无产阶级起来革命的根据，马克思要求打碎资本主义现代社会带来的"工业的羁绊"，但这一次他十分准确地将其界定为这"就是摆脱工业力量现在借以活动的那种条件、那种金钱的锁链，并考察这种力量本身。这是向人发出的第一个号召：把他们的工业从买卖中解放出来、把目前的工业理解为一个过渡时期"。③ "把目前的工业理解为一个过渡时期"，这一句话十分重要。马克思此时已经看得非常清楚，他要消除的并不是工业（客观必然性的"是"），而是工业的资本主义形式，而工业（物质生产力的发展）本身就是走向否定资本主义的"一个过渡时期"。虽然，此时马克思的革命理论还在借用人的口号，但在这里的实际逻辑运转已经不再是人道主义的劳动异化理论推论（"应该"），而是客观发展着的工业（"是"）。我以为，在这里马克思的思想中已经出现了从人学主体辩证法向客观的历史辩证法的过渡！

于是，共产主义（无产阶级革命）不再是一种理论逻辑要求，而是现

---

① 《马克思恩格斯全集》第42卷，人民出版社1979年版，第257页。
② 《马克思恩格斯全集》第42卷，人民出版社1979年版，第258页。
③ 《马克思恩格斯全集》第42卷，人民出版社1979年版，第259页。

实历史的必然趋势了。马克思说:"工业用符咒招引出来（唤起）的自然力量和社会力量对工业的关系，同无产阶级对工业的关系完全一样。今天，这些力量仍然是资产者的奴隶，资产者无非把它们看作是实现他的自私的（肮脏的）利润欲的工具（承担者）；明天，它们将砸碎自身的锁链，表明自己是会把资产者连同只有肮脏外壳（资产者把这个外壳看成是工业的本质）的工业一起炸毁的人类发展的承担者，这时人类的核心也就赢得了足够的力量来炸毁这个外壳并以它自己的形式表现出来。明天，这些力量将炸毁资产者用以把它们同人分开并因此把它们从一种真正的社会联系变为（歪曲为）社会桎梏的那种锁链。"① 这已经在社会历史发展的真实进程的意义上来确证走向共产主义的现实道路了。科学历史认识中的社会客观规律就要被揭示了。

请注意，在此时马克思的思想逻辑中，他原来的思想逻辑进程还在继续，两个不同的逻辑思路在理论格局中的地位已经发生了变化，但他所面临的三个难题并没有根本解决。"工业"的现实历史发展已经开始成为马克思理论逻辑中主要的运演过程，而人和人的本质的异化逻辑已经只剩下一个空壳。一旦这个外壳破碎，一个新的思想逻辑框架就会诞生。

---

① 《马克思恩格斯全集》第42卷，人民出版社1979年版，第258—259页。

唯物主义、辩证法、政治经济学批判
——《1844年经济学哲学手稿》的重新发现[①]

周嘉昕

今天，是重读《1844年经济学哲学手稿》（以下简称《手稿》）的时候了。这是因为：首先，经过多次的论战和多年的探索，《手稿》研究已经成功摆脱了"青年马克思"问题的纠缠，围绕《手稿》自身的文本和逻辑形成了颇为丰硕的研究成果；其次，随着历史唯物主义哲学方法和《资本论》及其手稿研究的深化，回过头来审视《手稿》中的"人本主义"和"国民经济学批判"具有了特殊的参照意义；再者，以 MEGA^2 相关成果为基础的《手稿》文本研究，在近年来取得了许多重要推进，特别是"附有按照手稿写作顺序编排的文本"的《手稿》中文版本的问世[②]，为我们从既有研究的驻足之处重新启程奠定了坚实的基础。在既有研究的基础上重读《手稿》所力图解决的三个问题是：其一，如果说"异化劳动"的理论基础是费尔巴哈的人本学唯物主义，那么马克思到底在何种意义上将"注重自然界"和"注重政治"结合起来？其二，在论述"共产主义"的过程中，马克思何以转向对黑格尔辩证法的论述，而在这一部分的写作中又为什么发生了理论态度的游移？其三，如果说《手稿》的主体内容是"国民经济学批判"，那么这一"批判"与《资本论》的"政治经济学批判"之间到底是怎样的一种理论关系？

[①] 原载《江海学刊》2017年第3期。
[②] 参见［德］马克思：《1844年经济学哲学手稿》（附有按照手稿写作顺序编排的文本），人民出版社2014年版。

一、"主谓颠倒"、"私有财产"
（地产）与"异化劳动"

虽然关于"青年马克思"的论战已经渐渐远离了马克思主义哲学研究问题域的中心，但一提到《手稿》，人们往往还是首先想到"人本主义"的争论与"两个马克思"的竞争。所谓"人本主义的青年马克思"与"老年马克思"的对立，首先不是一个理论问题，而是一个政治问题。也就是说，自1932年《手稿》在东西方同时公开出版以来，到20世纪五六十年代西方学界有关"人本主义"和"异化"问题的讨论达到白热化程度，从根本上说，这并不是由《手稿》自身所达到的思想水平所决定的，而是由西方学者在马克思主义话语解释权问题上同苏东"正统马克思主义"的理论竞争所引发的。

简单来说，随着斯大林辩证唯物主义和历史唯物主义体系的确立，苏联马克思主义哲学史研究在20世纪30年代逐步形成了以"唯物主义对唯心主义的批判"、"马克思主义三个来源三个组成部分"等观点为基础的解释模式。相应的，马克思在1843年就实现了唯物主义的转变、黑格尔辩证法的批判和无产阶级立场的获得，而《神圣家族》和《哲学的贫困》分别是第一部公开发表的马克思主义和马克思主义政治经济学著作。与之针锋相对的是，《手稿》问世之后，这份"《神圣家族》的准备材料"却在以西方"马克思学"为代表的资产阶级学者眼中，被当作是"马克思的第二次降世"的标志。当然，其核心范畴和焦点问题不外乎是"人本主义的异化概念的青年马克思"，这样一个马克思在根本上异质于《共产党宣言》和《资本论》中的"成熟马克思"或"老年马克思"。从20世纪50年代末开始，出于对西方"马克思学"的反击，苏联学者加强了对于马克思青年时期思想的研究，形成了若干具有重要理论价值的成果，如奥伊泽尔曼、拉宾关于《手稿》的研究，巴加图利亚关于《德意志意识形态》的研究等等。在此过程中，《神圣家族》和《德意志意识形态》的理论地位得到了潜在的加强。

由此可见,《手稿》的定位本身直接涉及对于马克思主义的逻辑阐释。经过多年的争论,"唯物主义一次转变"论和"人本主义青年马克思"观已经暴露了自身的理论短板,越来越多的学者倾向于接受这样的观点:虽然在写作《黑格尔法哲学批判》手稿的过程中,马克思已经接受了费尔巴哈的唯物主义,并以"主谓颠倒"的方式来批判黑格尔唯心主义;但是在《手稿》中,受这种"半截子的唯物主义"中蕴含的唯心史观的影响,马克思仍然坚持一种人本主义的异化史观;只是到了《关于费尔巴哈的提纲》(以下简称《提纲》)和《德意志意识形态》中,马克思才提出了新的世界观并阐发了历史唯物主义的基本原则。老问题的解决同时也包含着新问题的提出:如果说如恩格斯所指出的那样,在创作《神圣家族》之前,马克思和恩格斯"一时都成为费尔巴哈派了",那么到底在何种意义上,"马克思曾怎样热烈地欢迎这种新观点","尽管还有种种批判性的保留意见"[①]?笔者的回答是,在马克思的思路从"宗教异化"、"政治异化"推进到"经济异化"的过程中,至关重要的一环是对"私有财产"的批判。围绕这一主题,我们可以发现从《黑格尔法哲学批判》到《手稿》之间隐性的复杂关联。

围绕《黑格尔法哲学批判》手稿的方法论界定问题,学界曾发生过"哲学(一般)唯物主义"还是"法权唯物主义"的争论。其问题的核心是1843年马克思在何种意义上受到了费尔巴哈的影响。这一争论的积极成果在于:一方面不能将传统马克思主义教科书中所理解的"唯物主义"直接套用到《黑格尔法哲学批判》甚至是《手稿》之上;另一方面必须重新思考"私有财产"(所有权)批判在马克思接受并改造费尔巴哈哲学中的地位和作用。正如苏联学者指出的那样,在《黑格尔法哲学批判》手稿中,马克思的焦点集中在"内部的国家法"部分,主要批判了黑格尔在"国家"问题上的"逻辑的神秘主义"和矛盾问题上的"神秘的二元论"。当然,马克思这时的政治立场是"真正的民主制"而非"共产主义"或

---

① 《马克思恩格斯选集》第4卷,人民出版社2012年版,第228页。

"社会主义",与之相应的方法论基础是费尔巴哈从感性的"人"出发的"主谓颠倒"。

需要注意的是,在一般的意义上谈到《黑格尔法哲学批判》中的"主谓颠倒",往往首先想到的是"不是国家决定市民社会,而是市民社会决定国家"这一"历史唯物主义雏形"。但回到这一手稿的文本逻辑中去,我们却可以发现"主谓颠倒"只不过是马克思借助于费尔巴哈来批判黑格尔式的"理性主义国家观"的基本方法。马克思还没有做到他在1859年《〈政治经济学批判〉序言》中所说的"对市民社会的解剖应该到政治经济学中去寻求",而只是在反对黑格尔《法哲学》中所发生的"逻辑的、泛神论的神秘主义"。即"观念变成了主体,而家庭和市民社会对国家的现实的关系被理解为观念的内在想象活动","使作为观念的主体的东西成为观念的产物、观念的谓语"。① 除此之外,马克思还在讨论"抽象人格"或"国家人格",以及"市民社会"和"政治国家"的二元性时也使用了这一方法。在他看来,"人格和主观性只是人和主体的谓语","人格脱离了人,当然只是一个抽象,但人也只有在自己的类存在中,只有作为人们,才是人格的现实的观念";黑格尔"为了把同一个受限制的主体,即特定的等级(等级差别)描述为两个谓语的本质主体,或者为了证明两个谓语的同一,两个谓语都被神秘化了,都说成是幻想的不确定的双重形式"。②

这里,马克思显然是在反对黑格尔把"观念"作为主体及其"理性推理的阐释"中所表现的"体系的全部超验性和神秘的二元论",但他并没有把"市民社会"理解为真正的主体。与费尔巴哈一样,主体只能是"类存在"的"人"。然而在《黑格尔法哲学批判》中,作为"主体"的"人"如何异化,并颠倒地表现为"宗教"和"国家"这一问题,马克思并没有给出明确的回答,其主要精力在于说明黑格尔"国家"观中的"非批判性"和"神秘主义"。在此过程中,手稿后半段关于"私有财产"的

---

① 《马克思恩格斯全集》第3卷,人民出版社2002年版,第10、18页。
② 《马克思恩格斯全集》第3卷,人民出版社2002年版,第36、103—104页。

分析构成了一个重要的理论进展。①

之所以会涉及"私有财产"的问题,一方面是由《法哲学》自身的逻辑进程所决定的。也就是说在"立法权"部分,黑格尔为了论证"国家"对"家庭"和"市民社会"的扬弃,专门提出了"自然伦理的等级"的问题。认为这个以"家庭生活"和"地产"(土地占有)为基础的等级"在它的特殊性方面具有以自身为基础的意志和君主要素所包含的自然规定"②。用马克思的话说就是,"'信念','国家精神的占有',由'土地占有'取而代之"③。而这种"首尾不一贯"的"迁就","是最坏的一种混合主义"。马克思之所以会得出这样的结论,还与《黑格尔法哲学批判》写作过程中涉及"私有财产"问题的第二个方面有关。这就是马克思在《克罗茨纳赫笔记》的政治历史研究中对于财产制度、等级和国家形式之间的关联的探讨。尤其是法国革命史的分析中,马克思从经济事实在社会冲突中的作用出发,发现了私有财产对于政治制度和阶级斗争的历史作用。参照《黑格尔法哲学批判》的后半段手稿,并结合《手稿》中批判"私有财产"的"异化劳动"理论,一个值得高度关注的问题是马克思从"地产"的分析出发,对于黑格尔那里作为"伦理生活"的"政治国家"的神秘主义根源的剖析。

如上所述,在《法哲学原理》中黑格尔认为以"地产"为基础的"自然伦理的等级"体现了"政治国家"在"市民社会"基础上对"市民社会"的超越。因为"这个等级是为了政治地位和政治意义按照比较确定的方式构成的,因为它的财富既不依赖于国家财富,和利润的追逐及占有的任何可变性无关,他们的财富……不可转让"④。作为反驳,马克思指出"黑格尔在这里所阐明对立,就其尖锐性来说是私有财产和财富之间的对立。地产(土地占有)是道地的私有财产,是本来意义上的私有财产……'普遍等级'和'产业等级'的财富不是本来意义上的私有财产……同这种财

---

① 参见《马克思恩格斯全集》第3卷,人民出版社2002年版,第93页,注19。
② [德]黑格尔:《法哲学原理》,范扬、张企泰译,商务印书馆1961年版,第324页。
③ 《马克思恩格斯全集》第3卷,人民出版社2002年版,第118页。
④ [德]黑格尔:《法哲学原理》,范扬、张企泰译,商务印书馆1961年版,第324页。译文有改动。

富对立的是地产，即独立自主的私有财产，它还没有具备财富的形式，即由社会意志设定的财产的形式"。因而"伦理观念的现实性在这里成了私有财产的宗教"。① 为了更好地理解马克思的上述判断，对于"地产"（土地占有）、"私有财产"和"财富"三个概念作一个简单的说明是十分必要的。

"地产"（土地占有）是"私有财产"确立的最初形式，表现为地主对欧洲中世纪农村公社公有土地的分割和占有。然而这种带有强烈封建色彩的财产形式本身在政治经济学的发展和黑格尔的法哲学中却扮演了特殊的角色。一方面以"地产"为基础的农业生产在重农学派中被看作"纯产品"（剩余）的源泉，进而在亚当·斯密那里以"地产"为基础的"地租"作为收入的形式构成了"国民财富"积累的原因之一；另一方面以斯图亚特和斯密为基础的黑格尔，在理解"财富"的形成时也将"地产"纳入到包含"家庭"和"市民社会"在内的"国家"的构成原则之中。也就是说，"财富"在政治经济学和法哲学中本身都同"国家"内在关联，并且将作为"需要的体系"的"市民社会"作为特定逻辑环节蕴含于自身之内。而"市民社会"的发育本身又直接反映了"私有财产"确立的要求。② 正是在这个意义上，《黑格尔法哲学批判导言》会这样写到，"在法国和英国，问题是政治经济学，或（市民）社会对（国民）财富的统治；在德国，问题却是国民经济学，或私有财产（地产，神秘主义的形式——本文作者注）对国民的统治"③。

我们有理由相信：在《黑格尔法哲学批判》手稿中马克思已经在"注重政治"的意义上坚持并推进了费尔巴哈在"注重自然界"的意义上所实现的哲学变革。从人本主义的"主谓颠倒"出发，并借助于政治历史研究戳穿了作为"私有财产的神秘主义者"的黑格尔在"国家"观上的神秘

---

① 参见《马克思恩格斯全集》第3卷，人民出版社2002年版，第122—123、128页。译文有改动。
② 参见周嘉昕：《历史唯物主义视域中的劳动价值论与形而上学》，载《南京大学学报》2012年第5期；《什么是财产权？——德国古典哲学中法权学说的思想史考察》，载《天津社会科学》2014年第3期。
③ 参见《马克思恩格斯文集》第1卷，人民出版社2010年版，第8页。

主义。当然，作为费尔巴哈主义者的马克思的最终形成是在《手稿》之中。其理论标志就是在经济学研究的基础上将"自由自觉的活动"看作"人"的"类本质"，并以"异化劳动"来说明"私有财产"的形成。基于此，也就不难理解《手稿》中"异化劳动"概念提出的文本语境中存在的一些特定现象了。

常常为人们所忽视的是：在《手稿》笔记本I前半部分"工资"、"资本的利润"、"地租"三栏的写作中，马克思着墨最多的是"地租"部分，也正是在一段长篇的"地租"分析后，马克思从国民经济学（政治经济学）"积蓄的劳动"（资本）和劳动的对抗这一事实出发，提出"异化劳动"理论来说明"私有财产"；与之相关联，《手稿》中对"地产"和"重农学派"的批判，不仅具有实证的经济事实分析的含义，还具有更加深刻而隐秘的哲学意蕴，即一方面是对黑格尔狭隘的、浪漫主义的"国家"观及其"泛逻辑的神秘主义"的批判，另一方面是对法国和英国的政治经济学所反映的"动产"对"不动产"（地产）的胜利，及其将"抽象性的劳动"作为"财富"、"私有财产"的主体本质的看法中所包含的"市民社会"结构性剖析，以及现实历史运动展开的逻辑起点，或者说"前提"的发现。

二、马克思完成了"对黑格尔辩证法和整个哲学的批判"了吗？

如上所述，《手稿》中提出的"异化劳动"理论构成了马克思对费尔巴哈人本主义的拓展性理解。这一不仅"注重自然界"，而且"注重政治"更是"注重经济"的探索，不仅是马克思逻辑视域从宗教异化、政治异化向经济异化的转移，而且本身就是他在运用"主谓颠倒"的方法批判黑格尔法哲学的泛逻辑的神秘主义过程中，理论探索不断深化的结果。其中的关键是在《黑格尔法哲学批判》和《克罗茨纳赫笔记》中以不同方式共同遭遇到的"私有财产"问题。而首当其冲的又是对于"地产"这种在政治经济学和黑格尔法哲学中都表现为"私有财产"的宗教式的神秘主义形式的批判。

马克思对于"地产"的批判性分析之所以在既有的《手稿》研究中并未得到高度的关注。这首先同传统研究更多强调在青年黑格尔派的哲学探索、政治经济学的初步研究和私有财产的政治批判相并立的意义上分析《手稿》"异化劳动"理论的思想源起和逻辑构架有关。按照这样一种看法,"地租"同"工资"和"资本的利润"一起构成了马克思在斯密的直接影响下最初接触"国民经济学"的研究对象。"异化劳动"则不过是这一研究成果的哲学总结。这样,"地产"、"私有财产"、"劳动"等范畴本身所具有的社会历史维度就被遮蔽起来,一方面会导致"劳动"还是"交往"这类问题的争论,另一方面也会割裂《手稿》中"国民经济学批判"与"黑格尔辩证法和整个哲学批判"之间的关系。另外也不得不承认,"地产"问题的提出乃至《手稿》理论逻辑的重新梳理,还在很大程度上受到了《手稿》本身文本编排方式的制约。为了更好地说明这一问题,对《手稿》的文本结构重新加以概述也许是必要的。

虽然《手稿》的文本结构并不像《德意志意识形态》第一章《费尔巴哈》手稿那样复杂,但回顾思想史我们会发现《手稿》自公开出版以来,也形成了若干个不同的版本形态。众所周知,《手稿》的最初公开问世是在1932年。这一年,《手稿》分别在《马克思恩格斯全集》历史考证版(MEGA^1)第一部分第三卷和《历史唯物主义。早期文选》上以原文形式得以发表。《手稿》发表之后很快在西方学界引发了广泛的关注和讨论,并在20世纪五六十年代催生了"青年马克思"讨论的热潮。作为理论回应,苏联学者不仅有针对性地开展了对马克思、恩格斯青年时期思想的研究,而且进一步强化了马克思青年时期著作的编辑和出版工作。在这一背景下,出现了以1956年出版的《马克思恩格斯早期著作集》俄文版为基础,后收入《马克思恩格斯全集》俄文第二版的经典《手稿》版本。《马克思恩格斯全集》历史考证版新版(MEGA^2)计划启动之后,在1982年出版的第一部分第二卷中分别按照写作顺序和逻辑顺序收入了经过修订和重新编排后的《手稿》,这也是迄今为止《手稿》版本研究的最新进展和最高水平。

简单来说，在上述历史过程中随着马克思主义理论研究的发展以及东西方马克思思想阐释之间的竞争，出现了多个不同的《手稿》版本，并呈现出一种复杂的交织关联关系①。无论如何，MEGA² 中《手稿》逻辑顺序和写作顺序两个相互参照的版本的出现，特别是与之相对应的中文译本的问世，为我们重新阅读《手稿》并把握马克思这一时期思想发展的复杂线索提供了某些方面的启发。

其一，上文已经涉及的［笔记本I］中分"工资"、"资本的利润"和"地租"三栏写作，并在最后部分集中讨论"地租"问题，进而提出并论证"异化劳动"概念。其二，在［笔记本III］中摆脱了传统的将"共产主义"、"政治经济学"、"哲学"分开独立排列的做法，恢复了马克思写作的原初过程，特别是［对黑格尔辩证法和整个哲学的批判］起初就是作为"共产主义"的第（6）个要点而论述的。其三，同样是这一事关理解马克思黑格尔关系最为重要的"长文"，按照写作顺序它本身分三个阶段进行，且最终以两段《精神现象学》的摘录作为结束。这就提醒我们思考一个问题：马克思完成了"对黑格尔辩证法和整个哲学的批判"了吗？

与上述疑问相关且可资增益的是：在［对黑格尔辩证法和整个哲学的批判］的写作过程中，尤其是在写完［私有财产和需要］以及［增补］的一部分内容后，马克思对黑格尔的态度发生了一个明显的转变，从强调"费尔巴哈是唯一对黑格尔辩证法采取严肃的、批判的态度的人；只有他在这个领域内作出了真正的发现，总之，他真正克服了旧哲学"，到转而承认黑格尔的"辩证法，作为推动原则和创造原则的否定性"具有"伟大之处"，以及黑格尔辩证法"在异化这个规定之内"也具有"积极的环节"，"完成的积极的东西"②。也就是说，在对待黑格尔辩证法的问题上，马克思实际上经历了一个从站在费尔巴哈的立场上批判黑格尔及"当代批

---

① 关于《手稿》的发现和传播、不同版本的文本结构、文本研究与意识形态争论之间的纠缠关系，请参见周嘉昕：《历史和文本中的〈1844年经济学哲学手稿〉》，载《学术月刊》2014年第9期。
② 参见［德］马克思：《1844年经济学哲学手稿》，人民出版社2000年版，第112页。

判的神学家"青年黑格尔派,到发现"站在现代国民经济学家的立场上"的黑格尔,以及神秘主义的辩证法在"异化"的规定内所具有的积极意义。

毋庸置疑,这是马克思在批判性地改造黑格尔的辩证法,但问题是在这样一种批判性改造的过程中,何以发生理论态度的变化?或者说,马克思对黑格尔态度的变化到底意味着什么?是批判性改造的完成吗?就马克思自己的写作情况来看,显然这个任务没有完成。在这一分三段的长文的最后并没有给出明确的结论和判断,而是以对《精神现象学》《绝对知识》章的两端摘录作为结尾。同时,这两段摘录的内容还与夹在[笔记本Ⅲ]中的"黑格尔《精神现象学》摘要《绝对知识》章"有关。但是如果按照马克思自己在"序言"中的说法,这一部分作为"本著作的最后一章","是完全必要的"。似乎与上述真实的写作过程不符。

对于这一问题,一种可能性的结论是:在批判以鲍威尔为代表的"当代批判的神学家"的意义上,作为"共产主义"的第(6)要点显然是完成了的,在费尔巴哈"主谓颠倒"的意义上,"神学的批判归根结底不外是旧哲学的特别是黑格尔的超验性的已被歪曲为神学漫画的顶点和结果"[1]。但是,就马克思自己对黑格尔的批判而言,这一工作并未完成。这是因为在批判黑格尔的过程中,马克思竟然发现了自身既有方法的短板,或者说黑格尔辩证法在异化的规定内确证了自己用"异化劳动"来解释"私有财产"所隐含的历史性维度。"黑格尔把人的自我产生看作一个过程,把对象化看作非对象化,看作外化和这种外化的扬弃;可见,他抓住了劳动的本质,把对象性的人、现实的因而是真正的人理解为他自己的劳动的结果。"[2]

这样一种"历史性"在《精神现象学》中显然是以思辨的形式存在着,在"政治经济学"与"国民经济学"的差异中则以现实的方式存在着。马克思从在"地产"和"重农学派"的剖析中批判"理性国家"观,到确证"私有财产"作为现代"市民社会"的本质,并以"动产"对

---

[1] 马克思:《1844年经济学哲学手稿》,人民出版社2000年版,第5页。
[2] 马克思:《1844年经济学哲学手稿》,人民出版社2000年版,第101页。

"不动产"的胜利来提出"异化劳动"解释"私有财产"。这一方面是费尔巴哈式人本主义哲学的推进,另一方面也包含着导致自身解体的要素——历史的过程性对人本主义价值悬设的消解。这不过这种自反性的因素在"异化的四个规定"中并不明显,反倒是随着马克思对于黑格尔辩证法中"以精神的形式出现"的"人"的探索,即"自我意识"和"国民经济学"中以"对象性"的形式存在的"感性",即"需要"的分析,这样一种"过程"性的含义愈发强化。与之相伴生,"异化劳动"概念的哲学基础人本主义则开始走向自身的解体。在这个意义上,[对黑格尔辩证法和整个哲学的批判]的写作与[私有财产和需要]、[增补]交叠在一起,或者说被后者所中断,就是一个不能被忽视的文本现象,而是马克思自身逻辑嬗变的思想症候了。为了更好地说明这一点,必须跳出一般的庸俗经济学含义理解[私有财产和需要]、[增补]这两个部分中涉及的"需要"和"财富"之间的关联。

在马克思看来,"需要"不仅是"人"的"感觉",而且与"生产方式"和"生产对象"有关,在"国民经济学"的范围内,也就是"异化这个规定之内","需要"丧失了"人"的本质的属性,反倒成为一种由"财富"的积累所决定的追逐"货币"的行动。而"国民经济学"眼中的"财富"一方面具有拜物教式的外观"货币",另一方面本质上是"一切私有财产向工业资本的转化"。也就是说,"黑格尔站在现代国民经济学家的立场上。他把劳动看作人的本质,看作人的自我确证的本质;他只看到劳动的积极方面,没有看到它的消极的方面"[①];而以思辨的方式再现了这样的现实,"一种非人的力量统治一切"。换言之,尽管马克思在[对黑格尔辩证法和整个哲学的批判]的最后部分还尝试在《绝对知识》章对"自然"的讨论中发现费尔巴哈,但一个新的理论目标已经逐渐浮现出来:对以现代"私有财产"为基础的"抽象"的"异化"力量的内在矛盾的揭示,"工业资本"何以使"劳动"成为"私有财产"的"主体本质",而又使"需要"基础上有"意志"的"人格"在"异化的规定内"以

---

① 马克思:《1844年经济学哲学手稿》,人民出版社2000年版,第101页。

"拥有"代替了"存在"?

三、"劳动"、"对象化"、"批判"：从《资本论》回到《手稿》

无论从文本形式还是逻辑结构来看，[对黑格尔辩证法和整个哲学的批判]都很难被看作是一篇完成了的独立文章。推而广之，对于整部《手稿》来说这一判断似乎也可以站住脚。可资对比的是《德意志意识形态》第一章《费尔巴哈》手稿，尽管这部手稿现存的文本状况和马克思当时的写作情况都要比《手稿》复杂得多，但毕竟在思想逻辑上比起《手稿》来，《费尔巴哈》要清晰得多。这也是马克思后来为什么在1859年《〈政治经济学批判〉序言》中强调虽然"我们情愿让原稿留给老鼠的牙齿去批判"，但"已经达到了主要的目的——自己弄清问题"①。

换句话说，在《手稿》中马克思虽然制定了宏大的理论目标（国民经济学批判），也提出了具有创新意义的观点（"异化劳动"理论），却很难承认自己"弄清楚了问题"。或者说，在借助费尔巴哈对黑格尔的颠倒建构人本主义异化批判的过程中，却同时开始遭遇到这一理论自身的解构。其中最为关键的理论质点有三个：一是"私有财产"的神秘主义之中所包含的"地产"与"动产"之间的历史性差异；二是在寻求"主谓颠倒"的真正主体的过程中所遭遇到的"国民经济学"对"主体"（与"感性"直接相关的"需要"）自身的结构性证伪；三是与之相关，对于现实中统治一切的异化的力量（"货币"，更准确地说是"资本"）来说，恰恰是作为"私有财产的主体本质"的"劳动"的现实运动一方面表现为作为"类存在的人的活动的异化的、外化的设定"的"分工"，另一方面在"分工"和"交换"中又孕育着"社会的力量"，只是"在国民经济学家看来，社会就是市民社会"，而国民经济学家和黑格尔都是在"依靠非社

---

① 《马克思恩格斯选集》第2卷，人民出版社2012年版，第4页。

会的特殊利益来论证社会"①。

正是在这个意义上,我们可以发现从《手稿》向《提纲》、《德意志意识形态》以及《哲学的贫困》隐秘的理论过渡。在表层的意义上就是马克思对费尔巴哈人本主义逻辑之非历史、非现实的意识形态想象的不满,在深层的意义上则是马克思对以"私有财产的完成了的客观形式"("动产"或是"资本的文明")为基础的现代"市民社会"("资产阶级社会")的结构性解析。在"市民社会"中包含着"异化"范围二重化的两个方面:一是"私有财产"、"分工和交换"的发展所塑造的"颠倒为物"的"人格";二是"从自身(市民社会)中分离出去,并在云霄中固定为一个独立王国"的"抽象"的"神秘主义"的力量("财富"、"货币"、"国家"等)。对于这一棘手的问题,《手稿》显然已经遭遇到了,但持"异化劳动"理论的马克思似乎还没有"弄清楚问题"解决的方法。用马克思自己的话说,只是在"移居布鲁塞尔,在那里继续进行研究"之后,才发现了"所得到,并且已经得到就用于指导我的研究工作的总的结果"②。

然而新的疑问也相应出现了:这里所引证的历史唯物主义的一般方法,在字面的意义看来与上文《手稿》讨论中所涉及的诸多问题并没能实现有效的对接;或者说上述"总的结果"只是马克思对自己研究方法的一个总的概括,而对《手稿》中遗留的若干具体问题,如"统治一切的非人力量"的克服、"市民社会"的批判、黑格尔辩证法的"颠倒"等都没有给出明晰的解答。对于这些疑问的解答,在某种程度上呼应了20世纪60年代以来《手稿》研究日益平静,《资本论》及其手稿则得到越来越多关注的趋势。尽管《资本论》及其手稿研究热在东西方的同时出现具有各自不同的社会政治背景,但在基本理论逻辑上却存在共通之处。这就是:在"青年马克思"问题被"马克思恩格斯问题"替代的前提下,对于成熟时期的马克思著作,特别是《资本论》中的哲学的阐发。核心的理论主题不外乎《大纲》中的"物化"概念及其同《手稿》中"异化"概念的异同,

---

① 马克思:《1844年经济学哲学手稿》,人民出版社2000年版,第134、138页。
② 《马克思恩格斯选集》第2卷,人民出版社2012年版,第2页。

"价值形式"中的"抽象"与"具体"的关系,《资本论》中"头足倒立"的辩证法合理形态等。

从形式上来看,这些主题在很大程度上构成了《手稿》中遗留问题的延伸和拓展。反过来说,《资本论》和《大纲》研究围绕上述主题所形成的相关成果,同样可以为我们深化《手稿》的理解提供某种佐证。在这个意义上,可以尝试从《资本论》及其手稿返回到《手稿》,尤其是其中仍然存在争议的若干问题中去,求得新的解答。其中,"劳动"、"对象化"和"批判"是值得我们从《资本论》和《大纲》回到《手稿》的三个核心范畴。

可以说,"劳动"是马克思著作中最为复杂的术语之一。这并非因为"劳动"本身的翻译分歧("劳动"本身即有"劳动力"的含义)而产生,而是由这一概念自身所背负的复杂的思想史"包袱",以及马克思自己在这一术语使用上存在的由含混到清晰的转变所导致的。根据既有研究,马克思对"劳动"这一术语的集中使用,大致分布在两个时期:一是从《手稿》到《雇佣劳动与资本》,但主要是在《手稿》之中,即"异化劳动"和"对象化劳动"的区分;二是从《大纲》到《资本论》以及马克思晚期的若干著作,主要是在《大纲》和《资本论》中,即一方面区分"劳动"和"劳动(能)力",另一方面区分"抽象劳动"和"具体劳动",即"体现在商品中的劳动的二重性"问题。但是,在"人本主义"的"异化劳动"向"劳动二重性"理论的过渡中,"劳动"范畴本身的变化仍有待探明。相应的,"劳动"与"实践"、"生产"这样一些范畴之间的思想关系,以及"劳动"与"交往"之间的逻辑层次都是需要进一步回应的问题。

囿于主题和篇幅,无法对上述问题作出面面俱到的讨论,回到《手稿》的逻辑进程和原文表述中我们可以发现:"劳动作为私有财产的主体本质",本身就同"私有财产"之间的"交往关系",同以"私有财产"为基础的"财富"的积累,同"工业动产"对"土地不动产"的胜利,是内在一致的。也就是说,之所以在《手稿》中提出"异化劳动"的概念,马克思的主要意图不仅在于论证"劳动"主体在客体(对象)中的对象化，在"私有财产的运动"中表现为客体对主体的奴役（异化、外化），而是尝试从"劳动"这一"国民经济学"自身所提出的原则出发，完成对"市民社会"和黑格尔"法哲学"的结构剖析。在这个意义上，"劳动"同时也是"交往"，或者说在对"法哲学"和"国民经济学"的批判中，作为构成"市民社会"基础的"私有财产"的主体本质，"劳动"同时既具有"主体—客体"的含义，也具有"主体—主体"的含义。更进一步，这样两重含义的内在关联既非由前者奠基后者（所谓的"生产范式"），亦非后者奠基前者（所谓的"交往范式"），而是在"市民社会"的结构性背景下同体发生的。只不过这样一种"预先设置"的结构性前提自身包含着内在的对抗性存在，在黑格尔法哲学那里是"市民社会"与"国家"之间的冲突，在"国民经济学"那里是"劳动"和"资本"之间的对抗。

也正是从这一点出发，我们有理由相信：在《手稿》的写作暂告一段落之后，马克思所关注的并不是"异化劳动"或"对象化劳动"的理论展开，而是寻求更加"现实"的理论出发点来揭示"市民社会"内部的结构性二律背反，如《提纲》中所使用的"实践"范畴，"费尔巴哈章"中所提出的"物质生产"概念等。就这一点而言，从《手稿》中的"劳动"到《大纲》中的"劳动"倒是存在相通之处，只不过在"政治经济学"的结构性批判的重要一环上经历了"从巴黎经布鲁塞尔到伦敦"的长途跋涉。

与"市民社会"的结构性剖析直接相关的是"对象化"概念。这一概念的运用在某种程度上甚至比"劳动"还要普遍，在《手稿》、《提纲》、《资本论》及其手稿中都被广泛提及。更加复杂的是，由于理解和翻译的原因，这样一个术语本身在马克思思想中的重要性被严重低估了。一方面，在从德文转向英文的翻译和传播中，德语中特有的"对象"和"对象化"被等同于"客体"和"客体化"；另一方面在从德文向中文的翻译和探讨中，《大纲》中的"对象"和"对象化"又往往同"物"和"物化"相等同。尤其在后一方面，又涉及"异化"、"物化"的关系问题。近年来，受"西方马克思主义"和"日本新马克思主义"研究的影响，关于

《手稿》"异化"和《大纲》"物化"的比较研究进一步推进到了"物象化"(事物化)和"物化"的比较分析,以及马克思著作中"物"的辨析上来。然而,无论是在《资本论》还是在《大纲》中,马克思对"物"和"物化"的理解总是同"对象"和"对象化"脱不了干系。甚至在某些关键环节上,马克思还不得不借助于后者才能实现顺利的逻辑过渡。这就提醒我们,"对象"或许是我们深化马克思主义哲学方法论讨论的另一个重要范畴[①]。就《手稿》的重新阅读而言,"对象"概念也许具有更加复杂的理论指向。

如前所述,费尔巴哈的"感性对象性"概念是马克思在《黑格尔法哲学批判》中用来实现"主谓颠倒"的逻辑立足点,在《手稿》中这种"人本主义"的方法论被进一步确定为"对象性活动"的"异化"。也就是说,"异化劳动"理论的提出在最初的意义上是用来实现将"注重自然界"的费尔巴哈运用于对"政治"的"注重"上。只是在"注重"、"国民经济学"的过程中,马克思意外地发现了"感性对象性"存在本身与"私有财产"的运动和"财富"、"货币"之间的真实联系,而黑格尔《精神现象学》中关于"自我意识"运动的思辨再现又同"国民经济学"之间存在结构性的耦合。尤其是"泛逻辑的神秘主义"的辩证法本身就依赖于"对象性"的自我展开。也就是说,在"国民经济学"和黑格尔哲学的体系结构内部,"对象"和"对象化"都不是一种抽象的存在,而是一种受"统治一切"的抽象的"非人力量"奴役,从而表现出具有不同实现方式的过程性存在。在这一点上,"对象性活动"所用以支撑自身的"人本主义"逻辑受到了直接的挑战,或者说,马克思逐渐意识到:对作为"私有财产"原因的"异化劳动"的批判,仅仅发现"主谓颠倒"之前的"异化"的真实"主体"是不够的,而必须在"对象"和"对象化"的具体形式中说明"抽象"形成的机制及其解体的可能性。在《手稿》中这一任务并未完成,甚至没有明确提出,只是到了《提纲》中,这一理解才浮出了水面。

---

① 参见周嘉昕:《马克思著作中的"物"与"物象"》,载《现代哲学》2014年第1期。

基于这一理解，真正把握马克思所使用的"对象"和"对象化"概念就不应仅仅将其理解为"主体"的"客体"和"客体化"，也不能仅仅通过增加一种所谓"交往"的含义（费希特、黑格尔已经这么做了）来加以丰富。特别是对照《手稿》和《大纲》，在后者那里更应思考的是"对象化"概念背后的社会历史维度。更准确地说，抑或是"市民社会"结构性对抗之中的"对象化"（物化）概念。这里自然又回到了本文开篇所提出的第三个问题，即《手稿》中的"国民经济学批判"与《大纲》和《资本论》中的"政治经济学批判"之间的关系。客观地说，该研究作为马克思主义哲学研究的焦点问题，已经在多年的探索中形成了若干积极成果，且基本形成了理论的共识。笔者无意于提出什么全新的发现，而只是尝试基于上述思想史语境、文本结构和理论逻辑的多重分析，从一个侧面佐证该研究所获得的基本理解：《手稿》对"国民经济学"和"黑格尔辩证法及整个哲学"的"批判"与《资本论》及其手稿中对"政治经济学"的批判，分享了共同的理论主题，即对"异化"或"物化"的"统治一切"的"非人力量"的破除，但是正如朗西埃已经敏锐指出的那样，两种"批判"概念在方法论构架上存在质性的差别[①]。简单来说，其中的差异主要表现为：

首先，是"批判"的出发点问题。在《手稿》中，"批判"依赖的是从"对象性活动"出发的人本主义逻辑。然而这种"对象性活动"在"国民经济学"和黑格尔辩证法中又是"无对象"的，在二者的逻辑构架中存在不同的"对象"或"对象"的不同层次。在《大纲》和《资本论》中，"批判"是立足于政治经济学自身逻辑的展开，在政治经济学范畴运动的内部发现了其自身的结构性背反，并以剩余价值理论再现了这种矛盾及其转型形式。

其次，与"批判"出发点的择定相关，是马克思对政治经济学自身逻辑的把握。在《手稿》中，的确是面对"国民经济学的事实"，但这种"事实"中所包含的现象对本质的"再现"方式并未得到清晰的阐明，不

[①] Jacques Ranciere, "The concept of 'critique' and the 'critique of political economy'", Ali Rattansi ed. *Ideology, Method and Marx*, Routledge, 1989.

得不依赖于"异化"的逻辑悬设来寻求一个外在的理论支点。在《大纲》尤其是《资本论》中,"市民社会"运动所形成的"现实的抽象"与具体之间的关联得到了合理的说明,从而实现了对作为意识形态的资产阶级政治经济学的彻底解构。其中,可资例证的是马克思在《资本论》写作过程中最终制定的有关"价值"的科学理解。"价值"作为"幽灵般的存在",本身构成了"现实的抽象"发生作用的机制,这一点显然外在于《手稿》的理论视域。

最后,作为两种"批判"间转向的中介,《提纲》和《德意志意识形态》的理论价值不容忽视。当然,依上述逻辑线索,其中所奠定的从物质生产出发的历史唯物主义一般原则也具有了新的含义:在"物质生活的生产和再生产"(生产方式)中确立阐明"个人力量(关系)由于分工而转化为物的力量这一现象"① 的方法论路径。

---

① 《马克思恩格斯选集》第1卷,人民出版社2012年版,第199页。

马克思新唯物主义形成的理论基础新探
——经济学研读语境中的《神圣家族》①

张一兵

《神圣家族》是马克思、恩格斯合作并公开发表的第一部理论论著。在学术界过去对这本书的研究中,多是关注其中的哲学唯物主义和社会主义问题。本文重点探讨一下这一文本中经济学视域里马克思思想的理论进程,特别是马克思新唯物主义产生的真实理论基础。

在《神圣家族》中,马克思为了批判鲍威尔等人的"批判",哲学的探讨是主要内容。而经济学研究只是作为理论讨论的前提,集中在书的第四章。细细读这一部分文本,我们可以看到马克思是在总结他第一阶段经济学研究(1843—1844年)的成果。其中不少论述,固然没有重大的理论进展,但已经比《1844年经济学哲学手稿》(以下简称《1844年手稿》)要更加准确和成熟了。

在《神圣家族》第四章第四节马克思撰写的内容中,我们首先看到了马克思对蒲鲁东经济学的肯定性评价(这在《1844年手稿》中,只是讨论中时而出现时而消失的隐性前提)。但是,值得我们注意的是,他明确指认蒲鲁东的《什么是所有权》一书的理论构架,仍然是"从政治经济学的观点对政治经济学所做的批判"②。马克思标注这一点很重要!因为这也是他自己《巴黎笔记》中的《穆勒笔记》之前和《1844年手稿》第一笔记本第一部分有意呈现出来的思路,实际上这也自然包括恩格斯的《国民

---

① 原载《学术界》1998年第4期。
② 《马克思恩格斯全集》第2卷,人民出版社1957年版,第38页。

经济学批判大纲》（以下简称《大纲》）。马克思此时已经确认只有站在"政治经济学的观点"之外，即从真正的人的哲学的观点才能彻底批判政治经济学。如同他在《1844年手稿》第一笔记第二部分中实现的逻辑跃迁那样。[①] 马克思甚至指出，恩格斯在《大纲》中虽然也是从政治经济学的观点批判政治经济学，但他已经将工资、商业、价值价格、货币等视为私有制的"各种进一步的形式"，而蒲鲁东只是"用这些政治经济学的前提来反驳经济学家"。这是一种重要的区分。在接下来的五个"批判性的评注"（同时还有四个"赋有特征的翻译"）中，我们看到了马克思进一步的说明。

在"批判性的评注1"中，马克思像《巴黎笔记》和《1844年手稿》一样，再一次指出："过去资产阶级政治经济学的一切论断都是以私有制为前提。这个基本前提被政治经济学当作确定不移的事实，而不加以任何进一步的研究"，而只有"蒲鲁东则对政治经济学的基础即私有制做了批判的考察，而且是第一次带有决定性的、严峻而又科学的考察。这就是蒲鲁东在科学上所完成的巨大进步，这个进步使政治经济学革命化了，并且第一次使政治经济学有可能成为真正的科学。这是一个分量很重的赞扬。

很显然，此时马克思对政治经济学的具体看法还没有发生大的改变。因为他仍然抓住资产阶级政治经济学理论表面那种所谓"合乎人性的和合理的关系"与自己私有制前提的矛盾。这也就必然使马克思还不可能正确地理解古典经济学的劳动价值论，以及这一理论对于社会主义重要的基础性意义。他有时也在捕捉政治经济学的理论"矛盾"，如价值看起来很合理，"它是由物品的生产费用和物品的社会效用来确定的。后来却发现，价值纯粹是偶然确定的，它无论和生产费用和社会效用都没有任何关系"[②]。前者讲的是斯密和萨伊的定义，后者讲的是竞争中表现出来的价格。显然，这里马克思还无法正确地区分价值与使用价值、价值与价格。他这里是试图证明资本主义"一切经济关系"都是自相矛盾的，所以资产阶级政治经济学家只是不自觉地批评这些矛盾的个别形式，而维护这种经

---

① 张一兵：《青年马克思经济学研究中的哲学转变》，载《哲学研究》1997年第11期。
② 《马克思恩格斯全集》第2卷，人民出版社1957年版，第39页。

济关系看起来"合乎人性的外观"。马克思此时认为，这正是由于政治经济学家仅仅是"从严格的经济意义上来把握这些关系的"，而这又恰恰是"从这些关系同人性显然的区别的方面"。① 这里马克思所讲的人性，还是他自己从彻底的人类解放所设定的真正的人类本质！这仍然是与现实对立的理想化的价值悬设。所以请读者注意，马克思这里批判资产阶级经济学的出发点，是经济关系与理论逻辑（人性）的矛盾，并将这种矛盾视为共产主义的前提；而在1845年以后，马克思在历史唯物主义中发现的是资本主义生产关系与生产力发展本身的客观矛盾。这是一个重大的异质性区别。

接着，马克思再一次充分肯定蒲鲁东的功绩。因为在政治经济学中，只是"蒲鲁东永远结束了这种不自觉的状态。他认真对待了经济关系的合乎人性的外观，并把它和经济关系的违反人性的现实尖锐地对立起来"。我们一下子看到了马克思上述理论与现实对立的源头。此时的马克思认为，不同于其他经济学家，蒲鲁东不是批评私有制的个别形式（如西斯蒙第批判资本主义，却维护小私有者的利益），"而是把整个私有制十分透彻地描述为经济关系的伪造者。从政治经济学观点出发对政治经济学进行批判所能做的一切，他都已经做了"②。

但马克思自然会认为蒲鲁东对现实的批判是不够深刻的，因为他没有从哲学上更深入地揭露资本主义经济关系的本质，即人类主体被全面异化的本质颠倒。马克思指出：实际上，"有产阶级和无产阶级同是人的自我异化。但有产阶级在这种自我异化中感到自己是被满足的和被巩固的，它把这种异化看做自身强大的证明，并在这种异化中获得人的生存外观。而无产阶级在这种异化中则感到自己是被毁灭的，并在其中看到自己的无力和非人的生存的现实"③。我们发现，人本学异化逻辑在这里仍然是主导性的制约构架。并且，这被认为是超越一切资产阶级政治经济学甚至蒲鲁东的理论制高点。我以为，马克思这里评述蒲鲁东中存在的不足与问题，只

---

① 《马克思恩格斯全集》第2卷，人民出版社1957年版，第40页。
② 《马克思恩格斯全集》第2卷，人民出版社1957年版，第40页。
③ 《马克思恩格斯全集》第2卷，人民出版社1957年版，第44页。

有认真对比《哲学的贫困》的语境才能看清楚。

在"批判性的评注4"中,马克思是从劳动时间与生产费用的关系开始新一轮的分析的。他先指出,在资产阶级经济学家那里,除去劳动时间,他们还将"土地所有者的地租以及资本家的利息和利润也算入生产费用",而蒲鲁东由于否定了私有财产,所以地租、利息与利润都消失了,只存在劳动时间和预付费用,这样,"蒲鲁东既把劳动时间,即人类活动本身的直接定在,当做工资和规定产品价值的量度,因而就使人成了决定性的因素"。但在资产阶级政治经济学中,决定性的因素则是资本和地产的客体物的力量。马克思认为,这样蒲鲁东就以政治经济学的矛盾形式"恢复了人的权利"①。显而易见,马克思还是在用人本主义哲学解读经济学,特别是蒲鲁东的社会主义。马克思指出,斯密在"原富"的头几页也确定了,"在私有制确立以前,也就是在不存在私有财产的条件下,劳动时间曾经是工资以及与工资尚无区别的劳动产品的价值的量度"。这是从人本主义主体性哲学逻辑出发对劳动价值论的接近。不管怎样,这种接近都是有意的。这是后来马克思在历史唯物主义的客观视角中肯定劳动价值论的先导性因素。在这时,马克思的肯定是有很大保留的:因为"以政治经济学的观点对政治经济学所进行的批判,承认人类活动的一切本质规定,但只是在异化、外化的形式来承认。例如,在这里它把时间对人的劳动的意义变为时间对工资、对雇佣劳动的意义"②。以此时的马克思看来,这种批判是没有力量的。

可是不从政治经济学的立场去批判政治经济学,不从资产阶级观点的范围内去批判资本主义,那么从什么出发呢?在马克思当时的语境上看,这当然只能是哲学,一种以社会主义为指向的关心人的唯物主义的哲学。从这本书的马克思的哲学话语中,实际上他是自觉主观地将法国"人学"的唯物主义与社会生活现实结合起来,将费尔巴哈的人本学唯物主义与社会主义革命结合起来。我发现,在这种努力中,马克思已经在将唯物主义哲学向前推进了。我提出的一个看法是,这种理论进步的动因恰恰不在哲

---

① 《马克思恩格斯全集》第2卷,人民出版社1957年版,第61页。
② 《马克思恩格斯全集》第2卷,人民出版社1957年版,第62页。

学，而是在马克思自己经济学研究中并不自觉地获取的动力。这种理论表现似乎比《1844年手稿》更多更直接地呈现出来了。

我们看到，在"批判性的评注2"中，马克思已经注意到，"私有制在自己的经济运动中自己把自己推向灭亡，但是它只有通过不以它为转移的、不自觉的、同它的意志相违背的、为客观事物的本性所制约的发展"，才能做到这一点。这是经济现实的客观逻辑。更重要的是马克思一针见血地指出，无产阶级的解放不能仅仅表现为对资本主义现实的理论批判和伦理反抗，"如果它不消灭它本身的生活条件，它就不能解放自己，如果它不消灭集中表现在它本身处境中的现代社会的一切违反人性的生活条件，它就不能消灭它本身的生活条件"[①]。稍后不远的第五个"批判性注释"中，马克思还指出："财产、资本、金钱、雇佣劳动以及诸如此类的东西远不是想象中的幻影，而是工人自我异化的十分实际、十分具体的产物，因此也必须用实际的和具体的方式来消灭它。"[②] 在这里，与前面马克思那种分析政治经济学中理论与现实的对立和人类的本质的自我异化逻辑演绎不同，我们看到马克思强调的是客观经济运动的现实发展中私有制消亡的必然性，而这种必然性的实现只能通过客观地变革社会的生活条件！这种重要的思想不是任何旧唯物主义哲学所能包容下的，我以为这是马克思思想中正在生长起来的一种新的唯物主义思路！它的理论基础正是经济学。如果说，在《1844年手稿》中，与人本主义批判逻辑相并行的仅仅是一种从现实出发的客观分析思路，而在这里，则直接出现了着眼于现实社会物质变革的新型唯物主义逻辑——虽然它还没有完全从人本主义哲学中分离出来。

紧接着，马克思还写下了一句极为重要的表述，他说，无产阶级"不是白白地经受了劳动那种严酷的但是能把人锻炼成钢铁的教育的"。马克思在这里用了加了着重号的"劳动"，而没有使用"异化劳动"这个概念。并且在前一个自然段中，马克思还开始直接使用了"雇佣劳动"一语。在几个月之后的《评李斯特》文本中，马克思又用了既加了着重号又

---

① 《马克思恩格斯全集》第2卷，人民出版社1957年版，第45页。
② 《马克思恩格斯全集》第2卷，人民出版社1957年版，第66页。

加了双引号的"劳动"。这是人本主义哲学逻辑消解的前导，其中的话语转换发生是另有一番天地的。①

在"批判性的评注3"中，虽然马克思赞扬蒲鲁东的论著是"法国无产阶级的科学宣言"，他是想"消灭人对自己的实物本质的实际异化关系、想消灭人的自我异化的政治经济表现"，但是，"他对政治经济学的批判还受着政治经济学的前提的支配，因此，蒲鲁东仍以政治经济学的占有形式来表现实物世界的重新争得"②。用马克思在《1844年手稿》第三笔记第三"补入"对德法社会主义的批判话语，这就是"让所有人都成为资本家"。马克思这时还没有意识到蒲鲁东的小资产阶级立场以及他整个世界观方法论的错误本质。因为，这一点是在他自己创立了历史唯物主义和历史辩证法之后，才完成了在政治立场和科学方法论上对蒲鲁东的科学批判（《哲学的贫困》）；以及在创立了马克思主义的政治经济学之后，才真正克服了蒲鲁东的经济学错误（《1857—1858年经济学哲学手稿》）。虽然如此，马克思还是说了如下一段令人兴奋的表述：蒲鲁东的"平等占有"是政治经济的观念（不是本质批判的哲学观念），所以它还是这样一种事实的异化表现："实物是为人的存在，是人的实物存在，同时也就是人为他人的定在，是他对他人的人的关系，是人对人的社会关系。蒲鲁东在政治经济的异化范围内来克服政治经济的异化。"③

这一段表述曾经被列宁称为马克思走向自己的体系，即接近"生产的社会关系这个思想"的表现。我们已经知道，青年马克思在《穆勒笔记》中已经提出过人的真正的社会关系，在《1844年手稿》第三笔记中，马克思又专门界说了一种作为本真的社会存在。那么，这些文本都是列宁在世没有看到的手稿，这些新的文本是否影响列宁的这一判断呢？结论是否定的。为什么？我们来作一分析。第一，马克思这里所说的实物，并不是自然物质，而是人类劳动生产的结果，这是"为人的存在"（康德的"为我之物"和黑格尔"第二自然"的改造）的意思；第二，这种为人的存

---

① 张一兵：《〈评李斯特〉解读》，载《江苏社会科学》1995年第6期。
② 《马克思恩格斯全集》第2卷，人民出版社1957年版，第52页。
③ 《马克思恩格斯全集》第2卷，人民出版社1957年版，第53页。

在又是通过实物的形式实现的,具体说就是人之外的商品(货币),这本身就是人的异化存在;第三,商品(货币)生产首先不是为自己所需要,而是以交换为目的,因而又是"人为他人的定在";第四,也是最重要的一点,马克思实际上意识到这种为他人的实物存在之本质就是关系:"他对他人的人的关系,是人对人的社会关系。"马克思这里的社会关系不是《穆勒笔记》和《1844年手稿》中那种人的本真的类本质,而是现实的人与人之间的经济关系。虽然在这里马克思还在否定的意义上指证这种"异化了的"表现为实物的社会关系,但这才是科学的生产关系范畴的生长起来的基础。所以列宁的判断是正确的。

在《神圣家族》全书对"批判"的具体批判的分析中,我们时常能看到上述这一新唯物主义的身影。在第六章中,马克思说"'思想'一旦离开了'利益',就一定会使自己出丑"①。这个决定思想的"利益",显然已经不是一般唯物主义的抽象物质,而是人类社会生活的条件。马克思以1789年革命为例,说明资产阶级如何将自己的利益与"全人类的利益混淆起来",并且取得了压倒一切的胜利。"这种利益是如此强大有力,以至顺利地征服了马拉的笔、恐怖党的断头台、拿破仑的剑,以及教会十字架和波旁王朝的纯血统"②。无产阶级只是在后来才发现,这种全人类的"思想"实质仅仅是资产阶级的利益,因为"他们获得解放的现实条件和资产阶级借以解放自身和社会的那些条件是根本不同的"。说穿了,这些条件首先是经济利益,然后是政治权利。所以无产阶级必须有自己的"思想"。马克思指出,无产阶级"要想站起来,仅仅在思想中站起来,而现实的、感性的、用任何观念都不能解脱的那种枷锁依然套在现实的、感性的头上,那是不行的"③。重要的不是一般性地反对思想,改变思想,而是要改变产生这种思想的现实社会条件。很显然,这里的理论关系式已经不是自然物质决定意识,而是人的社会生存条件制约思想。这实际上已经是社会存在决定意识的社会唯物主义。

---

① 《马克思恩格斯全集》第2卷,人民出版社1957年版,第103页。
② 《马克思恩格斯全集》第2卷,人民出版社1957年版,第103页。
③ 《马克思恩格斯全集》第2卷,人民出版社1957年版,第105页。

针对鲍威尔片面地理解黑格尔是以普遍的国家秩序来联合市民社会中的"单个的利己主义原子"的论点，马克思反驳道，市民社会中的个人不是在虚空中的原子，而是处于现实关系中的人类个体存在。在资产阶级市民社会中，"他的每一种本质活动和特征，他的每种生活本能都会成为一种需要，成为一种把他的私欲变为对他身外的其他事物和其他人的癖好的需要。因为一个人的需要，对于另一个拥有满足这种需要的资料的利己主义者来说，并没有明显的意义，就是说，同这种需要的满足没有直接的联系，所以每一个人都必须建立这种联系，这样就相互成为他人需要和这种需要对象之间的皮条客"①。更重要的是，"他们之间的现实联系不是政治生活，而是市民生活"。"正是自然的必然性、人的特性（不管它们表现为怎样的异化形式）、利益把市民社会的成员彼此连接起来"。这实际上已经是在说明人与人之间的经济（利益）关系。这也不是从哲学中能够获得的观念。所以，马克思再一次指出，绝不是政治和国家决定市民社会，而恰恰是"市民社会巩固国家"②。也是在这种理论基础上，我们看到了马克思另一种全新的社会概念。马克思是在面对现实中确定了一个"现代资产阶级社会"，"即工业的、笼罩着普遍竞争的、以自由追求私人利益为目的的、无政府的、塞满了自我异化的自然的和精神的个性的社会"③。请读者一定注意，这不再是《1844年手稿》中那种抽象的本质的类存在，也不是一个本真的非利己主义的社会规定，而是客观存在的现实社会！这一理论质点是重要的进步。也正是在此处，列宁认为马克思尖锐而明确地强调指出了自己全部世界观的基本原则。这是有一定道理的。

更重要的是，马克思已经开始超出一切旧唯物主义，直接谈到了客观的实践。马克思提出，"思想根本不能实现什么东西，为了实现思想，就要有使用实践力量的人"④。这里，我们直接看到了马克思规定了与主观思维相对置的客观实践活动。这是现实的社会革命。在讨论犹太精神的历史

---

① 《马克思恩格斯全集》第2卷，人民出版社1957年版，第154页。
② 《马克思恩格斯全集》第2卷，人民出版社1957年版，第154页。
③ 《马克思恩格斯全集》第2卷，人民出版社1957年版，第156页。
④ 《马克思恩格斯全集》第2卷，人民出版社1957年版，第152页。

发展时，马克思又明确说明了这种发展只能在"工商业的实践"中才能看到，它的存在只有用现实的犹太人的"市民社会的实际基础来解释"。并且，若想彻底消除这种精神是一个实践任务，即"消灭现代生活实践中的非人性的任务，这种非人性的最高表现就是货币制度"①。在批判鲍威尔等人那种公众人理念原则出发的虚假的历史观念时，马克思质问道："难道批判的批判以为，只要它从历史运动中排除掉人对自然界的理论关系和实践关系，排除掉自然科学和工业，它就能达到即使才开始的对历史的现实认识吗？难道批判的批判以为，它不去认识（比如说）某一历史时期的工业和生活本身的直接的生产方式，它就能真正认识这个历史时期吗？"马克思甚至已经明确地提出，历史的发源地是物质生产。② 从工业来规定实践，从物质生产来分析历史，从一定的生产方式来认识历史时期，这已经是一种全新的哲学。这里的"工业"、"物质生产"和"生产方式"都不是传统的哲学概念，而是经济学的范畴。最关键的是，马克思在这里已经明确提出了"一定的生产方式"，这个"一定的"现实的具体的历史规定（"定在"）正是历史唯物主义的根本。③ 这些重要的思想与马克思在同样这本书中的那种人学的唯物主义是根本异质的。这是一种在同一文本中公开的逻辑对立与冲突！

---

① 《马克思恩格斯全集》第 2 卷，人民出版社 1957 年版，第 141 页。
② 《马克思恩格斯全集》第 2 卷，人民出版社 1957 年版，第 191 页。
③ 张一兵：《马克思致安年柯夫信解读》，载《江汉论坛》1996 年第 2 期。

自然唯物主义、人本学唯物主义与社会唯物主义

——《神圣家族》的哲学解读[①]

张一兵

《神圣家族》是马克思、恩格斯合作并公开发表的第一部理论论著。在《马克思历史辩证法的主体向度》一书中，我曾指认《神圣家族》是青年马克思思想逻辑冲突最明显的文本。[②] 其实，该书在理论逻辑上相比之1844年《手稿》并没有重大的实质性突破，不过是将过去潜在的理论矛盾公开展现出来罢了。鉴于学术界过去对这本书的研究多是关注其中的一般哲学唯物主义和社会主义问题，并且总是将这一论著视为成熟著作来定位，本文在此提出一种不同的意见，其中重点探讨一下马克思这一文本中的不同唯物主义逻辑的关系问题，即自然唯物主义、人本学唯物主义和社会唯物主义。同时，也换一种角度重新评介一下《神圣家族》社会主义与哲学唯物主义联盟的真正内涵。

分析马克思在《神圣家族》一书中的唯物主义思想，首先必须讨论的是马克思在这一文本中先后多次对黑格尔思辨哲学的批判。

首先，马克思在第五章第二节批判施里加的虚假思辨方法中揭示了黑格尔方法的特征，即思辨结构总的特征。

我们看到，马克思在这里是从认识论的角度，通过重新界说现实存在的苹果、梨、草莓和扁桃与"果实"这个一般概念的真实关系，进而唯物

[①] 原载《长白学刊》1998年第4期。
[②] 参见张一兵：《马克思历史辩证法的主体向度》，河南人民出版社1995年版，第2章。

主义地否定黑格尔本体化认识论的唯心主义实质。在生活里我们常常看到的是现实的苹果、梨、草莓和扁桃之间的具体差别，而黑格尔则告诉我们更重要的是这些具体存在对象之间的"共同的东西"，即它们都是果实。因为果实是在去除非本质的具体感性差别后得到的所有具体果实的本质。在黑格尔的总体逻辑中，本质不是直观的感性存在，而是一种理性抽象的观念。"这个抽象观念就是存在于我身外的一种本质，而且是苹果等等的真正的本质"，这样，果实就是苹果、梨和扁桃等的"实体"。① 所以，观念也就是感性存在真正的本体基础。黑格尔认为，这个本质的抽象才是本真的出发点。这是从分有的感性具体回归抽象。进一步说，由于"'一般果实'并不是僵死的、无差别的、静止的本质，而是活生生的、自相区别的、能动的本质"，所以，苹果、梨、草莓和扁桃不过是"果实"的自我差别，"这些差别使各种特殊的果实正好成为'一般果实'生活过程中的千差万别的环节。这样，'果实'就不再是无内容、无差别的统一体，而是作为总和、作为各种果实的'总体'的统一体，这些果实构成一个'被有机地划分为各个环节的系列'"②。于是，真实存在的苹果、梨、草莓和扁桃就成了抽象"果实"生出和实现自身的具体"定在"。这又是从抽象到具体。显然，这是必须批判的黑格尔哲学的唯心主义的颠倒逻辑。

马克思说，明明是我们从现实的苹果、梨、草莓和扁桃中得出"果实"这个一般概念，而在黑格尔那里，果实"作为它们的本质的并不是它们那种可以感触得到的实际的定在，而是我从它们中抽象出来又硬给它们塞进去的本质"③。苹果等真实存在的水果则成了"果实"的"简单存在形式，是它的样态"。"它们不是从物质的土地中，而是从我们脑子的以太中生长出来的，它们是'一般果实'的化身，是主体的化身"④。马克思说，黑格尔是"把自己从苹果的观念推移到梨的观念这种他本人的活动，说成'一般果实'这个绝对主体的自我活动"，这就是说，黑格尔唯心主

---

① 《马克思恩格斯全集》第2卷，人民出版社1957年版，第72页。
② 《马克思恩格斯全集》第2卷，人民出版社1957年版，第73页。
③ 《马克思恩格斯全集》第2卷，人民出版社1957年版，第72页。
④ 《马克思恩格斯全集》第2卷，人民出版社1957年版，第73页。

义地将"利用感性直观和表象从一物推移到另一物时所经历的过程,说成想象的理智本质本身即绝对主体本身所完成的过程"①。而用黑格尔自己的话语来讲,就是"把实体了解为主体,了解为内部的过程,了解为绝对的人格"。马克思以为,"这种了解方法就是黑格尔方法的基本特征"②。

对于马克思这里对黑格尔的批评,过去的研究大都是完全肯定性地接受的。这里,我有一些不太相同的评述。第一,马克思的批判是正确的,但却是以一般自然唯物主义为前提的,批判没有超出费尔巴哈的水平;第二,马克思由于跟随批判对象(施里加),仅仅说明了直观唯物主义正确解决自然对象与观念的一般关系,这与他实际面对的社会生活实际上存在着巨大的不可比性。为什么?请看如下分析。人们面对客观存在的自然物质对象,通过认识和区别各种具体的对象的差别,特别是通过找到事物之间的统一性,才确定了事物的种类。这种本质性的类性首先是客观存在于事物之中的共性。从传统本体论上看,没有事物的类属与具体差别性的客观存在,就不可能出现人对自然对象的意识;而从认识论的意义上看,没有我们对事物具体种差的经验直观认识,也就不可能先验地获得经验背后的理性观念(事物类属的反映)。黑格尔颠倒了这种正常的现实关系和认知关系,他错误地将人的认识进程本体化为世界的客观进程,错误地将人类的主观认知结构硬化为世界的本质和规律(逻辑)。在这一点上,费尔巴哈与马克思的批判都是正确的。可是,黑格尔的哲学"反动"中有两个理论质点被忽视了:一是主体能动的自我活动;二是具体的"定在"为本质的真实实现。前者是说明主体的能动活动在逻辑建构中的作用;后者是说一般抽象本质和规律的真实实现只能是一定的具体存在。这是在确证从感性具体到抽象(本质),从抽象再到具体(有差别的统一的具体本质)。物质如何或在什么程度上升到意识,这是被直观的旧唯物主义理论地遮蔽掉的东西,而这一点对于后来马克思的科学世界观却是极重要的。

其次,也是更重要的方面,就是马克思对黑格尔历史观的批判。马克思认为黑格尔历史观的前提自然也是唯心主义的,因为在黑格尔那里历史

---

① 《马克思恩格斯全集》第2卷,人民出版社1957年版,第72页。
② 《马克思恩格斯全集》第2卷,人民出版社1957年版,第74页。

的主体是"抽象的或绝对的精神"。

然而与上述自然对象不过是抽象观念本质的具体定在不同，黑格尔在《现象学》中还试图证明"自我意识是唯一的、无所不包的实在"，"人及其人类世界的任何感性、现实性、个性"都不过是"普遍自我意识有限性"存在形式①。于是，"人类的历史就变成了抽象的东西的历史，因而对现实的人说来，也就是变成了人类的彼岸精神的历史"②。人类，不过是绝对精神实现自身目的的工具；社会历史，不过是绝对观念自我实现的过程。这样，"在黑格尔的历史哲学中，和他的自然哲学中一样，也是儿子生出母亲，精神产生自然界，基督教产生非基督教，结果产生起源"③。

这种历史观的颠倒是如何发生的呢？马克思分析道："黑格尔在'现象学'中用自我意识来代替人，因此最纷繁复杂的人类现实在这里只是自我意识的规定性。"④"黑格尔把人变成自我意识的人，而不是把自我意识变成人的自我意识，变成现实的人即生活的实物世界中并受这一世界制约的人的自我意识。黑格尔把世界头足倒置起来，因此，他也就能够在头脑中消灭一切界限"。可是，"对于现实的人来说，这当然丝毫不妨碍这些界限仍然继续存在"⑤。在黑格尔那里，人类意识异化"所具有的物质的、感觉的、实物的基础被置之不理"，异化的扬弃只是意识内部的精神事物。马克思深刻地指出："当我只是扬弃了这个世界的想象存在，即它作为范畴或观点的存在的时候，也就是当我改变了我自己的主观意识而没有用真正实物的方式改变实物的现实，即并没有改变我自己的实物现实和别人的实物现实的时候，这个世界居然还像往昔一样继续存在。"⑥

对于马克思对黑格尔唯心史观这一重要的批判，我们同样需要进行分析。一是这里的大前提是费尔巴哈的唯物主义颠倒，所以马克思力图说明，现实的人、社会生活中的感性与实物是不以意识为转移而客观存在

---

① 《马克思恩格斯全集》第2卷，人民出版社1957年版，第75—76页。
② 《马克思恩格斯全集》第2卷，人民出版社1957年版，第75页。
③ 《马克思恩格斯全集》第2卷，人民出版社1957年版，第245页。
④ 《马克思恩格斯全集》第2卷，人民出版社1957年版，第108页。
⑤ 《马克思恩格斯全集》第2卷，人民出版社1957年版，第214页。
⑥ 《马克思恩格斯全集》第2卷，人民出版社1957年版，第244页。

的，这是正确的。二是这里费尔巴哈的局限性的表现也十分明显，即将社会存在定位在一般感性和实物存在上（这正是后来《关于费尔巴哈的提纲》第一条的批判对象）。三是马克思开始超出费尔巴哈的地方，即他的目的是要"用实物的方式改变实物的现实"。这一点肯定不是费尔巴哈的唯物主义能够包容的内容，去掉"实物"这个不确切的规定，客观的改变现实从深一层去看，只能是物质生产以及一定经济变革之上的社会政治革命。这是一个很重要的发端。我认为，这种思想进步不是来源于费尔巴哈，而恰恰是马克思在哲学讨论中不谈论的政治经济学。此时，马克思未必自觉意识到这一点。

当然，在《神圣家族》中马克思也有他自觉意识到的东西，这就是反对唯心主义不是像费尔巴哈那样，只是为了从异化的意识（宗教和思辨）回到同样异化的实物现实。更深一层说，马克思此时也已经不是为了仅仅改变普鲁士的封建土地，建立英法式的资本主义社会的民主主义革命目标。马克思已经自觉地将唯物主义的思想革命与社会主义现实革命明确结合在一起了。过去我们的研究当然是看到了这一点。可是究竟马克思是将什么唯物主义与社会主义结合起来，这种结合应该如何科学地评价？这就是一个新的理论问题了。

在这里，由于批判对象的导引，马克思理论视域中的思考起点是法国大革命与法国的唯物主义哲学（启蒙运动）的关系。在他看来，法国唯物主义的理论发展（"批判的历史"）与法国资产阶级革命（"世俗的群众的历史"）是结合在一起的。马克思认为，"18 世纪的法国启蒙运动，特别是法国唯物主义，不仅是反对现在政治制度的斗争，同时是反对现在宗教和神学的斗争，而且还是反对 17 世纪的形而上学和反对一切形而上学，特别是反对笛卡尔、马勒伯朗士、斯宾诺莎和莱布尼兹的斗争"[①]。马克思这里使用了一个"形而上学"的字眼，很显然，它既不是传统亚里士多德意义上的"物理学之后"的哲学，也不是黑格尔意义上的非辩证方法，而是特指马克思当时并不赞成的理性主义哲学传统。所以，这一"形而上

[①] 《马克思恩格斯全集》第 2 卷，人民出版社 1957 年版，第 245 页。

学"可以从笛卡尔一直到黑格尔("思辨形而上学")。反对形而上学,在法国是法国唯物主义,在德国则是费尔巴哈。如果说,"费尔巴哈在理论方面体现了和人道主义相吻合的唯物主义,而法国和英国的社会主义和共产主义则在实践方面体现了这种唯物主义"①。马克思思想明确地完成一个理论过渡,即从法国唯物主义哲学与资产阶级革命的关联过渡到唯物主义哲学与社会主义和共产主义的关联。这是他的理论目的。

这样,弄清楚什么样的唯物主义与社会主义真正发生联系,就成了另一个需要探究的问题。马克思当时认为,法国的唯物主义有两个派别,一派起源于笛卡尔,另一派起源于洛克。"笛卡尔的唯物主义成为真正的自然科学的财产,而法国唯物主义的另一派则直接成为社会主义和共产主义的财产"②。马克思将起源于笛卡尔(也是"形而上学")的法国唯物主义称之为"机械唯物主义",并认为这个流派主要成为法国自然科学的财产。它的代表人物有拉美特里和卡巴尼斯。我以为马克思这里的"机械唯物主义"判断是不够准确的。法国唯物主义的另一派,马克思没有命名。但这一流派被直接看作是英国经验论唯物主义的法国传人。马克思认识到,英国唯物主义是与现代实验科学同步发生的。在创始人培根那里,"科学是实验的科学,科学就在于用理性方法去整理感性材料。归纳、分析、比较、观察和实验是理性方法的主要条件"③。那时候,这种唯物主义"还在朴素的形式下包含着全面发展的萌芽。物质带有诗意的感性光辉对人的全身心发出微笑"。可是,在后来的霍布斯那里,唯物主义开始"变得片面了"。虽然唯物主义被系统化了,但"感性失去了它鲜明的色彩而变成了几何学家的抽象的感性。物理运动成为机械运动或数学运动的牺牲品;几何学被宣布为主要的科学。唯物主义变得敌视人了"④。到这里,我们终于可以看出,马克思这时厘定哲学史的尺度仍然是人本主义。

洛克是第二种法国唯物主义(到现在我们还不知道是什么唯物主义!)

---

① 《马克思恩格斯全集》第2卷,人民出版社1957年版,第160页。
② 《马克思恩格斯全集》第2卷,人民出版社1957年版,第166页。
③ 《马克思恩格斯全集》第2卷,人民出版社1957年版,第163页。
④ 《马克思恩格斯全集》第2卷,人民出版社1957年版,第164页。

的直接基础。孔狄亚克是洛克的学生。他的意义在于社会生活中的唯物主义，用马克思的说法即是"人的全部发展都取决于教育和外部环境"。同时，另一位法国唯物主义哲学家"爱尔维修也随即把他的唯物主义运用到社会生活方面"。在他那里，"感性的印象和自私的欲望、享乐和正确理解的个人利益，是整个道德的基础。人类智力的天然平等、理性的进步和工业的进步的一致、人的天性的善良和教育的万能"成为主要的主张。① 我发现，马克思这里所讲的法国第二种唯物主义，实际上是由两个因素构成的：一是不同于自然科学的唯物主义，主要是有关社会生活的唯物主义；二是从人出发的"有血有肉"的唯物主义。马克思认为，正是法国这种特殊的人学的唯物主义，这种"关于人性本善和人们智力平等，关于经验、习惯、教育的万能，关于外部环境对人的影响，关于工业的重大意义，关于享乐的合理性等等的唯物主义学说，同共产主义和社会主义之间有着必然的联系"。

接下去，马克思用五个"既然"说明了这种唯物主义与社会主义、共产主义的具体联系：一是既然人是从感性世界及对其的经验中获取一切知识，那么人就应该以合乎人性的尺度来"安排周围的世界"，从而让人"能认识到自己是人"。所以，资本主义社会如果是反人的，它就应该被打倒。二是既然正确理解的利益是整个道德的基础，那么个人利益应该符合全人类的利益，所以，私有制是非法的。三是既然从唯物主义的意义上人是不自由的，所以重要的是造就"使每个人都有必要的社会活动场所来显示他的重要的生命力"，而不是仅仅存在让资本主宰的活动场所。四是"既然人的性格是由环境造成的，那就必须使环境成为合乎人性的环境"。这就必须改变一切不合乎人性的环境！五是既然人天生是社会的动物，那人就只有在社会中才能发展自己的真正天性。这样，整个社会的力量才是衡量人的天性的准绳。② 集中为一点，从这种唯物主义出发，必然以人性为出发点，现实资本主义社会正是违背人性的，而社会主义和共产主义就是要以人性为准绳，改变这个反人的现实。必须指出，将唯物主义理解为

---

① 《马克思恩格斯全集》第2卷，人民出版社1957年版，第165—166页。
② 《马克思恩格斯全集》第2卷，人民出版社1957年版，第167页。

改变现实的要求,这是马克思的独创,而不是法国唯物主义原有的内容。如果能除去其中的人本主义逻辑引导,它必然会生长出新型的实践唯物主义。

也由此,马克思认为,法国社会主义者傅立叶是直接从这种法国唯物主义出发的,巴贝夫也是从这里起源的。而英国的边沁是根据爱尔维修的道德学建立了他"正确理解利益的体系",欧文则从边沁出发去认证英国的共产主义。在那时的马克思看来,"比较有科学根据的法国共产主义者德萨米、盖伊等人,像欧文一样,也把唯物主义学说当作现实的人道主义学说和共产主义的逻辑基础加以发展"①。

实际上说到这里,我们不得不打住,认真分析一下马克思这里的理论论证。我认为,马克思在这里还没有科学地区分不同种类的唯物主义。他的这种以人本主义逻辑尺度界划出的唯物主义派别实际上是存在问题的。依我之见,在马克思此时的理论运作中,实际上不同层面不同意识地存在着两种唯物主义。第一种是我已经专门指认的存在于政治经济学中的社会唯物主义,当然它没有出现在这一段哲学讨论中。② 甚至马克思在讨论霍布斯和洛克时,并没有意识到英国唯物主义与政治经济学的关系。虽然他在提到狄德罗时同时连带提到了重农学派。我们在马克思的经济学讨论中实际上看到了这种唯物主义倾向的隐现。第二种唯物主义哲学是自然唯物主义,其中又区分为开始于培根的经验论的唯物主义和发端于笛卡尔的理性唯物主义。我注意到马克思这里的分析正好颠倒了。因为实际上,人本主义的唯物主义并不是从经验论唯物主义基础上形成的。法国的有人学倾向的唯物主义与费尔巴哈的人本主义都不是建立在经验的基础之上,正相反,他们都是天赋人权之人类理性主义的逻辑演绎。因为,经验论在现实社会存在中只能是面对资本主义的感性现实,当时已经出现的一种理论联结线索是:英国经验论的唯物主义——资产阶级古典经济学——英国经济学的社会主义。这一线索只是到了后来的《布鲁塞尔笔记》和《曼彻斯特

---

① 《马克思恩格斯全集》第2卷,人民出版社1957年版,第167—168页。
② 参见张一兵:《被遮蔽的线索:早期政治经济学的隐性哲学构架》,载《南京社会科学》1998年第4期和第6期。

笔记》中才出现在马克思的视域之中。在这里，自然唯物主义、人本学唯物主义与社会唯物主义，马克思还没有科学地加以区分，就更谈不上传统研究中那简单化地将《神圣家族》指认为历史唯物主义了。

应该明确指出的是，从深层理论本质看，这几种唯物主义还无一例外地都是唯心史观。

也只有马克思1845年创立科学的历史唯物主义之后，这种深层理论本质才可能被真正揭示出来。这是一种更加复杂的理论逻辑关系。

青年马克思的"现实人道主义"概念为什么很重要?[①]

唐正东

在新近出版的《马克思恩格斯文集》中,《神圣家族》"序言"中的"真正的人道主义"概念被重新翻译成了"现实人道主义"。[②] 从马克思早期哲学思想发展史的角度来看,这种改译是很有意义的,尽管我也承认,在概念解析的角度上,"真正的"和"现实"这两个词在含义上其实是很相近的。在当时的德国理论界,受费尔巴哈思想影响的人大多是从"真正的人"的角度来理解"现实的人"的,即只有那些实现了自己的类本质的人才是现实的人,而我们从历史唯物主义的角度来讲的现实的人,在他们的思路中只是现实的人的异化或异化的人。但我要强调的是,如果真正对《神圣家族》的思想逻辑进行深入的梳理,就不难发现,对于我们这些汉语语境中的学者来说,"现实人道主义"恰恰是能够准确反映马克思(与恩格斯一起)此时的学术思路及观点的,因而对于我们更为清晰地把握青年马克思的哲学逻辑也有很大的帮助作用。

[①] 原载《南京政治学院学报》2012 年第 1 期。
[②] 参见《马克思恩格斯文集》第 1 卷,人民出版社 2009 年版,第 253 页。需要说明的是,在《马克思恩格斯全集》第 1 版的《神圣家族》中,在"对法国唯物主义的批判的战斗"一节中,也曾出现过"现实的人道主义学说"的概念,参见《马克思恩格斯全集》第 2 卷,人民出版社 1957 年版,第 167—168 页。

一

关于《神圣家族》的思想史地位，学界历来具有两种相反的观点：科尔纽、拉宾等人以"类本质"、"异化"等概念在此文本中较少出现为由，认定此文本已经离开《1844年经济学哲学手稿》的思想语境，并开始向《德意志意识形态》靠拢。而日本学者山之内靖等人则以费尔巴哈式的经验论在此文本中更为突出为由，认定"《神圣家族》中的马克思从费尔巴哈那里接受了感性的立场和经验论——这才是费尔巴哈的哲学立脚点，在这一点上，不得不说比《德法年鉴》的时候更深地受到了费尔巴哈的影响"①。我对上述这两种观点都持保留意见，理由是它们对马克思与费尔巴哈之间的学术关系都作了过于简单化的理解。《神圣家族》在学术思路上即使要超越《1844年经济学哲学手稿》，也不可能只是因为它少用了"异化"等概念，而必将是因为它在社会历史的解读上产生了与以前不同的思路；同时，《神圣家族》中的马克思即使由于缺乏足够的经济学知识而在社会历史过程的解读上表现出了一定的经验论色彩，但无论如何它与《德法年鉴》显然是处在不同的学术层面上的，我们应当关注的是经验论思路在此时马克思的整体思路中是处在什么样的地位上的：仅仅是在"异化式人道主义"框架中的被批判对象，还是"现实人道主义"框架中自身就具有解放意义的主导性理论思路？虽然这两种都是经验论的，但在历史唯物主义的发展史上，其理论地位显然是不同的。在对此未作分析的基础上就断言马克思此时比《德法年鉴》时期更受费尔巴哈的影响，显然是不足取的。

我之所以强调把原来的"真正的人道主义"改译为"现实人道主义"，对于汉语语境中的学者是有意义的，其原因就在于：《神圣家族》在总体思路上已经摆脱了"异化式人道主义"，走向了汉语语境通常理解

---

① ［日］山之内靖：《受苦者的目光：早期马克思的复兴》，彭曦、汪丽影译，北京师范大学出版社2011年版，第198页。

的那种现实人道主义的思路。我认为，即使在当时的德国哲学界，学者们通常都把"真正的"和"现实的"这两个词等同起来加以理解（如赫斯在《论货币的本质》、《最后的哲学家》等文章中所做的那样），但《神圣家族》中的马克思在理解"现实人道主义"一词时，一定已经产生了与通常的理解所不同的新思想，这就是私有制在自己的经济运动中，在生产财富的同时也生产出了贫困，生产出了无产阶级，从而把自己推向了灭亡。此时的马克思尽管还没有从生产力生产关系矛盾运动的角度来理解私有制的经济运动，尽管只是从因为生产出了非人性的无产阶级而使私有制把自己推向了灭亡的角度来展开自己的思路的，但这毕竟已经不同于把私有制（私有财产）简单地斥责为人性的异化，并从人性必然恢复的角度来解读私有制的命运的"异化式人道主义"思路。也就是说，马克思已经不再满足于站在高高在上的抽象类本质的角度来批判异化的现实，而是把人性的线索融进了私有制的发展过程之中，探索出了一条现实的人道主义的思路。历史唯物主义的思路难道不正是这样发展出来的吗？

在此处，我有一个观点：对布鲁诺·鲍威尔的批判在一定意义上恰恰帮助马克思把自己的思路向前推进了一步。在《神圣家族》之前，马克思主要是批判资产阶级经济学家的。亚当·斯密、李嘉图、詹姆斯·穆勒等人的著作给马克思社会批判理论的启迪最多只能是他们在人的异化的道路上走得越来越彻底，而赋予这种异化式思路以力量的理论支点即抽象的人的类本质的思路是不可能被真正动摇的，这就是为什么马克思在对这些经济学家的著作的摘录笔记中，尽管可以对异化的内容作出越来越详细的说明（如从一般的类本质的异化到交往异化等），但异化思路本身依然保持着主导地位的原因。从根本上说，这些经济学家的思路是经验主义的，而作为对这种经验主义思路的批判理论，异化式人道主义恰恰是很合适的。但一旦转到对鲍威尔的批判，情况就不同了。鲍威尔并非经验主义的，他是主观唯心主义者。他并不专注于对经验现实的描述或解析，而是专注于对这些经验现实的批判，尽管其批判的方式是主观唯心主义的。与蒲鲁东从抽象法权的角度对私有制的批判不同，鲍威尔"把贫穷和财产这两个事实合而为一；它发现了二者的内在联系，使它们成为一个整体，并且向这个整体本身询问其存在的前提是什么"①。鲍威尔的结论是：这个整体本身的存在前提是自由的自我意识的缺乏，因此，正像他在《末日的宣言》一书中所说的，"哲学应该在政治上积极发挥作用，直接抨击现有关系并动摇它们，如果它们与哲学的自我意识发生矛盾的话"②。鲍威尔的自我意识是要直接抨击现有关系的，而且他还从自我意识发展史的角度为这种抨击提供了理论上的证明。这与费尔巴哈的人本主义仅仅专注于思维领域的批判，并说"在思维领域中把神学转变为人类学——这等于在实践和生活领域中把君主政体转变为共和国"③的思路是不同的。在费尔巴哈的影响下，马克思事实上很难摆脱以下的思路：在哲学上把被古典经济学家称为合理事实的现实劳动界定为异化劳动，就意味着社会批判理论的完成。这导致他在《1844年经济学哲学手稿》中即使谈到"共产主义"时，也只是说通过人并且为了人而对人的本质的真正占有。至于这种占有过程与现实私有制发展之间的生成性纠缠过程就很少谈及了。而当面对鲍威尔的思路时，上述这种解读思路显然不够了，马克思必须从无产阶级在私有制发展过程中的生成经历的角度，来为其对私有制的批判理论提供学理支撑。我认为，这就是在《神圣家族》中马克思依托无产阶级的生成史而获得现实人道主义解读思路的原因。

二

这种现实人道主义的解读思路在《神圣家族》中有很多的表现，它是马克思此时建构历史观的主导思路。此处列举以下两点来加以说明：首先，马克思从现实人道主义的角度来阐释私有制社会的自我运动。针对鲍威尔等人从自我意识发展史的角度对历史过程的诠释，马克思着力从无产

---

① 参见《马克思恩格斯全集》第2卷，人民出版社1957年版，第42页。
② ［苏］B. A. 马利宁：《黑格尔左派批判分析》，曾盛林译，社会科学文献出版社1987年版，第177页。
③ ［德］路德维希·费尔巴哈：《费尔巴哈哲学著作选集》上卷，荣震华等译，生活·读书·新知三联书店1959年版，第598页。

阶级历史作用的角度来对这一点加以说明。我们知道，马克思早在《〈黑格尔法哲学批判〉导言》中就已经得出了哲学是头脑、无产阶级是心脏的观点，并且从人是人的最高本质的角度来对这种"哲学"作出了诠释。不可否认，1843年底的马克思已经认识到无产阶级的产生与工业运动之间的关系，"德国无产阶级只是通过兴起的工业运动才开始形成；因为组成无产阶级的不是自然形成的而是人工制造的贫民，不是在社会的重担下机械地压出来的而是由于社会的急剧解体、特别是由于中间等级的解体而产生的群众，虽然不言而喻，自然形成的贫农和基督教日耳曼的农奴也正在逐渐跨入无产阶级的行列"①。但必须指出的是，这种工业运动以及"人工制造的贫民"的线索在此时马克思的思路中并没有生发出太多的理论力量，他的主导思路还是无产阶级代表了人的完全丧失，因而人是人的最高本质这种哲学思想的闪电一旦彻底击中无产阶级这块朴素的人民园地，人的解放就可以实现了。至于无产阶级为什么代表了人的完全丧失、贫困以及导致贫困的工业运动（或私有制运动）与无产阶级的出现之间有什么样的必然联系等等，这些问题目前尚在马克思的解读能力之外。

蒲鲁东从抽象法权的角度对财产之本质的批判性解读，应该说在一定程度上对马克思的思想发展是有帮助的。马克思此时对蒲鲁东给予的高度的评价，其原因也正在于此。在马克思看来，蒲鲁东不仅"从政治经济学中被诡辩所掩盖的相反的事实出发，即从私有制的运动造成贫穷这个事实出发，得出了否定私有制的结论"，而且还"详尽地表明了资本的运动怎样造成贫困"。② 说实话，蒲鲁东在《什么是所有权》一书中只是从抽象法权的角度对私有制造成贫困的事实进行了说明，他既没有从客观经济逻辑的角度对此加以说明，更没有对资本的运动如何造成贫困作出阐释。蒲鲁东的观点是"劳动者即使在领到了工资以后，对他所生产出来的产物还是保有一种天然的所有权"③，并且说，工人所领到的工资只是代表了他们对自己的产品在未来几年中的占有权的放弃，而不是对其产品的所有权的

---

① 《马克思恩格斯全集》第3卷，人民出版社2002年版，第213页。
② 《马克思恩格斯全集》第2卷，人民出版社1957年版，第42—43页。
③ ［法］蒲鲁东：《什么是所有权》，孙署冰译，商务印书馆1963年版，第135页。

放弃，而资本家恰恰是混淆了这两者之间的差别，从而导致了工人的贫困。这就是蒲鲁东所谓的对资本的运动造成贫困的详尽说明。此时的马克思尽管看出了蒲鲁东的思路在理论层次上的局限（囿于政治经济学的层面，而没有提高到哲学的层面），但他依然对其给予了很高的评价，其主要原因在于恰恰是蒲鲁东的这种观点帮助马克思把工人的贫困与私有制的自我运动联系在一起。从工业运动制造出了无产阶级的贫困，到私有制社会的自我运动必然造成无产阶级的贫困，这种思路上的推进对马克思来说是很关键的。

正因为如此，马克思在《神圣家族》中才会得出这样的观点："私有制在自己的经济运动中自己把自己推向灭亡，但是它只有通过不以它为转移的、不自觉的、同它的意志相违背的、为客观事物的本性所制约的发展，只有通过无产阶级作为无产阶级——这种意识到自己在精神上和肉体上贫困的贫困、这种意识到自己的非人性从而把自己消灭的非人性——的产生，才能做到这点。"① 马克思此时虽然还不能从客观经济逻辑的角度来诠释私有制自身的经济运动，也就是说，他此时所谓的私有制的"为客观事物的本性所制约的发展"过程，依然不是历史唯物主义意义上的现实历史过程，依然只是从私有制必然产生彻底非人性的无产阶级从而必然导致其自身的灭亡的角度，来阐释上述这种"客观事物的本性"的，但此时的马克思毕竟已经把研究重点转移到了在私有制自身的经济运动中无产阶级的生成过程上面，而不再只是强调人是人的最高本质这种哲学思想的闪电一旦击中人民的园地，就能导致人类解放这样一种理论层面了。这就是现实人道主义与异化式人道主义的区别。

其次，马克思从现实人道主义的角度对物质生产过程进行了阐发。在《神圣家族》中，马克思明确地指出："难道批判的批判以为，只要它从历史运动中排除掉人对自然界的理论关系和实践关系，排除掉自然科学和工业，它就能达到即使是才开始的对历史现实的认识吗？难道批判的批判以为，它不去认识（比如说）某一历史时期的工业和生活本身的直接的生

---

① 《马克思恩格斯全集》第 2 卷，人民出版社 1957 年版，第 44 页。

产方式，它就能真正地认识这个历史时期吗？……正像批判的批判把思维和感觉、灵魂和肉体、自身和世界分开一样，它也把历史同自然科学和工业分开，认为历史的发源地不在尘世的粗糙的物质生产中，而是在天上的云雾中。"① 这种从自然科学和工业的角度来理解历史的思路，尽管依稀可以让我们回想起马克思在《1844年经济学哲学手稿》中的相关观点，但可以肯定的是，这两者之间已经有了重要的不同。在《1844年经济学哲学手稿》中，马克思的确谈到"自然科学却通过工业日益在实践上进入人的生活，改造人的生活，并为人的解放作准备"②，但在主导思路上，马克思此时强调的依然是"工业的历史和工业的已经生成的对象性的存在，是一本打开了的关于人的本质力量的书，是感性地摆在我们面前的人的心理学；对这种心理学人们至今还没有从它同人的本质的联系，而总是仅仅从外在的有用性这种关系来理解……如果心理学还没有打开这本书即历史的这个恰恰最容易感知的、最容易理解的部分，那么这种心理学就不能成为内容确实丰富的和真正的科学"③。也就是说，马克思此时更为关心的是要指出工业所呈现出来的人的对象化力量之异化特性，并认为只有看到了这一点，才可能真正了解工业对人的生活的改造以及为人的解放作准备的可能性。至于工业和人的生活本身的生产方式到底是如何不断展开的，也就是说，由工业和生活本身的直接生产方式所构成的历史过程本身的内容，则依然处于此时马克思的理论视域之外。

但在《神圣家族》中情况则不同了。马克思已经越来越明确地把阐述重点放在了工业和生活本身的直接生产方式上面，放在了尘世的粗糙的物质生产过程上。至于非尘世的、非粗糙的物质生产，即仅仅在对象化劳动意义上的物质生产，马克思把它称为"直接的物质生产"④。此时的马克思在经济学的价值论问题上，的确是停留在这种直接的物质生产的层面上的，但这只能说明他此时政治经济学理论水平的滞后。客观地说，这种滞

---

① 《马克思恩格斯全集》第2卷，人民出版社1957年版，第191页。
② 《马克思恩格斯全集》第3卷，人民出版社2002年版，第301页。
③ 《马克思恩格斯全集》第3卷，人民出版社2002年版，第306—307页。
④ 《马克思恩格斯全集》第2卷，人民出版社1957年版，第62页。

后并没有影响到马克思在历史观上把研究对象转向尘世的粗糙的物质生产过程，它所影响的只是马克思对这种物质生产过程的内涵的理解水平。事实也是如此，由于马克思此时对工业的理解基本上只限于人在自然科学的推动下所产生的对自然界的实践关系，对生活本身的生产方式的理解只限于以实践形式所显现出来的犹太精神，也就是说，马克思此时还没有把握工业的一般形式与工业的资本主义形式之间的区别，还没有把握住货币化生活方式的一般形式与资本主义货币化（即资本化）的生活方式之间的区别，因而他还不可能把握住工业和生活本身的生产方式在私有制阶段的不断发展过程的内涵。譬如，同样是自然科学通过工业进入人们的生活的观点，在《资本论》中的内涵是完全不同于一般意义上的对象化劳动的，"生产过程的智力同体力劳动相分离，智力转化为资本支配劳动的权力，是在以机器为基础的大工业中完成的。变得空虚了的单个机器工人的局部技巧，在科学面前，在巨大的自然力面前，在社会的群众性劳动面前，作为微不足道的附属品而消失了；科学、巨大的自然力、社会的群众性劳动都体现在机器体系中，并同机器体系一道构成'主人'的权力"①。《神圣家族》时期的马克思当然不可能得出这样的观点，正因为如此，他此时的历史观还不是历史唯物主义的，还只是现实人道主义的。他还不了解尘世的、粗糙的物质生产过程内部的矛盾运动，还只是从市民社会中的货币制度是非人性的最高表现的角度，来阐释历史发展过程的动力与内涵。但必须指出的是，这种解读思路与异化式的人道主义还是有很大差别的。

三

马克思《1844年经济学哲学手稿》中的异化式人道主义思路，尽管也包含着一定的人的行动的内容，但其重点并不在于人的行动，而在于对现实状况的异化式批判。这种思路从根本上说是一种对规范性道德秩序的

---

① 《马克思恩格斯全集》第44卷，人民出版社2001年版，第487页。

表征及其所展开的批判性内容，它尽管在法国大革命之后仍然普遍地存在着，但从根本上说它未能领悟到法国大革命的历史观意义。这只能说明法国大革命对人们思维方式的转变并不是一下子完成的，而是渐进性实现的。严格地说，法国大革命在文化维度上的真正意义在于使人们认识到他们可以用自己的行动来为政治秩序建构一种新的规则，这在认识论上所构建的是人的行动与社会世界的可理解性之间的关联。① 正因为如此，只有现实人道主义，而不是异化式人道主义，才是能够与从人的行动的角度来理解社会世界的观点相对接的一种解读思路。这是一种从经验历史的角度来理解规范之实现的新思路，尽管此时的马克思对这种经验历史本身的理解还处于较低的水平上。

再进一步，马克思此时为什么对这种经验历史本身还无法达成本质性的深刻理解呢？这源自于他此时对政治经济学研究的滞后。马克思此时在对政治经济学的理解上基本上处于与蒲鲁东相似的水平上。蒲鲁东是从形而上学法权的角度来阐释其价值观的，在他眼里，所谓的交换价值其实就是在正义的社会性本能之基础上，人与人之间交换物品所依据的交换标准。尽管他也是从所耗费的时间和费用的角度来理解物品的交换价值量的，但实际上他并没有从市场交换关系的角度来界定这种交换价值量。蒲鲁东是从基于正义原则的社会调节的角度来理解某物品的交换价值的，对他来说，两个物品之间的交换价值必须由"社会"通过"调节"而得出，"当这块钻石经过琢磨并镶成饰物的时候，它值若干呢？——工人因此而花费的时间和费用。那么，为什么它卖得这样贵呢？——因为那些人是不自由的。社会必须调节最稀有的物品的交换和分配，像它对最通用的东西一样，使得每个人都可以分享一份"②。显然，蒲鲁东的这种"交换价值"并不像古典经济学家所说的那样，是基于现实的商品交换关系的，而是基于"应该"层面的社会调节的。也就是说，他所说的交换价值中的"交换"，指的是基于人的社会性本能的应该出现的交换，而不是现实经济关

---

① ［德］彼得·瓦格纳：《并非一切坚固的东西都烟消云散了》，李康译，北京大学出版社 2011 年版，第 56 页。
② ［法］蒲鲁东：《什么是所有权》，孙署冰译，商务印书馆 1963 年版，第 159 页。

系中的交换，后者恰恰是被他斥责为不自由的人的交换的。

很有意思的是，马克思在《神圣家族》中也持相类似的观点。在谈到物品的价值问题时，他说："在直接的物质生产领域中，某物品是否应当生产的问题即物品的价值问题的解决，本质上取决于生产该物品所需要的劳动时间。因为社会是否有时间来实现真正人类的发展，就是以这种时间的多寡为转移的。"① 马克思此时显然还没有区分"物品"与"商品"，他用对一般物品的使用价值的解读思路，来替代了对市场交换关系中的商品的交换价值的解读，其结果必然是对自己从人的发展的角度所提出的价值论给出过于乐观和盲目自信的评价，因为现实生活中商品的价值是不可能按此标准来加以界定的。马克思在政治经济学研究方面的这种滞后性，直接导致了他事实上还无法对人的行动的经验史有深刻的解读，即还无法看到人的行动史或实践史背后的深层本质。他虽然看到了物背后的人的本质，看到了物与物之间关系背后的人与人之间的社会关系本质，"实物是为人的存在，是人的实物存在，同时也就是人为他人的定在，是他对他人的人的关系，是人对人的社会关系"②。但对于反过来的一个理论层面，即人与人之间关系背后的物化本质以及这种物化本质所内含的客观规律性（似自然性），马克思则还没把握到。应该说，在当时西欧的思想语境中，看出物背后的人的本质还是较为容易的，但反过来，要想看出人与人之间关系背后的物的本质则有很大的难度。此时的马克思显然还没有解决这一难题。

正因为如此，他在《神圣家族》中尽管已经谈到了尘世的粗糙的物质生产、世俗人眼中的工商业实践、工业和生活本身的直接生产方式、市民社会中的货币制度等话题，但这些话题事实上并没有推动马克思走向一条全新的解读线索，即从上述这些社会历史要素的内部矛盾运动的角度来理解人的解放道路，因为他此时对这些社会历史要素本身的理解还很单薄，更不要说对它们的内部矛盾运动的理解了。而这条有待开发的解读线索恰恰是一条全新的线索，因为只有它才彻底颠覆了17、18世纪欧陆古典自

---

① 《马克思恩格斯全集》第2卷，人民出版社1957年版，第62页。
② 《马克思恩格斯全集》第2卷，人民出版社1957年版，第52页。

由主义或者说法国大革命以前的资产阶级启蒙思想从国家（类）与个体的二分的角度所建构的理论思路。这一时期的理论家延续了古希腊思想家把劳动与财富仅仅视为私人领域的事情，因而不具有任何公共领域内的政治意义的思路，仅从行动和言说的角度来理解公共生活的现实内涵以及道德政治科学的理论内涵。英国古典经济学家的贡献在于把劳动和财富的话题从私人领域拉到公共领域中来，拉到了道德政治科学中来，"在亚当·斯密以降的政治经济学传统中，市民和社会分工成为'社会'的基础……这也间接意味着，如果将与需求相关的活动纳入公共领域，后者就不再纯粹由言语和行动所构成了"[①]。这实际上就是在国家（类）与个体的二元思路中间，拉出了一个由财富需求和分工等因素所建构起来的社会经济的层面。英国古典经济学家当然只是对这种社会层面作了实证的研究，黑格尔后来尽管在否定之否定的线索上对这一社会经济层面的历史观意义作出一定程度的研究和肯定，但他毕竟不是对这种社会层面本身所内含的历史观意义的挖掘。只有马克思（与恩格斯一起）所建构出的历史唯物主义思路，才是真正对这种社会层面的历史观意义及人类解放线索上的意义作出深刻解读的理论观点。但通过上面的分析，我们可以看出，《神圣家族》时期的马克思还没有达到这样的理论高度。事实上他只是用物质生产、工业、工商业实践等经济学范畴来修正了原先较为机械的类与个体的二元论分析框架，不再停留在用类本质的异化来批判个体的现实生存状况，而是把理论的重点转移到把工业、物质生产当成现实的人的行动或实践，并主张只有通过这种实践的人才可能解构非人性的现实，实现人类发展的目的。应该说，马克思此时已经具备了理解法国大革命的历史观意义的能力（他在《神圣家族》中谈到法国大革命时，的确曾说过"思想根本不能实现什么东西，为了实现思想，就要有使用实践力量的人"[②]），正因为如此，他此时的现实人道主义思路已经凭借基于人的行动的发生学思路，超越了他原先具有的异化式人道主义理论框架。但他此时还不具备把古典经

---

① ［德］彼得·瓦格纳：《并非一切坚固的东西都烟消云散了》，李康译，北京大学出版社2011年版，第172页。
② 《马克思恩格斯全集》第2卷，人民出版社1957年版，第152页。

济学的观点提升到历史观层面上来加以理解的能力，即尽管他运用了一些古典经济学的概念，但还无法完全站在这些概念所反映的客观经济现实之内在矛盾的角度，来阐发对人类解放的新思路。这是我对处于《1844年经济学哲学手稿》与《德意志意识形态》之间的《神圣家族》之学术史地位的基本理解。

指出这一点的理论意义在于证明下面这一观点：马克思从1844年的《神圣家族》开始，就已经站在人的实践的发生学的角度来理解社会存在的本质及其社会批判理论的基本立场。这一理论立场尽管往后还得到了不断的完善与发展，但这种立场本身是没有变化的。因此，马克思哲学视域中的"社会存在"，应该是一种发生学的社会存在，而不是覆盖整个人类历史的、统摄性的社会存在。他的批判理论应该是建立在对内在矛盾运动的历史性解读之基础上的，而不是建立在基于统摄性存在的异化之基础上的。对于马克思来说，社会批判的思路实际上就是历史分析的思路，把私有制社会各形态基于内在矛盾而发生的自我超越过程进行深刻的历史性分析，实际上就是对这些私有制社会形态，包括资本主义社会形态的科学批判。至于这种批判的标准，则是内生于内在矛盾的分析之中的。也就是说，资本主义社会之所以需要被批判和超越，不能只从它与人的社会存在本性相违背来加以证明，而应当从它所承载的社会生产关系与生产力发展的要求相矛盾的角度来加以说明。尽管我承认，后者实际上就是对前者的一个说明，即资本主义条件下生产关系与生产力相矛盾，实际上就是体现了资本主义条件下人的存在状况与人的社会存在本性相矛盾，但它们毕竟是两条不同的解读思路。而后一条思路实际上是马克思在发现了"社会"的历史观意义，并在政治经济学批判的基础上所建构起来的新思路，它代表了马克思对资产阶级启蒙思想的学术超越。因此，我们应该充分把握这条新思路的学术价值。至于这条思路的当下现实意义，我认为也是不可小视的。当下中国正处于社会转型的关键期和"敏感期"，面对贫富分化等复杂的社会问题，如果我们能运用这种唯物主义的历史发生学思路来加以分析，就能获得更为清晰和正确的结论。

人本主义逻辑的亚意图颠覆
——马克思《评李斯特》的文本解读[①]

张一兵

  研究青年马克思的哲学思想转变，阿尔都塞在20世纪60年代有一句很著名的话："黎明前黑暗的著作偏偏是离即将升起的太阳最远的著作。"这里的语境中，"太阳"是1845年的《关于费尔巴哈的提纲》，那个"黎明前的黑暗"，则是当时被西方马克思主义和东欧新马克思主义人本学家们"炒"得很热的《1844年经济学哲学手稿》。阿尔都塞的研究，如果除去其结构主义方法的强制，实际上算是当时马克思文本研究中最精细、最具解释学意味的高点了，这种水平只是在20世纪60年代末为苏联学者巴加图利亚、东德学者图赫舍雷尔所达及，70年代才由联邦德国学者施米特和日本学者广松涉超越。可是，意外还是发生了，1971年，在马克思长女燕妮·龙格的孙子长期保存的马克思的遗稿中，发现了真正离"太阳"升起最近的文本，即马克思在1845年3月写下的《评弗里德里希·李斯特的著作〈政治经济学的国民体系〉》（以下简称《评李斯特》）。这使"科学的"阿尔都塞的文本逻辑出现了很大的缺环。奇怪的是，这一文本问世后，并没有受到国内外学界的认真关注。在一些苏联和我们自己的权威马克思主义哲学史的论著中，这一文本只是被表面化地指认为是马克思生产力规定形成的准备（我已经指出过这是一种误解）。依我之见，马克思这一文本是非常重要的。在他对李斯特经济学正面有意图的政治性攻击

[①] 原载《江苏社会科学》1995年第6期。

中，我们发现一种哲学上的无意识然而却是重要的逻辑解构。这就是从1843年下半年《德法年鉴》开始发生，在巴黎《1844年经济学哲学手稿》中得以建模，直到《神圣家族》还居统摄地位的人本主义劳动异化史观逻辑构架的真实崩溃。当然，从这时马克思的文本语境中，这种解构不是处于显性意图中的理论逻辑策略，而是步入现实经济事实强制下的无意识结果。由此，我们才真正填补了从《神圣家族》到《关于费尔巴哈的提纲》，即马克思思想第二次重大转变在递进逻辑中的一个缺环。

在我已往的研究中，对青年马克思的劳动异化理论有一个比较明确的思想发生学上的定位。即在马克思1843年实现自己思想的第一个转变之后，由于受到赫斯和青年恩格斯的直接影响，在《詹姆斯·穆勒〈政治经济原理〉一书摘要》中萌生了一个新的哲学逻辑构架：以一个人的先验主体为基点的人本主义——"大写的"异化史观逻辑。在《1844经济学哲学手稿》中，马克思首先设定了理想化作为人类主体本质的劳动（非常接近赫斯行动哲学中"感性的活动"），这个逻辑本质充分体现了主体超越外部对象的能动性。这个人的类本质以"应该"（这是传统人道主义的重要逻辑内趋构件）为尺度去衡量资本主义生产过程，马克思就发现了原来的他在社会政治领域中看到的人类主体与物的关系颠倒，人的类本质的丧失，以及人的自我异化。在这时马克思的哲学逻辑中，有黑格尔，也有费尔巴哈，但更主要的是他在赫斯行动哲学的影响下自己主体能动逻辑的理论冲动。马克思异化劳动理论，是他全部青年思想发展过程中关于主体能动性的一次最完整的逻辑确证。同时，这也是他继自我意识异化（青年黑格尔式的）、社会政治异化以及对金钱异化的具体分析后，对异化问题的一次系统的哲学确证。因为在这里，第一次出现了经典异化理论的全部构件，即先验主体（人的劳动本质），主体的劳动异化以及异化扬弃后向主体的复归（共产主义与人本主义的实现）。

但是我们不难发现，马克思在劳动异化理论中抓住的只是资本主义社会经济过程中的一种颠倒的现象，被作为私有制原因的"异化"仍然是一个结果！马克思并没有去进一步发现产生这一特定社会现象的历史原因和必然性。他只是在说，资本主义的私有制不好，却没有看到资本主义生产方式的历史客观合理性。所以他也不可能在此得出正确的革命结论。对结果的伦理批判，必然会走向理论上的空想。固然，马克思这时已转到无产阶级政治立场上，并开始寻求推翻资本主义，发动无产阶级革命的根据。而他在《1844年经济学哲学手稿》中的劳动异化理论的现实指向正是批判资本主义经济生活，自然而然，这也必然会成为他导引出共产主义的重要逻辑工具。我们发现，马克思在此深入地批判和否定劳动异化，正是在要求能够扬弃异化而复归于人的真实性质（这也是异化理论的内在逻辑要求），这个劳动异化（私有制）的扬弃也就是共产主义。在这里，共产主义是价值论中的"应该"！马克思这里关于共产主义表述还带有很浓厚的人本主义色彩。同时，马克思这里所获得的共产主义结论并不是社会发展的客观规律，而一种带有伦理意味的主体辩证法逻辑推论的结果。重要的是马克思无法依据这一理论谋得革命的现实途径。所以这并不是马克思主义的科学世界观！依我的研究来看，马克思的哲学革命进程（第二次思想转变）是在1845年春天开始的。① 这一年的3月，在马克思哲学逻辑进程中，我们首先发现那种具有人本主义色彩的劳动异化史观逻辑构架的突然解构。这是一个极重要的信号。我认为，这个重要的理论逻辑解构，就发生在我们这里要认真面对的马克思3月写下的《评李斯特》手稿中。

在开始正式解读马克思《评李斯特》之前，我们有必要先交代一下处于马克思这一文本中批判语境中心的李斯特及其思想逻辑。弗里德里希·李斯特是德国近代著名的经济学家，是所谓历史学派的代表人物之一。他1789年出生于德国雷特林根一个较富有的制革业主家庭，1817年曾任徒丙根大学经济和政治学教授。李斯特当时面对的德国，与已经比较发达的英法的资本主义来说，还是一个经济落后的封建农奴制国家。国家的政权仍然在容克地主手中，38个邦甚至邦内的省区之间各有自己的关税壁垒和地方税率，这严重地阻碍着商品流通和市场的形成，说到底，对德国新兴的资本主义发展构成了较大的不利因素。在此时，李斯特是以德国工业资本家的代表登上历史舞台的，并且他在两个不同的方面作战：一是要求取

---

① 关于青年马克思思想的两次转变的观点，参见孙伯鍨：《探索者道路的探索》，安徽人民出版社1985年版，也可参见张一兵：《马克思历史辩证法的主体向度》，河南人民出版社1995年版。

消德意志各邦之间的关税，以创造国内资本主义商品经济发展的必要条件。为此，他于1819年在法兰克福倡导成立了德国工商协会，1820年被选为国会代表后，进而提出司法、行政和税收各方面的改革要求。也因此，他受到了德国容克贵族的迫害，不得不于1825年流亡美国。二是李斯特同时反对世界性的自由贸易，这是因为面对发达的英法资本主义，德国自然处于自由竞争的劣势，所以他又主张对外实行国家关税保护主义，建立全德的关税同盟。1841年李斯特发表他的主要论著《政治经济学的国民体系。第1卷。国际贸易，贸易政策和德国关税同盟》（这也是马克思这里批判的对象文本），立即在德国引起巨大反响。因为它代表了德国年轻的资产阶级的根本利益，既反对了国内的封建经济关系，又抵抗了外部老牌资本主义势力的侵入，指出了德国资本主义的生存发展之路。所以，这一论著又很自然地被视为德国资产阶级在经济上的"宣言书"。

该书发表三年后，即1844年秋，从哲学走向经济学的马克思和恩格斯刚刚完成批判鲍威尔兄弟的《神圣家族》，不约而同地想到要批判离现实更近的李斯特。先是马克思托恩格斯弄到了李斯特这本书［在马克思《1844—1847年记事本》的第20页上，写着"+8，李斯特（恩格斯）"，指恩格斯在巴黎用8法郎购到此书］。1844年11月19日，恩格斯在致马克思的信中提到，要写"特别是反对李斯特的小册子"，恩格斯意在揭露德国资产阶级"和英国资产阶级一样坏，只是在榨取方面不那么勇气十足、不那么彻底、不那么巧妙罢了"[①]。1845年1月20日，恩格斯在另一封信上谈到，要"腾出手来，写一些对目前更有用，更能打击资产阶级的东西"[②]。2月15日，恩格斯在爱北斐特集会上的演说中，已经从德国经济发展的实际状况及出路方面直接批判了李斯特的保护关税的观点。[③] 到了3月17日，恩格斯又告诉马克思，他从皮特曼处得知马克思也不谋而合地想到对李斯特的批判，但恩格斯预计"我是想从实际方面对付李斯特，阐明他的体系的实际结论"，而马克思则会"批判他的理论前提比批

---

① 《马克思恩格斯全集》第27卷，人民出版社1972年版，第11页。
② 《马克思恩格斯全集》第27卷，人民出版社1972年版，第18页。
③ 《马克思恩格斯全集》第2卷，人民出版社1957年版，第619—623页。

判他的结论更着重一些"①。恩格斯的文章到1846年10月仍在继续。②

马克思这一批判李斯特"理论前提"的重要论文主要是经济学文本。这是他第一阶段经济学研究（1843年底—1845年4月）中的最后一个文本。也是目前我们读到的离《关于费尔巴哈的提纲》倒数第二个文本。③这一手稿并没有付印。从手稿的情况看，似乎是未完成的论文。现存的手稿一共有24张，遗缺其中第1张、第10—21张以及第23张。但马克思此时的基本立论和主要理论观点已经能清楚地看到。马克思的这篇论文分为四章。第一章相对而言比较完整，是对李斯特经济学的一般评述（第1印张遗失，苏联编译学者在手稿第2印张开始加了"1. 李斯特的一般评述"的标题）。共有四节，第一节和第二节的开始部分遗失。第二章的标题，是马克思的原题：生产力理论与交换价值理论。但从现有的手稿看似乎没有写完。第一节是关于李斯特生产力理论的详细批判，马克思没有写标题，可五个目却是完整的。接下去有一个节目题为"力量，生产力，原因"，但到第9印张第4页后就遗失了11印张（第10—21印张）。其中包括第二章的后半部分和第三章的大部分。加之又丢了第23印张，所以第三章只剩下一个片断。第四章的标题是"李斯特先生和费里埃"，其中三节倒都全，可读起来还像是未完成的撰写要点。

因为这是一篇经济学文本，从整体上看，马克思这一文本中经济学研究的水平并没有超出《神圣家族》。即他虽然正确批判了资产阶级经济学家维护私有制的错误立场，但仍然没有科学地肯定古典经济学的劳动价值论中的合理内核。④ 从1843年下半年他涉足这一领域之后，受到青年恩格斯和赫斯先他而为的经济学认识的影响，特别是前者的《国民经济学批判

---

① 《马克思恩格斯全集》第27卷，人民出版社1972年版，第30页。
② 《马克思恩格斯全集》第27卷，人民出版社1972年版，第67页。
③ 最后一个文本是几乎与《关于费尔巴哈的提纲》同期写下的无题《札记》，这个《札记》就在写下《提纲》的马克思《1844—1847年记事本》第51页同一页上半部分。参见《马克思恩格斯全集》第42卷，人民出版社1979年版，第273页。这一文本长期以来一直被严重忽视。笔者在《马克思走向哲学革命的三次思想实验》一文中对此作了认真解读。
④ 马克思比较正规的经济学研究是从1844年《巴黎笔记》中开始的。关于这一研究的基本发展过程可参见民主德国学者图赫舍雷尔的著名研究成果：《马克思经济理论的形成与发展》，人民出版社1981年版。但应该指出，图赫舍雷尔没有看到1971年新发现的马克思这篇早期的重要经济学文本，图赫舍雷尔于1967年去世，年仅38岁。

大纲》的主要逻辑：将无产阶级的新经济学立足于对私有制的一般否定。这样，他才会在那时肯定蒲鲁东那种看起来立足于社会主义却是抽象的非历史的经济观点（这一直到《哲学的贫困》才得以解决）。更重要的是他自己仍然在用人本主义的劳动异化逻辑来解读经济学，所以他这里要想心平气和地、客观地对待资本主义经济现实是不可能的。还需要超前说明的一个背景是，马克思在经济学中向科学的重大转变（重新承认劳动价值论），是在《德意志意识形态》中发生的。从这里的情况看，这种转变恰恰与1845年4月之后马克思、恩格斯科学世界观的发生有关。这就是马克思所写《关于费尔巴哈的提纲》中开始的重大哲学革命。4月之后，马克思、恩格斯立即重新投入到紧张的经济学研究中，以完成已经与德国出版商列斯凯签订出版一部两卷集的经济学论著（《政治和政治经济学批判》）。7月中旬马克思同恩格斯去英国六周。很可能，马克思主义经济学的革命性突破就是在11月以前这段时间内解决的。马克思、恩格斯意识到在表述经济学新见之前，必须先公开清算一下过去的哲学信仰。他们于1845年11月开始依据《关于费尔巴哈的提纲》写作《德意志意识形态》，这一工作一直持续到下一年的秋天。由于各种原因，这一论著未能发表。马克思的哲学新视界是与经济学的新观念，以批判蒲鲁东的形式，于1847年第一次公开发表，这就是其著名的《哲学的贫困》。

有了这样一些重要的支援性理论背景，我们就可以开始对马克思这一文本的解读了。以我这里的解读意向，其中第一、三、四章的内容基本上是属于纯经济学研究范围的，但第二章与其他章节相比则显出一定的特殊性。也是在第二章中，我的解读结果是令人兴奋的。

在论文的第一章，马克思首先对李斯特的经济学观点进行了一般的定性式的评述。这主要历史地说明英法资本主义与德国资本主义的差别性。对于英法资本主义与德国资本主义的不同点，马克思是早有区别的。资本主义在英法已经是要被废除的"陈旧的腐朽的制度"，而在德国，资本主义却是当作美好未来的初升朝霞被欢呼的。[①] 所以，德国资产阶级总要换

---

① 《马克思恩格斯全集》第1卷，人民出版社1956年版，第457页。

一种说法验明正身，以示德国资本主义不同于英法老牌资本主义。马克思、恩格斯对此始终是持批判态度的。而李斯特的经济学差不多就是德国资产阶级利益和意识形态的现实体现，并且是"体系化"了的东西，所以马克思在这篇论文中，重点是批判李斯特那种打着民族经济发展幌子的反动本质。他指出，李斯特说出了德国资产阶级"更加发愁的事情"：因为德国资本家是"在工业的统治赞成的对大多数人的奴役已经成为众所周知的事实"（由于英法的经济学和社会主义的有意无意的揭露）的情况下，试图在德国建立资本主义。① 所以他不得不"追求财富而又否定财富"，创造一种新的"国民经济学"，以便向自己的世界证明他也想发财是"有道理的"。② 也因此，他必然要"反对那无耻地泄露了财富的秘密"的英法经济学。他反对竞争和自由贸易，反对原有的建立在"交换价值"基础上的所谓"世界主义"的国民经济学，是怕英法老牌资本主义以实力抢了他们的饭碗。他主张国家干预市民社会以"'保护关税'来发财"，制造所谓建立在中性的"生产力"之上的"政治经济学"，是为了不让英国人对自己的"同胞进行剥削"，而实现他们对自己同胞"更加厉害"的剥削。③ 马克思一针见血地指出：这是"狼同它的狼伙伴"的把戏。

我发现，正是在第2印张的最后，出现了一点点与《神圣家族》批判方法不同的理论运演片断，马克思说李斯特的问题出在不研究"现实的历史"，不了解"像经济学这样一门科学的发展，是同社会的现实运动联系在一起的"④。而资产阶级经济学的"实际出发点"就是资本主义的"市民社会"，所以"对这个社会的各个不同发展阶段可以在经济学中准确地加以探讨"。⑤ 李斯特没有想到将矛头指向资本主义现实社会，这是他自身的资产阶级立场决定的，不足为怪。这里最重要的就是马克思使用了一个历史的现实和具体的"各个不同发展阶段"！从此处马克思直接的语境来看，他主要是指李斯特应该注意到资本主义（"市民社会"）的不同阶段，

---

① 《马克思恩格斯全集》第42卷，人民出版社1979年版，第239页。
② 《马克思恩格斯全集》第42卷，人民出版社1979年版，第241页。
③ 《马克思恩格斯全集》第42卷，人民出版社1979年版，第250页。
④ 《马克思恩格斯全集》第42卷，人民出版社1979年版，第242页。
⑤ 《马克思恩格斯全集》第42卷，人民出版社1979年版，第249页。

在英法资本主义已经走到足以露出其败相的时期，还在论证这一社会发生之必要的可笑之处。马克思无意道出一个超越性的问题，从观念回到现实固然重要，但对社会历史现实本身的具体分析更关键。我说这不是马克思自觉的批判策略，因为这一观点再向前走，就会看到资本主义与前资本主义社会现实的不同的具体性，而这种客观的比较倒会使马克思首先承认资本主义的历史合理性（就像他在《哲学的贫困》之后，特别是《共产党宣言》和《资本论》中对资本主义的科学分析）。由此，他就可以真正超出仍然罩在人本主义逻辑光环下的赫斯、恩格斯和此时的自己，而步入科学。然而，此时的马克思没有做到这一点。

进入第二章，马克思的原意是比较上述两种资产阶级经济理论，其重点是要揭露李斯特生产力经济学的虚伪实质。可是，我们正是在这里再一次看到了某种在逻辑方法上的奇特异质性情况：马克思同样是在论说资本主义条件下人类主体（工人）被外部对象（资本）所奴役（人的活动不是他的人的生命的自由表现），他也在要求打倒私有财产，可是，他恰恰没有运用不久前在《1844年经济学哲学手稿》（还有《神圣家庭》）中的异化劳动这一逻辑工具！从客观的视角看，他指出"把物质财富变为交换价值是现存社会制度的结果，是发达的私有制社会的结果。废除交换价值就是废除私有制和私有财产！"① 从主体方面看，他只是称"私有财产是物化的劳动"，而在表征工人受资本奴役的这种状态（"私有财产活生生的基础"，这以前正是异化劳动！）时，他小心翼翼地使用了打了双引号并且加注了着重号的"劳动"。② 他为什么不用大家都熟知的异化?！

原因何在？外在的直接因素，一是施蒂纳批判费尔巴哈抽象人类本质的论著《唯一者及其所有物》的发表，此书已经给了费尔巴哈式的人学异化逻辑以毁灭性的打击，而上一年的12月，马克思已经认真地研读过此书；二是赫斯1月20日写信给马克思，告知他对费尔巴哈的新看法，实质也是对费尔巴哈人本学的批判。内在的因素，主要就是马克思自己的思想受到经济学事实和实证科学方法的影响，再加之走向无产阶级实践的现

---

① 《马克思恩格斯全集》第42卷，人民出版社1979年版，第254页。
② 《马克思恩格斯全集》第42卷，人民出版社1979年版，第113页。

实途径与人本学逻辑的不可通约性。这使得马克思已经打算将自己与费尔巴哈从实质上区别开来（而不是仅仅因为费尔巴哈过多关注自然，马克思就关注政治的领域之差），这首先就是不再使用"类"、"异化劳动"和"主体"等概念。可他不知道，不用这样一些词并没有表明他能够根本摆脱人本学逻辑构架（也如后来他自觉解构了人本学构架，但仍然可以科学地使用这些词）。这一问题的根本解决，是在4月几乎是连续发生的马克思两次思想实验中实现的（参见笔者《马克思走向哲学革命的三次思想实验》一文）。

当然，马克思此时理论的现实指向（无产阶级革命要求）仍然十分清楚：他还认为现代资本主义的"自由劳动"，实际上是一种"间接的自我出卖奴隶制"。借助工资可以知道，"工人是资本奴隶，是一种'商品'，一种交换价值"，他的活动不是他人的生命的自由表现，而毋宁说是把他的力量售买给资本，把他片面发展的能力让渡（售买）给资本，一句话，他的活动就是"劳动"（马克思后来才发现，工人不是商品，劳动也不是商品，资本家付给工人的工资只是劳动力的价格）。① 假如在《1844年经济学哲学手稿》甚至《神圣家族》中，这里马克思可能会说："这是异化劳动"，可他偏偏没有这样说。他十分特殊地在打了双引号的"劳动"下画了表示着重意思的横线。

"'劳动'是私有财产的活生生的基础"，私有财产无非是"物化的劳动"，这种"'劳动'，按其本质来说，是非自由的、非人的、非社会的、被私有财产所决定的并且创造私有财产的活动"。② 请注意，马克思这里最后一段话明显还是隐喻着原来那个人本主义逻辑构架，因为现实中的劳动是非自由、非人的、非社会的，那么就必然有自由的、人的和社会的应该存在而没有存在的人学价值悬设。可马克思硬是剥去了"异化"、"类本质"这样的语言外壳。这是一个极其有意思的现象。我发现，马克思在这里说了这样一句令人费解的话："谈论自由的、人的、社会的劳动，谈论

---

① 《马克思恩格斯全集》第42卷，人民出版社1979年版，第254页。
② 《马克思恩格斯全集》第42卷，人民出版社1979年版，第254—255页。

没有私有财产的劳动是一种最大的误解。"① 起初一看，这好像是马克思的反对人本主义逻辑，可是从上下文语境来解读，他实际是批判李斯特那种离开具体的资本主义私有制谈一种抽象的生产力理论（我们后面会看到，马克思这种批判中还有更深刻的一面）。以我的看法，马克思这里有意识的语言的回避恰恰没有造成人本主义逻辑的解构，倒是在他接近经济现实的分析中，一种新的方法无意识地被呈现了。

在马克思这里论述中，资本主义的生产目的不是人或者为了人的发展，而是"交换价值"和"货币"，这是一种"外在目的"。他认为，整个资本主义制度就是一种卑鄙的"人为物而牺牲的"反人制度。② 因为在资本主义经济中，客观的"工业成为控制我们的力量"，而"人被贬低为一种创造财富的'力量'"。资产者不是把无产者视作"人"，而是将无产者变成东西！资本主义的"社会条件把人变成了'物'"，劳动力仅仅是一种物的生产力！（在这里，我指认一个重要的问题，即马克思此处谈到生产力不是像传统研究所理解的那样，好像马克思这里是在发展出唯物主义历史观的生产力概念，其实马克思这里只是在否定的意义上确证李斯特的观点。）马克思正是要"破除美化'生产力'的神秘灵光"。在资产阶级经济学中，人力是与水力、马力和蒸汽力排列在一起的。马克思问道："我同马、蒸汽、水全都充当'力量'的角色，这难道是对人的高度赞扬吗？"可是，也正是在这里，我发现马克思虽然在试图否定资本主义这种反人的社会制度（坏的"是"），但他也没有再直接使用不久前他还在运用的重要逻辑构件，即"应该"。他没有再先验地设定人的应该是什么。从此处马克思的上下文语境看，这并非是马克思哲学上的一种自觉，而是人本主义逻辑在经济现实分析中的亚意图自我弱化。

进一步的证明是，他在这里自然也是要否定人类主体与自己创造物的颠倒关系，但这一次不是"异化的扬弃"了。马克思指出，废除私有财产只有被理解为"废除'劳动'"，并且，"这种废除只有通过劳动本身才有可能，就是说，只有通过社会的物质活动才有可能，而决不能把它理解为

---

① 《马克思恩格斯全集》第42卷，人民出版社1979年版，第254页。
② 《马克思恩格斯全集》第42卷，人民出版社1979年版，第260—261页。

用一种范畴代替另一种范畴"①。这里的意思十分清楚了。马克思在无意识地接近一种新的总体历史观，这就是原来在巴黎《手稿》中双重逻辑结构处于萌芽状态的那种从社会现实出发的客观逻辑。我们看到，马克思在第一章中已经注意到了作为"在以往的社会基础上充分发展了工业"的实践。② 如果在原来的逻辑构架中，马克思主要关心的是人学的"应该"，而在这里，他已经开始注意到历史的现实存在的必然性"是"。正是消除坏的"是"，以达到"应该"（在借用一下的意义上）的现实途径。他话锋一转，提出了另一种假设：也可以不从资本主义这种"肮脏的买卖利益的观点"看待工业：在人的生存意义上，工业可以被看作是"大作坊"，"在这里人第一次占有他自己的和自然的力量，使自己对象化，为自己创造人的生活条件"③。请注意，马克思这时没有区分生产力与生产关系，因此现实的"工业"变成了资本主义的代用名词。如果马克思在此能够一方面承认"工业"（生产力）的确是人与自然的关系，另一方面再区分生产力在资本主义发展阶段的资本主义所有制；那么，人就将要被科学地说明了。马克思已经要接近产生"劳动"的来自于物质生产方式本身历史发展的必然性原因了。这也就是说，马克思将不再仅仅看到资本主义不合理"劳动"现象这一结果，而发现产生这种结果的资本主义生产方式的内部原因。我们差一点儿看到了马克思哲学新世界观和科学社会主义的桅杆！

马克思说："如果这样看待工业，那就撇开了当前工业从事活动的、工业作为工业所处的环境，那就不是处身于工业时代之中，而是在它之上；那就不是按照工业目前对人来说是什么，而是按照现在的人对人类历史来说是什么，即历史地说他是什么来看待工业；所认识的就不是工业本身，不是它现在的存在，倒不如说是工业意识不到的并违反工业的意志而存在于工业中的力量，这种力量消灭工业并为人的生存奠定基础。"④ 无论如何，在马克思此时的理论运演中，我们能明显地感到他已经在让一种新

---

① 《马克思恩格斯全集》第42卷，人民出版社1979年版，第254页。
② 《马克思恩格斯全集》第42卷，人民出版社1979年版，第249页。
③ 《马克思恩格斯全集》第42卷，人民出版社1979年版，第257页。
④ 《马克思恩格斯全集》第42卷，人民出版社1979年版，第257页。

的从现实工业出发的理论思路占了自己理论运演的上风。他指出:"消除人类不得不作为奴隶来发展自己能力的那种物质条件和社会条件的时刻已经到来了。因为一旦人们不再把工业看作买卖利益而是看作人的发展,就会把人而不是把买卖利益当作原则,并向工业中只有同工业本身相矛盾才能发展起来的东西提供与应该发展的东西相适应的基础。"①

我们知道,为了寻求无产阶级起来革命的根据,马克思要求打碎资本主义现代社会带来的"工业的羁绊",但这一次他十分准确地将其界定为这"就是摆脱工业力量现在借以活动的那种条件、那种金钱的锁链,并考察这种力量本身。这是向人发出的第一个号召:"把他们的工业从买卖中解放出来,把目前的工业理解为一个过渡时期"②。"把目前的工业理解为一个过渡时期",这一句话十分重要。马克思此时已经看得非常清楚,他要消除的并不是工业(客观必然性的"是"),而是工业的资本主义形式,工业(物质生产力的发展)本身就是走向否定资本主义的"一个过渡时期"。虽然,此时马克思的革命理论还在借用人的口号,但在这里走向革命途径的实际逻辑运转已经不总是人道主义的劳动异化理论推论("应该"),而是客观发展着的工业("是")了。我以为,在这里马克思的思想中已经出现了从人学主体辩证法向客观的历史辩证法的无意识过渡!

于是,共产主义(无产阶级)不再是一种理论逻辑要求,而是现实历史的必然趋势了。马克思说:"工业用符咒招引出来(唤起)的自然力量和社会力量对工业的关系,同无产阶级对工业的关系完全一样。今天,这些力量仍然是资产者的奴隶,资产者无非把它们看作是实现他的自私的(肮脏的)利润欲的工具(承担者);明天,它们将砸碎自身的锁链,表明自己会是把资产者连同只有肮脏外壳(资产者把这个外壳看成是工业的本质)的工业一起炸毁的人类发展的承担者,这时人类的核心也就赢得了足够的力量来炸毁这个外壳并以它自己的形式表现出来。明天,这些力量将炸毁资产者用以把它们同人分开并因此把它们从一种真正的社会联系变

---

① 《马克思恩格斯全集》第42卷,人民出版社1979年版,第258页。
② 《马克思恩格斯全集》第42卷,人民出版社1979年版,第259页。

为（歪曲为）社会桎梏的那种锁链。"① 这已经在社会历史发展的真实进程中来确证走向共产主义的现实道路了。科学历史认识中的社会客观规律就要被揭示了。

请注意，在此时马克思的思想逻辑中，他原来那种人学总体的思想逻辑进程还在继续，他对费尔巴哈的界划基本上是无策略的解构。但原有的两个不同的逻辑思路在理论格局中的地位已经发生了变化，现实的科学观察已经开始占了上风，可是马克思思想深处所面临的三个难题并没有根本解决。在这一文本中，"工业"的现实历史发展时常成为马克思理论逻辑中主要的运演过程，而人和人的本质的异化逻辑也已经只剩下一个没有肉的空骨架。我们知道，一旦这个逻辑构架被自觉打碎，无意识的破坏变成有意图的颠覆，一个新的思想境界就会诞生。1845年4月，也就是不久之后，马克思先在自己的《1844—1847年记事本》的第51页上写下了无题《札记》，意识到了自己将行进的方向；紧接着，在同一面的下半页，马克思写下了著名的《关于费尔巴哈的提纲》。一个格式塔式的思想变革开始发生了。

---

① 《马克思恩格斯全集》第42卷，人民出版社1979年版，第258—259页。